다니엘 싱클레어는 미전도 종족 한가운데서 기독교 최전방 선교 단체의 선교사이자 디렉터로 거의 30년 간 사역한 경험을 추리고 추려서 이 귀중한 자료를 내놓았다. 우리 손에 놓인 이 책 「열방이 주께 나아오다」는 이 세대 안에 지상 명령의 완수를 보기를 열망하는 모든 이들을 향한 희망과 통찰, 그리고 용기의 메시지다.

데이비드 게리슨 박사(DR. David Garrison)

선교사, 「하나님의 교회 개척 배가 운동(Church Planting Movements)」의 저자

이 책은 나를 흥분하게 만든다. 나는 속속들이 최전방 선교사이다. 나는 지구상에서 가장 어려운 민족들 가운데 교회들이 개척되는 모습을 보기를 열망한다. 수년 동안 우리 중 상당수는 교회를 개척한다는 것이 무엇인지에 관한 깊이 드리워진 오해의 먹구름을 헤치며 길을 찾아 여기저기를 더듬었다. 마침내 여기서 내 눈으로 본 최고의 가장 실제적인 교회 개척 안내서를 찾았다. 이 책이 전세계 미전도 종족들 가운데 좋은 교회들이 일어나는 새로운 물결의 동력이 되게 하소서!

패트릭 존스턴(Patrick Johnstone)

「세계기도정보(Operation World)」의 저자

지난 수년 간 무슬림을 비롯한 가장 저항적인 민족들 가운데서 사역하는 유망한 교회 개척자들에겐 교회 개척이 가능하다는 비전이 절실히 필요했다. 싱클레어는 그 자신의 경험과 동료들의 경험을 토대로, 성경적 분석을 곁들여, 이 비전이 단지 가능할 뿐만 아니라 명백한 현실임을 증명하고 있다.

두들리 우드베리 박사(DR. Dudley Woodberry)

풀러신학교 이슬람 연구 명예교수

댄 싱클레어는 교회 개척자로서의 경험과 더불어, 11년 간 필드 디렉터로서 거의 160개 필드 팀들을 연구 지원하고 실제로 선교 팀들을 방문하면서 발생하는 문제들을 해결했다. 이 모든 과정을 통해 얻은 그의 고유한 경험과 통찰이 놀라운 깊이와 넓이를 갖춘 이 책에 고스란히 담겨 있다. 미전도 종족들 가운데 교회 개척을 열망하는 모든 이들에게 필독서로 권한다.

딕 스코긴스(Dick Scoggins)

「Church Multiplication Guide」의 공저자, 다양한 단체들의 교회 개척 자문

20년이 넘는 경험을 한데 모아놓은 이 책 「열방이 주께 나아오다」는 오늘날 교회 개척자들에게 실제적으로 필요한 것이 무엇인지를 정확하게 끄집어 내고 다른 책들이 남겨 둔 빈자리를 여지 없이 채운다. 댄의 메시지는 분명하고, 재미있으며, 읽기도 쉽고, 현실을 있는 그대로 보여 준다. 팀에 속하기를 원하는 사람 혹은 아직 알려지지 않은 곳에 한 팀을 보내 하나님의 영광을 드러내기를 원하는 모든 이들에게 나는 이 책을 강력하게 추천한다.

밥 쇼그렌(Bob Sjogren)

UnveilinGLORY의 회장, 「마침내 드러나다(Unveiled At Last)」,

「열방을 품은 그리스도인(Run with a Vision)」의 저자

「열방이 주께 나아오다」는 미래의 고전이다. 이 분야에서 내가 읽어 본 최고의 책이다. 균형 잡힌 문체에, 재미있고, 매력적이며, 또한 실제적이다. 정말 잘 쓴 책이다.

스콧 브레슬린(Scott Breslin)

필드 교회 개척자, 「Understanding Dreams From God」의 저자

'안락 의자'에 앉은 자칭 이론가들의 과도한 일반화가 넘쳐나는 가운데, 댄은 실제 무슬림 필드 사역을 통해 "내가 해봐서 잘 안다"는 독보적인 자리를 구축한다. 이 책 「열방이 주께 나아오다」는 40개국에 이르는 문자 그대로 수백 명의 '필드' 사역자들의 동료이자 지도자로 사역했던 한 베테랑이 내놓은 모범적인 안내서이다! 그는 자신의 마음은 물론 하나님의 마음으로 하나님을 사랑하는 자로서 현실을 그대로 기술한다!

그렉 리빙스턴(Greg Livingstone)

프론티어스(Frontiers) 설립자, 「Planting Churches In Muslim Cities」의 저자

이 책의 아름다움은 처음부터 끝까지 하나님의 말씀에 뿌리 박고 있다는 데 있다. 저자는 팀 관리, 갈등 해결, 언어 학습, 그리고 팀 세우기에 관한 현재까지의 모든 통찰들을 아름답게 조화시켜 놓았는데, 이 모두가 주님을 위한 최대한의 추수라는 하나님이 불어 넣어 주신 비전에 힘입은 것이다. 팀 사역에 의한 교회 개척 운동의 모든 단계를 아우르는 실제적인 지혜로 가득한 이 책은 성경과 더불어, 장차 미전도 종족들 가운데 사역하는 모든 그리스도인들의 서재에 꽂혀 있어야 할 것이다.

단 맥커리 박사(Dr. Don McCurry)

Ministries to Muslims 회장, 「The Gospel and Islam」의 편저자이며,

「Healing the Broken Family of Abraham: New Life for Muslims」의 저자

「열방이 주께 나아오다」는 보다 많은 사역자들을 미전도 종족 사역으로 모으기 위해 필요한 정보의 간극을 메울 뿐만 아니라, 더불어 그들이 그곳에 도착했을 때 무엇을 해야 할지에 대한 귀중한 정보를 제공한다! 댄이 이 책에서 제공하는 교훈들은, 우리 YWAM 사역을 비롯하여, 함께 엠마오 도상에 있는

수많은 다른 선교 사역과 교회 사역에 결정적인 것들이다.

스티브 코크레인(Steve Cochrane)

인도의 Frontier Missions/Neighbours, Youth With a Mission 국제 디렉터

내가 이 책「열방이 주께 나아오다」를 읽고 제일 먼저 한 일은 파키스탄에서 사역을 준비 중인 한 젊은이에게 이 책을 선물하는 것이었다. 저자의 명확성, 경험, 그리고 예화들이 비전으로 가득찬 모든 '교회 개척자' 들로 하여금 그들 앞에 놓인 도전들의 현실과 팀 사역의 본질적 성격을 이해하는 데 큰 도움을 준다. 나는 선교 전략가들과 교회 지도자들 그리고 교회 개척 사역에 참여하고픈 그리스도인들을 포함하여 모든 최전방 교회 개척자들이 신중하고도 반복하여 이 책을 읽어야 한다고 믿는다.

폴 보스윅(Paul Borthwick)

「Youth and Missions」, 「Leading the Way」,

「How to Be a World-Class Christian」, 그리고 「A Mind for Missions」의 저자

열방이 주께 나아오다

다니엘 싱클레어 지음 | 이현수 선교사 감수

좋은씨앗

a Vision of the Possible

a Vision of the Possible

팀 사역을 통한 교회 개척 운동의 사도적 실천서

팀 사역을 통한 교회 개척 운동의 사도적 실천서

열방이 주께 나아오다

초판 1쇄 발행 / 2008년 8월 1일
초판 2쇄 발행 / 2011년 2월 5일

지은이 / 다니엘 싱클레어
옮긴이 / 채경락
감수인 / 이현수 선교사
펴낸이 / 신은철
펴낸곳 / 좋은씨앗
출판등록 / 제4-385호(1999. 12. 21)
주소 / 서울시 서초구 양재동 2-30, 덕성빌딩 4층(137-130)
영업부 / 전화 (02)2057-3041 / 팩스 (02)2057-3042
편집부 / 전화 (02)2057-3043
홈페이지 / www.gsbooks.org
이메일 / sec0117@empal.com

ISBN 978-89-5874-120-6 03230

목차

추천의 글

이현수 선교사, 프론티어스 코리아 대표

지난 12년 동안 최전방 개척 선교에 몸담으면서 한국인 사역자로서 늘 가슴 아픈 것이 있었다면 그것은 미전도 종족 개척 지역에서 하나님의 교회를 개척하는 데 필요한 실천적인 매뉴얼이 한국어로 없었다는 것이다. 늘 영어로 된 지침서에 의존해야 했고, 그러다 보니 실수를 통해 배운 많은 서구 선교사들의 지혜를 접하는 데 한계가 있었다.

나는 한국의 그리스도인들을 선교사로 훈련시켜 최전방 무슬림 미전도 종족 지역으로 보내는 사역자로서, 선교사들이 열악한 선교지에 들어갈 때 성경과 함께 오랜 시행착오를 거쳐 나름대로 성경적인 근거를 가지고 나눌 수 있는 지침서를 갖고 들어가는 것을 열망해 왔다. 물론 우리 한국 사역자들이 이러한 지역의 교회 개척 매뉴얼을 곧 만들 수 있다고 믿는다. 그러기 전에 서구 형제들이 배운 노하우를 접하는 것은 그 일을 실현하는 데 큰 도움을 얻는 계기가 될 것이다.

이러한 맥락에서 다니엘 싱클레어의 「열방이 주께 나아오다」는 최전방 교회개척 사역을 위한 지침서로 손색이 없다고 본다. 오랜 필드경험과 160개 이상의 필드 팀들을 지도하면서 경험하고 쌓은 노하우가 고스란히 이 책에 담겨 있다. 원제는 <A Vision of the Possible>이지만 한국의 독자들에게 쉽게 다가가기 위해 〈좋은씨앗〉 출판사에서 존 파이퍼의 「열방을 향해 가라」의 시리즈적인 성격으로 「열방이 주께 나아오다」라고 명한 것도 의미가 있다고 본다.

필드의 교회개척팀과 최전방 선교를 꿈꾸는 예비사역자들, 그리고 이러한 사역을 이해하고 기도할 후방의 기도 후원자들도 반드시 읽어야 할 필독서로 권하고 싶다. 사역의 업그레이드를 위해 최전방 지역에서 고민하면서 하나님의 교회를 개척하고자 하는 사역자들을 향한 깊은 이해를 갖게 될 후방의 기도 후원자들이 이 책을 통해 21세기 주님께서 주신 사역을 성취하여 주님의 재림을 재촉할 수 있기를 기대한다.

한국 선교사들과 한국 교회가 개척하려고 하는 교회들이 성경적으로 반듯한 교회가 되길 소망하며 이 책을 적극 추천한다.

한국어판 서문

한국 교회가 세계에서 두 번째로 많은 선교사 파송국가가 되었다는 사실은 무척 흥분되는 일입니다. 한국의 많은 형제 자매들이 무슬림 국가의 여러 지역에서 그리고 다양한 미전도종족 가운데서 수고하고 있고 또 많은 열매를 거두고 있는 것을 압니다. 지구촌 곳곳에 있는 그리스도의 공동체가 나름대로의 접근과 기여로 하나님 나라를 확장시켜 가기를 희망하는 우리에게는 경이로운 발전이라 할 수 있습니다. 예수 그리스도의 추수 사역지에서 동역자로서 한국의 형제 자매들과 사역하는 것은 제게는 큰 영광이자 특권입니다.

개인적으로는, 몇 해 전 한국에서 진행된 선교사 훈련 과정에서 최전방 교회개척 사역에 대해 그 동안 배운 것을 가르치며 기쁜 마음으로 섬길 기회가 있었습니다. 배우고자 하는 열망과 소원을 가진 한국의 젊은이들을 보면서 하나님께서 우리가 상상할 수 없는 방법으로 이들을 사용하실 것에 대한 확신을 갖게 되었습니다. 또한 여러분들이 가지고 있는(그리고 갖게 될) 통찰력을 우리도 배우길 기대합니다.

바라기는, 이 책의 내용이 한국의 사역 현장에 알맞는 용어로 또한 문화적으로도 적절히 '번역' 되었으면 합니다. 최전방 사역지에서 땀흘리며 수고하게 될 수백 아니 수천의 한국의 사도적인 교회개척팀들을 훈련하는 일에, 주님께서 이 책을 귀하게 사용해 주시길 소망합니다.

2008년 봄에

다니엘 싱클레어

프롤로그

'미전도 종족을 위한 교회 개척'은 사람들에게 그다지 매력적인 주제가 아니다. 선교가 반드시 필요한 교회 사역임을 인정하는 그리스도인들 중에도 이 분야를 단지 교회의 관심과 자원을 두고 여타 사역들과 경쟁해야 하는 많은 사안들 중 하나에 불과하다고 생각하는 이들이 적지 않다.

잠시 걸음을 멈춰 숨을 크게 들이쉬고 한 걸음 물러서서 큰 그림을 들여다보자. 우리가 지금 이야기하려는 것은 무엇인가? 그리스도를 따르는 이들은 인류 역사가 임의로 흘러가지 않고, 많은 사람들에게는 놀라운 결말이 될 웅장한 대단원을 향해 움직이고 있다는 사실을 안다. "이 천국 복음이 모든 민족에게 증언되기 위하여 온 세상에 전파되리니 그제야 끝이 오리라"(마 24:14). 성경은 복음이 열방에 전파되는 것이 지금 인류 역사의 무대에서 펼쳐지는 드라마의 핵심이라고 분명히 가르친다. 비록 대부분의 사람들이 무시하고 있지만, 그리스도의 사도로 임명받은 사역자들이 모든 민족 가운데서 행하는 그 사역이야말로 살아 있는 모든 사람들의 운명을 좌우할 위대한 역사이다.

그렇다면 지금 이 시점과 역사의 종말 사이에서 우리가 행할 것은 무엇인가? 오직 하나밖에 없다: 아직 복음이 뿌리내리지 못한 종족 그룹들 가운데 건강한 현지인 교회를 세워 추수에 동참하는 일이다. 그렇다면 교회 개척의 진정한 의미는 무엇인가? 무슬림, 힌두교도, 그리고 불교도 등 가장 큰 규모의 미전도 종족 집단들에게 복음을 전하는 일이다. 이것이 바로 핵심 사건이다. 결코 과장 없이 말하는데, 오늘날 이 지구라는 행성에서 펼쳐지는 이보다 더 위대한 드라마는 없다! 우리 주님의 지상 대명령(Great Commission)을 완수함에 있어 교회에 주어지는 가장 위대한 도전임과 동시에, 그것은 인류 역사의 흐름과 그 종말에 있어 가장 결정적인 요소이다.

이 책은 다음과 같은 다섯 가지 주요 확신에 바탕을 두고 있다. 첫째, 부활과 승천 사이에 예수님은 여러 차례 그리고 다양한 방식으로 '그의 복음을 모든 민족에게 전하는 것'이 그를 따르는 모든 이들에게, 그 일이 완수되는 순간까지, 가장 중요한 최우선의 과업이 되어야 함을 분명하게 말씀하셨다. 그를 따르는 이들이 어디에 살든 혹은 치러야 할 대가가 무엇이든, 그 무엇도 이보다 우선적인 과업이 되어서는 안 된다. 지상 대명령은 "너희는 가서 모든 민족을 제자로 삼아"(마 28:19)라고 지시함과 더불어, "땅 끝까지 이르러"(행 1:8) 그의 증인이 될 것을 명한다. 대략 세계 인구의 삼분의 일은, 이 과업이 아직도 미완의 상태로 남아 있다. 우리가 주님의 지상 명령에 순종하고자 한다면, 바로 이 미전도 종족들에게 우리 사역의 초점을 두어야 한다.

둘째, 교회 역사의 넓은 지평에서 볼 때 '교회 개척'은 오늘날에 와

서야 교회에서 새롭게 각광 받는 주제이기 때문에, 이것이 마치 새로운 개념인 양 오해할 소지가 있다. 그러나 사실 교회 개척은 지상 명령 자체만큼이나 오래되고 중심된 주제이다. 교회 개척은 정확하게 신약 성경의 모든 사도 팀들이 행한 사역이다. 사도들이 행한 일은 복음을 설교하여 믿음의 공동체들을 세우고 성숙시키는 것이었다. 예를 들어, 어떻게 바울은 "내가 예루살렘으로부터 두루 행하여 일루리곤까지 (대략 지중해 권역의 절반에 해당한다) 그리스도의 복음을 편만하게 전했노라"(롬 15:19)라고 말할 수 있었는가? 다름 아니라 바울은 그 지역에서 복음 전도의 과업을 수행할 새로운 거점 교회들을 설립했음을 의미하고 있다.

셋째, 우리는 이 목표를 팀 사역을 통해 추구해야 한다. 이 역시도 신약의 예를 좇은 것이다. 반드시 거대하거나 혹은 아주 정교한 팀일 필요는 없다. 하지만 우리가 살펴보겠지만, 성경에서 사도들의 사역은 항상 협력 사역이었다. 그리하여 후방에서 '보내는 이'로서 기도, 재정, 그리고 여타 핵심적인 지원 역할을 감당하는 이들도 넓은 의미에서 한 팀의 일부로서 귀중한 필드 팀에 소속된다. 그런 의미에서 이 책은 또한 후방에 있는 당신을 위한 책이다. 이 책은 당신이 파트너로 섬기는 저들이 매일 씨름하고 있는 문제들에 대한 보다 명확한 그림을 보여 줄 것이다.

넷째, 추수는 지극히 어려운 밭에서도 반드시 이루어질 것이다. 우리는 복음이 침투 불가한 널찍한 불모지가 항상 있으며, 결국 그 종족은 구원 받을 수 없다는 일종의 태만(怠慢)성 불신에 떨어지려는 유혹을 피해야 한다. 이러한 믿음과 성경에 대한 믿음은 결코 공존할 수 없다. 단언컨대 "각 족속과 방언과 백성과 나라"(계 5:9)에서 나온 이들이 하늘의 영원한 공동체를 구성할 것이다. 바로 이런 의미에서 이 책의 제목을 "가능한 것의 비전"(A vision of the possible)이라고 붙였다. 미전도 종족들 가운데 추수를 거두는 일이 인간적으로는 불가능하지만, 우리 주님의 인도하심과 능력이 주어지면 가능할 뿐만 아니라 확실하다. 이 책은 지구상에서 복음을 전파하기 가장 힘든 민족들 가운데 팀 사역을 통해 교회를 개척하는 사역에 대해 설명하려 한다. 각각의 단계들을 마음에 그려보는 동안, 우리의 믿음에 새로운 불이 일어날 것이며, 겉보기엔 불가능해 보이는 일을 향해 거침없이 달려갈 열정을 품게 될 것이다. 언뜻 보기에 복음에 가장 저항적인 저 밭이 사실은 희어져 추수할 때가 되었기 때문이다.

마지막으로, 하나님의 말씀은 이 모든 사역의 여정을 가르치는 우리의 으뜸가는 선생이다. 물론 2,000년에 이르는 축적된 경험과 선교 역사 역시 오늘의 여러 팀들에게 엄청난 도움이 되며, 그 일부가 이 책의 내용을 채우고 있기도 하다. 하지만 나는 항상 주님이 성경을 통해 우리에게 무엇을 가르치시는지를 우선적으로 살펴 왔다. 놀랍게도 하나님의 말씀은 타문화권 사역자들이 오늘날 씨름하고 있는 문제들을 이미 그리고 아주 많이 다루고 있다.

오늘날 미전도 종족의 거의 대다수는 힌두교도, 무슬림, 불교도 (혹은 다른 중국 종교들), 혹은 부족 종교/정령 숭배자들이다. 이 책에서 '최전방'(pioneer) 사역이라 함은 바울과 같이 아직 "그리스도의 이름"(롬 15:20)이 불려지지 않은 곳으로 나아가는 것을 의미한다. 다시 말해, 이 책은 반응이 더디고 저항적이며 심지어 적대적인 사람들 가운데 복음을 전하는 사역에 강조점을 두고 있다. 우리는 수 세기 동안 그리스도의 구원 메시지가 의미 있는 발판을 마련하지 못한 사람들 가운데서 수행하는 사도적 사역에 대해 이야기하고 있다. 이 사역은 통상 믿음에 이르는 길을 가로막는 각종 장애물과 신자들에게 닥치는 각별한 어려움과 핍박, 그리고 그곳에 들어가 일하는 사역자들에게 부과되는 특별한 역경과 희생, 결국에는 그리스도의 몸 된 새로운 교회들 안에 형성되도록 하기 위하여 생명을 내려놓음 — 비유적인 표현이지만 때로는 문자 그대로의 의미이다 — 을 수반한다. 서아프리카의 풀베(Fulbe), 인도의 야다바(Yadava) 카스트, 캄보디아의 크메르(Khmer), 그리고 여타 수천의 민족들이 이러한 상황에 놓여 있다. 그런데 현실을 들여다보면, 그들이 저항적이라기보다는 서글프게도 오히려 그리스도의 몸 된 교회가 그들을 철저히 무시하고 있다. 때문에 우리는 어떤 경우에도 그리스도의 사랑의 강권하심으로 인해 그들에게 나아갈 수밖에 없다.

이해를 돕는 몇 가지 내용

· 어떤 종족의 이름과 고유 명사들은 안전상의 이유로 가명을 사용했다.

· 이 책의 원리들은 나의 경험과 주로 관련된 무슬림을 배경으로 예시되지만, 그 원리 자체는 모든 미전도 종족의 교회 개척 사역에 적용될 수 있다. 힌두교도, 불교도, 그리고 정령 숭배 종족들 가운데 사역하는 신자들에게도 동일하게 사용될 수 있다는 말이다.

· 경우에 따라 원활한 읽기에 도움이 된다고 판단되면 약자를 사용했다. 예를 들면, CP(church planting, 교회 개척), CPer(church planter, 교회 개척자), MBB(Muslim-background believer, 무슬림 배경 신자. 힌두교 배경의 신자는

HBB, Hindu-background believer 등등), 그리고 CPM(church planting movement, 교회 개척 운동) 등이다.

· 나는 선교 혹은 선교사라는 단어를 가능한 쓰지 않으려고 의도적으로 노력했다. 이 단어들은 제대로 이해한다면 매우 좋은 의미이다. 그렇지만 이 단어들의 의미가 세계 많은 지역에서 잘못 이해되고 있으며, 우리가 섬기고자 하는 어떤 종족들에게는 매우 부정적인 의미로 받아들여지고 있다. 마치 종교를 바꾸라고 강요하고 꼬드기는 일종의 글로벌 종교 콘테스트 선수로 비쳐지고 있는데, 나는 이러한 문화적 혹은 종교적 식민주의의 오해를 키울 의사가 없다. 예수님은 모든 민족들에게 그의 이름 안에서 죄 사함을 누리며, 마음에 변화를 받아 그의 제자들이 되라고 부르신다. 이 일이 이루어지는 겉모습은 문화에 따라 크게 다를 수 있다.

나는 지난 29년 동안의 경험을 여기에 나누고자 한다. 이 과정에서 아내는 나에게 가장 소중하고 중요한 사람이었다. 국제적 교회 개척 단체의 필드 디렉터로 시작하여 미국과 중동의 무슬림 가운데 사역하는 영광을 누린 이 험난한 길을, 우리는 함께 달려 왔다. 처음부터 나의 사역은 탁월한 아내와 아이들과 함께 일하고 함께 배우는 팀 사역이었다. 이 사역의 가치를 그때나 지금이나 변함없이 믿어 주는 가족에게 진심으로 감사한다.

많은 친구들이 읽기/편집 팀으로 책의 내용과 흐름에 대한 소중한 조언을 위해 개인 시간을 할애해 주었으며, 특히 계속 이 일을 진행할 수 있도록 격려해 주었다. 펠리서티 맥클루어(Felicity McLure), 필 파샬(Phil Parshall), 데럴 도어(Darrell Dorr), 딕 스코긴스(Dick Scoggins), 그리고 셀레스트 알렌(Celeste Allen)에게 감사한다. 귀중한 도움을 준 더 많은 사람들이 있지만, 민감한 지역에서 사역을 지속하기 위해 이름을 밝히지 말아 달라고 부탁해 왔다. 주님께서는 그들이 누구인지를 알고 계신다. 그들의 도움에 감사하며, 이 모든 이들에게 주님이 주시는 복과 은혜가 넘치기를 기도한다. 모두에게 감사합니다!

마지막으로, 전세계 사역지에 있는 수많은 나의 동료들을 향한 나의 감사는 말로는 결코 표현될 수 없다. 당신들의 동역자인 것이 너무나 큰 영광이다. 당신들의 헌신과 은사 앞에서 나는 겸손하게 된다. 이 책이 소개하는 모든 통찰은 바로 당신들의 통찰들이다. 승리는 바로 당신들의 승리다. 앞에 놓인 추수 또한 주님 안에서 당신들만이 감당할 수 있는 추수다. 당신은 이 세대의 최전방 교회 개척자들이다.

— 다니엘 싱클레어

1. 사도직
— 잊혀진 위대한 주제

중동에서의 우리의 삶과 사역에 관하여 내가 이야기를 마치자마자 한 여성이 나에게 다가왔다. "댄(필자의 이름 — 옮긴이), 당신을 격려해주고 싶어요. 이렇게 주님을 섬기려는 당신 가족의 자원하는 마음은 정말 특별하고, 여기 모인 우리들에겐 정말 도전이 돼요." 다른 이들도 비슷한 말로 우리를 격려해 주었다. 집에 돌아왔을 때, 나는 그들의 친절한 말 이면에 부가적인 메시지 하나가 꼬리처럼 달려 있음을 깨닫게 되었다. "당신에게 그 귀한 물을 준 우물이 어딘지는 몰라도 사실 난 별로 마시고 싶지 않네요."

솔직하게 이야기해 보자. 누가 가족과 친구, 좋은 직장, 집, 자기 나라와 문화 그리고 언어를 버리고, 모든 것이 다르고 두렵고 경제적으로 쪼들리는 — 게다가 우리가 전하는 메시지에 대해서는 적대적인 — 저 지구 반대편으로 떠나려 한다면, 그는 필시 미친 사람이 아니겠는가? 수도 없는 사람들이 나에게 이 질문을 던졌다. "그곳에 사는 것을 정말 좋아하나 봐요, 그렇죠?" 물론 긍정적인 대답을 기대하는 질문이었다. 결국 모험을 위해, 그리고 외국 생활에서 기대하는 일종의 자극이나 다른 문화권에 대한 동경 때문에 떠나는 것 아니냐는 짐작이 깔려 있다. 결코 그렇지 않다!

다른 나라에서 미전도 종족에게 그리스도를 전하는 사역자로 일했다면, 당신도 이와 비슷한 경험을 했으리라고 확신한다. 우리가 그런 별난 사람들이 된 이유는 단지 우리의 소명이 다르기 때문이다. 우리가 그렇게 하는 오직 한 가지 이유가 있다면, 바로 그리스도께서 우리가 그 일을 하는 걸 원하시기 때문이다. 왜냐고? 그리스도께서 우리뿐만 아니라 모든 민족을 사랑하시기 때문이다. 그분은 자유롭고 안락한 나라에 사는 우리 같은 사람들뿐만 아니라 모든 사람들이 자신을 알 수 있는 기회를 갖기를 바라신다. 그리고 지난 세기 동안 그분은 자녀들에게 줄곧 이 사도적 소명을 부여해 오셨다. 이 소명을 받은 이들은 어떤 대가를 지불하든, 그들이 보기에 좋든 싫든, 혹은 남아 있는 친구들이 이해하든 못하든 상관치 않고 고개를 돌려 그 땅을 향해 나아갔다. 이 순종이 우리로 하여금 다른 이들보다 더 나은 사람으로 만들기보다는, 이상한 사람으로는 만드는 듯하다.

1980년 초 쌀쌀한 1월 1일 아침, 우리 가족은 이집트의 새로운 집에 처음으로 도착했다. 그 전날 저녁 뉴욕의 케네디 국제 공항 탑승구 대기석에 앉은 우리는 마치 지구를 떠나 화성으로의 출발을 기다리는 기분이었다. 내가 최근 답사 여행을 다녀왔던 터라, 이미 가구가 갖추어진 아파트가 우리가 오기만을 기다리고 있어 그나마 다행스러웠다. 힘들게 도착했지만, 우리는 시차로 인한 피로 때문에 마치 커다란 벽돌에 얻어맞은 듯했다. 그런데 진짜 문제는 소음이었다. 아파트 7층, 우리의 보금자리 앞 도로는 그 도시에서, 아니 아마 아프리카 대륙 전체에서 가장 시끄러운 곳이었다! 이집트 운전자들은 계속해서 경적을 울려 댄다. 그들의 말에 '경적이 고장 나면, 차를 세워라' 는 말이 있다. 경적이 운전대보다 더 중요하다는 말이다. 한 친구가 나중에 스톱워치를 가지고 경적과 경적 사이에 제일 긴 시간을 한번 재어 보았는데, 30초가 나왔다. 그것도 새벽 두시에! 침실이 있는 뒤편으로는 전차가 다니고 있었다. 아침 여섯 시에서 다음날 새벽 한 시까지 전차가 다니는 시간이면 쉬지 않고 부우 부우 하는 소리가 거의 일초 간격으로 들려왔다.

내 가슴이 무너져 내렸다. 여기선 도저히 살 수 없을 것 같았다. 그러나 포기하고 집으로 돌아갈 수도 없었다. 우리를 파송한 교회에서 "우리 모두 열방으로 나아갑시다"라고 내가 그렇게 소리를 지르지만 않았어도 모든 것을 포기해 버릴 생각을 한 번쯤 해 보았을지도 모른다. 요점은 복음의 최전방 사역자들이 선천적으로 더 강인한 사람들은 아니라는 사실이다. 다른 게 있다면 그들은 단지 부름 받았을 뿐이다.

그 도시에 만 두 주간을 머물고 나서야 우리는 비로소 이 이국땅에 익숙해지는 것 같았다. 나중에 도착한 존과 신디 가족도 우리 아파트에 잠시 머물렀는데, 그들은 여권 등록 문제를 처리하기 위해 며칠 간 호텔에서 묵고 싶어 했다. "호텔이 어딘지 제가 알아요"라고 내가 말했다. 우리는 택시를 타고 베네치안 호텔로 향했다. 그런데 무언가 이상했다. 오후 6시 30분이었는데 문이 닫혀 있었다. 한참이나 문을 두드린 끝에 결국 주섬주섬 차려 입은 한 남자가 나왔다. 오기 전에 아랍어 단어를 한 줌 정도 배웠던 터라, 방 하나를 달라고 이렇게 저렇게 말했다. 무언가 이상했지만 이집트 호텔들은 우리와는 운영 방식이 다르겠지 하고 생각했다. 그 젊은 사람은 상당히 당황하는 눈치이면서도, 감사하게도 우리를 받아주었다. 그 젊은이가 호텔 안을 보여 주었는데, 방이 몇 개 있고 방 안에는 침대와 부대 시설들이 갖추어져 있었다. 그런데 무언가 빠진 게 있었다. 그러고 보니 문이 없었다. 기억 나는 아랍어를 최대한 동원해, 문이 없어서 프라이버시가 침해될 수 있다는 염려를 표현하자, 그는 더욱 난감해 했다. 그 사람은 어쩔 줄을 몰라 했다. 그때 갑자기 현실이 눈에 들어왔다. 그곳은 호텔이 아니었다. 가구점이었다! 이토록 바보스러울 때가 없었다. 그 이전에도 그 이후로도. 친구 존은 정말 넘어갈 듯이 그것도 아주 오래 웃었고, 심지어 그의 아들이 그만하라고 다독일 정도였다. 우리는 황급히 그곳을 빠져 나왔다.

최전방 교회 개척자들은 선천적으로 타문화를 잘 이해하는 사람들인가? 글쎄, 그게 필수 조건이 아니기를 간절히 바란다.

타문화권 교회 개척 사역과 관련하여 우리는 사도라는 용어의 사용을 수년 동안 자제해 왔다. 요컨대, 사람들에게 사도는 신약 성경의 '위대한 인물들'을 지칭한다. "하나님께서 나를 사도로 부르셨습니다" 라는 말은 오만 불손 내지는 환상에 빠져 현실감을 잃은 사람의 소리쯤으로 여겨진다. 그러나 사도들의 사역이 지상 명령의 핵심이면서 동시에 복음을 듣지 못한 자들에게 복음을 전하는 현재적 사역이라는 점에서, 이것은 매우 불행한 혼동이다.

수년 전 나는 미국 월드 미션 센터에서 미션 퍼스펙티브 과정을 들은 적이 있다. 매우 탁월한 프로그램이었지만, 사도직에 대한 강좌는 단 하나도 없었다. 후에 나는 신학교에서 석사 과정을 마쳤지만, 사도직에 관련된 과목은 보지 못했다. 사실 내 기억에는 그 어디서도 이 주제에 관한 강의는 단 한 번도 들어 본 적이 없다. 오해 없기를 바란다. 지금 그것에 대해 비판하고자 하는 게 아니다. 이 주제에 관한 그간의 침묵을 감안하면, 그리 놀라운 일도 아니다. 그러나 사도들의 소명과 사역이 신약에서 복음 확장의 핵심을 이룬다는 사실을 감안하면 이는 상당한 아이러니다.[1] 만일 이것이 사실이라면, 사도직의 소명과 은사 그리고 성격은 오늘날 우리가 문화 인류학이나 방법론 그리고 선교학에 쏟는 관심보다 더 큰 관심을 기울여야 할 중대한 사안이다. 1세기에 진실이었던 것이 21세기에도 그대로 진실이다: 사도적 사역 없이는 복음은 새로운 땅을 개척할 수 없다. 최전방 개척 사역에 관한 한, 사도직은 모든 것이다. 진실로 사도직이야말로 불가능이 주님 안에서 가능이 되는 원동력이다.

책의 뒷부분에 마련된 부록 1 "신약의 사도직"을 읽어 보기를 권한다. 요약하면, 신약에서 우리는 크게 두 범주의 사도들을 볼 수 있다. 먼저 예수님의 열두 제자가 있고 다른 일반적 의미의 최전방 사역자들이 있다. 열두 제자는 교회 설립에 있어서 근본적이고 신성한 역할을 감당했으며 그리스도로부터 고유한 권위를 부여 받았다. 그렇지만 두 범주가 근본적으로 다른 것은 아니다. 사도들에게 주어진 가장 분명한 명령은 사도행전 1장 8절에서 발견되는 "예루살렘과 온 유대와 사마리아와 땅 끝까지 이르러" 예수님의 증인이 되라는 명령이다. 사실, 사도에게 주어진 복음을 "땅 끝까지" 전하라는 이 명령은 예수님이 승천하시기 전 주신 마지막 말씀이었다! 이 명령은 사도행전에서 열두 사도와 '그 열둘-외' 사도들 모두에 의해 성취되었다. 그 열둘-외 사도는 바울(두 사도 그룹 사이에 일종의 다리 역할을 함), 바나바, 실라, 디모데, 아볼로, 야고보, 그밖의 여러 사람들을 포함한다. 신약에서 열두 제자와 관련 없이 사도 그리고 사도직이라는 용어가 사용될 때에는, 우선적으로 미전도 종족에게 복음을 전하여 새로운 그리스도의 몸 된 공동체를 설립하는 최전방 사역을 지칭했다. 따라서 "미전도 종족 가운데 교회 개척하기"는 사도적 사역이라는 신약 개념에 대한 타당한 묘사가 된다.

사도에 관해 자주 묻는 질문

1. 오늘날도 사도들이 있는가?

그렇다. 사도와 사도적 사역은 1세기와 같이 오늘날에도 필요하며 우리에게 위임된 명령이다. 바나바, 실라, 디모데, 아볼로, 야고보, 그 외 여러 사람들에게 적용된 이 사도라는 용어가 교회 시대를 거쳐 (그리고 오늘날까지) 계속 적용되지 않는다고 가정할 성경적인 근거는 없다. 이 용어는 교회로부터 보냄 받은 모든 이들에게 적용되지는 않으며 (그랬더라면 신약에서 더 많은 사람들이 사도로 불렸을 것이다), 오직 사도직의 특별한 은사를 받은 자들에게만 해당한다. 에베소서 4장 11절의 사역들이 모든 민족으로의 확장을 포함한 교회의 온전한 성숙을 위한 것이라면, 사도의 역할은 여전히 건재하게 살아 있어야 한다!

2. 최전방 교회 개척자들은 사도라는 직함을 달 수 있는가?

나는 미전도 종족을 위한 복음 전도와 교회 개척 사역자들은 사도적 사역 그리고 사도적 팀의 일원이라고 말해도 무방하다고 믿는다. 그러나 기독교적 겸손과 사도직에 대한 다양한 견해를 고려하여, 섣불리 일어나 "나는 사도입니다"라고 함부로 말해서는 안 된다. 신약에 소개되는 다양한 팀들이 "사도적 사역"에 참가하고 있었음은 의심할 바 없지만, 실제 사도 호칭은 다소 제한적으로, 아마도 그 최전방 사역으로의 소명과 은사 그리고 결실이 시간을 거치면서 확정된 사람들에게만 적용된 듯하다. 고린도전서 9장 2절이 보여 주듯, 심지어 바울의 사도직도 보편적으로 인정 받지는 못했다.

결론적으로 지도자들이 어떤 특정한 사람에게 분명한 사도직의 은사가 있음을 인식할 수 있으며, 그를 사도라고 공식적으로 부를 수 있다고 나는 믿는다.

조지 밀레이(George Miley)는 자신의 최근 책, 「교회 사랑하기, 열방 축복하기(Loving the Church, Blessing the Nations)」에서 사도적 리더들에 관하여 다섯 장에 걸쳐서 유용한 논의를 전개한다. "사도라는 단어는 사도적 혹은 합성어 사도-형(type)이라는 단어보다 더 민감한 관심을 불러일으킨다. '그는 사도이다,' '그는 사도적 리더이다,' 혹은 '그는 사도-형 리더이다' 라는 말 사이의 차이를 생각해 보라. 사도적 사역 혹은 사도-형 사역에 대해서도 비슷한 이야기를 할 수 있다. 우리 안에 오늘날 사도의 역할에 대한 거리낌이 있다면, 이들 형용사를 사용하는 것이 이 주제에 관해 보다 열린 마음으로 이야기할 수 있는 자유를 제공할 것이다."[2]

3. 오늘날 사도직이 한 교파 내의 특정한 지위 혹은 리더십 역할을 지칭할 수 있는가?

이 용어를 이런 식으로 사용하는 자들의 의견을 존중하지만, 나는 개인적으로 신약에서 이런 종류의 지위에 대한 그 어떤 증거도 찾을 수 없다. 열두 사도는 그리스도로부터 교회 안에서의 광범위한 권위를 받았지만, 그들 사도직의 초점은 교회 정치상의 최고 직위 따위에 있지는 않았다. 사도직이 현지인 교회 혹은 교파의 위계적 질서상의 어떤 직위적 권위에 관련된 것이라는 믿음을 뒷받침하는 증거는, 나로서는 찾아볼 수 없다.

4. 최전방 교회 개척 팀은 일반적인 은사들만을 보유하는 것으로 충분한가?

지난 22년 간 최전방 교회 개척 팀들과 함께 일한 나의 경험에 따르면, 사도적 은사들이 결핍된 팀의 사역이 (즉, 팀 멤버들 중에 아무도 돌파형[breakthrough type]의 사도적 은사를 가지고 있지 않을 경우) 효과적인 경우는 매우 드물었다.

5. 사도가 아닌 사람들은 어떻게 해야 하는가?

당신이 사도직의 은사를 받지 않았다고 느낀다면, 그럼에도 최전방 교회 개척 팀에 소속되어 있다면, 사도직에 관한 이 모든 논의가 당신의 소명을 의심하거나 낙담할 이유가 되는가? 결코 그렇지 않다. 신약에는 사도적 팀의 일원으로 부름 받았으면서도 결코 사도로 불리지 않은 이들이 많이 등장한다. 대다수는 동역자로 불리었으며, 사도로 불린 이들은 불과 몇 명에 지나지 않았다. 그때와 마찬가지로 오늘날도 사도로는 불리지 않을 일꾼들의 손길을 기다리는 수많은 불가결한 역할들이 존재한다.

6. 사도는 어떤 사람들인가?

나는 여기에 칼로 자른 듯한 명확한 조건이 있다고는 믿지 않는다. 신약의 자료들을 간단히 동원하여 쉽게 증명할 수 있는 사도의 조건은 결코 존재하지 않는다. 그렇지만 진정으로 사도의 은사를 가진 것으로 보이는 사람들을 관찰함으로써, 나는 여기에 잠정적이나마 일반적인 특성들을 제안할 수는 있다(반드시 이렇다고 단정하지는 않는다!).

- 하나님은 그들을 다양한 사역에 사용하신다. 그들은 일이 일어나도록 하는 부류의 사람들이다. 가끔 그들은 무(無)에서 무언가를 이루어 내는 데 능한, 다시 말해 개척지에서 새로운 사역을 향한 물꼬를 성공적으로 트는 사람들이다. 일반적으로 복음 전도 그리고 제자 사역에서 결실의 역사가 존재한다.
- 사람들은 그들의 비전을 발견하고는 기꺼이 함께 할 마음을 품는다.
- 그들은 성경을 가르치는 은사와 리더십의 은사를 가지고 있다.
- 그들은 변덕스러워서 때로 함께 하기 어렵기도 하다.
- 그들은 얼굴이 두껍고 고집스러울 때도 있다. 그 어떤 일에 관해서도 (맞든지 틀리든지) 결코 쉽사리 물러서지 않는다.
- 육에 속한 성품으로는 자만심, 독단성, 독립성 등이 나타날 수 있다. 이럴 경우 당신은 주님께서 모종의 과정을 통하여 그들의 이러한 성품을 성령의 위대한 열매와 그리스도께로의 완전한 의존으로 자라게 하심을 보게 될 것이다.
- 그들은 사역에 관련된 모든 일을 제어하기를 원한다. 이것이 때로는 과잉통제로 비칠 수도 있다.
- "자신이 무엇을 하고자 하는지에 대한 분명한 자기 생각을 가지고 있다."(밀레이의 책, 111)
- "그들은 틀에 맞추지 않는다. 그들은 '선을 넘어서' 색칠하려 든다."(밀레이의 책, 111)
- "그들은 하나님과의 보다 깊은 관계를 향한 진심 어린 배고픔을 느낀

다."(밀레이의 책, 111)

- "그들의 지평은 사뭇 넓어서 '우리' 교회 너머를 생각한다."(밀레이의 책, 111)
- "그들은 도전적이고 모험적인 일을 즐긴다."(밀레이의 책, 111)
- "그들은 과도한 헌신을 하는 경향이 있다."(밀레이의 책, 111)
- 그들은 외향적일 수도 있고 내향적일 수도 있고, 허세를 부리는 사람일 수도 있고 그렇지 않을 수도 있다. 사도적 은사는 특정한 인격 형태와 결부되어 있지는 않다. 예를 들어, 아볼로는 명랑했고, 바울은 일-몰두형이었다. 바나바는 "격려의 아들"이라는 이름답게 매우 목회적이었다.

더 많은 항목들이 여기에 더해질 수 있을 것이다. 물론 다분히 개인적 사색의 결과인 이 항목에서 제외해야 할 것들도 있을 것이다.

오늘날 사도직의 성격

사도적 은사를 받은 최전방 사역자들은 수퍼맨 혹은 수퍼우먼이 아니다. 그들은 변덕이나 인격적인 결함 혹은 약점들을 가지고 있다. 키가 클 수도 있고 작을 수도 있으며, 똑똑할 수도 있지만 그리 영리하지 않을 수도 있으며, 성급할 수도 있고 신중할 수도 있다. 그러나 그들이 공통적으로 가지고 있는 성품이 있다. 그들은 항상 돌파구를 찾는 데 혈안이 되어 있다. 정상적인 진입로가 막혔을 때, 그들은 사람들에게 나아가 하나님의 사랑을 보여 줄 수 있는 다른 길을 찾는다. 기회가 포착되면, 그들은 주저 없이 달려든다.

나의 친구인 장로교 사역자 브루스와 그의 가족이 생각난다. 그들은 수년 동안 이라크 북부의 쿠르드족에게 그리스도의 사랑을 전할 길을 열어 달라고 기도하고 있었다. 1990년 초 그들은 아랍어를 공부하기 위해 중동의 한 도시로 떠나면서, 접근이 용이치 않은 이 민족에게 복음을 전할 수 있는 길이 열리기를 간절히 소망했다. 사담의 탱크들이 쿠웨이트 시로 밀고 들어왔을 때, 이것이 쿠르드인들에게 복음을 전하는 길이 될 줄은 아무도 몰랐다. 1991년 4월 전투가 끝난 몇 주 후, 유엔이 위도 36도 위쪽에서 쿠르드인들을 도울 NGO(비정부 기구)를 절실히 필요로 한다는 전갈이 왔다. 한 주도 지나지 않아, 브루스와 그의 가족을 포함한 팀이 이라크로 향했다. 어디서 살게 될지, 안전할지 혹은 위험할지, 혹은 바로 그 다음날 무슨 일이 터질지도 모른 채. 그 집 아이들이 떠나는 것이 우리 아이들에게는 큰 슬픔이었다. 모두 좋은 친구였다. 다른 사역자들도 곧 따라갔고, 그들 앞에는 주님을 위한 엄청난 추수의 들판이 펼쳐졌다.

더불어 조와 캐시가 생각난다. 그들은 공산당 체제가 복음의 모든 경로를 차단하여 이 복된 소식으로부터 철저히 단절되어 있던 알바니아 민족에게 그리스도를 전하기를 염원했다. 그래서 조와 캐시는 유고슬라비아 코소보로 이주하여, 수년 동안 언어를 배우고 거기 살고 있는 소수의 알바니아 사람들 가운데서 사역했다. 알바니아에서 공산주의가 갑자기 예기치 않게 몰락했을 때, 그들은 바로 알바니아로 들어갔다. 한 주도 지나지 않아 조는 티레인(알바니아의 수도 — 옮긴이)의 광장에 쓰러진 스탈린 동상 위에 올라서서 그리스도를 설교하고 있었다. 바로 그 자리에 하나의 교회가 세워졌다.

사도들이 항상 외국인인 것은 아니다. 하나님은 미전도 종족의 추수를 위해 다양한 나라들로부터 사람들을 불러 오시지만, 동시에 그 나라 사람들을 일으키고 그 나라의 다양한 지역으로 보내 전도하고 교회를 개척하게 하신다. 중앙아시아에서, 자말이 자신의 회심과 놀라운 하나님의 부르심에 관해 이야기하던 네 시간 동안, 내 가슴이 얼마나 두근거렸는지 아직도 기억이 생생하다. 그는 꿈속에서 하나님께 자신은 가족을 돌보아야 하기 때문에 다른 추수터로 보내지 말아 달라고 버티고 있었다고 한다. 하나님은 자말의 눈을 돌려 높은 산 꼭대기를 보게 하셨는데, 그 정상에 바로 자신의 어린 아들이 고요하게 흔들리는 요람 안에 평화롭게 뉘어 있는 모습이 눈에 들어 왔다. 그때 갑자기 하나님께서 명령을 내리시자 그 요람이 뒤집어져 완전히 산을 한 바퀴 휘돌더니 결국에는 원래 있던 산 정상으로 돌아왔다. 그의 가장 소중한 소유, 자신의 맏아들이 하나님의 명령으로 죽음을 맞이하는 모습을 목격한 충격에서 겨우 정신을 차린 후, 자말은 허겁지겁 산 위로 달려갔다. 그 요람 안에는 그의 아들이 여전히 미소를 지으며 마치 아무 일도 없었던 듯이 고요하게 뉘어 있었다. 이윽고 하나님께서 말씀하셨다. "잘 보았느냐? 내가 너보다 너의 가족을 더 잘 돌볼 수 있느니라. 너는 어서 나의 추수터로 가거라!" 이 형제는 그 이후 고향 도시 주변으로 여러 교회를 개척했다. 그와 그의 가족은 그들이 개척한 무슬림 출신 신자들(MBB)의 교회에 의해 파송되어 다시 새로운 도시로 이주했다!

1984년 나는 언덕에 올라 카이로의 대로를 바라보고 있었다. 4층에서 10층에 이르는 빌딩들이 내 눈이 닿는 곳까지 모두 똑같은 단조로운 밝은 갈색 빛을 반사하고 있었다. 지평선은 저 큰 시멘트 덩어리 때문에 흐릿했다. 이 제한된 시야에 잡히는 지역에만 족히 700만의 영혼들이 살고 있었다 (도시 전체로는 거의 2,000만이 살고 있다). 희미한 전경 사이로 한 생각이 불타올랐다. '이것이 바로 로마서 15장 18-21절

에서 바울이 말한 것이로구나.'

그리스도께서 이방인들을 순종케 하기 위하여 나를 통하여 역사하신 것 외에는 내가 감히 말하지 아니하노라. 그 일은 말과 행위로 표적과 기사의 능력으로 성령의 능력으로 이루어졌으며, 그리하여 내가 예루살렘으로부 터 두루 행하여 일루리곤까지 그리스도의 복음을 편만하게 전했노라. 또 내가 그리스도의 이름을 부르는 곳에는 복음을 전하지 않기로 힘썼노니 이는 남의 터 위에 건축하지 아니하려 함이라. 기록된 바 **'주의 소식을 받 지 못한 자들이 볼 것이요, 듣지 못한 자들이 깨달으리라."**

이 단락에서 바울은 그의 마음과 소명, 그리고 무엇이 그로 하여금 이 모든 일을 행하도록 몰아붙쳤는지에 관해 나눈다. 그리스도가 아직 알려지지 않은 도시들로 가는 것, 교회가 아직 뿌리내리지 못한 민족들 에게로 가는 것이 그의 일생의 소명이었다. 최전방 사역의 위대한 특권 중 하나는, 당신이 이웃 혹은 친구, 혹은 택시 기사와 복음을 나눌 때, 그것이 그들에게는 처음으로 복음을 듣는 순간이 된다는 것이다. 그리 고 슬프지만 그것이 마지막일 수도 있다. 그 순간 당신은 그들에게 진 정 예수님의 대사가 되는 것이다.

최근 아내와 나는 우리 딸들이 다니는 교회를 방문했다. 목사님이 사도직(apostleship)에 관해 말하고 있었는데, 말을 더듬다가 그만 불가능 직(impossible-ship)이라고 발음하고 말았다. 언뜻 드는 생각이, "가만 있 자. 그거 참말이네. 저게 바로 사도직이네." 사도직은 아무것도 없는 데서 무언가를 창조해 내는 사역이다. 지금은 아무도 그리스도를 따르 지 않지만 하나님께서 장차 당신을 사용하여 신자들의 공동체를 창조하실 한 도시 그리고 한 민족에게로 이주하는 것, 그것이 사도직이다. 사도직은 일반적으로, 교회 개척자는 물론 새로 태동하는 교회까지 곤경에 처하게 만드는 적대적인 환경에 부딪히게 된다. 인간적으로 말하면 이것은 불가능한 직무이다. 이것은 참으로 특별한 기름부음과 은사이다.

왜 힌두교도들에게 특별히 초점을 맞추는가? 혹은 왜 불교도들에게? 혹은 무슬림들에게? 이것이 어떤 이들에게는 공격적으로 보일 수 있고 혹은 새로운 형태의 식민주의로 비칠 수도 있겠지만, 이것은 사실 깊은 사랑의 마음에서 비롯되었다. 모든 사람에게 예수님이 필요하다. 너무나 오랫동안 그리스도인들은 무슬림들에게, 예를 들어, 예수님을 평화적으로 이해할 수 있는 기회를 주는 데 실패해 왔다. 또한 십자군이 부정적인 역사적 이미지를 구축했다는 것도 사실이다. 무슬림들이 그리스도의 이름으로 고통당한 것을 우리는 매우 애통하게 여긴다. 그 이래로 많은 무슬림 사회들이 소위 그리스도인 사회를 불신했으며, 그 역도 마찬가지다. 더불어 무슬림들은 예수님의 제자가 된다는 것의 의미에 관하여 잘못된 관점을 자주 배워왔다. 그리하여 복음 사역자들은 예수 그리스도의 참된 성격에 관한 모든 오해들을 교정하는 데 일정한 역할을 감당해야 할 필요성을 느낀다. 이슬람 역사와 문화 그리고 그 민족의 언어에 통달할 수 있다면, 무슬림 민족들을 최대한 배려하고 존중하는 데 훨씬 효과적일 것이다. 서구인들은 무슬림의 전형적인 세계관과 소망에 관해 거의 이해하지 못하고 있다. 이 사람들에 대해 진정으로 마음을 쏟을 때, 비로소 우리는 그들을 이해할 수 있다. 더불어 최전방 교회 개척자들은 무슬림들에게 배울 것이 많다는 사실을 깨닫는다. 무슬림들은 영적인 세계를 사뭇 진지하게 받아들이며 일반적으로 종교적 문제들에 관한 토의에 개방적이다. 그들은 하나님과 그의 능력에 관해 지극히 높은 존경심을 가지고 있다. 그들은 공동체와 충성에 높은 가치를 부여한다. 환대가 그들에겐 매우 중요하다. 이것은 외국인 사역자들이 무슬림 친구들에게서 발견하는 소중한 성품들 중 일부에 불과하며, 그들은 무슬림들과 어우러져 사는 것이 그들의 삶을 매우 풍요롭게 한다고 느낀다. 마지막으로, 우리는 우리의 친구들에게 꾸란이 말하는 '그 책의 백성'[3]이 되기를 바란다: "그러나 만일 네가 우리가 너희에게 전하여 준 바에 관하여 의심이 들거든, 네 앞에서 그 책을 읽는 이들에게 물으라. 진실로 진리는 너의 주로부터 너에게 온 것이니, 의심하는 자들 가운데 끼지 말라."[4]

사도의 심장은 최전방 교회 개척을 향해 고동친다. 다른 이들이 가려 하지도 갈 수도 없는 곳으로 가서, 전에 우리의 메시지를 한 번도 들어보지 못한 사람들에게 그리스도 안에서의 용서와 영생의 위대한 소식을 전하고 이끄는 일 — 다른 사역들로부터의 간섭이나 혹은 다른 사역들에 대한 간섭의 염려 없이 — 바로 이 일을 향하여 그들의 심장이 고동친다. 이것이 사도의 열망이다. 이것이 바로 바울이 당시 문명의 중심지이며 또 당시에 교회가 태동하고 있던 로마, 개인적으로는 모든 흥분과 위로 그리고 안정 속에서 전도유망한 삶을 영위할 수 있었음에도 불구하고 로마에 가지 않았던 이유이다. 대신 그는 살아 있는 교회도 없는 도시에 머물며, 좌절과 불확실성을 꼬리표처럼 달고 다니면서, 저항적이고 적대적인 사람들에게 복음으로 간청하며, 이에 반응하는 자들을 믿음 안에 세우는 데 진력했다.

이 개척자적인 고난의 영은 언제나 하나님의 특별한 보냄 받은 자들의 특징이 되었다. C. T. 스터드는 이렇게 읊었다.

어떤 이의 소망은

교회와 채플의 종소리 가운데 사는 것이지만

나는 지옥 앞마당에서

구원의 집을 운영하련다.[5]

하나의 실천적인 적용을 제안하자면, 위에서 암시된 대로, 사도들에겐 '동역자들'(혹은 팀 멤버들)이 필요하며 역으로 이 동역자들에게는 사도들이 필요하다는 것이다. 함께 어우러져 일할 때 그들은 비로소 효과적인 사도적 팀을 구성한다. 나는 아직도 팀을 가지지 못한 팀 리더들을 여러 차례 목격했다. 그들에게서 분명한 사도적 은사의 표지가 빛을 발하고 있다 하더라도, 그들을 도와 줄 동역자들을 얻지 못하여 오랜 세월 열매 없이 지내는 경우일 수도 있다.

마찬가지로 그 반대 경우도 목격했다(이에 대해 나와 의견을 달리하는 사람들도 있을 것이다). 꽤 큰 교회 개척 팀들 중에서 사도직의 은사를 가진 팀 멤버를 한 사람도 가지지 못한 경우를 보았다. 매우 당혹스러운 일이다. 이 팀들은 성숙하고 경험 많은 일꾼들을 보유하고 있지만, 해를 거듭해도 아무런 일도 일어나지 않는다. 이것이 단지 땅이 딱딱하게 굳어 있고 하나님의 추수 때가 아직 이르지 않았기 때문인가? 물론 가끔 그런 경우도 있다. 그러나 내가 믿기로는, 그 팀에 돌파의 은사, 즉 그리스도를 위하여 무에서 무언가를 창조해 내는 특별한 기름부음을 받은 사람이 없기 때문인 경우도 종종 있다. 이런 경우에는 모두 나서서 사도적 은사를 지닌 새로운 팀 리더를 찾거나, 아니면 그 팀을 해체하여 사역자들이 보다 효과적으로 일할 수 있는 다른 팀에 합류하게 하는 것이 최선이다.

사도로 부름 받았다는 소명 의식은 바울의 삶과 사역에 깊은 흔적을 드리웠다. 그 무엇도 이전과 같지 않았다. 우선 그의 복음 사역이 그의 기분이나 사상 혹은 그가 선택한 직업 이력이 아님을 그는 잘 알고 있었다. 오히려 그것은 하나님의 주도적인 역사로 그에게 찾아 왔다. 그리하여 그것은 하나님의 권위로 그에게 다가왔다. 얼마나 자주 바울은, 그가 시작한 교회들에서 사람들에게 그의 사도직에 관하여, 그리고 하나님께서 그를 통하여 그들에게 당신의 뜻을 전달하고 계신다는 사실을 상기시켰던가!

둘째, 이 소명에 대한 바울의 인식은 그 어떤 대가를 치르더라도 사역의 완수를 위해 조금도 움츠러들지 않고 모든 신실함으로 헌신하도록 만들었다. "내가 복음을 전할지라도 자랑할 것이 없음은 내가 부득불 할 일임이라. 만일 복음을 전하지 아니하면 내게 화가 있을 것이로다. 내가 내 자의로 이것을 행하면 상을 얻으려니와 내가 자의로 아니한다 할지라도 나는 '사명'을 받았노라"(고전 9:16-17). 여기서 '사명'은 물론 그의 사도적 사명이다. 에베소 교회의 장로들에게 전한 격정적인 고별 인사에서 바울은 이렇게 말했다. "내가 달려갈 길과 주 예수께 받은 '사명' 곧 하나님의 은혜의 복음 증언하는 일을 마치려 함에는 나의 생명조차 조금도 귀한 것으로 여기지 아니하노라"(행 20:24). 한 팀 리더가 내게 비밀을 털어 놓았다. "댄, 바울의 사도적 소명 의식이 나와 나의 사역에도 깊은 영향을 끼쳤습니다. 이 소명 의식이, 내가 그리스도 예수께 지속적으로 그의 은혜를 내려 달라고, 그래서 내가 끝날까지 좌로나 우로나 치우치지 아니하고 나의 소명과 사역의 큰 뜻을 이루게 해 달라고 간청하는 힘이 되었습니다. 나는 그리스도께 묶인 종입니다. 내 의지를 향하여 죽고 오직 그분의 뜻을 위하여 살도록 부름 받았습니다. 더불어 비신자들에게 설교하고 완고한 교우들을 권면할 때, 그리 자주는 아니지만 종종, 나는 지금 이 순간만큼은 하나님께서 나를 통해 그들에게 직접 말씀하시니 범죄하거나 그리스도를 거절하지 말라고 그들에게 간청해야만 했습니다. 물론 나의 '권위'에 호소할 때는 보다 신중해야 하겠지만, 그런 순간이면 나와 나의 말을 듣는 이들은 항상 진지하고 신중해져서, 사랑과 겸손과 지극한 자기 반성과 더불어 나눈 우리의 말은 바로 그 순간만큼은 하나님 앞에서 영원의 무게로 다가왔습니다."

오늘날 우리는 아직도 20억의 사람들이 주님을 알지도 못할 뿐만 아니라 그들의 민족과 언어 가운데는 그 어떤 교회도 존재하지 않는다고 이야기한다. 그들에겐 주님에 관한 아무런 소식도 없다. 그들은 아직도 그 소식을 듣지 못했다. 그리고 복음의 최전방 사역자들이 어떤 대가를 치르고서라도 그들에게 복음을 전하며, 특히 힌두교도들과 무슬림들, 불교도들과 도교 신자들 그리고 세속적 공산주의자와 그 밖의 수많은 미전도 종족들 가운데 교회를 개척하기까지, 그들은 아무것도 듣지 못할 것이다. 이것이 바로 우리가 이 일을 하는 이유이다. 이것이 우리의 비전이다. 이것이 우리의 사도적 소명이다.

2. 교회란 무엇인가?
―그리고 어떻게 개척할 수 있는가?

최근 BBC 방송은 "바람을 넣으면 부풀어올라 쉽게 설치할 수 있는 풍선 교회가 화요일 세계 최초로 공개 행사를 가졌다는 사실"을 보도했다. "그 풍선 교회는 지면에서 첨탑까지 47 피트(14.3 미터) 높이에, 길이 47 피트 그리고 너비 25 피트(7.6 미터) 규모이며, 풍선 오르간과 강단, 설교단, 회중석, 촛대 그리고 '스테인드 글라스' 창문까지 갖추고 있다." 교회에 대한 개념을 풍선처럼 쉽게 설치할 수 있는 건물 정도로 정의하여 광범위한 복음 사역자 공동체에서 통용될 수 있다면, '미전도 종족 가운데 교회 개척하기'는 얼마나 수월하겠는가!

우리가 의미하는 교회가 이것이 아닐진대, 과연 교회란 무엇인가? 그리고 어떻게 교회를 개척할 수 있는가? 이번 장의 제목에서 알 수 있듯, 이것은 결코 녹록한 일이 아니다. 적대적인 환경 속에서 교회를 개척할 수 있는, 누구라도 사용 가능한 비책을 내가 제시할 수는 없지만,

한 새로운 팀으로 하여금 생산적인 사역으로 돌입할 수 있도록 힘을 실어 줄 수 있는 몇 가지 일반적인 교회 개척 원리들이 존재한다고 나는 믿는다. 우리는 이번 장의 두 가지 질문을 역순으로 다룰 것이다. 우선 어떻게 교회를 개척할 것인가에 대해 이야기하고 그 다음에 교회란 무엇인가에 대해 답해 보려 한다.

이번 장은 다른 다양한 사역 영역은 제외하고 오직 미전도 종족 가운데 교회 개척하기에 헌신한 사역자를 전제하고 있다. 나는 온 마음으로 트렌트(Trent Rowland)와 비비안 로울랜드(Vivian Rowland)의 말에 동의한다. "복음 전도의 손길이 가장 미치지 못한 종족들에게 다가가기 위해서는, 자생력이 있는 현지인 교회의 설립과 성장이 중심 목표가 되어야 하며 모든 사역은 이 목적에 대한 기여도에 따라 평가되어야 한다. 교회 개척을 분명한 목표로 삼지 않는 사람들은 아마 그렇게 하지 않을 것이다."[1]

적대적 환경 가운데 그리스도를 믿게 된 대다수 사람들이 결국은 신앙을 떠나게 된다는 사실은 익히 잘 알려져 있다. 그러나 내 경험에 비추어 보면, 신자들이 주님과의 신앙 여정 초기부터 같은 배경을 지닌 다른 신자들과의 교제망에 연결되어 있다면, 그들이 계속해서 그리스도 안에 머물 가능성은 훨씬 높아진다.

어떻게 교회를 개척할 것인가?

최전방 교회 개척은 해당 종족 가운데 단 하나의 교회도 세워지지 않은 불모지에 교회를 시작하는 것을 의미한다. 이는 매우 의도적이다.

미전도 환경 안에 있는 교회는 담장 위에 올라앉은 거북이와 같다. 절대로 혼자 그곳까지 올라갔을 리가 없다. 누군가 그곳에 올려놓은 것이다. 마찬가지로 사역을 시작할 때, 일단 마음에 목표를 세우는 것으로 시작해야 한다. 이루어져야 할 일에 대한 그림 혹은 비전, 지극히 구체적이어서 거의 만질 수 있고, 맛볼 수 있고, 눈으로 볼 수 있는 수준의 목표를 세워야 한다. 하나님이 당신을 미전도 종족 가운데 교회를 개척하도록 부르셨다면, 진정 당신에게 이 특별한 종류의 믿음과 비전을 주실 것이다. 초기 목표는 아마 다음과 같은 것이 될 것이다.

- 특정한 종족 그룹 출신으로 구성된 하나의 신자 그룹
- 최소 규모에 사회적 다양성을 지닌 그룹(예를 들어, 세 명의 미혼 남성 그룹은 안 됨)
- 그리스도께, 그리고 서로에게 헌신하여 있으며, 함께 그분의 몸이 되고 그분의 말씀으로 가르침 받기로 헌신한 그룹
- 둘 혹은 세 명의 신자가 (그 종족 그룹 출신으로) 장로로서 돌보는 그룹
- 재생산의 비전을 가진 그룹

대부분의 최전방 상황 안에서, 특히 저항적인 문화 안에서는, 같은 배경을 가진 ― 힌두교 상황 안에서는 힌두교 배경의 신자들, 불교 상황 안에서는 불교 배경을 가진 신자들로 이루어진 ― 새로운 신자 그룹을 시작하는 것이 목표가 되어야 한다. 이 새로운 신자들이 문화적으로 기독교 배경을 지닌 회중과 융화되도록 힘쓰는 것보다 이것이 우선되

어야 한다. 인도의 안드라 프라데시(Andhra Pradesh)의 수밤마(Subbamma)
가 말한 것처럼, "힌두교도에게 접근하는 우리의 방법론에 충분한 유
연성과 자유가 갖추어지면, 가정 교회들이 자생적으로 그들 가운데 자
라날 것이다."[2]

　내가 제안한 초기 목표가 너무 작다고 이견을 제기할 사람이 있을지
모른다. 만일 이것이 초기 목표라면 믿음 그룹을 형성하는 데 만족한
나머지 교회 개척 운동(CPM)을 위한 토대를 놓는 데 실패할 것이라며
반대하는 이들도 있을 것이다. 이러한 반대에 대해 나는 한편으로 동의
하고 한편으로는 동의하지 않는다. 보다 장기적이고 광범위한 교회 개
척 운동 비전을 품는 것은 멋진 일이다. 초기부터 의도적으로 '교회 개
척 운동을 위한 DNA' 토대를 놓는 것은 매우 전략적일 수 있다. 그리
고 심지어 당신이 대형 그룹에 속한 경우라면 여러 지역에서 동시 다발
적으로 땅을 일구는 것을 주님께서 원하실 수도 있다. 그러나 원대한
목표만 가진 채 (다시 말해, 당신의 첫 목표가 교회 개척 운동인 경우)
보다 구체적이고 손에 만져지는 무언가가 없다면, 대다수 교회 개척자
들은 마비 상태에 빠지고 말 것이다. 최전방 혹은 저항적 도시에서 사
역하는 교회 개척 팀에게, 위에서 소개된 바와 같은 단순하고 구체적인
하나의 목표를 가진다는 것은 매우 고무적인 일이 될 것이다. 그들은
주어진 목표가 합리적인 기간 안에 가능한 어떤 것임을 인식하며, 주님
의 일하심을 기대할 것이다. 또 다른 위험성이 있다. 만일 당신이 오직
그리스도만이 그리고 엄청난 기적을 동원해야만 하실 수 있는, 불가능
할 정도로 거대한 꿈을 품는다면 (홍해를 가르는 정도의 수준), 일반적
인 경우 아무런 진보가 없어도 당신은 만족할 것이다. 최전방 사역자들
에게, 진보가 없음에도 만족하는 것은 일종의 질병이 될 수 있다.

우리는 슈크레니스탄(Shukranistan)[3]에 중간 정도 크기의 팀을 가지고 있었다. 여러 해, 아주 여러 해 동안 말 그대로 아무런 열매가 없고 실제적인 복음 전도가 거의 일어나지 않았음에도 불구하고, 그들은 그리스도를 위한 수백 개의 교회 설립이라는 목표에서 한 걸음도 물러나지 않았다. 그때 그 팀 리더가 새로운 팀 리더 감독자를 구했는데, 그는 이러한 모호성과 무방향성에 대해 상당한 과민반응을 보이는 사람이었다. 그는 수백 개의 교회들에 대해 듣고자 하지 않고, 오직 그 팀이 첫 번째 교회를 얻기 위해 무엇을 하고 있는지를 알고자 했다. 그래서 모든 팀 멤버들이 개인 전도와 훈련 계획을 마련하도록 했다. 일 년 안에 그들은 두 개의 교제 그룹을 얻을 수 있었고, 그 팀에 몰아친 흥분은 손에 잡힐 정도였다. 현재 이 팀은 또한 엄청나게 기도하는 팀이며, 주님은 그들에게 마음의 소망을 주실 뿐 아니라 그들의 기도에 응답하고 계신다.

어떻게 시작할 것인가?

불모지에서 몇 개의 새로운 교제 그룹을 시작하는 일에 참여한 것은 나에게 한없는 특권이었다. 그 중 셋은 무슬림 배경 신자 그룹이었고, 그 중에서도 둘은 중동에서였다. 이 그룹들은 거대하거나 혹은 교회가 나아가야 할 바를 제시하는 빛나는 모범 사례는 아니었지만, 내가 배운 한 가지 사실이 있다. 교제 그룹을 시작하는 것은 우리가 생각하는 만큼 그리 복잡한 일은 아니라는 것이다(물론 풍선 교회처럼 쉽지는 않지만).

내 경험과 내가 관찰한 모든 교회 개척 사례, 그리고 바울의 모든 교회 개척 사례에서 볼 수 있듯, 함께 일할 수 있는 신자들을 얻기 전까지는 교회를 개척할 수 없다. 의미인즉, 우리 스스로 그들을 그리스도 신앙으로 이끌든지, 그게 아니면 주님께서 우리로 하여금 그들을 발견하도록 혹은 그들로 하여금 우리를 발견하도록 허락하셔야 한다. 대부분의 경우, 팀에서는 누군가를 믿음으로 이끌어 오는 작업과, 기존에 존재하는 신자 한 둘을 발견하는 작업이 동시에 공동으로 이루어지는 모습을 나는 여러 차례 목격했다.

에릭과 클라라는 그들의 두 살 난 아들과 함께 인도네시아의 삼백만 인구의 도시로 이주했다. 1980년대 후반까지 그곳에는 알려진 신자가 전혀 없었다. 언어 과정을 시작하자마자, 에릭은 대부분의 일과 시간을, 시장에서 일하는 사람, 관광지에서 서성거리는 사람, 그리고 하릴없이 집에서 놀고 있는 사람들이 있는, 그 도시의 다양한 장소로 나갔다. 그는 사람들을 만나고, 관계를 맺으며, 그리스도를 전하고, 늦게서야 집으로 돌아오곤 했다. 에릭이 이 일을 성실하게 수년 동안 행하던 어느 날, 포레스트⁴라는 이름을 가진 한 남자에게 복음을 전했는데, 알고 보니 이미 그는 그리스도를 따르는 사람이었다. 포레스트는 즉시 에릭이 자기를 지도해 줄 수 있는 그리스도의 제자임을 알아차렸다. 그들은 금방 친구가 되었고, 일년 반이 지나지 않아 하나님께서는 이 사람들과 그들의 아내를 사용하셔서 포레스트의 종족 출신 스무 명의 신자로 구성된 하나의 교회를 개척하게 하셨다.

또 다른 형제 마이클은 중앙아시아에서 섬기고 있는데, 상당 기간 동안 복음을 전하고 심지어 복음 문서를 정부 허락을 얻어 공공 학교에 비치하는 등 담대하게 사역했다. 그의 팀 역시 부지런히 전역으로 돌아다니면서 예수 영화를 상영했다. 파흐미는 엔지니어로 일하다가 유럽에서 신앙을 가진 후 막 집으로 돌아온 터였는데, 우연치 않게도 우리가 영화 상영하는 곳을 찾아왔다. 하나님은 파흐미의 마음에 자기 민족을 향한 부담을 심어 놓으셨다. 그는 마이클이 자기 종족에게 복음을 전할 담대한 열심을 가진 사람임을 발견했다. 함께 사역한 지 불과 몇 년 지나지 않아, 그들이 시작한 교회는 약 150명이 되었고 이웃 동네에 다음 세대 교제 그룹들을 개척하고 있었다.

나 자신의 경험도 비슷했다. 일 년 반 동안 아내와 나는 복음 전도와 아랍어를 배우는 데 진력했지만 별 열매가 없었다. 어느 날 미국인 친구인 빌이 우리에게 파루크[5]라는 미국 국적의 아랍인을 소개시켜 주었다. 미국에서 무슬림으로 태어나 자란 파루크는 몇 해 전 그리스도께로 회심한 후 제자 훈련과 사역에 동참하다가 최근 고향으로 돌아올 작정이었다. 그가 한 주 내로 올지 혹은 더 길어질지는 분명하지가 않았다. "내가 그 친구를 한번 만나 봐도 될까?" 망설일 것이 없었다. "당연하지."

파루크와 나는 그가 도착하던 날 빌의 아파트에서 만났고 금방 친해졌다. 우리는 어느새 친한 친구가 되어 공동 사역에의 헌신은 물론 재미없는 농담까지 닮아 갔다. 후에 그의 결혼식에서 들러리로 설 수 있었던 것이 내게는 큰 특권이었고, 이날까지 우리는 매우 가까운 친구로 지낸다. 내겐 참으로 귀한 우정이다. 몇 주 후 나는 독일에서 개최된 컨퍼런스에 참여하게 되었는데, 거기서 우리는 우리가 품은 나라에서 하나의 돌파구가 생기기를 기도했다. 내가 돌아오자마자 파루크가 나에게 자기가 두세 명의 신자를 더 만났고 우리 교제 그룹에 끌어들였다고 말했다. 그래도 괜찮겠느냐고, 괜찮으면 그들을 만나 보지 않겠느냐고 물었다. 그때부터 이 그룹은 성장가도를 달렸다. (이 형제들 중 하나가 레바논 내전에 참가한 전투 요원이었고 후에는 파루크를 죽이려고 했다는 사실은 신경 쓰지 말라. 이 사역에서 사소한 부침쯤은 무던히 지나칠 줄 알아야 한다!)

복음 전도와 교회 개척에 있어서, 아직 신자가 되지 않은 많은 사람들로 구성된 그룹과의 정기적인 모임을 통해 이루어지는 사역적 접근을 옹호하는 이들도 있다. 이들은 불신자인 그들에게 정기적으로 그리스도의 가르침을 베풀고, 복음서 혹은 신약 전체를 통해 그분에 관해 보다 많이 배울 수 있는 환경을 제공하면서 그들과의 돈독한 관계를 세워가야 한다고 주장한다. 부족민 사역에 있어서 이것의 탁월한 예로, 인도네시아 오리사(Orissa)[6]의 쿠이(Kui)족이 있다. 이들은 대부분 문맹이어서 구어에 의존하는 '듣기 그룹'을 형성했다. 이 방법의 목표는 모임에 참석하는 사람들이 복음을 들음으로써 예수님을 영접하고 구원을 얻게 하는 것이다. 나는 진심으로 비신자 그룹을 형성하려는 이 노력에 대해 갈채를 보내며, 어디서든 이 사역이 결실을 맺는 것을 보는 것은 참으로 감격적인 일이다. 이 방법론에 담긴 희망은 언젠가 대다수 혹은 모두가 구원에 이르는 그리스도 신앙으로 나오리라는 것이다. 물론, 이 접근법에서도 믿음의 공동체를 형성할 신자들이 생겨나는 시점이 있어야 한다.

넓은 그물을 치는 이 접근법은 간혹 한 특정한 가족이나 부족민에게 전적으로 투자하는 것을 의미한다. 던과 캐럴은 그들의 팀과 더불어 남아시아의 한 대도시에서 부란(Buran)[7]족을 대상으로 사역했다. 그들은 수년 동안 부란 출신 신자인 브루스[8]의 제자훈련을 포함하여 복음화 사역을 벌였으나 진보를 거의 볼 수 없었다. 브루스의 가족은 네 시간이나 떨어진 마을에 살고 있었고, 브루스의 형제 행크[9]는 탈레반에서 훈련 받은 과격분자였다. 하지만 던과 브루스는 정기적으로 그들을 방문하여 그리스도를 전하려 애썼다. 그 감격적인 자세한 내용을 여기서 나누기엔 지면이 부족하다. 어느 날, 던과 브루스가 다른 형제와 함께 아침 일찍 차를 몰고 그 가족을 방문했는데 그 때가 아침 여덟시 경이었다. 행크는 그들이 도착하자마자 자신이 겪은 일을 털어놓았다. 그들이 마을에 당도하기 몇 시간 전 꿈에 그리스도가 나타나셔서 이 사람들이 곧 도착할 것이니 그와 가족 모두가 하나님이 그들을 통해 주시는 메시지를 받아야 한다고 말씀하셨다는 것이다. 그들은 주님께서 말씀하신 대로 행했고, 가족 전체가 다음 날 세례를 받았다! 이 가족을 중심으로 교회가 개척되었을 뿐만 아니라, 부란인들 중에 여러 개의 교제 그룹이 태동했다. 그리고 이를 통해 복음이 다른 지역에 사는 너댓 개의 이웃 부족들에게까지 전파되었고, 그 중 하나는 국경 너머 이웃 나라에 있는 부족이다. 복음을 나누는 우리의 이 단순한 순종을 통해 어떤 일이 벌어질지는 그 누구도 알 수 없는 일이다!

어떻게 모을 것인가?

이제 당신의 팀이 정기적으로 두 명 혹은 그 이상의 신자들과 접촉하고 있지만, 이 신자들끼리는 서로 정기적으로 만나지 못한다고 가정해 보자. 아직 교제 그룹이 형성되지 않은 것이다. 이 단계에서 최선은 팀 멤버 중 누군가가 정기적으로 각 신자를 제자 훈련하는 것이다. 다른 말로, 가끔 서로 만나 말씀을 공부하고 함께 기도하고, 서로의 삶을 나누며 지속적으로 그 관계를 발전시켜 나가는 것이다.

이들 새로운 신자들을 하나의 기능적인 교제 그룹으로 모으는 것은, 설사 아주 작은 것이라 해도, 아마 본국에서 소요되는 것보다 훨씬 더 많은 시간과 노력을 필요로 할 것이다. 각 신자는 이미 그리스도를 따르는 것이 위험한 일임을 잘 인식하고 있다. 가족과 이웃, 고용주와 정부로부터 핍박의 위협은 사실 매우 실제적이다. 또한 힌두교도, 무슬림, 그리고 불교도 사회들은 전형적인 동양 문화권으로 다분히 가족과 가문 지향적이다. 자신의 일족 바깥의 외부인과 친분을 가지는 것은 일반적으로 쉬운 일이 아니며, 특히 민감한 신앙 문제에 있어서는 더욱이 위험한 일이다. 이 모든 요소들이 신뢰의 결핍을 초래하여, 신자들을 서로 갈라놓는 혹은 처음 면식을 튼 후 바로 서로를 떼어놓는 힘으로 작용한다.

어떤 이는 이 큰 난관에 대한 대답으로 '연못 낚시'를 제안했다. 말하자면, 한 특정한 부족 혹은 사회 네트워크를 공략하여 사람들을 그리스도께 인도하는 것이다. 그렇게 되면 누군가 신앙을 갖게 되었을 때 그들은 이미 서로를 아는 사이가 된다. 나는 이 접근법을 존중하는 바이며, 주님의 사역자들이 이것이 그들의 나아가야 할 바라고 믿는 곳이라면 나는 기꺼이 "그렇게 하시오"라고 말할 것이다. 그러나 이것이 당신의 관계 범위를 상당히 제한할 수 있음에 유념하라. 주님께서 어디서 사람들의 마음을 움직이실지는 아무도 모른다. 더욱이, 이런 저런 상황에서 나는 어떤 신자들은 그들의 가족 혹은 사회적 영역 너머의 누군가와 관계 맺기를 더 좋아한다는 사실을 목격했다. 가족 내적인 관계는 항상 복잡하고 그 나름의 어려움들이 있는 법이다.

그렇다면 나 개인적으로는 어느 접근법을 더 선호하는가? 우리의 그물을 넓게 펼쳐 낯선 사람들을 한데 모으는 방법인가, 아니면 한 가족 혹은 집단 안에서만 사역하면서, 이미 서로 자연적인 관계를 맺고 있는 사람들을 대상으로 한 교제 그룹 설립을 도모하는 방법인가? 내 대답은 우리가 처한 상황과 주님의 전략적인 인도하심에 따라 다르다는 것이다. 요컨대, 어떤 접근 방법이 가장 좋은지는 확실한 의견의 일치가 이루어져 있지 않다. 실패 사례는 어느 하나의 교회 개척 방법론에만 국한되지 않기 때문이다.

이 문제에 대해 어떤 접근 방법을 택하는가에 관계없이, 언제 어디서든 신자들을 떼어놓는 힘들이 존재한다. 그러나 그들을 한 곳으로 끌어당기는 힘들 역시 존재한다. 이 긍정적인 요인들 중 하나는 바로 '당신'이다. 그들과 당신 사이에 깊은 우정이 형성되어 있고 영적으로 서로에게 유익이 된다면, 그들은 당신의 다른 친구들을 — 다시 말해, 다른 신자들을 — 만나는 것을 마다하지 않을 것이다. 당신이 접착제가 될 수 있다. 또 하나의 주요한 힘은, 그들이 신약 성경에 더 익숙해지면서 신자들은 으레 하나의 공동체를 이루게끔 되어 있다는 사실을 알게 하는 것이다. 그리고 마지막으로, 그리스도를 따름에 있어 한 신자가 홀로 떨어져 있게 되면 자칫 감당하기 어려운 심리적 압박을 초래할 수 있음을 깨닫게 하는 것이다. 남자든 여자든 사회 속에서 외톨이가 된다면 버려진 느낌을 지울 수가 없을 것이며, 그러한 부담을 홀로 감당해야 하는 처지에 놓이면 고뇌하게 된다. 사람들은 그 본성상, 정말로 어려운 일을 치를 때에는 자신을 지지해 줄 다른 이들을 절실히 필요로 한다.

서로 아는 혹은 알지 못하는 여럿의 신자들을 한데 묶으려 할 때 염두에 두어야 할 기본적인 네 가지 덕목이 있다.

· **공동체에 대한 성경적 원리 배우기.** 심지어 일대일로 사역하면서도 신자들 사이의 관계성에 대한 주님의 가르침을 다루기 시작할 수 있다. 이것이 왜 타협할 수 없는, 그들이 경험해야 할 귀중한 교제

의 불가결한 측면이 되는지 알려야 한다. 물론 처음에는 단지 개념적일 수밖에 없다. 그럼에도 불구하고, 우리는 하나님의 말씀으로 이 작업을 시작해야 한다.

· **편안함**. 그들이 위협적이지 않은 분위기에서 서로를 만날 수 있는 창조적인 방법을 생각하라. 그들이 서로를 편안하게 느끼기 시작하기까지는 꽤 시간이 걸릴 것이다. 이를 위해 다시 당신이 연결 접착제가 되어야 한다.

· **신뢰**. 장기적인 교제를 위해, 너무도 너무도 중요한 덕목이다.

· **건강한 상호 영향**. 마침내 그들이 서로를 위해 머물기 시작한다. 서로 격려하고, 힘을 주고, 섬기기 위해 필요할 때마다 함께한다. 성경에서 발견되는 저 다양한 "서로"라는 기능과 권면을 그들이 이제 실행할 수 있게 된다.

대부분의 경우 모임을 갖기 전의 사전 단계가 필요하다. 아마도 새로운 신자들이 다른 신자들의 존재에 대해 일찍부터 인식하도록 해야 한다. 그리고 신자들의 공동체 생활에 관해 가르치고, 장기간 홀로 고립되어 있는 것이 왜 비성경적이며 재앙을 초래하는 지름길인지를 가르쳐야 할 것이다. 사도행전 2장 41-47절과 에베소서 4장 11-16절과 같은 단락을 살펴보는 것도 좋은 출발점이 될 것이다.

위협적이지 않은 분위기에서 사람들이 서로를 소개하도록 하는 한 방법은 파티를 통하는 것이다. 생일과 (기독교 혹은 그 지역의) 기념일을 포함하여, 저녁 식사 혹은 파티를 가질 수 있는 기회는 무궁무진하다. 우리 경험에는 집에서 식사 혹은 파티를 가질 때 모두들 감사하게 생각하고, 참여하고 싶어 하는 것 같았다. 모임을 꺼리는 신자들과 구도자들도 식사 초대에는 기꺼이 응할 것이다. 사실, 오지 않는 것은 초대한 사람에게 실례가 되는 것으로, 사람들은 웬만하면 이런 일을 하려 들지 않는다.

우리가 시도했던 교제 그룹에 처음에는 사람들이 잘 참석하지 않았다. 그러던 어느 날 누군가의 생일이 되었을 때, 우리는 구도자들을 조금 포함하여 많은 신자들을 저녁 식사 파티에 초대하기로 결정했다. 우리는 모든 사람들에게 이것이 생일 파티이지만 예배와 기도, 그리고 말씀 시간도 조금 가질 것임을 분명하게 말해 두었다. 거의 스물다섯 명이 나타났을 때 나는 참으로 믿기 어려웠다. 프레드의 아파트가 비좁을 정도에다, 음식이 얼마나 필요할지 가늠하기도 정말 어려울 정도였다. 놀랍게도, 토우픽이라는 이름을 가진 한 젊은 신자는 그때까지 주님께 대한 그리 많은 헌신을 보여 주지 않았었는데, 파티에 나타났을 뿐만 아니라 믿지 않는 친구까지 데리고 왔다. 물론 우리가 주 예수님에 관해 나누리라는 것을 알고 말이다.

이러한 파티는 단순히 사교적일 수도 있다. 그러나 만일 상황이 허락한다고 판단되면, 초대 받은 친구들 중에 아직 믿지 않는 사람들이 있다 해도 그 모임을 영적인 차원으로 끌어올릴 수도 있을 것이다. 예를 들어, 부활절 같은 기념일이라면 하나님의 말씀을 읽고 나누고 한 사람이 큰 목소리로 기도하는 시간을 가지는 것은 지극히 자연스러운 일이 될 것이다.

모임을 결성하기 이전의 마지막 단계로는 신자들만 모이는, 교제와 성경 공부, 그리고 기도의 명시적인 목적을 가진 교제 모임이 괜찮을 것이다. 이 모임은 하루 저녁을 택할 수도 있고, 혹은 어느 곳에 가서 일박할 수도 있을 것이다. 바라건대, 이 시간이 사람들의 영혼의 필요를 채우고, 더 많은 영적 양식을 향한 욕구를 불러일으키는 계기가 된다면 더할 나위가 없다.

내 경우에는, 신자들이 종종 금요일 오후에 함께 소풍을 나갔다. 보통 이런 모임은 차로 한 두 시간 거리, 소나무들이 울창하고 맑은 공기가 있는 언덕에서 이루어졌다. 차에 여러 사람이 끼어 타고 떠났던 때가 생각난다. 의자에 담요, 성경, 음식 한 아름, 숯, 성냥, 그리고 — 맙소사! — 그릴을 가져오지 않았다. 마흐무드는 모험심이 특심한 젊은 이였는데, 언덕을 아래 위로 훑더니 1957년형 픽업 트럭의 전면 후드를 찾아내었다. 정말 완벽한 바베큐 그릴이었다! 그때 사진이 아직도 내게 있다. 해가 이미 저물었는데도, 아무도 집으로 가려고 하지 않았던 기억이 새록새록 난다.

어느 시점이 되면, 당신은 정기적인 그룹 모임을 — 그때까지 신자들이 제안하지 않았다면 — 제안하고 싶어질 것이다. 이를 관철하기 위해, 당신의 인격적인 영향력, 관계, 그리고 신약 성경의 진리들로 설득하는 것을 포함한 모든 가용한 자원을 총동원해야 할 것이다. 두려움의 벽을 허물어야 할지도 모른다. 그리고 이 모든 과정을 기도로 채워야 할 것이다. 왜냐하면 오직 하나님만이 이 장애물을 극복하실 수 있기 때문이다. 그리고 그분은 그렇게 하실 것이다. 그분은 당신과 그들에게 그리고 그 몸 된 삶을 위하여 결코 몸을 사리지 않으시기 때문이다.

어떤 이는 이러한 정기적인 교제 시간을 외국인 사역자의 집에서 가져서는 안 된다고 주장할지도 모른다. 다른 장소가 더 좋을 수도 있다. 그러나 아예 모이지 않는 것보다는 덜 이상적인 장소에서라도 교제 모임을 갖는 것이 낫다는 데는 대부분 이의가 없을 것이다.

그 다음은 무엇인가?

〈최전방 교회 개척 단계〉(제5장과 www.churchplantingphases.com을 보라)에 따르면, 정기적으로 세 명 이상의 신자가 모이면, 그 그룹은 5단계에 있다. 물론 셋이 하나의 그룹이 되기 위한 일종의 최소 인원일 수는 있지만, 3이라는 숫자 자체에 무슨 마법이 있는 것은 아니다. 최전방 상황에서 이것은 엄청난 성취이며, 그리스도의 몸이 이제 새롭게 자라고 있다는 기분 좋은 표지이다.

사역이 순항하고 있음을 우리에게 보여 준 가장 유쾌한 표지들 중 하나는 정말 예상치 못한 곳으로부터 나왔다. 앞에서 말한 일들이 있은 지 얼마쯤 후부터, 비밀 경찰의 한 중견 간부가 파루크에게 자주 찾아와 무언가를 캐묻곤 했다. 그는 기독교 활동에 관련된 부서의 우두머리였는데, 특히 기독교 전도 활동이 사회적 문제를 일으키지 않도록 해야 하는 책임을 맡고 있었다. 범상치 않은 솔직함으로, 그는 결국 파루크에게 그가 지난 이십 년 동안 이 문제를 다루어 왔으며, 우리의 그리스도-제자 그룹이 그 잠재력으로 인해 진정한 의미에서 그의 부서를 두렵게 만든 첫 대상이었다고 말해 주었다. 사실 하나님의 자녀들이 한데 뭉쳐 하나의 모임을 이루기 시작할 때는 정말 두렵다. 물론 사람들이 그리스도를 진정으로 따르기 시작할 때에는 사회에 모든 면에서 유익이 되지만, 보안 기관들은 미처 이 사실을 깨닫지 못한다.

일단 이 단계에 이르면, 교회 개척자의 초점이 네 가지 과업에 맞추어진다.

1. 말씀 가르치기
2. 신자 돌보기

3. 공동체와 신약이 가르치는 몸 된 지체의 삶을 계발하기

4. 잠재적 리더 발굴 시작하기

이것은 제14장의 주제이다. 하지만 이것이 교회 개척자가 복음 전도 활동을 멈추어야 함을 의미하지는 않음을 지적해 두고자 한다. 복음 전도는 계속되어야 하며, 팀의 역량이 미치는 한 다른 곳에서도 새로운 그룹을 시작하도록 힘써야 한다.

최전방 혹은 적대적인 환경 가운데 불모지에서 교회 개척하기 과정에 관련하여 우리가 한 번도 언급하지 않은 매우 중요한 몇 가지 사실들이 있다. 우리가 기도에 관해 깊이 논하지 않았지만, 기도는 말할 나위 없이 절대적으로 결정적인 요소이다. 교회 개척 팀에게도 그러하고 더불어 전세계적인 기도 동력화를 위해서도 그러하다. 병자를 위한 기도를 포함하여 언급하지 않은 몇 가지 주제들이 더 있는데, 어떤 이들은 이것이야말로 사역의 중심이 되어야 한다고 느낄 것이다.

교회란 무엇인가?

일부 동료 사역자들이 자랑스럽게 그들의 목표는 상황화된 (contextualized) 교회, 즉 최대한 현지화되고 그 문화에 적응된 교회를 개척하는 것이라며, 마치 최전방 사역의 시금석을 발견한 듯이 호언하는 것을 들었다. 개인적으로 나는 본국 교회와 동질의 '교회'를 있는 그대로 새로운 문화로 이식 혹은 수입하려는 교회 개척 사역자를 만나 본 일이 없다. 정도의 차이는 있지만, 모두들 교회 생활을 구성하는 특유

의 원리들에 관한 절대적인 성경적 원칙은 존재하지 않으며, 따라서 각 원리들은 어느 정도 해당 문화에서 나오고 또한 그것과 잘 조화되어야 한다는 데 기꺼이 동의한다. 구체적인 영역으로는, 의복, 남녀 관계, 회중석 혹은 의자 혹은 마루에 앉기, 예배 형태, 음악의 역할과 종류, 종교적 용어, 인사말, 모임 순서, 음식, 재정, 기도 자세 등, 나열하면 끝이 없다. 그리고 이 모든 외적인 문제들과 더불어 형식 뒤에 숨은 의미들과 상황화를 통한 사고 전략이 가세함으로써, 그 교회는 진정으로 현지의 상황에 안착하게 되고, 이제 이 새로운 신앙으로 나아가는 유일한 반대 혹은 낯설어하는 고민거리는 그리스도의 십자가에 대한 신앙뿐이어야 한다. 수밤마는 힌두교 상황을 배경으로 이렇게 말한다. "결과적으로 우리가 그리스도인이 되는 사람들의 필요에 맞게 교회들을 적응시켜야 한다는 것은, 교회의 역사적 관행과 정확히 일치한다."[10]

상황화의 문제는 복음 전파에만 적용되지 않는다. 진실로, A.D.2세기 불교가 그토록 광범위하게 중국 사회 안으로 받아들여질 수 있었던 것은 불교가 가진 도교와의 유사성 때문이었다.[11]

예수님이 다시 오시기까지, 교회 개척자들 사이에 상황화와 문화에 대한 접근방식과 관련해 중요한 이견들은 늘 존재할 것이다. 이것은 자연스러운 일이다. 그러나 현지화된 교회를 탄생시켜야 할 필요성에 대해서는 모두가 동의할 것이다. 우리가 어떤 접근법을 취하든지, 문화적인 요인이 우리를 혹은 교회 개척의 진보를 마비시키도록 허용해서는 안 된다. 우리는 그들의 언어와 문화를 잘 배워야 하며(제6장을 보라), 문화적으로 적합한 방식으로 사역하도록 힘써야 한다. 그러나 실수를 피할 수는 없을 것이다. 아무도 완벽하게 '바른' 길을 가지는 못할 것이다. 교회 개척자들의 역할이 점차 줄어들어 결국에는 모두 철수하기까지, 그 교회는 자연스럽게, 의도되지 않은 그리고 별 도움이 되지 않는 외래적 짐들을 훌훌 털어 버리게 될 것이다.

따라서 어떻게 교회를 개척할 것인가에 관하여 우리가 문화적 관점보다 더 큰 관심을 기울여야 할 것은 성경적 관점이다. 교회란 무엇인가? 교회는 어떻게 생긴 존재인가? 교회는 어떻게 태어났는가? 교회는 어떻게 기능해야 하는가? 교회는 어떻게 이끌어야 하는가? 더불어 사도적 교회 개척자가 영원히 우리 곁에 있지는 않을 것이며, 처음부터 끝까지 모든 것을 도와주거나 가르쳐주지 않을 것이기 때문에, 이제 하나님께서 나를 이 민족에게로 보내서서 세우도록 하신 '교회'와 관련하여 신약이 말하는 최소치 혹은 핵심 본질에 관한 문제가 현실적으로 대두된다. 이 문제와 씨름하는 것이 사도적 교회 개척자에게는 중심적인 직무이다. 이에 관한 성경적 원리들을 고려할 때, 교회 개척자는 새로운 문화 안에서 교회가 어떤 모습을 갖추어갈지 그려볼 수 있다.

몇 가지 기본들

'교회'를 뜻하는 신약의 두드러진 헬라어 단어는, 익히 알고 있듯이 '에클레시아'이다. 이 단어는 114회 사용되는데, 다섯 번을 제외하고는 항상 교회를 가리킨다. 당시 에클레시아는 유대적 의미와 이교적 의미를 동시에 지니고 있었다. 유대인들에게 그것은 종교적 모임 혹은 단체, 믿음의 회중을 가리켰다. 로마인들과 헬라인들에게 이 말은 도시의 의회와 같은 기능적인 사회적 단위를 의미했다. 신약 기자들은 이 단어를 사용함에 있어 두 의미 모두를 염두에 둔 듯하다. 거의 사용되지 않았지만, 교회를 의미하는 두 개의 헬라어 단어가 더 있다. 플레토스(plethos)와 수나고게이(sunagogay)이다. 흥미로운 사실은 코이노니아

(koinonia, 교제)는 지역 교회를 지칭하는 데(예를 들어, "안디옥 교제") 단 한 번도 사용되지 않았다는 것이다.

신약에서 에클레시아는 종종 교회 일반, 즉 우주적 교회를 지칭한다. 그러나 많은 경우 이 단어는 구체적인 지역 교회를 가리키는 데 사용되기도 했다. 누군가의 말처럼 "많은 교회들이 있지만, 오직 하나의 교회만 존재한다." 이와 같이 '하나 됨'은 그리스도 안에서 우리의 유기적인 관계를 드러내는 태생적인 성질이기도 하지만, 그와 동시에 실천적인 수준에서는, 이 일치를 힘써 보존해야 할 지속적인 필요가 존재한다.

콘스탄틴 시대에 이르기까지는 본격적인 교회 건물은 존재하지 않았다. 교회는 통상 가정에서 모였다. 한 도시에 여러 개의 가정 교회들이 존재할 수 있었지만, 고린도의 경우에서 분명하게 드러나듯이 하나의 공동 리더십 아래 보다 넓은 의미에서 하나의 '교회'를 유지하고 있었다.

교회의 핵심 표지는 믿음이다. 예수님이 에클레시아를 처음 사용하신 것은 베드로가 예수님을 메시아로 온전히 고백했을 때였다(마 16:18). "교회는 생각하는 자들 혹은 일하는 자들 혹은 심지어 예배하는 자들의 모임이 아니라, 일차적으로 믿는 자들의 모임이다. 그리하여 우리는 '믿는 자들' 혹은 '믿은 자들'이라는 말이 그리스도인 모임의 구성원들과 동의어로 빈번히 사용되는 것을 발견한다(예를 들어, 행 2:44; 4:32; 5:14; 딤전 4:12)."[12] 구약 언약의 용어를 도입하면, 그리스도 안에 있는 모든 구성원들은 이제 "택하신 족속이요, 왕 같은 제사장들이요, 거룩한 나라요, 그의 소유가 된 백성이다"(벧전 2:9).

교회의 운영

수많은 정황에서, 세례는 한 개인 혹은 그룹이 그리스도를 받아들이고 교회로 들어가는 확정적인 가입 시점으로 간주된다. 신약이 세례 없이는 교회의 일원이 될 수 없는 것으로 단정한다고 말하기는 어렵지만, 이 의식을 다루는 신약의 규범적 원리는 세례 받지 않은 신자는 확실히 그리스도를 따름에 있어 그리고 그의 몸에 연합함에 있어 지극히 중요한 한 단계를 결핍하고 있음을 시사한다.

1990년 봄에 이르기까지 우리의 교제 그룹은 참 잘 성장하고 유지되고 있었다. 파루크와 나는 짝을 이루어 우리의 마음을 불태우던 그 새로운 그룹에게 리더십을 이양하려고 애쓰고 있었다. 그 중 셋은 아직 세례를 받지 않았지만 세례 받기를 간절히 소망했다. 그래서 몇 주 동안 우리는 세례에 관하여 가르쳤고, 더불어 이 세 사람을 개인적으로 상담하여 세례의 의미와 수반되는 결과에 대해 잘 이해하고 있는지를 확인했다. 결국 그 금요일이 다가왔고 우리 여덟 사람은 세례 예식을 위해 길을 나섰다. 안전상의 이유로 우리는 이 일에 대해 아무한테도 말하지 않기로 약속했다. 우리는 아름다운 계곡 사이로 함께 걸어가서, 잠시 후 자그마한 폭포가 있는 연못에 도착했다. 땅 위에 이토록 철저히 가려진 곳에 믿을 수 없을 만큼 아름다운 곳이 있었다니! 그 세례식은 하나의 경이(驚異)였고, 우리의 교제 또한 너무도 풍성했다. 한 사람이 의치를 하고 있었는데 그만 세례 중에 떨어져 버렸다. 이날까지 우리를 웃음 짓게 하는 일이다. 그날 오후 3시 30분이 되자 그들의 세례 소식을 들은 사람들로부터 연신 전화기가 울렸다. 보안을 위해 몰래 한 일이건만, 참 많이도 알린 것 같았다!

믿음과 세례를 통해 교회에 가입하는 분명한 시점이 있듯이, 마찬가지로 누가 떠났는지를 알 수 있는 분명한 경계도 존재한다. 이 일이 일어나는 세 가지 방식이 있다: 1) 죄로부터 돌아서는 데 실패함으로 떨어져 나감(마 18:15-20; 고전 5장); 2) 신앙을 포기함(딤전 1:19); 혹은 3) 단순히 적극적인 교회 참여를 멈춤(요일 2:19). 하나님의 은혜로, 이 세 경우 모두에서 회복은 가능하다. 입회와 출회의 경계를 분명히 할 때 수반되는 한 가지 결과는, 누가 그리스도의 가시적 제자들과 그의 몸의 일원인지를 언제든 상당히 분명하게 확인할 수 있다는 것이다. 이 것이 필연적으로 (숨어서 믿는) '벽장 신자들'의 가능성을 완전히 배제하지는 않지만, 그것은 분명히 일종의 낮은 영적 상태를, 다시 말해 그리스도에 대한 온전하지 못한 순종과 그 사람의 신앙과 구원의 실재성에 관한 다소간의 의문을 암시한다.

지역 교회들은 함께 오고 만나고 모임을 갖는다(참조, 행 2:42; 5:12; 고전 5:4; 14:23, 26; 히 10:25; 약 2:2). 지역 교회는 단순히 임시적인 매듭을 가진 신자들의 느슨한 연결망이 아니다. 신약이 소개하는 지역 교회의 정황은 항상 활동적인 공동체 생활을 영위하고 있지, 모종의 이론적인 회원 의식과는 거리가 있다. 교회 안에서 활동하고 있지 않은 사람을 교회 안에 있다고 보는 일은 없다. 적대적 상황 가운데서 이것은 결정적인 사안이다. 압력과 위험에도 불구하고 신자들은, 작은 그룹이든 혹은 큰 그룹이든 함께 시간을 보낼 수 있는 길을 모색해야 한다.

신약에서 지역 교회는 장로들의 공동 리더십 아래 있다. 신약은 열세 번에 걸쳐 복수형 장로가 단수형의 지역 교회와 연계되어 등장한다. 사실, 교회라는 용어가 처음으로 신자들의 새로운 그룹에 적용된 것은 그들을 다스리는 리더십 혹은 장로직과 관련해서였다(예를 들어, 안디옥[행 11:26]; 바울의 일차 선교 여행시의 교회들[행 14:23]; 에베소

[행 20:17]; 그레데의 교회들[딛 1:5]). 이것은 아마도 장로들의 살아 있는 리더십, 가르침, 그리고 목회적 돌봄이 그리스도의 몸 된 지역 모임에 절대적으로 본질적인 구조적 요소였음을 나타내는 지표이다.

예수님도 그리고 신약 저자들도 지역 교회의 조직에 관한 상세한 지침을 하달하지 않았다. 성경 어디에서도 교회 헌법이나 조례를 찾아볼 수 없다. 신약 교회 전반에 걸쳐서 지역 교회 리더십에 규범적인 것은 장로들(혹은 감독들 혹은 목사들)의 역할이다. 복수의 장로들이 단수의 교회를 돌본다. 따라서 이 하나의 규범 안에 사뭇 다양한 문화와 여러 시대의 여러 교회들이 그 상황에 가장 잘 맞도록 스스로를 조직화할 수 있는 거의 완벽한 지침이 주어져 있을 가능성이 아주 높다.

우리 주님은 우리에게 "모든 민족을 제자로 삼아… [그분이] 분부한 모든 것을 가르쳐 지키게 하라"고 명령하셨다. 그분이 땅에 계신 동안 끊임없이, 그분을 따르는 모든 이들은 공동체로 모여 연합하고 서로를 섬겨 그 안에서 자라가야 한다고 가르치셨다. 이 공동체를 일컬어 그분은 교회라고 부르셨다. 따라서 교회 개척이 지상 명령에 분명히 명시된 만큼, 최전방 사역의 목표는 신자들을 하나의 공동체로 남기고 떠나는 것이어야 한다. 또한 이 길을 가면서 우리가 씨름해야 할 많은 철학적인 그리고 전략적인 문제들이 있을 것이지만, 우리 앞에 놓인 교회와 교회 개척에 관련된 모든 결정적인 성경적 가르침을 굳게 견지한 채, 우리는 중단 없이 전진해야 한다.

3. 팀 사역
─ 기초적인 원리

최전방 복음 사역에도 소위 유행이라는 것이 존재한다. 오늘날 각광 받는 하나의 강조점은 팀 사역이다. 공지의 사실에 따르면, 30년 전 사역자들은 필드에서 협력하고 있다고 믿었지만, 실상 그들의 사역은 대단히 개인주의적이었다. 그후 베이비부머 세대들이 등장했는데, 이들은 보다 관계적이고 감정 표출적이며 무슨 일이든 함께 하기를 원한다. 그리고 이제 X세대는 실제로 그룹으로 일한다. 관계성이 그들에겐 최고의 우선 순위를 지닌다. 오늘날 사역 지원자들은 친밀한 공동체에 소속되는 것을 절대적이며 본질적인 사안으로 간주한다. 이 정형이 항상 진실은 아니겠지만, 젊은 사역자들이 그들의 선배에 비해 훨씬 더 '팀' 그리고 '공동체' 지향적이라는 데는 의심의 여지가 없다. 선교 단체들은 이 사실을 익히 잘 알고 있는데, 선교사 모집 광고만 대충 훑어보아도 감을 잡을 수 있다.

160개 이상의 팀을 감독하는 ─ 감사하게도 대부분은 지금까지 지속되고 있다 — 특권을 (때로는 짓누르는 도전이 되지만) 누리는 사람으로서, 나는 팀이라는 것이 엄청난 모순 덩어리임을 잘 안다. 사역자들이 사역 필드로 가기 전 준비 단계 때, 팀은 가장 따뜻한 이미지에 미래의 소망으로 다가온다. 친밀한 교제, 필요를 채워 주는 우정, 손을 맞잡고 시장터에서 그리스도를 전함, 일이 어려워질 때 서로를 격려함, 소속감, 그리고 팀 리더가' 사역의 배를 주님의 길로 지혜롭게 인도할 때 그의 지도를 존중함 등이 그것이다. 오븐의 파이 냄새를 맡듯이 미래 필드에서 팀 모임을 가지는 모습을 눈 앞에 선하게 그리고 기분 좋게 그릴 수 있다!

가끔은 이러한 기대들이 실제로 실현되지만, 실상은 그렇지 않은 경우가 많다. 아마도 필드에서 사역자들에게 다가오는 가장 큰 고통의 원천은 동료 팀 멤버들이다. 대인 관계의 갈등, 서로 부딪히는 기대와 의견들, 풀리지 않은 상처들, 리더와의 조화될 수 없는 차이들이 가끔은 건강한 팀 생활을 파산으로 몰고 간다. 슬픈 일이지만, 일 년 혹은 그 이상의 기간 동안 팀들이 곤경에 빠지고, 아예 얼어붙어서 원활한 팀 생활 혹은 그 어떤 효과적인 사역도 전혀 행할 수 없는 지경에 빠지는 모습을 수도 없이 보아 왔다. 사역자들이 집을 떠나고 수많은 역경을 감내하는 그 엄청난 값을 치르고, 집으로 돌아온 신자들은 물질을 나누고 기도로 지원하고, 그리고 그 팀은 언어와 문화를 잘 숙지하고 있으면서도, 그럼에도 불구하고 팀 내 불화와 역기능으로 인해 사역이 난관에 부닥치고 심지어 완전히 좌초된다면, 사단은 얼마나 더 크게 웃을 것인가. 필드 감독자로서 나 역시 그런 일에는 참으로 좌절할 수밖에 없을 것이다. 나 자신이 팀 멤버들과 한 통속의 죄인이 되어 그 한 가운데서 설치고 있는 상황이 아니라면 말이다.

내가 처음 교회 개척 팀을 이끈 것은 이집트에서였다. 처음 6개월 동안 팀은 매우 불안정했는데, 내가 내린 결정 혹은 그것을 시행할 방식에 관한 여러 가지 불만이 쌓이고 있었다. 나는 다소간 그 문제들이 사라져 주길 기대했지만, 그런 일은 일어나지 않았다. 팀 내 긴장은 갈수록 악화되었고, 논쟁이 하나의 심각한 문제로 대두되었다. 팀 멤버들 중 두세 명은 아예 내가 팀을 이끄는 것을 불가능하게 만들고 있었고, 갈수록 참기 어려운 지경이 되었다. 눈물을 흘리며 아내에게 난 더 이상 할 수 없다고, 팀 리더 일을 그만두겠다고 말하던 날이 아직도 기억에 생생하다. 3년의 준비가 물거품이 되고 있었다. 그토록 비참한 적은 없었다. 우리의 모든 희망과 꿈이 사라졌고, 혹은 그렇게 보였다. 하나님의 은혜로, 우리는 결국 팀으로, 다시 말해 팀 사역을 통해 일을 수행해 내었고, 나도 그만두지 않았다. 나도 내가 저지른 실수를 통해 자랐고, 몇몇 어려운 팀 멤버들도 태도를 바꾸었으며, 주님께서는 곧 우리를 깊은 만족을 주는 연합으로 이끌어 주셨다. 오래지 않아 우리는 한 팀이 되어 몇 사람의 신자들을 제자 훈련하고 있었고 교제 모임도 시작되었다. 그러나 나는 그 팀 생활의 내리막과 오르막을 결코 잊을 수 없을 것이다. 내 흰 머리가 그것을 증명한다!

그래서 우리는 팀 사역을 포기할 것인가? 절대로 그럴 수 없다. 이제 나누겠지만, 팀으로 사역하는 일은 사도적 과업에 있어 하나의 본질적인 부분이다. 하나님은 외톨이 방랑자를 불러 믿음의 공동체를 세우지 않으신다. 그렇다면 우리가 배워야 할 교훈이 무엇인가?

대다수 사역자들은 필드에서 한 팀 혹은 두 팀을 겪은 뒤에 비로소 팀 생활과 사역의 궤도에 제대로 올랐다고 느낀다. 이번 장은 독자들에게 앞서갈 수 있는 기회를 주려는 시도이다. 저 바깥에는 여러 가지 팀 모델들이 있다. 어떤 것이 다른 것들보다 나은가? 필드에서 통하는 것은 무엇인가? 팀이 된다는 것이 무슨 의미인가? 팀은 반드시 큰 팀을 의미하는가? (힌트: 아니다)

왜 팀으로 교회를 개척하는가?

그것이 유일한 신약 모델이기 때문이다.

신약에서 '사역'(헬라어 ton ergon)이라는 용어가 사용되는 경우를 전부 추적해 보면 매우 흥미로운 결과가 나온다. 대부분의 시대에 이것은 구체적으로 복음의 확장 사역을 지칭하는 매우 구체적인 말로서, 복된 소식을 아직도 받지 못한 도시들과 여러 지역에 전달하는 것을 의미했다. 주께서 일하심으로 얻게 되는 최종 결과는 시종일관 그리스도를 믿는 새로운 공동체, 즉 교회의 개척이었다. 여기에 관련된 사람들은 사도들, 전도자들, 그리고 호기심을 불러일으키는 "동역자들"(헬라어 sunergous)이라는 이름으로 불리는 자들이다. 더불어 신약은 3-40명의 개인의 이름을 거명하는데, 이들은 집을 떠나 최전방 사도적 사역에 적극 가담한 사람들이었다. 그들은 전임 사역자였거나 혹은 거의 그러했던 것으로 보이며, 어떤 형태로든 그들이 그렇게 할 수 있도록 재정적 지원을 받았을 가능성이 아주 높다.[2] 요점은 이것이다. 거론되는 사람들은 마지막 한 사람까지 모두 다른 사역자들과 협력하여 사역했다.

혼자서는 할 수 없는 일이기 때문이다.

역사적으로 외톨이 방랑자들은 대체로 거의 혹은 전혀 영속적인 열매를 거두지 못했으며, 때로는 지속적인 영향력을 행사하며 영속적인 열매를 남길 만큼 충분한 기간 동안 사역에 머물 수도 없었다. 물론 여기에는 드문 예외가 있다. 그러나 나는 「인디오의 친구 브루츠코(Bruchko)」[3]도 단지 예외로서 이 법칙을 증명하고 있다고 믿는다.

사도행전 13장 2절에서 성령께서는 "나를 위하여 바라바를 따로 세워 구브로에서 내가 부르는 사역을 하게 하라. 그리고 나서 또한 나를 위하여 바울을 따로 세워 소아시아로 홀로 가게 하라. 이렇게 하여 우리는 더 적은 시간에 더 많은 일을 하게 될 것이니라"고 말씀하시지 않으셨다. 결코 그렇지 않다. 성령께서는 그들을 함께 가도록 부르셨다. 그들 중 누구라도 홀로 떠나면 외롭고 연약하며 비효과적일 것임을 잘 아셨기 때문이다. 예수님은 열두 제자와(막 6:7) 다른 칠십 인도(눅 10:1) 공히 둘씩 보내셨다. 주님은 초대 교회에서도 여전히 이 모델을 지속하셨다.

바나바와 바울은 몇 가지 겹치는 은사를 가지고 있었지만 — 예를 들어, 설교와 가르침 — 그들은 또한 서로 다른 은사와 성격을 소유하고 있었다. 하나님은 이 차이와 이 사도적 혼합-은사를 사용해 이 일차 여행에서 각 교회를 개척하고 든든히 세우려 하셨다. 그들은 많은 실망과 문제, 그리고 격렬한 반대를(바울이 돌에 맞아 죽은 줄로 알고 내버려진 것과 같은) 경험했다. 진실로 그 중 한 사람이 쓰러지면 나머지 한 사람이 일으켜 세워줄 수 있는 관계였다.

사도행전 15장 말미에 바울과 바나바가 서로 결별할 때조차, 그들 중 누구도 팀 개념을 포기하지 않았다는 사실이 흥미롭지 않은가? 둘 중 한 사람도 "좋아, 이게 끝이야. 더 이상 다른 사람과 같이 일하려는 시도는 하지 않는다. 그건 너무 어려워"라고 말하지 않았다. 오히려 둘

다 속히 달려가 새로운 팀을 꾸렸다!

파이오니어즈(Pioneers)의 스티브 리처드슨(Steve Richardson)은 1980년대 중반 인도네시아에서 사도적 사역의 극적인 변화에 관해 보도하는데, 그곳에서 갈등은 줄어들고 열매는 증가하는 하나의 새로운 패턴이 등장했다. "웨스트 자바의 공통적인 특징은, 1985년 이후 새롭게 도착한 이들은 거의 예외 없이 팀 사역에 최우선을 두고 진지하게 그것을 계발하기 위해 애쓰는 단체들에 소속된 사람들이었다는 것이다. 이들 각 단체들의 특징은, 정도의 차이는 있었지만 선교 현장에서 자기 요원들 사이에 성경적인 공동체를 형성해야 함을 광범위하게 그리고 지속적으로 강조했다는 것이다."[4]

몸 된 지체와의 활발한 관계성을 유지해야 할 필요성이 존재하기 때문이다.

최전방 사역자들은 복음을 나누기 위해서만이 아니라 더불어 최근 믿은 그리고 오래 믿은 신자들을 제자 훈련하고, 그들을 모으고, 말씀을 가르치고, 지도하고, 상담하고, 문제들을 해결하기 위해 존재한다. 요컨대 그들은 새로운 신자들의 모임을 세우고 증진시키기 위해 존재한다. 따라서 우리는 신자들 사이의 성경적 관계에 대한 모범을 제시할 수 있어야 한다. 바울은 고린도전서 4장 16절에서 핵심을 찔러 말했다. "나를 본받으라!" 우리는 그리스도의 사랑을 경험하고 실천하여 그것을 가르칠 수 있어야 한다. 이것은 신약의 "서로" 명령들의 모든 측면을 포괄하는데, 연합을 보존하고 죄를 좌시하지 않으며, 다른 이의 영적 변화를 도우며, 일반적인 의미의 서로를 섬기는 일을 포함한다. 단 둘만 있다 해도 팀 멤버들과 이 일을 이루어 가는 것이 지극히 중요하다. 사도적 팀 자체가 공동체의 축소판으로서 성경적 관계 안에 자라가고 지역 교회 신자들의 모범이 될 수 있는 위대한 장이 되어야 한다.

항상 충성스런 태도를 유지하며 영적으로 충만해야 할 필요성이 존재하기 때문이다.

우리 중 많은 이들에게 하나의 주문처럼 된 것이 있다: 하나의 팀과 각 팀 멤버를 지도함에 있어 그 초점은 우리가 충성스러워야 하며 영적으로 충만해야 한다는 것이다. 각 팀 멤버들은 매 단계 별로 특별히 집중해야 할 사역의 특정한 측면을 분명하게 인식할 필요가 있으며, 그 일을 매일 그리고 효과적으로 하도록 인도되어야 한다. 집중해야 할 일이 열 가지나 되는 경우는 거의 없으며, 기껏해야 하나 혹은 둘이다(예를 들어, 언어 학습 혹은 복음 전도 과정 이수). 우리의 시간과 에너지를 이 일에 투자하고 다른 일에 분산시키지 않는 것이 매우 중요하다. 더불어 사역자들에게는 주님과의 친밀한 교제를 유지하고 그분의 생명을 받아 누리는 것보다 더 중요한 것은 없다. 영적인 성격을 지닌 우리의 일에 조금의 진보라도 맛볼 수 있다면, 그것은 오직 성령의 능력이다.

이것이 우리 곁에 팀이 필요한 또 하나의 이유다. 필드에서의 우리의 삶은 참으로 고단하다. 집을 멀리 떠나고 일상적인 교회 생활로부터도 떠나야 한다. 너무나 자주 이방인에다, 문화적 동질감도 없는 데다, 홀로 격리되어 있다는 느낌을 받는다. 우리는 인간적으로는 불가능한 과업을 시도하고 있으며, 게다가 때로는 적대적인 환경에서 일한다. 이 일은 단지 몇 개월에 끝날 것이 아니라 적어도 수년은 걸릴 것 같아 보인다. 여기에다 "우겨쌈을 당하고, 답답한 일을 당하고, 박해를 받고, 거꾸러뜨림을 당함"이 더해지는데, 바울은 사도들이 가는 길은 으레 그러하다고 말한다(고후 4:8-9). 우리 중 가장 바위 같은 사람도 흔들리지 않을 수 없다. 우리에게는, 주님께 그리고 그분의 채워주심과 그분의 생명에 시선을 고정할 수 있게 도와 줄 동역자들이 필요하다. 저 위대한 고린도후서 4장에서 바울이 필드에서의 고난과 극복을 이야기할 때 그가 항상 일인칭 복수형 "우리"를 사용한다는 것이 참으로 많은 것을 가르쳐 주지 않는가?

수년 전 지금 우리 집으로 이사 왔을 때 위층 마루 바닥이 삐걱 삐걱 했었다. 그래서 나사못 몇 개와 드릴을 가지고 카펫을 걷어 내고는 새 나사를 박아 판자들을 다시 고정시키기 시작했다. 몇분 뒤 드릴로 구멍을 뚫었는데 새로운 소리가 들려 왔다: 쉬—이—익. "이것 봐라, 나무가 이런 소리를 내는 줄은 몰랐네" 하고 나는 생각했다. 판자를 들어 올리자 눈에 물이 튀었다. 내가 수도 배관을 건드렸던 것이다. 온 복도에 물이 넘칠 걸 생각하니 아찔했다. 다행히 리즈가 침착하게 한 의사 친구에게 전화를 걸었다. 그가 재빨리 달려 와서 배관에 대한 응급조치를 취해준 덕택에 우리는 구원 받을 수 있었다! 필요한 시간에 주변에 친구가 있다는 것은 정말 멋진 일이 아닌가?

그리 오래 전 일은 아니다. 아프리카에서 팀 리더로 사역하는 한스와 카렌 부부에게 참으로 모진 시련이 다가왔다. 그들과 그들의 팀은 지구상에서 가장 가난한 도시들 중 한 곳에 살면서, 활발한 자선 사업을 통해 수만 명의 사람들에게 혜택을 주고 있으며, 또한 꽤 큰 멀티셀 (multi-cell) 교회도 개척했다. 카렌이 두 번째 아이를 임신했다는 걸 알고는 둘은 너무나 기뻐했다. 그러나 머지않아 그녀가 힘들어하기 시작했고 급기야 고국으로 돌아가 나머지 임신 기간을 보내야 했다. 그리고 너무 과중한 일로 인해 아이를 잃을 수도 있었기 때문이다. 결국 한스는 그 도시에 혼자 남았고 둘은 정기적으로 전화를 통해서만 연락을 취하곤 했다.

그때 폭력의 파도가 사역자들과 그곳 신자들에게 몰아쳤다. 한 외국인 가족을 잔인하게 살해하려는 시도가 있었지만 겨우 모면했다. 다른 사역자가 총에 맞았다. 총알이 그의 딸도 관통했지만, 감사하게도 둘 다 무사했다. 한 현지인 지도자가 칼에 찔렸지만, 기적적으로 살아났다. 그리고 마지막으로 한스도 테러리스트들과 연계된 누군가로부터 지속적으로 살해 위협을 받았다.

한스는 어떻게 해야 하는가? 머물 것인가? 고국으로 돌아갈 것인가? 당국자들을 찾아갈 것인가? 그와 카렌은 대륙을 사이에 두고 전화통을 붙잡고 참으로 힘겹고도 깊은 대화를 나누었다. 그런 시간은 결단코 재미있는 시간이 아니다. 그러나 그들의 팀이 그들 곁에 버티고 서서 힘을 주고 상담하고 용기를 북돋워 주었다. 그 결과 한스와 카렌은 이 폭풍을 헤쳐 나갈 수 있었고, 그들은 지금까지 믿을 수 없을 만큼 풍성한 열매를 거두고 있다. 요점은 이것이다: 팀으로 사역했기 때문에 그들은 거기 머물러 수많은 사람들을 그리스도 안에 있는 영생으로 인도하는 도구가 될 수 있었고, 그 결과 그분을 위한 한 등대가 이제 굳건하게 세워져 있다. 팀이 없었더라면 사역은 설익은 상태로 끝나 버렸을지도 모른다.

형성기, 격동기, 규범기, 실행기

릭 러브(Rick Love)가 말하는 "팀 발전의 네 단계"를 살펴보면서 사도

적 팀에 적용해 보자:

1단계 : 형성기(Forming)

팀 생활의 시작이다. 기대치도 불분명하다. 팀 멤버들은 서로를 탐색한다. 피상적인 교제가 이루어진다. 일종의 허니문 단계이다.

2단계 : 격동기(Storming)

상호 갈등과 그룹의 과업과 구조에 대한 저항이 대두된다. 서로의 차이들로 인해 팀이 씨름한다.

건강한 형태와 건강하지 못한 형태의 격동기가 존재한다. 건강한 형태의 격동기는 극복해야 하며 건강하지 못한 형태는 최소화해야 한다 (우리가 타락한 세상에 살기에 완전히 피할 수는 없지만). 팀 리더와 코치로서, 나는 일반적으로 갈등이 일어나는 주된 다섯 가지 영역이 있음을 발견했다: 성격 문제, 은사 배치, 권위 문제, 비전과 가치의 불일치, 그리고 인격과 문화적 차이. 그러나 성경적으로 잘만 처리하면, 격동기의 이 다섯 가지 장애물은 실행기의 다섯 가지 디딤돌로 변할 수 있다.

3단계 : 규범기(Norming)

하나의 팀이라는 그룹 의식이 발전된다. 팀 멤버들이 팀을 받아들이고 갈등 해결과 의사 결정, 그리고 과업 완수를 위한 규범들을 발전시킨다.

규범기는 세 가지 방식으로 일어난다. 첫째, 격동기가 극복되면서, 팀이 보다 부드러우면서도 견실해진다. 더 이상 갈등이 빈번하게 일어나지 않으며, 설사 일어난다 해도 팀이 진로에서 이탈할 정도는 아니다. 둘째, 규범기는 팀이 고정된 일과를 발전시킬 때 찾아온다. 정례화된 팀 회의는 예측가능성과 질서감을 가져다준다. 셋째, 규범기는 팀 화합을 위한 행사나 활동으로 보다 깊어질 수 있는데, 여기에는 축하 행사, 공개적인 혹은 개인적인 장려활동, 수양회, 재미있는 친목 모임 등이 있다.

팀의 목적은 실행기로 나아가는 것이지 규범기에 머무르는 것이 아니다. 그렇지만 규범기는 반드시 있어야 할 과도기이다. 규범이 없는 팀은 실행할 수 없다.

4단계 : 실행기(Performing)

결실을 보는 시기이다. 그룹은 지금까지 관계성과 구조, 그리고 목적을 발전시켜 왔다. 이제 일에 뛰어들 채비를 한다. 격동기의 장애물들이 실행기의 디딤돌로 변화된다.[5]

이제 다음 장에서는, 성공적인 팀 생활의 기술들로 눈을 돌려 보자. 성공적인 팀 사역은 우리의 교회 개척에 강력한 힘이 될 뿐 아니라, 주님께서 풍성한 열매를 맺게 하실 것이다.

4. 팀 사역
― 실제적인 적용

지난 장에서 우리는 팀 사역이 무슨 의미인지를, 성경적으로 그리고 오늘날의 미전도 종족의 환경을 고려하면서 자세히 살펴보았다. 사도적 사역이 팀으로 이루어져야 한다는 성경적 당위와 더불어 팀 생활이 간혹 초래하는 좌절들의 실체도 살펴보았다. 이번 장에서 우리는 이론에서 실제적인 적용으로 한 걸음 더 나아간다. 팀의 성공 요건은 무엇인가? 무엇이 실패 혹은 심지어 팀 해체를 초래하는가? 단지 좋은 팀 생활을 누릴 뿐 아니라 함께 일하며 교회 개척 사역에서 풍성한 열매를 얻기 위하여 필요한 기술들은 무엇인가?

성공적인 팀 생활의 열쇠

여기 팀들이 잘 어우러져 함께 일하고 또 효과적으로 일할 수 있도록 돕는 여덟 가지 비결을 소개하겠다. 이 여덟 가지 요점을 가지고 당신의 팀이 어떻게 하고 있는지에 관한 그룹 토의 거리로 삼을 것을 제안하는 바이다.

팀 리더십 갖추기

최고의 팀 리더는 강하고 안정감이 있으며, 리더십 행사에 있어 후덕(厚德)한 사람이다. 사역 단체들은 상당한 성숙도를 갖추고 있으며 더불어 과거에 리더십 역할을 감당했음을 확인할 수 있는 증거가 있는 사람을 리더로 임명해야 한다. 그렇다고 두 번째 조건을 젊은 리더를 무턱대고 배제하는 근거로 삼아서는 안 된다. 불안감은 리더들로 하여금 닥친 상황에 과민하게 반응하거나 팀 자체를 불안정한 상태로 몰고 가기도 한다. 그렇게 되면 자칫 팀이 표류할 수도 있다. 팀 리더의 역할에 대해 팀이 정확하게 규정하고 그것을 잘 이해하는 것은, 팀 리더와 팀 멤버들 모두에게 매우 중요하다. 팀 내 각 사람에 대한 리더의 책임감 역시 성공을 위한 결정적인 요소이다(제10장의 책임에 관한 부분을 보라). 팀 리더가 후덕하면서도 팀의 규범에 관하여 엄격함을 체득하는 것은 가히 생사가 달린 문제이다.

팀 바깥에서 관찰하고 지도하기

모든 팀 리더들에게는 상황을 보고하고 책임을 져야 할 일종의 감독자가 필요하다. 그는 외부의 눈이며, 격려자와 더불어 문제의 해결자가 될 사람이다. 우리 단체에서는 팀 리더 감독자(TLO, team leader overseer)가 그 역할을 수행한다. 단체에 따라 다른 명칭을 사용한다. 호칭이 무엇이든 그 일은 필수적이다. 이 사람은 팀 리더가 더 나은 리더가 되도록 도울 수 있으며, 더불어 팀 내부 문제가 일어날 때 리더의 조력자가 될 수 있다.

신중한 인원 모집하기

어떤 팀은 새로운 사역자에게 오직 두 가지 조건만 요구하는 듯하다: 1) 필요한 자금을 스스로 조달할 수 있는가 그리고 2) 살아 있는가! 완벽한 팀이나 완벽한 팀 멤버는 존재하지 않지만, 나는 개인적으로 "마음 있는 사람은 누구나" 식의 팀 구성을 추천하지는 않는다. 그 자체로 팀의 몰락이 될 수 있다.

물론 팀에 가입하기 위해 지나치게 높은 조건을 내세워야 한다는 의미는 아니다. 스티브 리처드슨이 쓰듯이, "우리는 상상할 수 있는 거의 모든 배경의 팀 멤버와 함께 해보았다. 약물 중독에 폭력배 출신도 있었고, 록 밴드 출신에, 자해 경험이 있는 사람, 어릴 적에 학대를 경험한 사람도 있었다. 네 명의 다른 의붓아버지를 거친 사람이 있는가 하면, 바텐더로 일하면서 동시에 미국에서 꽤 큰 불법 도박장을 운영한 사람도 있었다. 그리고 성경은 '너희 중에 이와 같은 자들이 있더니(고전 6:11에서 찾음)' 라고 말씀하신다."[1]

모든 팀 혹은 팀 리더는 팀 멤버 모집에 있어 두 가지 질문을 반드시 고려해야 한다: 1) 어느 정도의 성숙도가 최소치인가, 특히 결혼, 다른 사람들과의 관계, 권위 아래 일하기, 그리고 하나님과의 영적인 동행에서. 2) 지원자가 본국에서 사역한 이력을 확인할 수 있는 어느 정도의 기록 자료가 요구되는가? 만일 그들이 복음을 나누고, 어린 신자들을 제자 훈련하고, 혹은 필드에서 성경을 가르쳐야 할 사람들이라면, 말할 것도 없이 자기 문화권에서 이미 그 일을 해본 사람들이어야 한다.

최고의 팀은 실로 각 팀 멤버가 지속적으로 그리스도를 닮아 성장할 수 있고 죄의 세력을 이기고 승리를 쟁취할 수 있는 공간이다. 그러나 성격 문제로 인해 에너지를 소진하고 있는 팀은 기껏해야 자기들끼리만 복닥거리는 야전 진료소, 혹은 영적 병원에 지나지 않는다. 내가 팀 리더들로부터 가장 자주 듣는 후회는 잘못된 팀 멤버를 끌어들였다는 하소연이다.

팀 멤버 모집이라는 주제를 다루고 있지만, 다시 한 번 모든 팀은 최소한 한 명 이상의 사도적 은사를 지닌 팀 멤버를 보유해야 함을 강조하고 싶다. 그것이 팀 리더일 수도 있고 혹은 다른 사람일 수도 있다.

경건한 관계성과 팀의 연합 이루기

기쁜 소식은 대다수 최전방 개척 팀들이 결국 이 상태에 이르게 되며 그 과정을 통해 하나님께서 우리를 연단하신다는 것이다. 여기에 통상 매우 실제적인 문제가 대두되는데, 다름 아닌, 서로를 현실적으로 이해하는 법을 배우는 것이다. 성경은 이것을 은혜라고 부른다. 성경은 그것을 서로 받아들임(롬 15:7) 그리고 오래 참음으로 사랑 가운데서 서로 용납함(엡 4:2)이라고 칭한다. 나를 비롯하여 우리 중 그 누구도 아직 그 경지에 '도달하지' 않았다. 우리 모두는 죄와 습관들, 그리고 동역자들에게 짜증과 상처를 주는 커뮤니케이션 방식 그리고 그렇게 일하는 방식들을 가지고 있다. 거기에 익숙해져라!

이 영역에서 또 하나의 주요한 문제는 무례함 혹은 죄와 관련되어 있는데, 바로 언제 그리고 어떻게 우리의 형제 혹은 자매에게 맞서서 훈육할 것인지를 아는 것이다. 모든 팀들에게 당부하건대, 연속적인 팀 모임 시간을 할애하여 꼭 릭 러브의 〈피스메이킹(Peacemaking)〉 매뉴얼을 철저히 섭렵할 수 있기를 바란다. 물론 시간을 투자해야겠지만, 오랜 동안 엄청난 유익을 안겨 줄 것이다.

팀 구성원 변화에 개방적이기

종종 어떤 팀 멤버가 그 팀을 떠나 다른 곳으로 옮기는 것이 완벽한 선택일 경우가 있다. 다른 지역에 그 사람에게 꼭 맞는 사역 스타일 혹은 철학을 가진 팀 리더가 있을 수 있다. 누가는 서로 다른 길을 갔다고 하여 바울 혹은 바나바를 비판하지 않으며, 그 후 둘 모두 그리스도를 위해 효과적인 사역을 수행했다.

마찬가지로 팀 리더들도 때로는 심각한 문제들에 관해 팀 멤버들에게 정색을 하고 맞서야 하며, 심지어 어떤 시점에서는 주저 없이 그들에게 떠나 달라고 요구해야 한다. 물론 합당한 이유도 없이 그리고 먼저 그 팀 멤버에게 변화할 수 있는 기회를 주지 않은 채 그리해서는 안 된다. 그러나 때로 그것이 팀의 유익을 위해 그리고 그 팀 멤버의 유익을 위해서도 꼭 필요하다.

제리와 그가 이끄는 팀은 수년 동안 중동의 한 나라에서 사역하기 위해 준비했다. 일곱 명으로 팀을 구성한 뒤, 그들은 필드로 떠났다. 머지않아 제리와 프랭크가 서로 손발이 맞지 않는다는 게 드러났다. 제리가 이쪽으로 팀을 이끌려고 하면, 프랭크는 저쪽으로 고집했다. 사사건건 그들 사이에 갈등이 일어났다. 제리의 리더십, 팀의 목적과 전략, 프랭크가 자비량하기로 한 결정, 혹은 심지어 팀 미팅 날짜에 이르기까지 둘은 사사건건 부딪혔다. 제리는 프랭크의 결점을 참아 내며 여러 시간 그와 이야기하면서, 그를 설득하려고 혹은 서로 간에 일치점을 찾으려고 애쓰기도 했다. 그렇지만 대체로 허사였다. 그 사이 나머지 팀 멤버들에겐 좌절이 싹트기 시작했다. 상황은 이제 모두를 초조하게 만들었다. 프랭크는 "하나님께서 나를 제리의 리더십 아래에서 일하도록 부르셨습니다. 그래서 나는 그와 협력하고, 설사 내가 동의하지 않는다 하더라도 나는 그를 지지할 것입니다"라고 말할 의사는 전혀 없었다. 그리고 제리는 문제를 해결하든지 그렇지 않으면 프랭크를 떠나게 하든지 양단간에 결정을 내려 이 관계 문제에 종지부를 찍으려 들지도 않았다. 필드에서 6년이 지난 후 — 열매는 거의 없이 거의 개인적인 고뇌로 점철된 시간이었다 — 그 팀은 완전히 해체되었다. 나는 이런 수동적인 행동을 결코 추천하지 않는다.

부르신 사역에 지속적인 초점 맞추기

우리는 지금까지 팀 내 불화의 문제에 관해 이야기했다. 정반대의 그렇지만 동일한 문제도 존재한다. 바로 과도한 아늑함이다. 어떤 팀들은 그들의 최우선 목표가 완벽한 팀이 되는 것이라고 믿는 듯하다. 보통 이런 팀들은 큰 규모에, 잦은 팀 미팅과 교제 그리고 '공동체'에 대한 강조를 특징으로 가진다. 이들은 서로 간에 지극한 친밀성을 증진하여 개인 발전을 위한 최적의 조건을 마련하는 것을 목표로 삼는다. 슬프게도 나는 팀 생활 측면에서는 모범적이면서도, 그들이 목표로 하는 종족에게 미친 영향력은 거의 제로에 가까운 여러 팀들을 보아 왔다. 이들이 하는 일이라곤 자기 아이들을 외국에서 키우는 것밖에 없다. 팀이 전부가 되면, 다시 말해 팀 자체가 우리의 성공을 측정하는 초점과 잣대가 되면 교회 개척은 필연적으로 실패하고 갈피를 잃고 만다.

재미있는 사실은, 팀 리더를 "팀 리더"라 부르는 것으로는 전혀 도움이 되지 않는다는 것이다. 이 명칭은 그 사람의 주 임무가 팀을 이끄는 것이라는, 마치 그것 자체가 목적이라는 인상을 준다. 팀 리더의 주된 목표는 교회(들)을 개척하는 것이 되어야 하며, 팀을 이끄는 것은 그 목표를 위한 하나의 수단이다. 사람들은 종종 이것에 관해 혼동한다. 조만간 나는 이 호칭을 바꾸자고 제안할 것이다. 최전방 교회 개척 팀은 단일한 목표를 가지고 있는데, 그것은 불교도들, 힌두교도들, 혹은 무슬림들 가운데 교회를 개척하는 것이다. 여기서 성공할 수도 있고 여기서 실패할 수도 있다. 그러나 이것이 당신의 진보를 측정하는 유일한 잣대가 되어야 한다. 따라서 팀이 아늑한 클럽 혹은 수도회가 되려는 함정을 피하는 것은 지극히 중대한 사안이다. 당신이 그곳에 있는 이유는 오직 하나, 교회 개척이다. (알았어요, 이제 설교 그만 할게요!)

사역 목표들을 하나로 묶기

팀이란 그저 여러 어른들이 모여서 각자의 일을 하는 일종의 동맹이 아니다. 진정한 팀은 그리스도를 위하여 그들이 함께 무엇을 성취할 것인가에 대한 분명한 비전을 가지고 있어야 한다. 모든 팀 멤버의 활동이 어떤 방식으로든 그 일에 맞추어 조율될 것이며, 그 목표 아래로 모아질 것이다.

카이로의 새로운 팀을 알게 되었던 기억이 난다. 거의 같은 시기에 도착한 다섯 부부였다. 이쪽 끝에서 저쪽 끝까지 거진 한 시간이 걸릴 정도가 되는 그 도시 안에서 그들은 최대한 넓게 그리고 멀리 퍼져 나갔다. 일년 안에, 한 부부는 도시 바깥에서 자선 사업에 집중했고, 또 한 부부는 주로 기독교 배경의 이집트인들과 함께 교회에서 주일 학교 교육을 담당했으며, 또 한 부부는 전임으로 방송 일을 했다. 나머지 두 부부만이 실제로 아랍어를 배우고 그곳의 주류 종족에게 그리스도를 전했는데, 팀 멤버 전체가 자기들과 같은 일을 할 걸로 기대한 터라 실망이 이만 저만이 아니었다. 이 '팀'은 사실상 더 이상 한 팀이 아니었다. 진정한 팀은 결집된 비전과 그것의 실현을 위해 함께 사역할 계획을 가지고 있어야 한다.

함께 하는 시간을 전략적으로 사용하기

세 가지 근본적인 사항을 제안하도록 하겠다.

첫째, 나의 절친한 친구이자 존경 받는 멘토인 데이비드 로퍼(David Roper)가 한 번은 나에게 한 그룹 안에서 팀의 정체성과 연합을 발전시키는 한 가지 길은 말씀을 함께 공부하는 것이라고 귀뜸해 주었다. 이것은 사역 팀들과 더불어 장로회들에서도 진실이다. 함께 성경을 공부할 때에 우리는 각 사람이 주님께 어떻게 반응하는지를 보게 될 것이고, 거기에 각자의 삶에 관해 나눌 수 있는 고유한 기회가 마련된다. 우리는 서로서로 주님과 그분의 말씀에 순종하게 될 것이다. 들음과 순종이 그 날의 일과가 될 것이다. 성경과의 씨름을 통해 우리는 함께 자라나고, 더불어 공동의 사역 철학을 발전시킬 수 있을 것이다. 그리고 주님은 그 그룹이 직면한 구체적인 상황에 관해 그분의 말씀을 통해 이야기하시기를 즐겨 하신다.

둘째, 함께 기도하라. 나의 고백을 나누겠다. 이 부분에 관해 나는 리더로서 정말 부족한 사람이었다. 그 결과 나의 사역은 많은 어려움을 겪었다. 팀들마다 합심하여 기도하고 예배하는 데 시간을 더 할애해야 한다. 각자의 삶은 물론 사역을 위하여 기도해야 할 것이 너무나 많다. 다시 한 번 기억할 것은, 하나님의 존전에서 그리고 팀에 대한 그분의 리더십에 대한 복종에서 우리는 모두 하나이다. 내가 필드 디렉터로 섬긴 10년 동안 나는 열심히 기도하는 팀과 큰 열매를 맺는 팀 사이에 강력한 상관성이 있음을 발견했다.

셋째, 시간을 내어 한 팀으로서 사역의 모든 측면에 관해 대화하고 계획을 세우라. 연례 지도자 컨퍼런스에서, 우리는 이란의 아르메니안 주교인 하이크 호스페시안을 특별 강사로 초대하는 특권을 누렸다. 6개월 뒤 하이크는 순교했다. 그에게 목표 설정에 관해 질문했던 일이 아득히 떠오르는데, 그의 말은 아직도 귀에 쟁쟁하다. 그는 수천 명이 하나님 나라로 돌아옴을 목격하고 있는 그들의 사역에서, '계획함'이 어떻게 위대한 신앙 행위로 간주되는지를 우리에게 나누었다. 우리의 사역에서도 마찬가지다. 통상 사역의 방향과 전략에 관한 최고의 팀 결정들은 함께, 가능하면 의견 일치를 통해 만들어진다. 결정된 방향을 수납하기 전에, 우선은 사람들이 그들의 관점을 나누고 (그들의 관점이 채택되든 아니든), 그것을 다른 이들이 경청해야 할 필요성을 결코 과소평가하지 말라. "그렇게 되면 시간이 너무 많이 들 텐데" 하고 생각하고픈 유혹에 빠질 수도 있다. 그때 이 격언을 기억하라. "일을 바르게 할 수 있는 충분한 시간이 오늘도 없다면, 도대체 무슨 근거로 내일은 그 일을 다시 할 수 있는 더 많은 시간이 있으리라고 기대하는가?" 마찬가지로, 주요 팀 결정과 방향 설정을 건성으로 처리한 대가는 내리막길일 것이다. 내가 해봐서 잘 안다.

이들 세 요소 중 그 어느 것도 건강한 팀 생활을 위해서는 간과될 수 없다. 그러나 내가 자주 저지른 실수를 반복하지는 말라. 셋 모두를 한 번의 주간 미팅으로 단박에 완수하려는 것 말이다. 그렇게는 되지 않는다. 특히 팀 기도는 방해가 될 다른 모든 것에서 자유로운 별도의 모임을 필요로 한다. 기도회 한답시고 누가 감자 샐러드를 해올 것인지 같은 내용 따위를 결정하느라 시간을 보내 버린 경험들이 다들 있지 않은 가? 팀 기도 시간을 사수하라.

비전과 전략 계획서 및 팀 매뉴얼

미래의 팀 리더들이 필드 사역을 위한 계획을 수립하기 시작할 때, 그들에게 재빨리 찾아오는 두 가지 주요한 도전이 있다: 어떻게 내가 이 비전을 다른 사람들과 나눌 수 있을 것인가? 미래의 팀 멤버들이 우 리에게 합류하기로 마음 먹기 전에 그들에게 필요한 정보가 무엇인가? 그리고 사람들이 '그래서 우리는 한 배를 탔다' 라고 생각하게 하는 데 결정적인 요인은 무엇인가?

우선 장차 팀 리더가 될 사람이 우리가 비전과 전략 계획서(Vision and Strategy Paper, VSP)라고 부르는, 통상 세 페이지에서 다섯 페이지 분량의 문건을 작성해야 할 수많은 이유들이 있다.

· 그것은 글로 한번 써 봄으로써, 리더가 그 팀의 비전을 보다 분명 히 하도록 도와 준다. 이것은 참 의미 있는 일이다. 흐릿했던 것이 보다 또렷해진다. 정확히 어떤 사람들 가운데 우리가 교회를 개척 하고자 하는가? 주님께서 우리 마음에 심어 주셨다고 믿는 그 일 을 주님께서 이루어 주셨을 때, 그 모습이 어떠하겠는가? 대략적 으로 우리는 어떻게 이 일을 추진할 것인가? 요컨대, 전략 계획서 는 '무엇을, 누구를, 어디서, 그리고 어떻게' 를 기술한다.
· 사역 단체의 리더십은 이 문서를 이 리더와 이 새로운 팀을 승인

할지 여부를 평가하는 자료로 삼을 수 있을 것이다.

· 인원 모집과 파송 담당 부서는 실제로 이 문건을 그 팀을 모으는 데 사용할 필요가 있다.
· 후원 교회들에게도 그것이 필요하다.
· 마지막으로, 그러나 결코 사소하지 않은 이유인데, 이 문건은 장차 팀 멤버가 될 사람들이 그 비전을 명확하게 붙잡고 성령께서 그들의 마음속에 그것이 메아리치도록 하는 가장 강력한 도구가 될 수 있다.

둘째, 지원자들이 이 팀에 헌신할지를 진지하게 고려하기 시작할 때, 이 리더가 어떻게 팀을 이끌 것인지, 현장에서의 생활이 어떨 것인지, 그리고 어떻게 팀이 운영될 것인지에 관하여, 가능한 한 많이 알고 있는 것이 불가결하게 중요하다. 이러한 내용은 우리가 그 팀 매뉴얼(Memo of Understanding, MOU)이라고 부르는 보다 상세한 문건에서 다루어진다. 이 문건의 목적은 현장에서 일어날 수 있는 갈등을 최소화하는 데 있다. 비전과 전략 계획서 및 팀 매뉴얼의 작성에 관한 보다 자세한 내용에 대해서는, 부록 3을 참조하라.

팀 구성: 규모와 은사

새로운 팀 리더가 씨름해야 할 첫 번째 실제적인 문제 중 하나가 이것이다. 나의 팀은 어느 정도 크기여야 하는가? 우리에게 필요한 인원수는 몇 명인가?

수년 전 우리 중 몇 사람이 교회 개척 운동 분야의 한 권위자와 교제한 적이 있다. 나는 그에게 "당신의 현장 경험에 비추어 어느 정도의 팀 규모가 최선이라고 생각하세요?"라고 물었다. 이에 그는 "우리는 교회 개척의 열매는 팀 규모에 역비례한다는 걸 알게 되었습니다"라고 대답했다. 입이 쩍 벌어지고, 마시던 음료수가 흘러내리고, 일순간 정적이 감돌았다. 우리는 팀에 큰 가치를 부여했고, 우리들 중 상당수의 머리 속에 박혀 있는 생각은 '다다익선(多多益善)'이었다. 다행히 우리는 재빨리 그가 핵심을 말하기 위해 농담 내지는 과장하고 — 어쩌면 둘 다 — 있음을 알아차렸다. 그의 요지는 분명했다: 규모가 큰 팀들은 필연적으로 팀 내부 관계성 자체에 상당한 에너지를 할애하게 되어, 실제로 현지인, 언어 그리고 문화에 집중할 여력이 거의 남아 있지 않게 되는 경우가 비일비재하다. 이 리더와 그의 단체의 경험에 따르면, 일반적으로 큰 성과를 거둔 것은 규모가 작은 팀들이었다고 한다.

수년 동안 내가 목격한 바에 따르면, 내 경험도 거의 유사하다고 말할 수밖에 없다. 어떤 팀은 내 생각에 규모가 너무 작아 염려했던 적이 여러 차례 있다. 저 팀은 언제나 팀 멤버들이 보충될까, 그때에야 비로소 저 팀이 효과적인 팀이 될 텐데? 나의 이 부질없는 염려의 끝자락은 그들이 교회를 개척하여 장로를 세우는 모습을 보는 것이었다!

한 팀 리더와 그의 아내가 수년 동안이나 팀을 구성하기 위해 시도한 경우를 보았다. 여러 부부들이 그들에게 합류했지만, 일 년, 이 년, 삼 년이 지나면서 건강, 아이들, 기타 여러 사정 등 갖가지 이유로 모두 떠났다. 결국 우리는 이 부부에게 팀 짜는 걸 중단하고 바로 사역에 착수하라고 격려했다. 수년이 지나지 않아 그들은 이 저항적인 환경 안에서 세 개의 교회나 개척했다! 어찌된 일이냐고? 그들이 지역 사람들에게 보다 집중하다 보니, 그들 중에 몇 사람이 팀을 이루어 합력하여 열 매를 거두었던 것이다. 이 방법을 모두에게 추천해야 하는가? 그렇지 는 않다. (앞 장의 "왜 팀으로 교회를 개척하는가?"라는 제목으로 소개 된 네 가지 항목을 다시 읽어 보라.) 그러나 많은 경우, 규모가 큰 외국 인 팀을 조직하려 시도하는 것은 실제로 교회 개척의 속도를 저하시킬 것이다.

이집트에서의 나의 첫 번째 팀은 열다섯 명의 성인으로 구성되었는 데 아이들 숫자는 기억도 못하겠다. 언어를 잘 배워 그리스도를 소개하 고, 그를 따르고자 하는 사람들에게 성경을 가르치는 원대한 꿈을 안고 나는 필드로 들어갔다. 그런데 내가 실제로 수행하는 일은 이 큰 팀을 관리하고 운영하는 일이었다. 말 그대로 '발걸음을 뗄 때마다' 관계 형 성, 커뮤니케이션, 감독, 조율 등과 같은 사안들이 산적하게 밀려왔다. 그리고 그 짐은 산술적이 아니라 기하급수적으로 증가했다.

한 가지 실험을 해보라: 점이 X개가 있을 때, 그 점들 사이를 잇는 Y 개의 선 혹은 연결선이 있다고 치자. 세 개의 점이 있으면 — 삼각형이 다 — 세 개의 선이 생겨난다. 네 개의 점이 있으면, 그냥 선이 네 개 생 기는 게 아니다 — 여섯 개다. 점이 다섯 개면 선이 열 개가 된다. 이제 상황이 어떻게 되는지 감이 잡힐 것이다.

수년 동안 나는 중앙아시아의 우리 팀들 중 하나와 가까이서 사역했 는데, 다소 떨어져 고립된 곳이었다. 그 팀은 처음에는 윌슨 가족이 그 리고 나중에는 홀튼 가족이 이끌었다. 두 가족보다 많은 수가 필드에 있었던 적은 없었고, 대부분의 경우 한 가족만이 그곳에 머물렀다. 그 결과, 두 가족 모두 건강과 교육 문제와 더불어 교제의 결핍 문제와 씨 름했고, 간혹 거의 포기할 지경에 이르기도 했다. 이러한 상황은 결코 이상적이지 않았고, 그 수년 동안 더 많은 동역자들이 함께 했으면 더 좋았으리라는 데는 의심의 여지가 없다. 그러나 하나님께서는 처음에는 윌슨 가족을 그 다음에는 홀튼 가족을 ― 그리고 초기에 그들과 함께 했던 그 세 명을 ― 사용하셔서 교회를 개척하셨다. 지금은 그 교회 안에 다섯 개의 가정 교회가 있고 여전히 성장하고 있다. 어떤 면에서 이 상황이 그들로 하여금 그 문화와 현지인들과 깊은 관계로 들어가게 하는 동력이 되었다. 그 수년 동안, 팀 멤버들이 ― 합당한 팀 멤버들이 ― 부족했음에도 불구하고, 우리 대다수가 그에게 너무 까다롭게 굴지 말라고 권면을 했음에도 밥 호튼은 끝까지 고르고 또 골랐다. 때가 되자 하나님께서 견실한 성숙도에 필드 경험, 심지어 언어까지 알고 있는 한 부부를 보내 주셨다. 그 결과로 이 새로운 부부는 장로들을 훈련하고 지교회를 개척하는 방법을 그들에게 가르치는 등 사역에 빠르게 돌입할 수 있었다.

나는 개인적으로 교회 개척에 필요한 모든 은사들을 가지기 위해서는 반드시 큰 팀을 구성해야 한다는 모델에 동의하지 않는다. 어떤 이들은 사도직, 복음 전도, 그리고 성경 가르치기의 은사들에 더하여, 예배 인도, 행정, 어린이 사역, 여성 사역, 성경 번역, 목회적 돌봄 (특히 팀 규모가 커짐에 따라 증가한 목회적 소요), 재정 사용, 컴퓨터 기술, 음악 인류학, 친절, 방송 매체, 언어 습득, 비자 갱신, 차 수리, 웹 페이지 디자인 등 수많은 은사를 갖추어야 한다고 말할 것이다. 오해 없기를 바란다. 이런 것들은 매우 중요한 것들로, 당신 팀에 그런 것들에 능한 사람들이 있었으면 하고 진정으로 바랄 수도 있다. 그러나 이것은 일종의 제살 깎기 모델이다. 팀 멤버가 많아질수록 그들을 돌보기 위해 또 다른 팀 멤버가 필요하고, 또 그들을 위해 또 다른 사람들이… 그리고 이 모든 것은 팀 멤버들로 하여금 자꾸만 팀 내부로 향하도록 끌어당기고 현지인들과의 관계성을 창출하고 심화시키는 일에서 멀어지게 만드는 일종의 그물 효과를 초래한다. 중력이 더 큰 중력을 만든다.

신약에 소개되는 몇 안 되는 팀들은 어떻게 효과적일 수 있었는가? 그 팀들은 통상 단지 둘 혹은 세 사람으로 구성되었기 때문에 모든 은사가 구비되어 있었을 가능성은 그리 높지 않다. 대신 그 팀들은 몇 가지 본질적인 은사들을 갖추고 있었던 듯하다. 말하자면 가르치기, 인도하기(특히 신자들이 함께 선한 모임 생활을 할 수 있도록 끌어당기기), 그리고 믿음의 은사들이다. 그들은 또한 영적 권위를 가지고 있었는데, 이것은 물론 그들의 성숙함과 소명 그리고 그들과 함께 효과적으로 일하시는 성령으로 인함이었다. 나는 심지어 그들이 '복음 전도의 은사'를 반드시 가지고 있었다고 생각하지 않는다. 물론 그들이 분명하게 복음 전도에 헌신한 사람들이었고 담대하게 복음을 전하는 데 있어 최소한 'C+' 수준의 능력은 구비하고 있었을 것이 틀림없지만 말이다.

그런데도 큰 규모의 팀의 필요성을 뒷받침하는 근거가 있는가? 믿거나 말거나, 나는 그렇다고 생각한다. 나를 포함한 몇몇은 작은 팀을 선호하지만 다른 이들은 큰 팀을 이루어 효과적으로 사역하고 있으며, 나름의 타당한 이유를 가지고 있다. 여기에 제시하는 몇 가지 이유들을 보면 당신은 — 당신이 팀 리더라면 — 큰 규모의 팀이 당신에겐 더 맞다고 결론지을지도 모른다.

1. 당신이 다수의 팀 멤버들을 필요로 하는 유형의 리더라면, 그리고 당신이 이런 팀을 원활하게 돌아가게 하는 데 아주 능하며 특히 사람들을 효과적인 사역으로 이끄는 데 능한 사람인 경우. 내가

믿기로 만일 많은 활동을 지속하는 큰 규모의 팀을 확보하지 않으면 움츠러들거나 당장에 날아가 버릴 것 같은 한 친구가 생각난다. 그 친구는 그 일을 참 잘 수행해 냈다. 또 한 친구가 생각나는데, 그는 이런 식으로 사역하다가 이러다간 자기와 아내까지 죽겠다 싶어 결국에는 저글링-묘기 모델을 포기했다. 급기야 그는 외국인 사역자들을 이끄는 일에서 아예 발을 빼 버렸다 (그 역시도 매우 효과적인 사역을 하고 있다).

2. 풋풋한 초보 사역자들에게 투자하고 다섯 해만 고생하여 그들을 효과적인 사역자로 만드는 것이 당신이 받은 소명의 일부인 경우. 바울은 통상 작은 팀으로 사역했지만 그는 항상 최소한 한 사람의 유망한 사람을 지도했는데, 가장 두드러진 예가 디모데이다. 이와 관련된 가장 유쾌한 모델은 하나의 팀을 성장시켜 그 팀의 일부를 분봉하듯 떼어 내어 또 하나의 새로운 팀을 구성하고, 또 계속 그렇게 하여 지속적인 '팀 재생산'을 이어 가는 것이다. 여기서 열쇠는 성장 과정 중에 그 새로운 팀을 떠맡을 수 있는 리더를 키워야 한다는 것이다.

3. 당신의 목적이 다수의 소규모 교회 개척 '분대'들을 운용하는 큰 규모의 팀을 가지는 것인 경우. 터키에 있는 꽤 큰 규모의 우리 팀 중 하나가 생각나는데, 그 팀 리더는 사람들을 끌어 모으고 성장하기에 좋은 환경을 마련하는 일을 능숙하게 수행한다. 그러나 사역을 위해 그들은 셋 혹은 네 개의 산하(傘下)-팀으로 분할하고, 분할된 각 팀이 도시의 다른 지역에서 교회 개척을 시도한다.

4. 당신이 다수의 외국인 요원들을 절대적으로 필요로 하는 구호 사업을 운용해야 할 경우.

이 네 가지 이유들이 아니라면, 나는 당신에게 고르고 또 골라서 팀 규모를 작게 유지하라고 제안하고 싶다.

바울의 세 모델

우리 모두는 사도행전에 기록된 바울의 세 차례에 걸친 '사도적 여행'을 잘 알고 있다.

1. 사도행전 13:4-14:28(구브로와 터키 남부)
2. 사도행전 15:39-18:22(터키 중부, 그리스, 터키 서부)
3. 사도행전 18:23-21:17(이전에 방문했던 지역에 복음을 확장하고, 에베소에서 장기간 거주함)

최근 나에겐 이 세 차례의 모험적 여행이 각각 다른 '팀' 모델을 가지고 있으며, 오늘날 세계 전역의 최전방 개척 팀들에서 다소간의 차이는 있지만 그 모습이 투영되고 있다는 생각이 떠올랐다.

1. 좋은 친구 혹은 파트너(바나바)와 서둘러 출발하다.
2. 시간이 흐를수록 보다 의도적으로 팀을 구성하다 (실라, 다음엔 디모데, 다음엔 누가 [행 16:10에서 시작되는 "우리" 단락들로 시작된다], 그리고 다음엔 아굴라와 브리스길라가 합류한다).
3. 존경 받는 베테랑이 된 후에는, 한 장소에 (에베소) 거점을 형성하여 광범위한 사역자들과 연결망을 구축하고 전 지역에 손을 뻗

친다. 바울은 아마도 포괄적인 리더십 역할을 감당하면서, 다수의 개인 사역자와 소규모 팀들이 터키 서부 전역에서 교회를 개척하도록 지도했던 것으로 보인다. "이같이 하니 아시아에 사는 자는 유대인이나 헬라인이나 다 주의 말씀을 듣더라"(행 19:10). 바울이 여러 단락에서 거론하고 있는 그 수십 명의 '동역자들'과 네트워크를 형성하기 시작한 것이 아마도 이 기간이었던 것 같다.

그레데, 스페인, 그리고 기타 여러 곳으로 다닌 네 번째 여행에서 바울은 다시 첫 번째 혹은 두 번째 모델로 돌아갔던 것 같다. 이 시기에도 그는 멀리서도 사역자들을 효과적으로 지도할 수 있었던 것으로 보이는데, 가장 두드러진 예는 그레데의 디도이다. 그냥 한번 그렇게 상상해 보았다.

팀 의사 결정

마지막 남은 현실적 문제가 있는데, 팀들은 어떻게 의사 결정을 해야 하는가의 문제이다. 여기서 우리가 말하고자 하는 것은 특별히 팀 전체에게 영향이 미치는 (예를 들어, 한 사람이 특정한 자비량 직업을 가져야 할지, 혹은 어떤 가족이 어느 아파트를 빌려야 할지 따위의 문제와는 구별되는) 결정들이다.

물론 모든 결정들이 동등한 중요성을 갖지는 않는다. 사소한 사안들도 있고, 중간 정도 무게의 문제들도 있고, 목표 설정, 전략, 그리고 교리에 관련된 근본적인 사안들도 있다.

어려운 시기를 거치면서 내가 배운 한 가지는 의견 일치의 소중함이다. 사람들은 자기 말에 다른 이들이 귀 기울인다는 느낌을 받을 필요가 있다. 사람들은 의사 결정 과정에 최소한 자신의 의사가 어느 정도 영향력을 미치고 있음을 알 필요가 있으며, 실제로 그렇게 되어야 한다. 이 모든 것이 바람직한 이유는, 마지막에 가서 그들 모두가 그 결정에 대한 더 큰 주인의식을 가지게 될 것이기 때문이다. 통상 그 팀의 전체적인 안녕과 방향성에 관한, 그리고 교회 개척의 진보에 관한 책임은 그 팀 리더에게 있다. 따라서 팀 리더는 이 무거운 책임에 상응하는 그만큼의 권위를 지닌다. 필요할 경우, 항상 그런 것은 아니지만, 팀 리더들은 강력한 리더십을 행사하도록 요구 받기도 한다.

그러나 설사 팀 리더들이 지극히 지시적이고 모든 결정을 일방적으로 내릴 수 있다 하더라도, 나는 그걸 추천하지 않는다. 팀은 자기 리더가 권위주의적이고 고압적인 사람이라는 느낌을 받을 것이다. 잠시 동안은 이런 차원의 권위를 행사할 필요가 있겠지만, 대부분의 경우 의견 일치를 추구하는 것이 훨씬 효과적이다. 여기 한 단체가 어떻게 운영되고 있는지를 소개하는 팀 매뉴얼을 소개하겠다.

우리는 참여 리더십을 중시한다.

우리는 독재적인 리더십 스타일을 거부한다. 더불어 우리는 의사 결정에 있어 철저히 민주적인 접근도 거부한다. 참여 리더십은 모든 사람에게 발언권이 있음을 의미한다. 그러나 모든 사람이 투표권을 행사한다는 의미는 아니다.

리더의 목표는 하나님의 뜻을 분별하는 것이다. 그렇게 하기 위해 그 혹은 그녀는 하나님께 그리고 그 혹은 그녀가 이끄는 사람들에게 귀 기울여야 한다. 그리하여 야고보서 3장 17절의 정신에 입각하여, 리더는 의사 결정 과정을 인도함에 있어 솔직하고 공개적인 토의의 장을 마련하고, 팀의 조언과 의견을 청취해야 한다. 이러한 "사랑 안에서 참된 것을 말하는"(엡 4:15) 분위기에서, 리더는 팀이 일치에 이르도록 이끈다.

중요한 사안에 있어 일치 획득의 실패는 추가적인 인도하심을 위한 기도로의 부르심으로 간주된다. 우리가 참여를 중시하고 일치를 추구하지만, 국제 총재와 국제 본부의 다른 디렉터들은, 항상 그들의 권한과 책임의 범위 안에서, 우리에게 일방적인 결정을 내릴 수 있는 권리를 보유한다.

읽으면서 몇 가지 특이점이 당신의 눈에 들어왔을 것이다. 우선, 모든 사람의 의견이 동일한 무게로 다루어지지는 않는다. 특정한 사안에 있어 더 많은 경험과 통찰을 가진 이들이 있다. 둘째, 일치는 반드시 만장일치를 (다시 말해, 모두가 찬성표를 던짐을) 의미하지는 않는다. 그리고 마지막으로, 일치의 리더십은 긴급 상황이나, 혼란기 혹은 극단적인 갈등 상황에서는 잘 통하지 않는다. 그런 경우에는 강력하고 지시적인 리더십이 더 잘 먹힌다.

요약하면, 일반적으로 팀의 의사 결정이 이루어지는 세 가지 방식이 있다:

1. 최종 결정은 항상 팀의 일치로 이루어진다. 이집트의 우리 팀 안에 일어났던 모든 혼란이 해결된 직후, 다른 단체 출신의 한 리더가 우리에게, 지난 2년 단위 사역을 결산하면서 전체 팀이 모여 주

요한 목표 설정을 위한 시간을 가지라고 조언했다. 그러면서 그는 자기 단체에서 사용하던 일련의 단계들을 소개해 주었다. 그것은 정말 환상적이었다! 팀은 이전과는 사뭇 다르게 끈끈하게 결속되었고, 하나님의 은혜로 모두가 이 팀에서 진정으로 축복 받았다고 느끼게 되었다. 우리는 서로의 말을 귀담아 들으면서, 팀 사역의 목표를 정교하게 다듬고, 다가오는 24개월 동안 우리가 목표로 삼아야 할 이정표를 설정할 수 있었다. 그것은 누구 한 사람도 — 팀 리더인 나를 포함하여 — 지배적이지 않은 철저한 팀 활동이었다. 중요하고 영속적인 영향력을 지닌 결정일수록, 일치를 통한 결정의 가치는 더욱 커진다.

사도행전 16장 6-10절에서 이에 관련된 기분 좋은 예를 발견할 수 있다. 성령께서 한 팀을 이끌고 역사상 처음으로 유럽에 복음을 전달하고 계셨다. 바울이 주님의 인도하심이라는 느낌으로 먼저 일에 착수했다. 그러나 최종 결정은 하나의 그룹으로 이루어졌다. "하나님이 저 사람들에게 복음을 전하라고 우리를 부르신 줄로 인정함이러라"(10절)라는 보도가 복수형으로 주어진 것에 유념하라.

2. 그럼에도 불구하고 팀 리더가 홀로 최종 결정을 내릴 필요가 있는 경우들도 있다. 예민한 상황들, 민감한 인사 문제, 혹은 일치에 이르기가 불가능한 상황들이 존재한다. 그렇지만 이럴 경우에도 팀 리더는 충분한 토의와 자문이 오갈 수 있도록 해야 한다. 이 자문을 위해 같은 수준에 있는 모든 사람들을 상대할 필요는 없다. 예를 들어, 이 결정이 특히 어떤 일에 큰 이해 관계가 걸려 있거나 가장 큰 책임을 져야 할 팀 내 단지 몇 사람에게만 관련된 문제일

경우에 그러하다.

3. 어떤 결정들은 위임되어야 한다. 예를 들어, 그 팀이 수양회를 계획하고 있다면 어떤 사안에 대해서는 특정한 한 사람에게(예를 들어, 장소 선택) 위임하여 그 사람이 결정하도록 맡길 수 있다.

당신의 팀을 위한 그룹 토의 문제

두 차례 혹은 세 차례의 팀 미팅 때 40-50분 정도를 할애하여 다음 문제에 관해 허심탄회하게 그리고 솔직하게 토의할 것을 제안한다. 그게 아니면, 팀 수양회 기간 동안 몇 차례에 걸쳐서, 팀 멤버별로 적당한 시간을 배당하여 이 문제를 다루어도 좋을 것이다.

1. 팀 생활과 사역에 대한 당신의 기대는 너무 낙관적('맑은 하늘')이었는가, 아니면 지나치게 비관적('진저리')이었나, 혹은 지극히 현실적이었는가? (한 바퀴 돌면서 모든 사람이 말하게 하라.)
2. 신약 성경은 정말로 팀 사역을 통한 최전방 개척 사역의 예들만 제시하는가? 그렇게 생각하는 근거를 제시해 보라.
3. 우리의 팀 모델은 무엇인가?
4. 우리 팀이 보유한 은사들은 무엇인가?
5. 우리 팀은 성경적인 모임 생활을 위한 좋은 환경인가? 우리 팀이 현지인 신자들에게 이에 관해 좋은 모범을 보여 주고 있는가(혹은 우리가 앞으로는 그렇게 할 수 있는가)?
6. 이 팀은 당신이 임무 중 태세를 유지하고 영적으로 충만하는 데

도움을 주는가, 아니면 방해가 되는가?

7. "형성기, 격동기, 규범기, 그리고 실행기" 중 우리는 어느 시기에 있는가?

8. 우리 팀에게 알맞은 크기는 어느 정도인가?

9. 우리 팀은 내가 사역에 건강한 외향적 초점을 유지하도록 하여 현지인들에게 집중할 수 있도록 도움을 주는가, 아니면 과도한 내향성의 위험이 우리 팀에 존재하는가?

10. 이번 장에서 소개한 "성공적인 팀 생활의 열쇠"에 대해 다시 한 번 생각해 보라. 우리의 상황은 어떠한가?

11. 우리 팀은 어떻게 의사 결정을 내리는가? 그 과정에 수정이 필요한 부분이 있는가?

5. 최전방 교회 개척 단계

〈최전방 교회 개척 단계〉는(종종 줄여서 CP 단계라고 불린다) 1994년 소개된 이래 광범위하게 사용되어 왔다. 오랜 역사를 가진 유력한 선교 단체에 소속된 한 리더가 우리에게 귀띔해 주기를, 그 단체는 교회 개척이라는 분명한 목적을 가지고 거의 백 년 전에 출발했는데, 점차 초점을 잃고 표류하다가 최근에서야 교회 개척의 포구로 다시 돌아왔다고 한다. 그리고 이 과정에서 이 〈교회 개척 단계〉가 중요한 도움을 주었으며, 지금도 그 단체 소속의 많은 팀들이 이 단계를 사용하고 있다고 말했다. 현재 모델은 초기 것에 비해 상당히 보완된 것으로, 재생산, 비선형, 그룹들, 그리고 이주 준비 등에 관한 새로운 강조를 담고 있다. 이 개정된 모델은 이번 장의 맨 끝에 첨부되어 있으며, http://www.churchplantingphases.com에도 보충 자료들과 함께 올려져 있다.

〈교회 개척 단계〉란 무엇인가?

　스코긴스(Scoggins)와 록포드(Rockford)가 개발한 교회 개척(CP) 단계는 최전방 개척 (미전도 종족) 환경에서 교회를 개척하는 과정들을 포괄적으로 기술하고 있다. 그 강조점이 다수의 교회를 개척하고 재생산하는 데 맞추어져 있지만, 단 하나의 교회를 개척하는 과정에 대한 안내 역할도 한다. 이것은 교회 개척 팀들이 나가서 그리스도의 사람들을 얻고, 그 지역에서 그분의 몸으로 함께 모이고, 그들을 하나의 기능적인, 성경적 에클레시아(교회)로 발전시키며, 심지어 현지인 리더들과 함께 복음을 전파하여 지교회를 재생산할 비전을 남기고 떠나기까지, 개척 팀이 거치게 되는 일반적인 단계들을 개괄하고 있다. 교회 개척 단계는 그 도상의 주요한 이정표를 설정한다.

　이 자료는 어디서나 — 심지어 서구에서도 — 적용될 수 있겠지만, 원래 의도는 '그리스도의 이름'을 아직도 부르지 않은(롬 15:20) 곳을 위한 도구로 사용되는 것이다. 통상 복음의 무시, 그리스도에 대한 오해, 교회 개척자들에게 닥치는 특별한 어려움, 메시지에 대한 적대감, 그리고 그리스도를 따르려고 결심하는 신자들에 대한 핍박이 상존하는 곳을 위해 의도된 자료이다. 특별히 저항적인 환경 속에서는 교회 개척 팀이 마지막 단계에 이르는 데 상당한 시간이 소요되는 경우가 허다하다. 이 도구는 사전 준비 단계부터 초기 '정착' — 그들이 언어 혹은 문화를 아직 습득하지 못한 때 — 을 거쳐 재생산하는 교회를 개척하기까지의 전 과정을 아우른다. 교회 개척 단계는 인간적으로 불가능한 일이 어떻게 실제로 주님 안에서 가능하게 되는지에 대한 고유한 스케치를 제공한다.

I 단계: 팀 형성, 준비, 그리고 출범

당신이 비행기에 오르기 전의 모든 과정이다: 인원 모집, 계획, 후원 모금, 사전 준비 훈련, 팀의 관계적 문제 처리 등.

II 단계: 언어와 문화학습

팀이 우선 '정착' 했을 때 시작하라. 최전방 개척 사역자들은 통상 처음 2년 혹은 3년을 온전히 언어 학습에 투자한다. 물론 이 기간 중에 그들은 기회가 주어지는 대로 관계를 형성하고 그리스도를 전파한다. 사역자들은 언어를 완전히 숙달할 때까지 그리스도를 전파하는 일을 멈추고 기다려서는 안 된다.

III 단계: 그룹과 개인에게 복음 전하기

이 단계에 완전히 돌입했다는 것은 그 팀이 언어 습득에 일정 수준까지 이르러서(제6장을 보라), 이제는 대부분의 시간을 언어 과정이 아닌 복음 전도에 할애하는 것을 의미한다. 통상적인 경우 아직까지는 제자 훈련할 신자들이 없는 상태이다. 물론 경우에 따라, 현지인 몇몇이 교회 개척 팀이 아직 언어를 배우고 있는 중에 믿음을 가지게 되어, 어떤 팀들은 이 단계를 건너 뛰기도 한다. 그러나, 정확히 말해서, 실제로 그 어떤 팀도 복음 전도 과정을 '건너 뛰는' 경우는 없으며, 이것이 교회 개척 과정 내내 최우선적인 과업이 되어야 한다. 팀에 따라, 사람들이 복음 메시지에 워낙 반응하지 않을 때는, III 단계에서 십년 혹은 그 이상 지체하기도 한다.

Ⅳ 단계: 신자들을 제자 훈련하고 모임을 만들기

모임이 만들어지기 전에 우선 그 종족 출신의 한 사람 혹은 그 이상의 신자들에 대한 제자 훈련 작업이 이루어져야 한다. Ⅲ 단계처럼, 모임이 일찍 생겨나는 경우 때로 이 단계는 건너 뛰기도 한다. 여기서 단계를 명확하게 구분한다 하여, 일정 기간 신자들을 고립된 상태로 내버려 두어야 한다는 의미는 아니다. 오히려 정반대로, 교회 개척자들은 가능한 빨리 신자들을 한데 모으는 데 힘써야 한다. 그러나 교회 개척 사역자들이 이러한 제자 훈련은 하되 모이지 않는 상태에 상당 기간 머무는 것은 그리 드문 일은 아니다.

Ⅴ 단계: 신자들의 모임 발전시키기

신자들을 한데 모으고 그 교제를 성숙시키는 사역은 일단 셋 혹은 그 이상의 신자들이 그리스도 안에서 정기적인 교제 모임을 시작하면 곧바로 시작된다.

Ⅵ 단계: 리더를 세우고 권한을 부여하기, 그리고 재생산의 시작

그 교제 모임이 하나의 교회로 자립할 수 있도록 준비시키는 단계로, 특히 리더를 발굴하는 단계이다. 구체적으로는 장로의 역할을 수행할 복수의 리더를 세워야 한다. 이것은 Ⅴ 단계와 매우 유사하지만, 현 단계에서 그 그룹은 훨씬 발전된 단계에 머문다. 초점은 리더 발굴과 재생산에 있다.

Ⅶ 단계: 재생산과 운동

일단 장로들이 임명되고 나면 이 단계에 돌입한다. 이제 초점은 완전히 그 교회가 지교회를 개척하고 하나의 교회 개척 운동을 촉발하도록 돕는 데 맞춰진다.

이 교회 개척 단계는 신약의 사례와 필드 팀들의 경험, 그리고 상식이 가미되어 만들어졌다. 예를 들어, 개인 신자들이 생겨나기 전까지 당신은 신자들의 그룹을 만들 수 없다. 설사 그 팀의 전략이 정기적으로 예수님에 관해 함께 공부하고 심지어 함께 기도하고 예배하는 구도자 그룹을 모으는 데 있다 하더라도, 그들 중 몇 사람이 거듭나기 전까지 그들은 아직 그리스도의 지체가 아니다. 마찬가지로, 교회 개척자들이 그 언어를 유창하게 구사하고자 한다면 — 대다수 최전방 개척 사역자들에게 최우선 과제이다'— 그들이 필드 투입 초기부터 여기에 최우선 순위를 부여하는 것이 상식적이다. 그 팀을 위한 필드-사전 준비는 이것보다 더 먼저 시작되어야 한다. 다른 한편, 교회 개척자들이 하나의 교제 모임이 시작된 후에 잠재력 있는 장로들의 발굴에 큰 비중을 두는 것도 당연하다. 동일한 단계들을 — 언어 학습만 빼고 — 신약에서도 발견할 수 있다(아래 예들을 보라). 데이비드 헤셀그라브(David Hesselgrave)의 「바울의 사역 주기(Pauline Cycle)」[1]를 보면 유사한 요소들이 등장한다.

그것은 과중한 과업을 보다 작은 덩어리로 나누는 데 정말 도움이 된다. 니도 쿠베인(Nido Qubein)이 말하듯이, "사람들이 움직이려 들지 않는 가장 큰 이유 중 하나는 그들이 너무 큰 일을 시도하기 때문이다. 가장 값진 성취들은 한 방향으로 결집된 작지만 수많은 결실들의 결과이다."[2]

사도적 팀들은 가끔 큰 교회들을 개척하고, 작은 가정 교회들의 네트워크를 확장하고, 심지어 교회 개척 운동의 붐이 활짝 피어오르는 꿈을 꾼다. 이미 말했듯이, 재생산하는 교회를 개척하는 것이 결정적이다. 어떤 팀들은 복음이 아직 발을 들여 놓지 못한 지역에서 사역하기 때문에 비교적 작은 비전을 품고 있는데, 어떤 면에서 바람직한 일이다. 그러나 모든 팀들에게, 심지어 가장 저항적이고 반응이 늦은 지역의 팀들에게도 요구되어야 할 최소치의 목적이 존재한다. 이것은 최소한 크기와 다양성에서 '결정적인 숫자'를 확보한, 함께 그리스도의 몸이 되기로 헌신한, 그리고 최소 둘 혹은 세 명의 그 지역에서 임직되어 그 교회에 현지화된 목회적 돌봄을 제공하는 장로들의 지도 아래에 있는, 하나의 신자 그룹을 설립하는 것이다. 요점은 한 팀이 거대한 목표를 가지고 있든 혹은 다소 신중한 목표를 가지고 있든, 우선적인 목표는 항상 교회 개척이라는 것이다. 이것은 최소한의 목표이다. 그리고 이 최소한의 목표 달성이 바로 교회 개척 단계가 의도하는 것이다.

〈교회 개척 단계〉는 두 개의 도구를 하나로 조화시킨 것이다:

1. 척도 혹은 잣대: 이 일곱 개의 구별된 단계는, 한 팀이 어느 단계에 있으며 정확히 언제쯤 그들이 다음 단계로 넘어갈 수 있을지를 최대한 또렷하게 보여 주기 위한 장치이다.

2. 안내서: 이것은 주로 각 단계에 할당된 구체적인 여러 활동들을 지칭한다. 이것은 성공을 보장하는 조리법으로 채워진 '요리책'이나 혹은 모든 팀들이 반드시 따라야 할 의무적인 단계 목록을 의미하지는 않고, 다만 매 단계마다 당신이 초점을 맞추어야 할 대부분의 활동들을 포괄적으로 소개하고 당신이 다음 단계를 미리

전망하도록 자극할 것이다. 당신이 하나의 팀으로서 어느 단계에 있든 상관없이, 당신에게 최우선 과업들은 늘 또렷해야 하며, 교회 개척 단계가 그 일을 도와 준다. 각 단계마다 할 수 있는 여러 활동들의 목록을 가지고 있는 것은 단 몇 가지 활동에만 반복적으로 집착하기 쉬운, 그래서 때로는 희망과 창조성까지 상실하는, 저 저항적인 토양에 있는 팀들에게 특히 유용하다.

여기 기본 구조를 소개하겠다. 각 단계마다 이러한 항목들을 가지고 있다:

· 명칭
· 정의: 이 단계에서 성취되어야 할 사항에 대한 짤막한 기술.
· 마루점(Crestpoint, 언덕 혹은 파도의 제일 높은 지점 — 옮긴이). "끝점" 따위의 용어는 사용하지 않는데, 왜냐하면 그 단계의 우선적인 활동이 다음 단계로 넘어갈 때 사실상 끝나지 않는 경우가 많기 때문이다 (예를 들어, 언어 학습, 복음 전도, 혹은 제자 훈련). 반면, 이 마루점이라는 용어는 그 단계의 목표 지점을 표시하며, 그 팀이 그 단계에서 다음 단계로 넘어가야 할 시기를 지시한다. 예를 들어, IV 단계에 있는 한 팀이 한 사람 혹은 그 이상의 신자들을 제자 훈련하고 있다고 치자. 일단 셋 혹은 그 이상의 신자들이 신자 모임으로 교제를 나누기 시작하면, 그 팀은 이제 V 단계에 접어든 것으로 간주된다. 그러나 이것은 결코 개인적인 제자 훈련 혹은 멘토링이 중지되는 것을 의미하지는 않는다. 마루점은 주어진 단계에서 그 팀이 일구어 내야 할 하나의 분명한 중간 목표이다.

· 그 단계에서 그 팀이 수행할지를 고려해야 할 다양한 활동들.

'교회 개척 단계'는 팀 진보의 측정 도구가 됨과 더불어 새로운 교회들의 성장과 진보를 기술(記述)하는 데 유용하다. V단계와 VI단계의 마루점에서 나타나는 교제 모임의 발전에 대한 구체적인 범주들을 살펴보라. 한 교제 모임이 V단계 말미의 그룹 헌신도, 크기, 다양성, 리더십, 그리고 강도의 구체적인 범주에 도달하면, 이제 VI단계 교회라고 불리게 된다. 그러한 교회가 VI단계의 마루점에서 복수의 장로들을 세우게 되면, 그것은 이제 VII단계 교회로 불린다.

반복하면, 명칭, 정의, 그리고 마루점은 교회 개척 단계의 측정 도구를 구성한다. 그 목표는 주어진 시간에 한 팀이 어느 단계에 있는지에 관하여, 마치 자의 눈금이 흐릿하지 않고 또렷하게 표시되듯이, 최대한 명료하게 표시하는 데 있다. 전환기 지점들은 정확하기보다 다소 주관적일 수 있다: II단계(언어 학습)와 III단계(복음 전도) 사이에 일어나는 '기어 바꾸기'가 그 한 예이다. 나는 팀 리더들에게 그 팀이 80퍼센트의 에너지를 언어 학습에 쏟고 나머지 20퍼센트를 복음 전도에 투자하다가 이제는 그 역으로 갈 때 이 전환기가 일어난다고 이야기한다.

이미 말했듯이, 한 팀이 특정 단계에 있다 하더라도, 다양한 단계에 속한 사역 활동들이 동시에 지속되는 것은 매우 흔한 일이다. 예를 들어, 언어 학습은 분명히 남은 단계들 내내 지속될 것이다. 어휘력이라는 것은 그 팀이 후속 단계들이 요구하는 사역으로 더 깊이 들어갈수록 더 계발되고 세련되어져야 한다. 그리고 팀이 V단계에 있다 해도(새로운 교제 모임이 생겨났다), 후에 합류한 팀 멤버들은 여전히 II, III단계에 속했을 수도 있고 아직 I단계의 필드-사전 준비 단계에 있는 팀 멤버들이 있을 수 있다. 그러나 교회 개척 분야에서는, 그 팀이 정기적으로 모이는 신자 그룹에 리더십을 부여하고 있는 중이라면 그들은 현재 V 단계에서 임무 수행 중인 것으로 간주한다. 게다가 그 사역이 아직 VI 단계에 완전히 돌입하기 전에 몇 가지 VI 단계 활동들이(리더십 개발) 이미 실시될 수도 있다. 반복하면 그 정의와 마루점 범주를 기준으로, 그 팀이 완전히 당도한 최고점이 그 팀이 현재 속한 단계이다.

한 사역이 교회 개척 단계 상에서 거꾸로 물러나는 것은 매우 흔한 일이다. 예를 들어, 신자들을 교제 모임으로 엮어 내면서 이제 V 단계로 진입한 팀이 있다고 생각해 보자. 그 그룹이 마침내 V단계 막바지의 성숙도 범주에 당도하면, 이제 VI 단계로 나아간다. 그런데 갑자기 핍박이 몰아쳐서, 혹은 심각한 분열이나 갈등이 생겨나서 전체 사역이 물거품이 되는 경우도 있다. 이때 사역은 거꾸로 IV 단계 혹은 그 이전 단계로 후퇴한다. 불행히도 이런 일이 희귀하지도 않으며 우리에겐 그리 놀라운 일도 아니다.

각 단계별 사역 활동들은 교회 개척을 위한 '안내서' 역할을 한다. 여기에 제안된 활동들은 반드시 해야 한다는 의미의 처방이기보다는 하나의 서술로서, 다시 말해, 하나의 제안이다. 어떤 팀도 그 모든 활동을 행할 수는 없으며 그렇게 해야 하는 것도 아니다. 각 팀이 숙의하여 어느 활동이 적합할지, 어느 것은 그렇지 않은지, 그리고 어떻게 진행할지를 결정해야 한다. 제안된 활동들은 그 팀이 한 단계에 지체되어 더 이상의 진보를 이루어 내지 못할 때 특히 유용하다.

물론 필드에서는 그 무엇도 예상할 수 없다는 것이 현실이다. 최근의 자문 활동 중에 한 친구가 인도네시아에 있는 그들의 팀이 정기적으로 병자의 치유를 위해 기도한다는 소식을 전해 주었다. 그의 팀 멤버들 중 하나는 병이 든 한 무슬림 친구를 위해 정성으로 기도했는데 결국은 죽었다고 한다. 그런데 놀랍게도 그 결과로 20명에 이르는 그 가족이 그리스도를 믿는 신앙으로 나왔다고 한다. 그 복음 사역자가 예수님의 이름으로 기도한 후 그 무슬림 친구의 죽음이 어떻게 그 가족들을 신앙으로 나오게 했는지를 물었더니, 그들은 예수님에게는 한 사람을 이생에서 평안하게 데려 가시는 능력이 있음을 알게 되었다고 대답했다고 한다!

자주 대두되는 질문이 있다. 일단 현지인 장로들이 세워지면 사도적 사역자들은 무엇을 해야 하는가? 많은 사람들은, 현지인 장로들을 세우는 일을 포함하여 하나 이상의 교회를 개척한 뒤에도, 주님께서 그들이 그곳에 머물러 교회 개척과 재생산 사역을 계속하기를 원하신다고 느낀다. 처음에는 이것이 내 성미에 맞지 않게 여겨졌다. 일단 당신이 장로들을 세우고 나면, 정말 하고 싶지 않은 일은 그 주위를 어슬렁거리면서 그들의 리더십을 손상시키는 것이다. 게다가 최전방 교회 개척은 본성적으로 나그네 사역이다. 신약 성경에서 사도들은 한 교회를 개척하고 나서는 일반적으로 다른 곳으로 떠났다. 그러나 어떤 경우에는 명백하게 머무는 것이 사리에 맞다. 특히 그 도시 혹은 마을 주변으로 지교회의 재생산을 위한 촉매 역할을 하기 위한 경우에 그러하다. 그렇게 바울은 에베소 교회가 개척된 뒤 2년 이상 에베소에 머물렀고, 이 기간 동안 그는 에베소를 거점으로 하여 인근 지역에 보다 광범위한 교회 개척 사역을 추진했던 것으로 보인다.

이 VII 단계 사역은 일반적으로 두 영역으로 구분된다.

1. 신생 개척 교회 혹은 교회들과 협력하여 그들이 재생산하고 교회 개척 운동을 시작할 수 있도록 돕는 것 그리고/혹은

2. 현지인 교회 개척자들을 동원하고, 훈련하고, 동기를 부여하고, 가능하면 감독하는 일. 이 경우는 결국 그 지역 자체가 파송 구조를 갖추게 하는 것을 의미한다.

〈교회 개척 단계〉는 어떻게 당신과 당신의 팀을 돕는가?

이와 같은 도구를 보유하고 사용하는 것에 대한 대안은 아예 아무 도구도 사용하지 않는 것이다. 진보를 표시할 아무런 측정 잣대 없이, 주요 활동들을 제안하는 아무런 안내서 없이 말이다. 우리 사역에 있어 가장 힘겨운 순간이 있다면, 바로 아무런 진보를 볼 수 없을 때이다. 팀이 그들이 어디에 있는지, 어디로 가고 있는지, 그들의 운동성 등에 대해 몇 가지 사건 혹은 느낌에 의존한 채 그저 막연한 감만 가지고 있다면 이는 참으로 낙심되는 일이다.

격언이 말하는 대로, "측정할 수 없는 것은 관리할 수 없다." 비전 세우기와 목표 설정 그리고 계획과 책임 따위는, 만일 그 팀이 그들이 어디로 가고 있는지 그리고 어떻게 그곳에 당도할 것인지에 대한 뚜렷한 의식이 없다면, 설 자리가 없어진다. 말할 것도 없이, 당신에게 목표가 없다면 실패할 가능성도 없다. 그러나 아직 미전도 종족으로 남아 그리스도를 간절히 필요로 하고 있는 20억의 영혼들을 생각하면, 이것은 결코 우리에게 위로 거리가 될 수 없다. 우리는 열 므나 비유에서 예수님이 주신 권면의 말씀을 겸허히 받아들인다(눅 19:11-27). 거기서 주님은 우리에게 그분을 대신해 위험을 무릅쓰고 가서 찾으라고 강권하신다. 마찬가지로 "관리할 수 없는 일에 동기를 부여할 수 없다"는 것

역시 진실이다. 교회 개척 단계와 같은 도구가 없다면, 리더들로서는 교회 개척자들을 이러한 일로 나아가도록 자극하고 동기를 부여하기는 지극히 어려울 것이다. 한 걸음 그리고 또 한 걸음 나아가는 것을 눈으로 볼 수 있을 때, 당신은 확신을 얻을 수 있다. 믿음이 증폭된다. C. T. 스터드(Studd)가 하나님 나라에서의 믿음의 노력에 관해 말했듯이, "일들은 처음에는 불가능하게 보인다. 그러다가 어렵게 보이고, 결국에는 이루어진다."

내가 들은 한 팀은 매번 팀 미팅을 시작할 때마다 거의 무슨 주문처럼 이 말을 함께 복창한다고 한다. "우리는 어디에 있는가? 우리는 어디를 향하고 있는가?" 잠시 후 팀 멤버들은 서로를 뚫어지게 쳐다보는데 마치 무슨 녹음기 끊어진 장면 같아 보인다. 그러나 이때 매우 또렷한 메시지가 매주 그들의 마음에 되새겨진다. "우리는 여기 한 목적을 위해 있다. 우리는 한 대의를 위해 이 방향으로 나아가고 있다. 하나님께서 우리를 사용하셔서 그리스도의 영광을 위해 무언가 구체적이면서도 놀라운 일을 이루실 것이다." 교회 개척 단계는 이 소망을 공적으로 천명하는 매개가 된다.

이번 장에서 사역자들이 실시할 수 있는 복음 전도, 제자 훈련, 그리고 교회 개척 외의 다른 필드 활동 모두를 나열하기엔 지면이 부족하다. 이런 활동들은 때로는 재미있고, 때로는 만족을 주고, 때로는 좋기도 하고, 또 경우에 따라서는 필요하기도 하다. 그러나 대부분의 경우 이런 활동들은 팀으로 하여금 빙글빙글 제자리에서 맴돌게 하는 원인이 된다. 일종의 관성만을 만들어내어 지금 하고 있는 것을 고민 없이 지속하게 만든다. 사도적 팀은, 엄청나게 움직이지만 끝없이 제자리를 맴돌며 한 걸음도 전전하지 않는 팽이가 되고자 하지 않는다. 내 친구

하나는 이렇게 썼다. "사역을 이유로 우리나라에만 한 해 수백만 달러가 투자되고 있다. 하지만 궁금한 것은 우리에게 실제 맡겨진 일이 너무나 어렵고 때로는 그 진척이 너무 더디기 때문에, 그럼에도 불구하고 우리 자신이 유용한 사람이라는 느낌을 가지기 위한 목적으로 실제 과업으로부터 사실상 동떨어진 일에 매달리는 경우가 얼마나 많은가 하는 것이다."

필드에 있으면서 나는 수천 시간을 자비량하는 일에 소비했다. 그 중 일부는 정말 필요한 일이었고 내 친구들에게 이 사회 안에서 나도 나름의 역할을 감당하고 있다는 생각을 심어 주는 매우 긍정적인 측면도 있었다. 그러나 그렇지 못한 측면도 있었다. 주어진 몇 년의 세월을 허비할 수 있는 세 가지 길이 있다고 한다. 아무 것도 하지 않기, 잘못된 일을 하기, 혹은 너무 많은 일을 하여 그 어느 것도 지속적인 영향력을 갖지 못하게 하기이다. 우리 모두에게 절실히 필요한 것은 우리 사역의 여정 매 단계에서 무엇이든 가장 중요한 일에 초점을 맞추는 집중력이다. 교회 개척 단계는 마치 계곡을 함께 걸어가면서 산마루를 가리키며 "기억하세요, 저기가 바로 우리가 가야 할 곳입니다. 그리고 그러자면 지금은 바로 이 길로 가야 합니다!"라고 말하는 사람과 같다.

나의 한 친구가 "그래서(so that…)의 저주"에 대해 이야기해 주었다. "우리는 이것을 해야 합니다. 저것도 해야 합니다. 그래서 이런 저런 일들이 이루어지게 될 겁니다. 그래서 결국은 많은 사람들이 신앙으로 나오게 될 것이고, 그래서 또 교회가 세워지게 될 것입니다." 신약에서 사도들은 이토록 많은 '그래서(so that…)'의 목록을 갖고 있지 않았다는 게 흥미롭지 않은가?

여하튼 교회 개척 단계를 사용하여 팀들은 자주 그들의 목표와 진보에 대해 함께 되돌아볼 수 있다. 팀 멤버 전체에게 사역이 어디에 있으며 어디로 나아가야 할지가 또렷해진다면, 그들이 개인적으로 어떻게 적응하고 각자의 은사에 따라 구체적으로 어떻게 기여할 수 있을지를 보다 쉽게 발견할 수 있을 것이다. 갈등은 줄어 들 것이다. 기대치는 같아질 것이다. 개별 팀 멤버들이 뒤에 남겨져서 제대로 된 자리에 왔는지 방황하는 법이 없을 것이다. 그리고 최소한 앞으로의 진로에 관한 건강한 토의와 토론의 출발점이 마련될 것이다.

함께 일하는 사람들 사이의 커뮤니케이션은 지극히 중요하다! 예로, 1995년 뉴펀들랜드 해안에서 미국 해군과 캐나다 군 사이에 오간 무전 연락 초록을 한번 살펴 보자.

캐나다 군: 진로를 15도 남쪽으로 전환하여 충돌을 피하라.

미국 군함: 너희가 진로를 15도 북쪽으로 전환하여 충돌을 피하라.

캐나다 군: 그럴 수 없다. 충돌을 피하려면 너희가 진로를 15도 남쪽으로 전환해야 한다.

미국 군함: 여기는 미국 해군 함장이다. 반복한다, 너희 진로를 전환하라.

캐나다 군: 그럴 수 없다. 반복한다, 너희가 진로를 전환해야 한다.

미국 군함: 여기는 항공 모함 USS 링컨이다. 미 합중국 대서양 함대에서 두 번째 규모의 군함이다. 우리는 구축함 세 척, 순양함 세 척, 그리고 기타 수많은 지원선을 거느리고 있다. 명령한다, 너희가 진로를 북으로 15도 전환하라. 반복한다, 15도 북으로 전환하라. 그렇지 않으면 이 함선과 지원선들의 안전을 위해 공격을 감행할 수밖에 없다.

캐나다 군: 여기는 등대다, 오버.[3]

마지막으로, 교회 개척 단계는 긴박하게 돌아가는 최전방의 교회 개척 구도 안에서 그 사역에 관해 서로간에 보다 원활한 커뮤니케이션을 가능하게 하는 공용어를 제공한다. 예를 들어, 당신의 팀은 이렇게 말할 수 있다. "우리는 V 단계에 있었는데, 그만 흩어지는 바람에 다시 IV 단계로 돌아가 신자들에 대한 조치를 취하는 중입니다." 사람들은 당신이 무엇을 말하고 있는지를 정확하게 알 수 있을 것이다.

몇 가지 오해

교회 개척 단계가 도입된 지 수년이 지난 지금, 다양한 오해들이 노출되었다. 몇 가지 오해들을 여기서 일소하고자 한다.

1. "마치 성공을 보장하는 조리법 혹은 그것을 모은 요리책이다. 마법의 탄환인 듯이 말이다."

   대답: 물론 그렇지 않다. 교회 개척은 과학이라기 보다는 예술에 가깝다.

2. "교회 개척 단계를 사용하는 사람들은 하나님께 의지할 필요성을 덜 느낀다."

   대답: 특정한 상황 속에서 문을 열 열쇠가 되어 줄, 성령으로부터 오는 창조성과 정교함에 대한 절실한 필요성은 조금도 감소되지 않는다.

3. "교회 개척 단계는 최전방 교회 개척에 관해 일종의 균일적 혹은 획일적인 대량생산적 접근을 조장한다."

대답: 교회 개척 단계를 사용하는 팀들 안에는 여전히 가장 활발한 다양성과 실험정신이 건재하게 살아 있다! 이 단계들은 단지 포괄적인 범주일 뿐이다. 이 단계들은 당신의 목적지에 당도하기 위해 취해야 할 정확한 방법론에 대한 처방이라기 보다는 당신이 어디를 향하고 있는지를 일러주는 묘사이다.

4. "교회 개척 단계는 엄격한 순서를 적용한 나머지, 하나의 운동을 일으키기 위한 기초작업을 방해한다."

대답: 반대로 이 단계를 지각 있고 융통성 있게 사용하면 오히려 교회 개척 운동을 촉진할 수 있다. 유념할 것은 경험이 많은 교회 개척자들은 다중단계적, 비순서적 접근에 보다 쉽게 적응하는 반면, 젊은 팀들은 대체로 교회 개척 단계의 단순성에서 큰 유익을 얻는다는 점이다. 이는 마치 수석 요리사는 주방에서 여러 가지 작업을 동시에 진행하면서 환상적인 식사를 준비하지만, 초보 요리사는 조리법에 적힌 단계별로 차근차근 따라가는 것에 비유할 수 있을 것이다.

5. "교회 개척 단계는 개인들과의 사역을 강조함으로써, 그룹을 형성하고 운동을 일으키는 속도를 저하시킬 수 있다."

대답: 이것이 진실일 때도 있었다. 그러나 수년 간의 필드 정보가 반영된 현재의 단계 모형은 개인 신자가 그리스도의 메시지를 그 가족과 친구들에게 전달하도록 돕는 것과 더불어, 초기부터 그룹

을 추구할 것을 강조하고 있다.

6. "이 도구는, 지극히 구체적으로, 교회 개척에 대한 가정 교회적 접근에 고착되어 있다."

대답: 미전도 종족 상황 가운데 새로운 교제 모임은 대체로 지하 모임이며, 최소한 처음에는 그러하다. 이것이 가정 교회적 접근으로 나가는 원인이 되었다. 그러나 교회 개척 단계는 모델-중립적인 형태로, 다시 말해 어떤 특정한 모델에 고착되지 않은 형태로 의도되었다. 요즘은 보다 큰 규모의 중추적 교회를 발전시키는 이들과 더불어 셀 모델을 도입하는 팀들도 있다.

신약 성경과 현재의 예

· 디도서 1:5: "내가〔바울〕너를〔디도〕그레데에 남겨 둔 이유는 남은 일을 정리하고 내가 명한 대로 각 성에 장로들을 세우게 하려 함이니." 이것은 V 그리고 VI 단계를 아우르는 다중-단계 교회 개척을 수행하는 팀을 위한 좋은 예가 되며, 물론 두 단계 모두 VII 단계를 지향하고 있다.

· 고린도후서 2:12-13: "내가〔바울〕그리스도의 복음을 위하여 드로아에 이르매 주 안에서 문이 내게 열렸으되 내가 내 형제 디도를 만나지 못하므로 내 심령이 편치 못하여 저희를 작별하고 마게도냐로 갔노라." III 단계 진입이 유력했으나 일단 보류됨.

· 사도행전 16장 그리고 빌립보서 1:1: 빌립보 교회가 어떻게 시작 되었는지에 대한 누가의 박진감 넘치는 서술, 그리고 그 후 바울 이 "빌립보에 사는 모든 성도와 또는 감독들과 집사들에게" 보낸 편지이다. 이것은 필드-사전 준비, 복음 전도, 제자 훈련, 모임 만 들기, 리더 발굴, 그리고 마침내 장로 임명하기를 포함한 I-VII 단 계에 대한(II 단계 언어 학습만 빼고) 기분 좋은 생생한 묘사이다.

· 사도행전 13-14장: 언어 학습을 제외한 I-VII 단계의 다른 예들이 여기 바울의 일차 여행에서 발견된다.

· 사도행전 19:1-20: 주님께서 이전에 바울과 실라가 에베소로 가는 것을 막으셨다(행 16:6을 보라). 그러나 지금 바울의 3차 여행에 서 하나님의 때가 찾아 왔다. 바울은 도시화된 헬라인들을 대상으 로 사역하는 데 필요한 중요한 교훈들을, 특히 일 년 반에 걸친 고 린도 체류를 통하여 습득해 왔다. 하나님은 이제 바울을 브리스길 라와 아굴라와 연결시키셨고, 이 부부 팀은 에베소에서 귀중한 기 초 사역을 수행했다(행 18:19). 이제 교회는 VII 단계를 거쳐 개척 이 원활하게 진행되었다(행 20:13-38에서 살펴볼 수 있다). 우리 는 또한 사도행전 19장과 다른 단락에서 어떻게 바울이 2년 이상 에베소에 거점을 마련하고 다양한 교회 개척자들을 훈련하여 결 국 아시아 지역에 사는 모든 유대인과 헬라인들이 "주의 말씀을 듣게"(행 19:10) 했는지를 살펴볼 수 있다. 말하자면 확대된 VII 단 계이다. '현지인들'을 동력화한 좋은 예로, 천길 골짜기와 같았을 저 골로새에서 에바브라가 성공적으로 교회를 개척한 사례를 들

수 있다(골 1:1-8을 보라).

· 이미 나는 이집트에서의 우리의 첫 번째 필드 팀에 대해 언급했었다. 우리에게 I 단계는 캘리포니아 파사데나에서 이루어졌다. 거기서 팀 멤버 대다수가 모여 함께 계획하고, 기도하고, 서로를 알아가는 일환으로 마이어-브릭스 성격 테스트도 했다. 우리 모두는 거의 동시에 필드에 도착했고, 살 거처를 정하고, 함께 아랍어 배우기에 돌입했다.

사실 우리 중 그 누구도 이집트를 떠나기까지 유창한 수준에 이르지 못했지만, 어쨌든 그것이 II 단계였다. 이 기간 동안 우리 모두는 이집트 친구들에게 그리스도를 소개할 수 있었고, 대략 서너 명이 믿음에 이르게 되었다. 팀 멤버들이 개인적으로 이들 새 신자들을 제자 훈련하기 시작했으니까, IV 단계에 들어간 셈이다. 물론 그 고달픈 아랍어 배우기는 계속되었다. 거의 일 년 반이 지난 후, V 단계에 해당하는 조그만 신자 모임이 형성되었다. 주님께서 이 열매를 주셨지만, 우리가 나아가야 할 바를 아는 것은 분명 속도를 높이는 데 도움이 되었다.

· 중앙아시아의 우리 팀들 중 하나는 한 부부와 미혼 남성 테드로 구성되어 있었다. 테드는 세 자녀의 아버지이자 공장 기술자였던 무슬림인 알레프와 친구가 되었다. 테드는 알레프에게 신약 성경을 건넸는데 그는 그 책에는 별 관심이 없다며 문자 그대로 던져 버렸다. 이 일은 세 팀 멤버가 모두 열심히 언어 과정에 참여하고 있던 II 단계에서 일어났다. 어느 날 주님께서 알레프의 마음속 그

의 호기심을 자극하셨고, 이에 그는 벌떡 일어나 신약의 상당 부분을 읽게 되었다. 그는 무릎을 꿇고 그의 삶을 이 새로운 주님, 예수님께 내어 드렸다. 즉시 그 팀은 IV 단계에 진입했고, 알레프 곁에서 그가 새로이 발견한 신앙에 굳게 서도록 도왔다. 특히 직장에서, 이웃으로부터, 그리고 그의 아내와 자녀로부터 오는 혹독한 시련을 이기도록 도왔다. 일 년 남짓 시간이 흐른 후, 알레프의 가족이 믿음으로 나왔고, 더불어 이웃 몇 사람까지 합류하여, 그들은 알레프의 영적 리더십 아래 정기적인 모임을 갖기 시작했다. V 단계이다. 그후 그 그룹은 상당히 성장하여 몇 사람의 일족 어른들까지 함께 했다. 그들은 그 지역 러시아 침례교의 교회 건물에서 모였다. VI 단계로 진입하는 분수령을 넘은 것은 분명했다(V 단계의 마루점을 보라).

핍박의 폭염이 그 교회에 불어 닥쳤을 때, 그들은 지하 가정 그룹으로 해산했는데, 이것은 리더 발굴을 포함한 더 큰 성장의 계기가 되었다. 마침내 팀 리더는 여섯 명의 장로 후보들을 데리고 석 달 동안의 공부를 거쳐서 네 명의 장로를 임직하여 이 가정 교회 네트워크에 대한 포괄적인 리더십을 부여했다. 이렇게 VI 단계에서 VII 단계로 넘어갔다. 현재 그곳에 외국인 사역자는 거의 없는데, 그나마 있는 사람들도 교회별로 찾아다니며 조언하고 동기를 부여하는 역할만을 감당하고 있다. 알레프와 그의 가족은 개척된 교회의 파송을 받아 사도적 사역자들로서 다른 도시로 떠났다.

1. 단계를 건너뛰는 것이 가능한가?

앞에서 기술한 바와 같이, 그렇다.

2. 당신이 신속하게 앞으로 도약했다면, 그것은 당신이 언어 학습과 같은 이전 단계들을 생략할 수 있다는 의미인가?

그렇지 않다. 단계들은 대체로 전체적인 사역이 거쳐가는 순서이다. 물론 구체적인 개인 활동들은 반드시 이 순서를 따를 필요는 없다. 교회 개척이 상당히 진척되어도 여전히 언어와 문화를 배울 필요가 있으며, 더불어 복음 전도의 좋은 방법들도 개발해야 한다.

3. 복음 전도가 단지 하나의 단계인가, 잠시 하다가 후에는 그만 두는 그런 것인가?

나는 결코 그렇게 생각하지 않는다. 신생 교회는, 어느 단계에 있든지 상관없이, 담대하게 복음을 전파하는 것이 그리스도를 따름에 있어 얼마나 결정적인 부분인지를 눈으로 볼 필요가 있다. 'DNA' 안에 이것이 담겨 있지 않은 신생 교회는 생기를 잃고 침체에 빠진다. 우리는 떠나는 그 날까지 복음 전도하고, 모범을 보이는 일로 양 떼를 섬겨야 한다. 설사 그것이 V, VI, 그리고 VII 단계에서 우리가 수행해야 할 과업 중에 작은 일부에 불과할지라도 지속해야 한다. 더욱이 팀 멤버들 중에는 탁월한 복음 전도자이면서 동시에 현지인 전도자를 훈련하는 데 탁월한 능력까지 겸비한 사람들이 있다. 우리는 그들이 큰 강점을 발휘하지 못하는 V 그리고 VI 단계 활동에 그들을 묶어 두기를 원치 않는다. 팀 멤버들 중에는 그룹을 태동시키고 관계의 꽃을 피우는 영역에 은사를 가진 이들이 따로 있을 것이다.

4. 교회 개척 단계가 어떻게 교회 개척 운동과 호환될 수 있는가?

이미 말한 대로, 교회 개척 단계가 교회 개척 운동과 대립된다는 오해를 받을 수 있지만, 꼭 그렇지는 않다. 최종 목적을 염두에 두고 사역해야 한다는 점에 상당한 강조를 두고 있으며, 리더십 개발과 재생산을 위한 기초 작업은 가능한 일찍, 심지어 III 단계에서도 착수될 수 있다. 데이비드 게리슨(David Garrison)은 불교도 필드를 배경으로 이에 대한 흥미로운 예를 제시하고 있다.

교회 개척 운동에서는 장차 회심할 사람들이 가끔은 공적으로 그리스도의 제자가 되기도 전에 이미 그리스도를 섬기기 시작한다. 한 동남아시아 선교사는 베트남 의사들과 정기적으로 모임을 갖기 시작했다. 그 의사들은 아직 그리스도인이 아니었지만, 매주 모여 기도와 성경 공부, 그리고 하나님께서 그들과 그들의 민족에게 바라시는 것이 무엇이라고 생각하는지에 대한 비전을 나누었다. 몇 달 후, 한 의사가 이렇게 말했다. "나는 아직 그리스도인이 아닙니다. 그렇지만 내가 그리스도인이 되면, 나는 이 나라와 또한 국경 너머에 흩어져 사는 나의 민족 가운데 교회 개척 운동을 확장하는 그런 그리스도인이 되고 싶습니다."[4]

조지 패터슨(George Patterson)은 "최종 목표를 염두에 두고 시작하라"고 말한다.[5] 각 단계별로 제시된 목록은 최종 목표를 포함한 전 과정을 한 눈에 보게 한다.

5. 각각의 단계는 그 팀이 어디에 있는지를 표시하는가 아니면 그 교제 모임 혹은 교회가 어디에 있는지를 표시하는가?

둘 다이다. 그것은 그 팀의 사역의 손길이 닿은 가장 먼 지점을 가리키며, 또한 그룹들의 상황을 묘사하는 데도 매우 유용하다. 세 개의 교회를 개척하고 있는 팀이 있다고 치자. 하나는 V 단계에, 하나는 VI 단계에, 그리고 하나는 VII 단계에 있다면, 그 팀은 VII 단계에 있다고 말할 수 있다.

6. 교회 개척 단계는 단지 외국인 교회 개척자들을 위한 도구인가?

그렇지 않다. 현지인 교회 개척자들 중에도 그것을 사용하는 사람들이 있다.

7. 이 도구는 팀간 경쟁이라는 세속적인 생각을 부추기는가?

우리 단체에 속한 140개 팀의 리더들은 격년으로 모이는데, 교회 개척 단계를 사용하여 서로에게 그들의 사역이 어디에 있는지를 설명하는 일이 매우 통상적인 일이 되었다. 일반적으로 이것은 서로에 대한 이해를 증진시키는 데 도움이 된다. 그 결과는 교회 개척자들에 대한 협력적인 지원이지, 경쟁이 아니다.

딕 스코긴스가 잘 요약해 놓았다. "이 '일곱 단계'와 같은 측정 진단 장치가 새롭게 마련될 때면 언제나 오용될 위험이 있다. 우리는 그것이 교회 개척의 성공을 보장하는 맹목적이고, 도식적인, 세련된 하나의 공식으로 사용되기를 원치 않는다. 오직 예수님만이 진정으로 그의 성령을 통해 그리고 그의 은혜로 교회를 개척하실 수 있다(마 16:18). 우리 같은 교회 개척자들은 단지 산파일 뿐이다. 그렇지만 하나님께서 우리로 하여금 산파로서 협력하도록 하기 위해 사용하시는 (이 일곱 단계와 같은) 패턴들을 이해하면 큰 도움이 된다."[6]

팀 단위 교회 개척 단계 사용을 위한 제안

1. 팀 리더와 그를 감독하는 사람들은 누구나 이 도구를 잘 알고 있어야 하며, 앞으로의 전망을 위한 기초로 자주 검토하여야 한다.
2. 모든 팀 멤버들은 하나의 팀으로서 그룹 토의를 준비하기 위해 이번 장과 교회 개척 단계를 읽어 보면 좋을 것이다.
3. 모든 팀 구성원들은 사역이 어느 단계에 있는지 그리고 현 시점에서 어떤 활동들이 가장 전략적인지를 알아야 한다.
4. 각 팀은 그들의 교회 개척에 관한 고유한 사역 철학과 접근법, 그리고 어떻게 그것이 각 단계별로 맞아 들어가는지에 관해 토의할 수 있다. 예를 들어, 당신은 주로 그룹으로 일하는가 아니면 개인으로 일하는가? 그것이 복음 전도에 혹은 심지어 언어 학습에 어떤 영향을 미치는가? 당신이 전망하는 모델은 가정 교회 모델인가, 셀 모델인가, 혹은 보다 큰 규모의 중심 교회인가? 그것은 당신이 맡은 개인 신자들의 제자 훈련에 어떤 영향을 미치는가?

최전방 교회 개척 단계

딕 스코긴스 & 제임스 록포드

Version 3.0,[7] copyright, 2005년 6월

WWW.CHURCHPLANTINGPHASES.COM에서
최신 버전과 관련 문서를 볼 수 있다.

■표는 웹사이트에서 관련 문서를 보라는 의미이다.

I. 팀 형성, 준비, 그리고 출범

이 단계는 누군가가 새로운 교회 개척 팀을 구성하여 이끌기로 결심할 때 시작된다. 이 새로운 리더는 필드에서 이미 사역 중인 기존 팀의 일원일 수도 있다. 이 단계는 팀의 형성과 효과적 사역을 위한 준비 차원의 모든 핵심적인 출범-사전 준비 활동들을 포함한다.

· 마루점: I 단계가 끝나고 II 단계가 시작되는 시점은 첫번째 팀 멤버(team member, TM)가 그 팀 리더(team leader, TL)와 필드에서 합류할 때이다(후에 다른 인원들이 추가될 수 있지만).

· 추천 활동들:

1. 팀 리더는 "비전과 전략 계획서"를 준비한다. ■

2. 팀 리더와 팀 멤버들이 그들의 파송 교회로부터 승인을 얻는다.

3. 팀 리더가 파송 단체로부터 임명된다.

4. 그 나라와 종족 그룹의 언어, 역사와 문화에 대한 최신 정보를 수집한다.[8]

하나님의 눈으로 그 종족을 바라보기를 배운다. 특히 그 나라의 여성들이 처한 문제들에 관해 정보를 수집한다.

5. 사역의 역할과 거주 문제에 관해 정보를 수집한다. 거주와 신분 문제에 관한 기초 작업을 시작한다(비자, 그리고 "너희는 왜 여기에 왔느냐?"라는 질문에 대한 대답 준비).

6. 실제적인 생활 문제에 관한 정보를 수집한다(예를 들어, 집, 학교, 은행).

7. 보안 이메일을 포함한 커뮤니케이션에 관한 준비를 한다.

8. 현재 진행 중인 — 만일 있으면 — 기존의 교회 개척 사역들에 관한 정보를 수집하고, 그 사역자들과의 커뮤니케이션을 시작한다.

9. 보안 문제에 관한 계획을 세운다.

10. 가족과 예비 팀 멤버들의 필드 적응을 위한 준비를 한다.

11. 당신의 소명과 외국 이주로 인해 야기될 수 있는 가족 내 갈등을 해결한다.

12. 적합한 팀 멤버를 모집한다. 당신이 원하는 팀 멤버와 팀에 대한 그림을 마음에 그린다. 당신이 필드에서 시작하든 혹은 본국에서 시작하든, 파송 단체와 협력하여 후보자들의 신원을 확인하고 접촉을 시작한다.

13. 팀 매뉴얼을 발전시킨다. ■ 생활과 사역의 문제들을 미리 전망하여, 사전에 그것에 관하여 커뮤니케이션을 취한다. 팀 리더와 팀 멤버들은 상호 기대하는 바에 대해 토의한다. 각 팀 멤버가 팀 매뉴얼 양식을 한 부씩 가지게 하고 그 내용에 관해 잘 숙지한다.

14. 팀 리더 아내의 역할을 명확히 한다.

15. 각 팀 멤버/가족은 출발 비용과 월별 소요에 대한 예산을 세우라. 충분한 재정 후원을 모금한다.

16. 강력한 본국 기도 팀을 발전시킨다.

17. 필드-사전 준비 훈련에 필요한 내용을 확정하고 그대로 이행한다(예를 들어, 그 종족 그룹의 종교, 문화, 현지화에 관하여).

18. 특히 탁월한 팀 단위 언어 학습 프로그램의 개발 계획을 수립하여 훈련한다.

19. 팀이 교회 개척의 비전과 전략을 보유하며, 적합하게 수정해 나가도록 한다. 팀의 연합과 정체성을 함께 세워 나간다.

20. 사역 코치를 확보하고 필요할 경우 직업/비정부단체(NGO) 코치도 영입한다.

II. 언어와 문화 배우기

교회 개척 팀은 이제 필드에 도착하여 효과적인 교회 개척에 충분할 만큼 일정 수준의 언어적 능력에 도달하기 위해 노력하고 있다. 더불어 문화에 대한 이해를 증진하는 일도 병행한다. 목표치로 삼은 언어 숙달의 수준에 도달하기 위해서는 — 사람에 따라 그리고 기대되는 사역 역할에 따라서 다르겠지만 — 대체로 2-3년 간의 집중적인 언어 학습(language learning, LL) 체제에 들어갈 필요가 있다. 사역자들은 점차 현지인들 가운데 한 일원으로서의 정체성을 발전시켜 나간다.

· 마루점: II 단계가 끝나고 III 단계가 시작되는 시점은, 교회 개척 팀 대다수가 필요한 언어 수준에 도달했고, 이제 사역 시간 대부분을 언어 학습보다는 제자 만들기에 투자할 태세가 되었을 때이다. 통상 이 시점 이전에도 복음 전도가 이루어지지만, 이제 본격적으로 시작된다.

· 추천 활동들:

1. 멤버들이 '정착'하여 적당한 주거 공간을 확보한다. 새로운 환경 안에서 삶을 영위하고 즐기는 법을 터득한다. 경건 생활을 조절하고 새롭게 한다. 가족에게도 동일한 조치를 취한다. 정기적인 휴식과 휴무 계획을 수립하라. 지속 가능한 페이스를 발전시킨다.

2. 사회 안에서 당신의 역할을 증진하는 일을 지속한다(즉, 직장, 사업, 자선 사업 등). 그렇지만 언어 학습에 전력을(혹은 거의 그렇게) 기울이는 것이 이 시기에는 매우 중요하기 때문에, 직장 기대치는 가능한 최소치로 유지해야 한다.

3. 본국에서 일어나는 갈등을 처리한다.

4. '피스메이킹' 메뉴얼을 팀 전체가 숙독하도록 한다. 팀 내에 일어나는 갈등을 처리한다.

5. 관계성, 커뮤니케이션, 보고 책임, 상호 지지를 비롯한 팀 생활을 발전시킨다. 멤버들을 지탱해 주는 영적인 팀 생활을 발전시킨다. 팀 미팅에는 기도와 말씀 시간, 그리고 전략 계획이 포함되어야 한다.

6. 팀 언어 코디네이터를 임명하여, 집중 훈련을 받게 하고 훈련과 책임을 포함한 강력한 팀 언어 학습 프로그램을 개발하게 한다. 언어 학습 코치와 다른 주요한 자원들과 연계한다.

7. 팀 멤버 전체가 언어 학습에 열심을 낸다. 남편과 아내 모두 저마다의 전략을 수립하여 적합한 목표를 향해 매진한다.

8. 성경의 독특한 어휘를 배우고 암기하는 등, 당신의 언어에 영적인 요소를 증진하기 시작한다.

9. 남성과 여성 팀 멤버들의 역할을 분명히 한다. 각기 다른 기대치를 부여한다(예를 들어, 어린 자녀를 둔 어머니, 사업 운영자 등의 상황을 고려한

다).

10. 많은 현지인들과, 특히 당신의 언어를 말할 수 없는 사람들과 다양한 수준의 관계를 증진시킨다. 가족들도 동일하게 하도록 한다.

11. 여러 사람들을 만나는 동안 당신의 관계성에 구원적 요소를 도입한다. 이미 주님을 알고 있거나 영적으로 민감한 사람을 찾는다.

12. 지역 고유의 친절 표시 방식을 배워서 그 문화에서 친절한 사람이 된다.

13. 그 민족에 대한 하나님의 사랑을 실제적으로 그리고 문화적으로 표현할 수 있는 기회를 찾는다. 어려움에 처한 사람들 곁에 적합한 방식으로 있어 준다.

14. 개인적으로 뿐만 아니라 가족으로서 그리고 팀으로서 새로운 삶에 적응하는 스트레스를 통해 성품을 성숙시킨다. 새로운 스트레스가 찾아올 때 이런 마음 자세를 개발한다: "이건 마땅하지는 않지만, 틀리지도 않아. 그냥 다를 뿐이야."

15. 당신이 학습한 새로운 언어로 사용할 수 있는 복음 전도 도구들을 수집한다.

16. 당신이 의도한 종족 그룹을 향한 사역에 종사하고 있는 그 지역의 다른 모든 사람들과 연결망을 구축한다.

17. 너무 늦기 전에, 위에서 나열한 모든 일을 도와 줄 코치를 영입하라. 부부면 더 좋다.

18. 아직 그렇지 못하다면, 당신의 비전을 열정적으로 지지해 주고 적합한 도움을 줄 수 있는 팀 리더 감독자(그리고 아내)와 연락을 취하도록 힘쓰라.

이제 팀 대다수가 상당한 언어 수준에 올랐기 때문에, 그들은 사역 시간 대부분을 복음을 전하고 사람들이 그리스도를 믿고 따르도록 설득하는 데 투자한다. 어떤 이는 주로 개인에게 전하고, 다른 이들은 자연적으로 결속된 사람들의 그룹을 대상으로 복음 전도를 시도한다. 모든 팀 멤버들은 교제를 통한 '우정 전도'에 참여하고 있을 것이다. 대다수 팀들은 또한 다른 형태의 '사도적 전도'에 대한 실험을 시작할 것이다.[9] 더불어 팀들이 이미 주님을 알고 있는 한 사람 혹은 그 이상을 발견하는 것은 매우 흔한 일이다. 그 사람과 친밀한 교제를 형성하고, 제자 훈련하여 교회 개척을 향해 나아가게 된다. 팀은 새로운 신자들이 그들의 기존 공동체 안에서 신앙을 어떻게 자리매김할 것인지에 대한 잠정적 접근법을 발전시킨다.

· **마루점**: 이 팀이 IV 단계로 올라섰다고 인정되는 시점은, 한 팀 멤버가 의도한 종족 그룹 출신의, 잠재적인 친구 혹은 친척 그룹을 가지고 있는 한 신자를 제자 훈련하고 있을 때이다. 물론 다른 팀 멤버들도 복음 전하는 일을 중단하지 않으며, 더 많은 사람들에게 접촉하고, 관계적 네트워크를 구성하고, 신자들에게 모범이 되는 일을 지속한다.

· **추천 활동들**:

1. 사역 시간을 II 단계에서는 80퍼센트를 언어 학습에 그리고 20퍼센트를 복음 전도에 할애했다면, III 단계에서는 역전된 80/20 비율로 전환한다. 시간은 줄어들었지만 지속적인 페이스를 유지할 수 있는 개정된 언어 학습 계획을 발전시킨다.

2. 본국에서 당신의 사역을 정기적으로 중보해 줄 수 있는 기도 동역자 네트

워크를 확대 발전시킨다. 매일 기도를 통해 하나님께 당신이 이제 채비를 갖추었음을 말씀드리고, 그분께서 이미 그 마음에 품고 계시는 사람들에게로 인도해 달라고 간구한다.

3. 하나님께서 친구들을 그분께로 인도하시리라는 믿음을 깊이 배양한다.

4. 당신의 친구들 앞에서 그리고 관계성에 있어서, 특히 어려움이 닥칠 때, 그리스도께서 보여 주신 삶의 모범을 좇아간다.

5. 필요하다면 일과 훈련, 생존 능력의 측면에서 그 사회 안에서 당신의 역할을 강화하고 조절한다.

6. 사람들이 느끼는 필요가 무엇인지에 대해 보다 깊이 이해하려 힘쓰고, 더불어 그들의 영적인 난관들과 기회들을 파악하려고 노력한다.

7. 복음을 효과적으로 전달할 수 있는 방법과 변증 방법을 함께 훈련한다.

8. 주요한 성경 진리들과 약속들을 그 언어로 나눌 수 있도록 훈련한다. 주요 성경 구절들과, 가능하면 그들이 성스럽게 생각하는 책들에서도 몇 구절을 암송한다.

9. 많은 사람들에게 예수님을 소개하고, 우정 안에서 복음에 대한 개방성이 증진되도록 한다.

10. 교회 개척의 측면에서 팀 멤버들의 능력과 은사를 평가한다. 팀 멤버들의 은사와 무관하게, 모든 사람이 그들의 은사를 복음 전도에 유익한 방향으로 사용할 수 있으며 그 팀의 전체적인 사역 활동에 기여할 수 있다. 도움이 되면, 둘 혹은 세 명의 팀 멤버들이 협력함으로써 상호 보완적인 기술들을 연결할 수 있다(예를 들어, 친절함을 수반한 관계 수립). 팀에서 누가 어느 사회적 네트워크에 참가해야 할지를 분별한다.

11. 복음에 어느 정도 긍정적인 반응을 보이는 사람들의 사회적 혹은 업무 관련 네트워크에 접근할 전략을 발전시킨다.

12. 다양한 청중들을 (사교적인, 남자/여자, 아이들) 염두에 두면서, 접근 도구들과 자료들을 개발한다.

13. 한 친구와 성경 공부를 시작하고 그것이 그의 혹은 그녀의 사회적 네트워크로 들어갈 수 있는 통로가 되는지 살펴 본다.

14. 정기적으로 예수님의 이름으로 병자들 혹은 긴급한 필요가 있는 사람들을 위해 기도한다.

15. 사람들을 그리스도께로 인도하고, 가능하면 그들의 사회적 네트워크에 들어와 있는 다른 이들도 그리한다.

16. "화평의 남자 혹은 여자"(man or woman of peace, M/WOP)의, 다시 말해 그 문화에서 '존경 받는 사람' 의 표지들이 무엇인지 배워서 파악한다.

17. 기도하면서 당신의 친구를 그 사회에서 존경 받는 사람(즉, M/WOP)으로 혹은 그 도상에 있는 사람으로 인정한다.

18. 잠재적인 존경 받는 사람들을 한 명 이상 파악한다.

19. 이 사회적 네트워크와 그 안에서 존경 받는 사람들에게 무엇이 복된 소식으로 받아들여질지 분별하기 시작한다.

20. 당신이 새로이 만나는 모든 사람과 대화할 때, 어떡하든지 30분 안에 예수님을 끌어들이라.

21. 기존 신자들에 대한 얘기가 나오면 놓치지 말고 확대한다.

22. 계획을 세우고 모종의 '사도적 전도' 를 실시하기 시작한다. ■

23. 모든 팀 멤버는 새로운 사람들을 만나는 다양한 방법을 개발해야 한다(예를 들어, 클럽, 운동 등).

24. 많은 씨를 뿌리는 이 귀중한 과업에 팀 전체가 초점을 맞추고 역동적으로 움직이도록 만드는 조직적인 방법이 무엇인지 강구한다. ■

25. 사람들을 그리스도께로 인도하면서, 혹은 기존 신자들과 관계를 형성하

면서, 신실한 자들을 보다 깊은 제자 훈련 관계로 초대한다.

26. 교회 개척자들이 신자들에게 세례를 베푼다.

IV. 신자들을 제자 훈련하고 모임을 만들기

한 사람 이상의 신자들을 제자 훈련하고, 특히 그들과 협력하여 그들의 사회적 네트워크를 주님께로 이끌어 오는 단계이다. 교회 개척자들은 새로운 신자들에게 "진정으로 그리스도를 따르는 일은 공동체 안에서 이루어지며, 그리스도께서는 그분을 따르는 사람들이 하나의 새로운 그룹을 형성하여, 서로에게 헌신하고 더불어 진정으로 성장과 재생산에 헌신하기를 원하신다"고 가르친다. 사람들이 믿음에 이르러 그리스도 안에서 자라날 때, 교회 개척자들은 개인들과 기존 그룹을 연결하여 그리스도의 몸을 형성하기를 추구한다. 모임 단계로 나아감에 있어, 다양한 모임-이전 활동들이 수반된다(예를 들어, 우선 한 번 만나 신자들 간에 친분관계를 만드는 것 등이다).

· **마루점**: 제자 훈련은 결코 중단되는 법이 없다. 그러나 일단 세 명 이상의 현지인 출신 신자들이 정기적으로 모이는 교제 모임이 생겨나면, 그 팀은 V 단계에 돌입한다.

· **추천 활동들**:

1. 그 신자의 개인적 성장과 발전을 위한 성경 공부 계획을 수립하여 실행한다.

2. 신자들은 그들의 삶의 방식에 영향을 미치게 될 성경 이야기들을 배운다.

3. 그리스도인의 삶에서 차지하고 있는 고난의 의미를 이해한다(베드로전서

에서 보는 것과 같은).

4. 죄에 대해서는 회개와 새로운 삶의 방식을 발전시키는 것으로 반응한다.

5. 그리스도인의 삶을 확대된 가족 안에서 살아 낸다(예를 들어, 마태복음 5-7장).

6. 경건한 남편-아내 관계를 발전시키되 다음에 유념한다: 경건한 순종과 사랑의 리더십, 갈등 해결, 용서, 그리고 화해.

7. 경건한 자녀 양육 패턴을 발전시킨다.

8. 정기적으로 성경과 기도로 돌아가는 습관을 발전시킨다.

9. 신자(들)은 가족과 친구들에게 복음을 나누고 하나님 나라의 공동체를 향한 그분의 계획을 나눈다.

10. 교회 개척자들은 새 신자들이 주술 따위와 결별하도록 돕는다.

11. 이미 세례 받은 신자들이 새로운 신자들에게 세례를 준다.

12. 적합할 때, 현지인 신자들을 서로 소개하여 신뢰와 교제를 배양한다. 일회성 모임을 만들어(예를 들어, 생일 파티) 지속적인 신뢰 관계의 발판이 되는 '안전' 지대로 삼는다.

13. 교회 개척자들은 어느 신자들이 교제 모임에 참여해야 할지, 그리고 누구를 별도의 교제 모임의 시작점으로 발전시킬지를 결정한다.

14. 신자들에게 신약의 교제와 공동체 개념을 지속적으로 가르쳐서, 그들로 하여금 에클레시아 안에서 다른 신자들과 연결 되어 있다는 확신을 갖게 한다.[10]

15. 하나님 나라에서 신자들의 은사와 소명을 분별하기 시작한다.

16. 경건한 갈등 해결 패턴을, 교회 개척자인 당신에게 그리고 다른 이들에게 적용 실시한다.

17. 하나님 나라 확장에 관한 하나님의 계획을 사도행전을 통해 잘 숙지하고

있다.

18. 남자가 남자를 제자 훈련하고, 여자는 여자가 제자 훈련한다.

19. 신자(들)을 도와 가족과 친구들에게 예수님 안에 있는 그들의 정체성을 어떻게 드러낼 수 있을지에 관한 방법을 발전시킨다.

V. 신자들의 모임 발전시키기

새로운 신자 공동체와 — 그리고 특히 잠재적인 리더들과 — 협력하여 그들이 수적으로, 개인적인 측면과 더불어 집단적인 코이노니아의 성숙 측면에서 자라도록 하는 단계이다. 이 결정적인 단계는 그들로 하여금 그리스도의 몸으로서 하나의 그룹 정체성과 서로에 대한 상호 헌신을 발전시키고, 더불어 다른 이들을 그리스도께 인도하여 그 지역 혹은 이웃 지역에서 새로운 교제 그룹을 태동시키는 비전을 품게 하는 것을 포함한다. 일반적으로 말하면, 팀은 이 시점에서 중간 혹은 큰 규모로 성장할 것을 기대하는 단 하나의 교제 그룹과 사역하든가, 아니면 작은 가정 교제 그룹으로 이루어진 하나의 네트워크 형성을 목표로 한다. 가정 교제 그룹의 경우, 아래의 숫자들은 합산한 전체 숫자로 평가된다.

· **마루점**: V 단계가 끝나고 VI 단계가 시작되는 시점은, 그 교제 그룹이 규모와 깊이에 있어 다음과 같은 범주(임계량)에 이를 때이다:

  · **그룹 헌신도**: 현지인 신자들은 서로에게 헌신하며, 그들이 함께 모이는 것을 하나의 지역 교회됨의(에클레시아라는 실체를 묘사하기에 가장 적합한 단어를 사용하여) 표지로 간주한다.

  · **크기**: 정기적으로 참여하는 그 종족 그룹 신자들의 숫자가, 장성한 자녀

신자들을 포함하여 약 10명 혹은 그 이상이다. 반드시 평균 참석 인원이 10명 이상일 필요는 없으며, 단지 모임에 정기적으로 오는 사람들의 숫자가 10+라는 의미이다.

· 폭: 세 사람 이상의 기혼 남자(가장들), 그리고 두 명 이상의 성인 여자가 현지인 신자로서 정기적으로 참여한다(그들의 배우자들이 반드시 신자가 아니어도 좋다. 물론 그렇게 되면 훨씬 강력하겠지만).

· 리더십: '장로들로 성장하고 있는' 것으로 보이고 점차 돌봄과 감독의 역할을 감당하고 있으며 다른 사람들이 리더로 인정하는, 최소한 2인 이상의 핵심 신자들이 있다.[11]

· 강도: 모든 숨은 신자들이 그 신앙까지 숨은 것은 아니다. 어떤 신자들은 세례를 받고 이미 심각한 위협에 처했으나 견뎌 내었으며, 그들의 신앙과 "사람들 앞에 그리스도를 시인함"(마 10:32)을 유지하고 있다. 신자들은 정기적으로 그들의 신앙을 나누고, 새로운 자매 교제 그룹을 시작하기 위한 기도와 계획이 착수되었다.

· 추천 활동들:

1. 공동체는 예배, 교제, 교육, 그리고 기도를 위해 정기적으로 함께 모인다. 사도행전 2장 42-47절과 같은 단락들이 따라야 할 모범들로 연구된다.

2. 신자들과 그룹의 성숙도에 따라 교회 개척자들이 초기부터 그룹 안에서 본질적인 가르침과 지도를 행하는 것은 그리 드문 일이 아니다.

3. 현지인 신자들은 신앙 공동체로서 그들의 정체성을 발전시킨다(예를 들어, 언약 만들기(covenanting)를 통해). ■

4. 그룹은 바깥 사람들을 향해서도 그들의 영적 정체성을 발전시킨다.

5. 오래된 신자들은 그 공동체에 적합한 회원 자격을 결정한다.

6. 오래된 신자들은 공동체를 정의하는 성경적인 "서로(one another)" 의식을 이해하고 모범을 보인다.

7. 신자들은 새로운 멤버들이 더 이상 주술 행위에 관련되지 못하게 하는 방법을 배운다(행 19:11-20을 보라).

8. 공동체는 오래된 신자들의 집례 하에 성만찬을 시행한다.

9. 신자들은 가족과 친구들에 대한 복음 전도 활동을 지속한다.

10. 오래된 신자들이 새로운 신자들에게 세례를 주었다.

11. 오래된 신자들이 새로운 신자들을 제자 훈련한다.

12. 오래된 여성 신자들이 디도서 2장의 기술들과 필요한 것들을 가지고 새로운 여성 신자들을 제자 훈련한다.

13. 신자들은 핍박과 심문, 그리고 어려운 역경 속에서 서로를 지지하는 법을 배운다.

14. 신자들은 가난한 자와 곤경에 처한 자들에게, 특히 어려움에 처한 다른 신자들에게 희생적인 자비를 베푸는 태도를 발전시킨다. 그들은 기회를 보아 실제적인 방식으로 어려움에 처한 자들에게 그리스도의 사랑을 표현하고자 힘쓴다.

15. 공동체 모임이 신자들에 의해 조직된다. 오래된 신자들은 공동체 모임을 (다양한 순서) 인도하는 훈련을 받는다. 확실히 성숙한 신자 혹은 은사가 있는 신자들에게 말씀을 가르치는 기회를 부여한다.

16. 공적 모임에 적합한 남성/여성의 역할을 결정하고 실천한다.

17. 성숙한 신자들이 부상하고 있으며 목자들로 기능하기 시작한다.

18. 리더로 부상하는 자들의 가정의 경건한 성장이 공동체에 모범을 제시한다.

19. 다중 은사가 장려되며 공동체의 건덕(建德)을 위해 개발된다.

20. '피스메이킹' 기술이 공동체에 의해 시행된다. 신자들은 일상적인 상처들이 일어날 때 서로 용서하고 인내한다.

21. 과거의 가족의 상처가 드러나고 용서된다.

22. 신자들은 확대 가족을 부양하는 데 적절하게 기여한다.

23. 팀 멤버들의 범죄에 대하여 묵과하지 않으며 권면하고 꾸짖는다.

24. 죄를 지속하는 이들을 피하고 교제에서 제외한다.

VI. 리더들을 세우고 권한을 부여하기, 그리고 재생산의 시작

몸 된 생활의 성장과 하나님 나라에 대한 헌신이 새로운 에클레시아에서 지속되는 단계이다. 교회 개척자들은 이제 다수의 리더를, 특히 잠재적인 장로들을 발굴하는 데 우선적으로 초점을 맞춘다. 교회 개척자들은 의도적으로 교제 모임에서 눈에 띄지 않으려고 한다. 그들은 또한 자세히 살펴서, 복음을 나누는 데 능하며 다른 지역에서 교회 개척 사역을 시작할 수 있는 복음 전도의 은사를 가진 이들을 발굴해 낸다.

· **마루점**: 그 종족 그룹에서 교회를(혹은 가정 교회들의 네트워크를) 지도할 둘 혹은 그 이상의 장로들을 임직하는 단계이다.[12]

· **추천 활동들**:

1. 일부 혹은 대다수 교회 개척자들은 신자 미팅에서 빠지고 새로운 교제 모임을 시작하는 데 집중한다. 하나 혹은 그 이상의 교회 개척자들이 여전히 배석하지만, 깊이 관여하지는 않는다. 훈련 중인 리더들은 단지 가르침과 예배 인도뿐만 아니라 모든 상황에서 교회 개척자들과 함께 시간을 보내

며, 따라서 교회 개척자들의 행동이 모든 측면에서 모델이 된다.

2. 아직 시작되지 않았다면, 교회는 그들이 그리스도의 몸으로서 철저히 그 분께 의존하고 있음을 인정하면서 공동 기도 모임 시간을 시작하고 꾸준히 지속한다.

3. 오래된 신자들은 공동체 내에서 돌보는 사역을 수행한다.

4. 은사들이 건덕을 위해 장려되고 발전된다.

5. 기혼 신자들은 특히 그들의 결혼 관계와 성격 문제 등에 관해 오래된 신자들 혹은 교회 개척자들로부터 도움을 받는다.

6. 교회 생활과 리더십 개념이 가르쳐지고 시행된다. 신자들은 건강한 성경적 공동체 생활을 발전시킬 방법들을 결정한다.

7. 만일 주변에 다른 교회들이 있으면, 부상하는 리더들과 다른 그룹들의 리더들 사이에 적합한 네트워크 형성을 시작한다.

8. 공동체의 재생산에 관해 집중적으로 가르친다. 공동체는 재생산과 네트워크 형성의 목표를 수용한다.

9. 현지인 신자들과 외국인 교회 개척자들은 새로운 교제 모임의 중심이 될 수 있는 영향력 있는 새로운 남자들과 여자들을 찾는다.

10. 오래되고 보다 성숙한 신자들은 공동체 모임에서 리더십을 행사할 수 있는 훈련을 받는다. 신자들은 성경적 가르침에 대한 책임을 맡는다. 몇 사람에게 모임 인도하기, 말씀 가르치기, 그리고 예배 인도하기 등의 '실습' 기회가 주어진다.

11. 남자들과 여자들에게 각각 요구되는 리더십이 규정되고 요구된다.

12. 성숙한 신자들이 성만찬을 집례한다.

13. 만일 강력한 한 리더가 있으면, 그 혹은 그녀에게 교회에서 복수 리더십의 성경적 필요성에 관해 가르치고 권면하여, 그것이 구현될 수 있도록

동의를 얻는다. 그들의 포괄적인 사역이 여러 교제 모임 안에서 권장되어야 한다.

14. 죄를 범하는 팀 멤버들을 묵과하지 말고 권면하고 꾸짖으며 도움을 주어야 한다. 죄를 지속하는 자들은 신약에 의거하여 교회의 징계를 받는다.

15. 주님의 뜻이 지도자들과 공동체에 의해 분별되어 가르쳐지고 시행된다.

16. 몸 된 교회는 그들을 둘러싼 사회 안에서의 정체성에 관해 토의하고 다듬는 일을 지속한다. 그들은 지하 교회가 될 것인지, 혹은 공개적으로 등록된 교회가 될지를 결정한다.

17. 정기적인 사역과 교제 모임 외에 특별 활동, 파티, 혹은 수양회 등을 가진다.

18. 공동체 내 갈등과 화목에 있어 리더들이 감당해야 할 역할에 관해 배우고 실천한다.

19. 에베소서 4장 11-12절에 소개된 은사들을 숙지하고, 이러한 은사들을 계발할 적당한 공개 프로그램을 설립한다. 교회 개척자들은 복음 전도 은사를 가진 신자들로 하여금, 몸 된 교회로부터의 실제적인 기도 후원 하에, 담대하게 복음을 전하고 다른 지역에서도 사역을 시작하도록 동기를 부여한다.

20. 교회 개척자들은 신자들의 자문을 구하여 장로 후보자들을 선발한다. 이 과정을 이수하기로 동의한 사람들은 교회에 '장로 후보자'로 소개되고, 몸 된 교회는 적극적으로 그들을 돕는다.

21. 장로 후보자들은 인격 성장, 동기 확인, 그리고 에클레시아와 목양에 관한 집중 교육의 특별 과정을 시작한다.

22. 교회 개척자 입회 하에 리더 모임이 시작된다. 리더들 사이에 팀 정신이 발전된다. [남성과 여성 리더들이, 상황에 적합하게, 따로 혹은 함께 모

일 수 있다.]

23. 리더십 임명에 관한 갈등들이 처리된다. 선출되지 못한 사람들에 대한 특별한 격려가 필요할 수 있다.

24. 리더들은 새로 리더로 발전할 사람들을 물색하고 그들을 지도하기 시작한다(예를 들어, 예비 집사들).

25. 교회 개척자가 가끔 교제 모임에 빠진다. 새 리더들이 인도한다.

26. 교회 개척자가 가끔 리더 모임에도 빠진다.

27. 교회 개척자들이 장로 후보자 중에서 일부 혹은 모두를 지명한다(둘 이상일 때 셋 이상이면 더 좋다). 장로들이 공식적으로 임직된다.

VII. 재생산과 운동

교회 혹은 교회들이 이제 다소간 성숙했고 그 종족 그룹 출신의 지역 장로들의 리더십 하에 있다. 교회 개척자들은 이제 보다 광범위한 복음 전파를 위해 노력하며, 교회 재생산과 교회 개척 운동에 강조점을 둔다. 이 일이 일어나도록 하기 위해 교회 개척자들이 취할 수 있는 두 가지 주된 방도가 있다:

A. 새로이 개척된 교회 혹은 교회들과 협력하면서 그들이 재생산하고 교회 개척 운동을 지향하며 사역하도록 돕는다. 그리고/혹은

B. 현지인 교회 개척자들을 동력화하고, 훈련하며, 동기를 부여하고, 가능하면 감독까지 한다. 이 방법은 결국 종족 자체 파송 구조의 창출을 의미한다.

· **마루점**: 어떤 면에서 이 단계는 결코 끝나지 않는다. 제대로 사역이 이루어지면, 복음 전파와 교회 증식에 불을 당겨 하나의 운동이 되기 때문이다.

교회 개척자들은 VI 단계(장로들 임명하기)가 완수된 후 떠날 수 있다. 하지만 어떤 이는 얼마간 남아서 교회 개척 재생산 그리고/혹은 현지인 교회 개척자들의 동력화를 전략적으로 촉진할 수 있다.

· **추천 활동들**:

1. 현지인 장로들이 교회에서 돌봄과 목양을 완전히 책임지고, 공동체의 신앙과 교리 보존까지 감당한다(딛 1:9).

2. 필요한 대로, 집사들이 임명되어 장로들을 돕는다.

3. 새로운 교회들을 인근 지역에 개척하는 비전이 증진된다.

4. 외국인 교회 개척자들의 역할이 결정된다(위의 주된 방도 'A'와 'B,' 그리고 마루점을 보라). 새 공동체에 대한 교회 개척자들과 현지인 장로들 사이에 감독과 보고 책임이 규정된다.

5. 교회 개척자들이 코치로서 리더들과의 관계를 재정의하고, 리더십 모임 때는 오직 초대 받았을 때에만 참석한다.

6. 지상 명령 비전은 현지인 복음 전도자들과 교회 개척자들을 발굴하고 훈련하여 다른 도시로 심지어 다른 나라로 파송하는 것을 포함한다.

7. 비전이 리더들에 의해 회중에게 주어진다.

8. 복음 전도자들이 다른 도시, 마을, 동네들로 나가도록 안내 받는다.

9. 현지 교회 개척팀들이 홀로 혹은 외국인 팀과 합류하여 파송 받는다.

10. 새로운 모임들이 시작된다.

11. 에베소서 4장 11-13절의 은사를 가진 신자들이 정기적으로 다른 교회들과 부상하는 교제 그룹들을 방문한다.

12. 장로들과 에베소서 4장 사역자들이 새로운 리더들과 새로운 에베소서 4장 사역자들을 발굴하는 책임을 맡는다.

13. 리더들은 새로운 모임들의 부상하는 지도자들과 네트워크를 형성하기 시작하며, 더불어 그들에 대한 훈련에서 일정한 책임을 떠맡는다.

14. 공동체들이 서로에 대하여 관심을 가지며 자원들을 공유한다(특히 에베소서 4장의 은사들을 구비한 자들).

15. 피스메이킹 기술들이 리더들 사이에 실행된다.

16. 리더들이 공식적으로 새롭게 부상하는 리더들을 인정한다(예를 들어, 새로운 장로들 혹은 집사들).

17. 외국인 교회 개척자들이 오래된 공동체를 하나님께 맡기고 공동체 모임에서 떠난다. 물론 가끔 방문할 수는 있다.

18. 장로들이(교회 개척자와 함께) 새로운 공동체의 새로운 장로들에게 안수한다.

19. 다른 공동체들과 장로들 사이의 관계가 형성되고 공식화된다.

20. 피스메이킹 기술들이 공동체들과 리더들 공동체 사이에 실행된다.

21. 특히 위의 모델 'B'의 경우, 은사가 있고 검증된 현지 교회 개척자들을 동력화할 수 있는 방법들이 개발된다(예를 들어, 두 가지 직업 활동, 행정 등).

6. 언어 학습

　　　　　　　　　　　　내 생애에서 '언어 학습'이라는 경이로운 세
계는 유창한 아랍어 구사를 추구하는 형태로 다가왔다. 나는 이집트 방
언, 또 다른 방언, 그리고 읽기, 쓰기, 그리고 공식적인 연설을 이해하
는 데 필요한 현대 표준 아랍어까지 배워야 했다. 이것은 엄청난 도전
이었고 솔직히 말하면 언제나 좌절이었다. 내가 도달해야 한다고 생각
하는 수준까지는 결코 이르지 못했기 때문이다. 내가 필드 언어 학습이
라는 주제에 관해 글을 쓸 수 있는 자격이 있다면, 상당 부분 나 자신이
가능한 대부분의 실수들을 범해 보았고 지극히 일상적인 실패와 낙망
을 몸소 체험했다는 데 있다. 나는 주님께서 주권적으로 나의 걸음을
인도하셔서 근 20년에 이르는 기간 동안 언어 학습 방법들의 광범위한
스펙트럼을 경험하게 하셨다고 생각한다. 이집트에 가기 전에, 나는 한
대학에서 아랍어 야간 강좌를 수강했다. 게다가 신학교에도 출석하고
있었기 때문에, 불가피하게 셈족 언어를 전공하는 대학원생들로 가득

한 강좌를 택해야 했다. 그들은 이미 히브리어, 아람어, 우가릿어까지 섭렵한 터라 아랍어를 공부하는 데 종달새 노래하듯이 전혀 어려움을 못 느끼는 사람들이었다. 나는 또한 2주 과정의 집중 강좌로, 톰과 베티 수 브루스터 아래에서 "램프"(Language Acquisition Made Practical, LAMP)를 수강하는 특권을 누렸다.

우리가 이집트에 도착했을 때, 나는 녹음기와 테이프를 마련하여 바로 램프 방법론으로 돌입했다. 얼마 후 나는 서른 군데의 가게를 차례로 돌 수 있는 한 루트를 개발했는데, 주인들이 나의 주간 텍스트 실습에 기꺼이 응해 주는 가게들이었다.[1] 나는 '언어 도우미' 혹은 교사로서 나를 도와 줄 한 젊은이를 고용했다(그리 큰 도움이 되지는 못했다). 하지만 나의 자력적인 언어 공부의 질주는 점차 맥이 빠졌고, 결국 나는 지역 야간 과정에 등록했다. 이집트에서 거의 2년이 지나도록 나의 언어는 희망했던 수준 근처에도 이르지 못하고 있었다. 비록 그에 대한 비난은 램프를 향하기보다는, 나에게 그리고 나의 팀 리더십 책임에 쏟아졌지만 말이다.

우리가 다른 아랍 국가로 옮겼을 때, 나는 즉시 1년 반 동안 풀타임 아랍어 학습 과정에 들어갔다. 그 후 나는 그 지역 대학에서 한 학기를 공부했다. 그후 몇 년 동안 계속 공부에 박차를 가했고, 특히 수천 장의 새로운 단어와 숙어를 담은 인덱스 카드를 만드는 등 어휘력에 공을 쏟았다.

그래서 이 모든 것의 결과가 어떠했냐고? 매우 복잡한 그림이었다. 분명히 일정 수준의 유창함을 확보했다. 나는 아랍어로 자비량 사업을 운영할 수 있었고, 많은 성경 공부도 인도할 수 있었다. 심지어 아랍어로 진행되는 꽤 어려운 수준의 마가복음 강좌도 개설할 수 있었다. 어

느 날 세무서 직원이 회계 감사를 위해 내 사무실로 오고 있었는데, 영
어를 못하는 사람이었다! "문제 없어. 우리 경리가 영어와 아랍어에 유
창하니까"라고 나는 생각했다. 그런데 그 경리가 그만 교통 사고가 나
서 사무실에 올 수가 없었다. 회계와 세금 문제를 아랍어로 의사 소통
하는 것은 나에게 정말 굉장한 경험이었다. 내가 모르는 전문 용어들이
너무 많았다. 그렇지만 결국에는 그날 그 모든 걸 알 수 있었다! 모든
게 잘된 것으로 들릴 수도 있겠지만, 이야기 도중에 맥을 놓쳐 버리는
경우도 종종 있었다는 게 또한 부인할 수 없는 사실이다. 내가 원하던
수준의 유창함에는 결코 도달하지 못했다.

언어 학습에 있어 나의 개인적인 경험과 필드 디렉터로서 팀들을 감
독한 경험에 비추어, 나는 몇 가지 관점과 제안을 제시하고 싶다. 방법
론에 관해 한 장을 할애할 마음은 없으며, 나는 그렇게 할 만한 전문가
도 아니다. 팀 리더들과 언어 코디네이터들은 이 짤막하고 간략한 제안
을 뛰어넘는 보다 탁월한 언어 학습 원리들과 방법론에 관한 훈련을 이
수해야 할 것이다. 방법론과 훈련에 관해 리만 캠벨(Lyman Campbell) 박
사가 쓴 탁월한 부록을 참조하기 바란다.

일부 소수의 영어권 사역자들은 오직 영어권 사람들을 대상으로 혹
은 통역자를 통해서만 사역하도록 부름 받았다고 느낄 것이다. 일반적
으로 나는 이러한 접근법에 반대한다. 나머지 우리들에겐 언어 학습과
그것의 성공적인 성취는 최전방 교회 개척 과정에 절대적으로 불가결
한 것이다. 이와 관련된 기술적인 이유 외에도 우리는 성경에서 예수님
께서 하늘을 떠나셔서 우리 가운데 "육신이 되셨다"(혹은 성육신하셨
다)는 사실을 배운다. 그분은 인간에게 오시기 위해 완전히 사람이 되
셨다. 우리가 기꺼이 그들의 언어로 그리고 그들의 문화적 틀 안에서

그들과 대화할 수 없다면, 우리는 결코 하나님께서 우리로 하여금 사랑하도록 부르신 그 사람들 안에서 "성육신"할 수 없다.

이러한 차원에서, 제11장에서 우리는 사도적 교회 개척자의 다면적인 사역을 고찰할 것인데, 특히 바울과 그의 사역 팀들이 다양한 장소에서 행한 바들을 눈여겨 볼 것이다. 영어로 혹은 다른 비현지 언어로는, 가르치고 제자 훈련하고 모범을 보이고 리더들을 세우는 일을 실제로 완벽하게 수행할 수 없다. 우리는 바울의 모범을 따르도록 부름 받았다. 그는 "내가 여러 사람에게 여러 모습이 된 것은 아무쪼록 몇 사람이라도 구원하고자 함이니, 내가 복음을 위하여 모든 것을 행함은 복음에 참여하고자 함이라"(고전 9:22-23)고 말했다. 이 "여러 모습이 됨"은 시간과 노력이 투자되어야 한다. 예수님은 30년을 투자하셔서, 한 특정 문화와 언어 공동체의 '일원'으로 사역하고 가르칠 수 있는 사람이 되셨다. 하나님께서는 거의 11년을 투자하시면서(그것이 언어 학습 자체는 아니었으나), 바울의 일차 사도적 여행 전에 바울을 그분이 원하시는 사도적 사역자로 다듬으셨다.[2] 우리는 우리를 준비시키는 데 필요한 시간을 회피하려 해서는 안 된다. 언어 학습에 드는 몇 달 그리고 몇 년은 하나의 사도적 투자이다. 이 수년의 투자는 후에 찾아 올 또 다른 교회 개척을 위한(다른 것과 더불어, 겸손과 융통성의) 기초를 놓는 일로서, 이 역시도 참으로 우리 안에서 그리고 우리를 통하여 행하신 하나님의 사역으로 드러날 것이다.

내가 알기로 거의 대부분의 사역자들은 필드로 떠나기 전에 개념적으로 언어 학습에 진력한다. 동시에 대다수는 또한 그 마음 한 구석에 '과연 성공할 수 있을까' 하는 성가신 의심을 품고 다닌다. 이번 장에서 나는 외국어 습득 분야의 주도적인 전문가인 그렉 톰슨(Greg

Thomson)의 작업과 가르침을 비중 있게 소개하고자 한다. 그랙은 이렇게 쓴다. "정상적인 사람이라면 누구나, 그 언어를 말하는 사람들과 충분한 접촉의 기회가 주어지면, 어떤 언어든지 배울 수 있다. 그러나 현실적이 되는 것이 도움이 된다. 언어 학습의 도전에 대한 너무 단순한 접근은 실망과 낙담으로 이어질 수 있다. 비현실적인 비관론은 시작도 하기 전에 포기하게 만들 수 있다."[3]

대다수 사역자들은 언어 학습의 중요성을 믿지만, 실제 그 실천은 얼마나 제각각인지 정말 놀라울 정도다. 언어 학습이 어떤 팀들에게는 하나의 절대적인 헌신의 대상이 되어, 신중한 숙고를 거쳐 마련된 프로그램에 자료들과 감독이 곁들여진다. 그리고 사역자들의 언어 숙달에 방해가 되는 것은 철저히 차단된다. 어떤 팀들에겐 언어 학습이 거의 하나의 들러리다. 슬프지만 우리의 '태만' 이 정말 심각한 결과를 초래할 수 있다. 사역자들은 한 달 짜리 과정을 이수하거나 혹은 몇 차례 개인 교사를 고용해 보다가 너무도 빨리 과중한 책임과 혹은 게으름에 파묻혀 이내 낙담하고 만다.

중앙아시아를 여행하면서 같은 주에 두 가지 양극단을 보았던 기억이 난다. 나는 잠시 동안 한 부부와 지냈는데, 그들은 그곳에서 5년을 지냈지만 아직도 FSI 1단계(미국 정부기관 직원을 대상으로 업무수행에 필요한 언어 능력을 평가하는 프로그램이며, 1단계는 거의 초보 '채소 사오기' 수준이다)[4] 수준에 있었다. 나는 그곳을 떠나 다른 도시에 있는 한 팀을 방문했는데, 그들은 팀 전체를 위한 환상적인 '언어 센터' 를 마련해 놓고 있었다. 새로운 팀 멤버들이 비행기에서 발을 떼기도 전에 그들은 벌써 최소 2년 간의 풀타임 언어 과정에 들어가야 한다는 걸 모두 알고 있었다. 그들은 최신 방법론을 사용했고, 그 언어 학습 활동들은 상당한 다양성과 재미, 그리고 심지어 '보상' 까지 갖추고 있었다. 2년도 채 되기 전에 대다수 팀 멤버들은 유창한 수준에 이르러 사역을 위한 완벽한 언어 준비를 마칠 수 있었다. 정말 인상적이었다!

이번 장은 모든 사역자들을 위한 것이지만, 우선적으로 팀 리더를 겨냥하고 있다. 나는 당신을 설득하여 탁월한 언어 학습 환경을 조성하기 위해서라면 무엇이든지 하도록 만들고 싶으며, 또한 이 과정에서 당신에게 도움이 될 몇 가지 도구를 소개하고 싶다.

당신의 목표는 무엇인가?

속담이 말하듯이, "과녁이 없으면, 언제든지 명중시킬 수 있다!" 유창함은 무엇인가? 다른 사역으로 옮겨 가기 전에 도달해야 할 만족스러운 수준은 어느 정도인가? 거기에 이르면 무슨 종이라도 땡땡 하고 울리고 불이라도 깜빡이는가?

모두에게 명백히 해둘 몇 가지 사항이 있다.

1. 우리는 완전하고 완벽한 유창함에는 결코 도달하지 못할 것이다. 우리는 FSI 5단계(원어민 수준의 완벽한 유창함)는 물론, 아마도 심지어 3단계에도 도달하지 못할 것이다. 그래도 괜찮다. 목표는 언어 그리고 문화에 있어서, 관계와 커뮤니케이션을 통해 임무를 원활히 수행할 수 있는 그래서 생산적인 사역의 문을 열 수 있는, 그 정도 높은 수준의 유창함에 이르는 것이다.

2. 우리는 풀타임의, 집중된 언어 학습 과정에 영원히 머물지는 않을

것이다. 우리 모두는 언젠가 때가 되면 다른 전문 사역으로 전환
해야 한다.

3. 특히 보다 어려운 언어의 경우에는, 초기 언어 연수 과정 이후에
도 정기적으로 언어의 진보를 위해 일정 시간을 투자해야 할지도
모른다.

그렉 톰슨이 이 유창함의 문제에 대한 좋은 서론을 제공한다:

비록 집중적인 언어 훈련을 받은 학생이라도 즉석에서 말하기를 많이 해
보지 않았다면, 그 언어를 사용하여 오랫동안 연습 없이 의사 소통한다는
것이 처음에는 상당한 노력을 요구하며, 점차 시간이 갈수록 쉬워진다는
것을 알게 될 것이다. 그러다가 그것이 명백하게 손쉬워질 때 (여기서 '명
백하게' 라는 말에 유념하라), 우리는 그 사람이 "유창하다"라고 말한다.
'고급' 유창함과 '하급' 유창함의 차이는 있지만 말이다. 첫 번째 유형은
(언어 학습을 위한) 엄청난 노출에 의존하는데, 이를 위해서는 오직 상당
한 양의 이해 가능한 (언어적) 주입을 통해서만 획득되는 언어 친근성이
있어야 가능한 일이기 때문이다. 반면에 하급 유창함은, 그 학생이 제한된
언어 범위를 창조적으로 활용하는 데 매우 능숙하게 될 때 나타나게 된다.
목적에 따라 이 두 번째 유형으로 충분할 수도 있다. 그러나 나는, 하급 유
창함은 많은 경우 고급 유창함이 가능할 때 획득되는 것이라고 믿는다.[5]

상당한 비전문가로서, 나는 유창함의 정의에 관하여 몇 가지 간단한
사항을 제안하려 한다. 우리는 언어의 주요한 여섯 가지 측면에서 유창
함에 이르고자 한다:

1. **듣기 이해.** 이것이 넘버 원이다. 아이들과 같이, 우리는 먼저 다른 사람이 우리 주변에서 그리고 우리에게 말하는 것을 이해할 수 있어야 한다. 이것이 우리 자신의 말하기의 기초가 된다.

2. **말하기.** 어떤 사람은 유창함을 오직 말하기 측면에서 정의하겠지만, 실제로 그것은 단지 더 큰 전체의 한 두드러진 일부일 뿐이다.

3. **읽기.** 어떤 이들에게 이것은 그리 본질적인 문제가 아닐 것이다. 그러나 말씀 사역으로 부름 받은 사람들에게 읽기는 언어적 '유창함'에 있어 불가결한 일정 부분을 차지하게 될 것이다. 쓰기는 한 사람의 사역에 있어 본질적인 경우가 드물기 때문에, 여기에 포함시키지 않는다.

4. **발음.** 가장 최근에 외국인이 당신의 모국어를 말하는 걸 들었던 기억을 떠올려 보라. 말하고 싶은 단어들은 다 알고 있는 것 같은데, 그 사람의 액센트가 너무 이상해서 듣기가 매우 힘들었던 기억이 있을 것이다. 마치 칠판을 손톱으로 긁는 것처럼 말이다. 우리는 그렇게 되고 싶지 않다. 언어 공부에 어떤 방법을 동원하든지, 그 안에는 그 지역 사람들이 말하는 그대로 말할 수 있도록 도와 주는 장치가 포함되어 있어야 한다. 때로 우리가 보기에 지극히 사소하고 미세한 차이가 우리 친구들의 귀에는 엄청난 차이로 다가온다.

5. **어휘력.** 결국에는 수천 단어를 습득하고 싶어질 것이다. 내 경우에는 그 과정이 두 단계에 걸쳐 이루어졌다: 첫째, 카드 만들기, 그림 그리기 등 가용한 모든 방법을 동원해서 단어를 배운다. 그런 다음에, 대화하는 중에 그 단어가 들리기 시작하고 나 역시도 자연스럽게 그 단어를 사용하게 되면서 비로소 내 것이 되었다.

우리 사역자들 중 한 사람이 최근 이렇게 말했다. "새로운 어휘를 배우게 되면, 여기 저기서 그 단어들이 얼마나 자주 들리는지 정말 놀라울 정도다!"

6. **문법.** 문법적 원리에 관한 분명한 교육이 필요한 정도는 사람에 따라서 다르다. 하지만 가장 뛰어난 직관력을 갖춘 사교적인 학생이라 해도 그 언어의 구조와 규칙에 대한 다소간의 교육은 영속적인 실수를 피하고 말하기 능력이 보다 빠른 속도로 진보할 수 있도록 도움을 준다.

후반부의 세 항목은 일종의 '수면 아래'에 있어서 눈에 잘 띄지 않는 것들이다. 물론 우리는 누군가 우리에게 말하는 것을 정말 잘 이해하고 편안하게 말할 수 있기를 원한다. 나는 사역자들에게 FSI 3단계 수준에 이르기까지는 최대한 열심히 풀타임으로 언어를 공부하라고 독촉한다. 이 수준은 일반적으로 당신이 작은 그룹 성경 공부 상황에서 원활하게 의사 소통을 할 수 있고, 더불어 그 공부를 가르칠 수 있음을 의미한다. 그 언어와 학습 상황에 따라 이렇게 되기까지는 대부분의 경우 2년 혹은 3년이 소요된다.

양질의 언어 습득 환경을 조성하는 방법

이번 장의 나머지 부분에서는, 효과적인 언어와 문화 배우기를 실제로 가능케 하는 환경과 프로그램 마련을 위한 다섯 가지 사항들 혹은 다섯 가지 결정적인 측면들에 집중할 것이다. 만일 당신에게 이 다섯 가지 결정적인 측면들을 잘 구비할 수 있는 팀이 있다면, 장담컨대 당신은 유창한 언어 구사자들로 가득한 팀을 확보할 수 있을 것이다. 아래와 같다:

1. 동기 부여, 전망들, 그리고 인내(다른 말로는 "정의적 여과 장치[affective filters], 부정적인 정서적 태도에서 기인한 언어 학습 장애—옮긴이)"로 알려진 것들)
2. 사람들과의 연결
3. 언어 학습 방법론
4. 시간에 대한 청지기 의식
5. 언어 학습의 감독

이것들 사이에 상당한 중첩이 있고 이 모두가 실제로는 서로 떨어질 수 없는 하나의 전체인 것은 분명하다. 이 다섯 요소들이 잘 기능하고 있을 때, 언어와 문화 학습자들이 성공에 이르게 하는 기폭제가 된다.

사실 하나: 자가-발전형 사람들은 어느 정도 시간 안에 꽤 괜찮은 언어 학습 원칙과 주간 계획을 스스로 수립하고, 그것을 수 개월 간 지속하면서 그들의 진보를 스스로 확인하고 수정할 수 있다. 사실 둘: 우리 중 최소한 80퍼센트는 자가-발전형이 아니다. 이 다섯 가지 측면이 제대로 갖추어졌는지를 확인할 책임이 팀 리더 그리고/혹은 팀 언어 코디네이터에게 있어야 하는 이유가 바로 여기에 있다. 여기서 무엇 하나 부족하면 그것은 바로 당신의 동료 팀 멤버들에게 폐가 된다. 그러나 이것들을 구비하면, 당신은 그들에게 세상에서 가장 위대한 선물을 제공하는 셈이다. 곧 그 지역 문화에의 성육신을 쟁취하는 일, 그리하여

하나님께서 그들에게 임명하신 당신의 미전도 종족 그룹 가운데 그리스도의 영원한 영광을 위하여 교회를 개척하는 일에 기여하는 일이다.

1. 동기 부여, 전망들, 그리고 인내

언어를 배울 때면 누구나 처음 한두 달 정도는 확 달려든다. 열정을 가지고 뛰어들어, 아침에 일어날 때면 오늘은 이 보배로운 새로운 언어의 새로운 비밀들이 우리 앞에 펼쳐질 것이라고 확신한다. 매주 우리는 나의 의사를 전달하고 남의 말을 이해하는 데 있어 다소 굉장한 진보가 이루어지고 있다고 느낀다. 그러나 조금은 지루한 정체기를 지나면서, 열두 달 혹은 열여섯 달 혹은 이십사 개월째를 맞이할 때는 어떻게 되는가? 인간으로서 우리는 무언가 확실한 약속을 받고 싶어한다. 우리의 수고가 반드시 열매를 맺게 되리라는 격려와 지지가 간절해진다. 그러나 언어 학습은 가구 만들기나, 차 고치기, 혹은 좋은 설교를 하는 것과는 분명 차이가 있다. 통상 우리의 성취를 눈으로 확인하기가 어렵다. 바로 이 때문에 나는 대략 매 6개월 단위로 성취도 평가를 가질 것을 강조하는데, 이것이 강력한 자극제가 될 수 있기 때문이다. 여하튼 우리 대다수는 대략 2년 정도의 풀타임 언어 학습에 들어가고, 주님께서 우리의 열심을 지켜 주셔서 이 기간 동안 '희망 수준'에 도달할 수 있게 해 달라고 간구해야 한다.

"너의 행사를 여호와께 맡기라. 그리하면 네가 경영하는 것이 이루리라"(잠 16:3). 이 권면은 하나님께서 우리를 보내셔서 그리스도를 높이고 그분의 교회를 개척하도록 하신 그 민족의 언어와 문화를 잘 배우는 이 성스러운 우리의 과업에 정말 놀랍도록 잘 들어맞는다. 이것은 그분의 일이며, 우리는 언어 학습에 있어 날마다 그분께 우리 자신을 위탁할 필요가 있다. 개인으로서 뿐만 아니라 우리 팀 전체로서도 그러하다. 모든 팀 모임에는 언어 학습 과정에 있는 자들을 위한 기도가 포함되어야 하며, 주님께서 그들로 하여금 성공에 이르게 해 주시도록 간구하여야 한다.

전망이 전부이다. 이것은 마치 이런 문구를 가진 일종의 신문 광고와 같다: "개 주인을 찾습니다. 갈색 반점. 귀가 약간 찢어짐. 다리가 부러짐. 눈알이 빠짐. '럭키'라고 부르면 대답함." 우리의 마음가짐은 얼마나 잘 그리고 얼마나 빨리 배우느냐와 더불어 이 과정을 얼마나 즐길 수 있는가에 엄청난 영향을 미칠 것이다. 우리의 의식적이고 무의식적인 전망들은 때로 "정의적 여과 장치"로 불리기도 하는데, 이것들은 우리의 방법론만큼 때론 그 이상으로 우리의 학습에 큰 영향을 미친다. 예를 들어, 만일 당신이 이 언어를 배우지 못할 것이라고 생각하면, 당신은 아마도 배우지 못할 것이다(혹은 최소한 훨씬 더 어려워질 것이다). 만일 당신이 그것을 곧 배우게 될 것이라고 믿으면, 이 전망이 당신을 재촉할 것이다. 전문가들은 충분한 시간과 노출 그리고 노력이 주어지면 당신이 어떤 언어라도 배울 수 있다고 단언한다. 당신은 그 언어를 배우게 될 것이다. 당신은 효과적인 관계와 사역이 가능한 수준의 유창함에 이르게 될 것이다. 그리고 지속적으로 더 성장하게 될 것이다. 두려워하지 말라!

톰슨은 이렇게 쓴다:

안심해도 좋다. 스스로 "언어에 재능이 없다"고 생각하던 수많은 사람들이 완벽하게 그 언어들을 잘 배웠다. 적성과 관련하여 진짜로 위험한 것은, 자신의 적성에 대한 당신의 생각이 언어를 배우는 당신의 능력에 관한 자가-성취적인 예언들로 이끈다는 것이다. 언어 학습에 관한 자존감이 실제로 언어 학습의 효과에 긴밀하게 연계되어 있다는 증거가 있다. 처음부터 당신이 자신에 대해 일반적인 긍정적 느낌을 가지는 것도 조금 도움이 되지만, 만일 당신이 자신에 대해 '나는 언어를 배우는 자로서는 적격이야'라고 느낀다면 훨씬 더 도움이 된다. 그렇지 않다면, 당신의 그 낮은 언어 학습의 자존감의 뿌리를 다시 더듬어 보는 것이 도움이 될 수 있다. 그 뿌리는 과거에 당신이 외국어 학습 과정에서 겪은 부정적인 경험에 자리하고 있을 수 있다. 대다수 사람들에게 대다수 외국어 과정은 시작부터 암울하다는 사실을 마음에 새기라. 당신이 보기엔, 다른 학생들이 당신보다 더 잘하고 있다고 느꼈을 수 있겠지만, 사실은 그 중에서 실제로 그 과정을 통해 유창한 수준에 이른 사람은 거의 없다. 만일 당신이 이제 실제 커뮤니케이션 상황에서 당신이 지속적으로 사용해야 할 언어를 배워야 하는 상황에 직면했다면, 하얀 백지에서 처음부터 시작한다고 생각하라. 과거의 그 부정적인 경험들은 이 경우와는 거의 상관이 없다.[6]

악마가 당신의 머리 안에서 장난치게 하고 싶지 않은 또 하나의 잘못된 메시지는, 그것이 너무나 큰 과업이거나 그 정도로 가치 있는 일은 아니라는 생각이다. 브루스터 부부가 그토록 자주 이야기했듯이, "언어 학습 자체가 사역이다." 당신이 그 민족과 그들의 문화를 존중하는 모습을 사람들이 보게 될 때, 이미 당신은 그들을 향한 그리스도의 사랑을 보여 주고 있을 뿐만 아니라, 당신의 그 매일의 노력 자체가 그리스도께 대한 섬김이며 그분이 보시기에 기뻐하시는 희생 제사이다. 당신의 매일의 언어 학습 활동들은 당연히 그들 중에서 맺을 미래의 복음의 결실을 위한 투자이기도 하지만, 그 자체로 이미 그리스도를 사랑하고 그 민족을 사랑하는 하나의 실제적인 방법이다. 어떤 이들은 보다 직접적인 사역에 들어가고 싶어 "몸이 근질거려서" 그만 언어 학습의 지름길을 찾고자 하는 유혹에 빠지기도 한다. 그들에게 이 2년 남짓한 풀타임 언어 학습 과정은 "작은 일의 날이라고 멸시"(슥 4:10)하지 않는 것을 배우는 하나의 길고 긴 인내의 시험장이 된다.

2. 사람들과의 연결

사실 그대로를 말하자: 우리는 무엇보다 우리의 친구, 이웃, 그 외 주변 사람들과의 접촉으로부터 언어를 배운다. 책, 교실, 어휘 카드, 그리고 책상과의 씨름이 최우선은 아니다. 물론 이 모든 것들이 그 나름의 의미가 있지만 말이다. 이것을 믿는다면, 여기에는 몇 가지 실천적인 의미가 수반된다:

- 많은 관계를 형성하고 키워가는 것에 처음부터 우선 순위를 두어야 한다.
- 이 관계들은 우선적으로 영어를(혹은 당신의 모국어를) 못하는 현지인들과 주로 이루어져야 한다. 영어 사용자들끼리 자꾸 가까워지려는 것은 자연스러운 현상이다. 그러나 당신이 현지 사람들 대신 그들과 많은 시간을 보낸다면, 필연적으로 언어 학습에 심각한 폐해를 초래하게 될 것이다. 당신의 언어 도우미가 영어 사용자인 것은 도움이 될 수 있다. 그러나 언어 실습을 위한 친구들은 가능하면 영어 사용자가 아니어야 한다.
- 한 팀의 언어 학습 코디네이터의 핵심적인 책임 중 하나는, 학습자로 하여금 현지인들과의 관계를 발전시킬 수 있는 방법들을 평

가하고 고려하도록 돕는 것이다.

· 당신의 자녀들이(갓난아기나 유아라고 할지라도) 관계 형성을 위한 굉장한 자산이 될 수 있다. 우리가 필드에 있던 그 수년 동안 형성한 관계의 아마 거의 절반은 아이들을 통해 이루어졌으며, 특히 아내의 경우가 그러했다. 이집트에 처음 도착한 날 우리는 두 살 박이 딸을 유모차에 태운 채 공원으로 산책을 나갔다. 10분이 채 되지 않아 우리는 비슷한 또래 아들을 둔 상냥한 이집트인 부부를 만났고, 나중에 함께 저녁을 먹으러 나갔다! 이것에 대해 보다 확실히 해두고 싶은데, 왜냐하면 부모들은 자기 자녀들을 언어 학습에 있어 하나의 방해 거리로 생각하기 쉽기 때문이다. 물론 남편과 아내가 교대로 일정을 짜서 각자 공부와 준비 시간을 가질 필요가 있을 것이다. 그러나 우리의 자녀들이 얼마나 놀라운 연결 다리가 되는지 모른다! 특히 엄마들의 경우에는 다른 가정에 방문하여 아이를 무릎에 앉힌 채 몇 시간이고 이야기하는 것이 지극히 자연스러운 일이다.

3. 언어 학습 방법론

우리가 어떻게 언어 습득에 임하느냐가 그 2년 과정이 지난 후 그리고 그 너머까지 얼마나 엄청난 차이를 만들어 내는지 놀라지 말라. 내가 필드에서 본 가장 슬픈 일 중 하나는 아무런 도움이나 감독을 받지 못하는 사역자들이다. 그들의 언어 학습을 적극적으로 안내해 줄 팀을 구성하지 못한 채, 그들은 매일 일어나 돌아다니면서 닥치는 대로 대충 '시간을 때운다.' 이것은 일종의 느릿느릿한 '중국 물고문'과 같아서 자신감도 희망도 사그러들게 만들며, 언어 학습 전반에 걸친 낙심으로 이끈다. 그러나 복된 소식이 있으니 전혀 그렇게 할 필요가 없다는 것이다.

톰슨은 이렇게 쓴다, "비교적 쉬운 상황에서라면, 효과적인 전략이 훨씬 더 빠른 진보를 이룰 수 있지만, 그것이 성공과 실패를 좌우하지는 않는다. 하지만 가장 어려운 상황 속에 있을 때는, 효과적인 전략을 사용하느냐가 거의 예외 없이 당신의 성공 혹은 실패를 결정하게 된다."[7] "내가 관찰한 바에 의하면 일반적으로 어려운 언어 학습 상황에 처해 있는 사람들은 초기에는 그들이 잘할 수 있으리라고 자신감을 갖는다. 그러나 시간이 흐를수록 그들의 자신감은 점차 성공이 불가능하다는 쪽의 비관론으로 바뀌곤 한다. 그 열정과 헌신이 아예 보상 받지 못하거나 혹은 제대로 보상 받지 못하는 것을 보는 것은 참으로 슬픈 일이다. 그런 점에서, 나는 보다 나은 전략이 지극히 엄청난 차이들을 만들어 내는 경우들을 보아 왔다고 믿는다."[8]

양보할 수 없는 최소치

그 어떤 방법론이라도 우리가 아예 사용하지 않는다면, 그것은 위험을 자초하며 모종의 본질적인 것들을 무시하게 되는 것이다. 톰슨은 "성공적인 언어 학습을 위한 양보할 수 없는 최소치"에 관해 이렇게 쓴다:

결국에는 다음 세 가지 요건을 충족시키는 사람은 그 언어에 상당히 유창한 사용자가 될 것이고, 이것들을 충족시키지 못하는 사람은 기껏해야 제한된 유창함에 이르게 될 것이다.

· 상당한 양의 이해 가능한 (언어적) 주입에의 노출. 그 언어에 대량
으로 노출될 때, 다시 말해 상당량의 이해할 수 있는 언어적 입력
을 받은 후에 학습자가 그 언어에 친숙해질 것이고 어떻게 말해야
하는지에 대한 자신감을 가질 수 있을 것이다.

· 많은 즉흥적인 말하기 실습. 즉흥적인 말하기 실습을 통한 공개적
인 언어 습득 과정에서, 학습자는 뜸을 들이거나 머뭇거리지 않으
면서 새로운 생각들을 지속적으로 표현하게 된다. 이를 통해 학습
자는 이전에 들어 보지 못했던 무수한 문장들을 만들어 내고, 더
불어 대화 과정이나 다른 언어적 활동에서 유연한 언어적 능력을
습득하게 된다.

· 현지인들이 공유하고 있는 경험과 신념들뿐 아니라 그들만의 심
오한 지식들에 대한 지속적인 습득. 이 세 번째 요건은 다소 불분
명할 수 있다. 그리고 실제로는 그것의 풍성하고 심오한 의미를
이해하지 못한 채 단지 말로만 이야기되기 쉽다. 하지만 그 사람
들이 이야기하는 내용에 대한 그들만의 공감대를 공유하고 있지
않다면, 설사 그들이 사용하는 모든 단어와 문장을 다 안다 해도,
그 사람들을 제대로 이해하기는 불가능하다. 그 지역에서 벌어지
는 일상적인 활동과 경험들의 미세한 부분을 비롯하여, 그들이 일
상적으로 하는 말들 배후에 놓인 의미들을 이해하는 것은 한 문화
를 배우는 데 있어 아주 중요한 부분을 차지한다. 언어 학습과 연
계하여 그 문화를 배우는 사람이야말로 진정으로 그들 언어의 어
휘를 배우는 것이다.[9]

저기 바깥에 무엇이 있는가?

언어 습득 방법론은 대체로 다음 세 가지 그룹으로 분류된다:

전통적 접근. 교실, 문법, 주입, 시험, 연습, 그리고 암기. 보통 일상적 상황에서의 그 언어의 사용에 대해서는 그리 크게 강조하지 않는다. 나는 물론 이 접근법이 주된 방법이 되어야 한다고 주장하지는 않지만, 이런 활동들 중 일부는 나머지 두 접근법들에 대한 매우 유용한 보완책이 된다고 생각한다(다시 말해, 목욕물과 함께 아기까지 버리고 싶지 않다는 말이다).

말-중심의 접근. 말-중심 학습의 좋은 예는 내가 앞서 언급한 브루스터 부부에 의해 대중화된 램프(LAMP) 방법론이다.[10] 나는 실제로 이집트에서 열다섯 개 언어 과정을 수강하여 신학교 학점을 받기로 톰 브루스터와 계약하기도 했다. 근본적으로 요구되는 것은, 언어 도우미의 도움을 받아 그 언어로 된 짤막한 교재를 개발하고 그것을 테이프에 녹음하여 암기하고, 사람들과 자주 만나 많이 많이 실습하는 것이다.

커뮤니케이션적 접근. 톰슨의 설명에 따르면, 이 접근법의 목표는 "학습자들로 하여금 그 목표 언어로 그들에게 말하는 바를 이해하고, 그 시점에서 그들이 가진 능력을 최대한 사용하여 자신의 생각들을 표현"하는 것이며, "커뮤니케이션적 활동들은 커뮤니케이션에서 그 언어를 사용하는 능력을 직접 발전시킨다."[11] 점차 더 많은 언어 학습자들이 톰슨과 그의 동료들이 발전시킨 이 강조점을 따르고 있다. "이해-중심 학습"에 대해 설명하고 있는 부록 2를 살펴보기 바란다. 이 접근의 열쇠는 다량의 이해 가능한 주입을 받는 것이다. 일상적인 사람과의 접촉을 통해서든, 오디오 테이프, 녹음된 라디오 혹은 텔레비전 프로그램들,

혹은 우리 수준에 맞추어 누가 읽어 주든 상관 없다. 우리는 모국어를 배운 방식 그대로 외국어를 배운다. 즉, 뜻을 이해하는 데 도움을 주는 시각적인 그리고 정황적인 실마리들을 곁들인 채 이야기하는 것을 수백 시간에 걸쳐서 들으면서 점차 그 의미를 따라 잡는다. 예를 들어, 유명한 시청자-참여 라디오 프로그램이 몇 가지 있었는데, 지나고 보니까, 정말 그때 녹음해 두었다가 완전히 이해할 때까지 듣고 또 듣고 했었어야 하는데 하는 생각이 든다. 그 외에도 녹음해 두면 좋은 것들로, 언어 도우미들과 공부한 대화들, 드라마, 간단한 영화, 아이들 만화 영화, 거기다 모스크와 사원들 혹은 교회에서 들은 설교들이 있다. 물론, 이 접근법들 전부를 포괄할 수 있는 발달된 방법론들이 이미 개발되어 훈련자들을 기다리고 있다.

언어 학습자들을 위한 지원 체제 갖추기

어떤 언어 학습자들은 순전히 단독으로 공부한다. 그럼에도 불구하고 그들도 다양하게 제공되는 이해-중심 학습에서 유익을 얻거나, 그 지역에 개설된 언어 학습 워크숍 등에 참가할 수 있다. 또한 개인적으로 공부하면서도 큰 규모의 교회 개척 팀에 합류하여 이미 유창한 수준에 도달한 팀 멤버들로부터 격려와 감독을 받는 유익을 누리는 이들도 있다. 효과적 언어 학습에 있어 최적의 상황은 유사한 수준의 학습자들과 한 그룹에 소속되는 것이다. 우리 팀 멤버 몇 명은 우리 팀은 물론 이 나라 안의 다른 팀들을 위한 '언어 습득 센터'를 마련했다. 이러한 센터들의 지원이 실제로 학습 효과를 가속화한다는 증거들이 쌓이고 있으며, 같은 나라의 여러 팀들이 합세하여 이해-중심 학습에 기초한 나름의 언어 습득 센터가 곳곳에 속속 만들어지고 있다. 때로 이것은 새로운 사역자가 곧바로 자신이 의도한 도시로 가지 않고, 일 년 정도 그 나라의 다른 도시에 머무르는 것을 의미한다. 이것이 항상 나쁜 일만은 아니다.

학습 스타일

다음으로 학습 스타일에 관해 간단히 말하고자 한다. 우리는 서로 성격도 다르고 언어 학습에 있어서도 다양한 강점과 약점들을 소유하고 있다. '사람들과 잘 어울리는 폴리'를 생각해 보라. 그녀는 새로 만나는 사람들과 금방 친해진다. 그녀는 사람들과 함께 시간을 보내는 것을 좋아하고, 사람들도 그녀를 편하게 생각하고 그녀와 이야기하는 것을 좋아한다. 폴리는 매우 직관적으로 대화의 의미를 잡아내며, 자기도 모르는 사이 감정과 상황적인 힌트 그리고 몸짓의 의미를 잡아내는 전문가가 되어 있다. 반면에 '학구적인 학습자 앨런'도 있다. 그의 언어 성적은 A 플러스이다. 그는 항상 문법을 고려하는데, 왜냐하면 그래야 완벽한 말이 된다고 생각하기 때문이다. 일년 반을 지날 즈음 폴리는 거의 모든 대화를 어렵지 않게 따라갈 수 있지만, 앨런은 같은 대화를 따라가지 못해 눈치만 힐끔힐끔 살피고 있다. 그 사이 앨런은 읽고 쓰고 아마도 어려운 텍스트를 번역하고 있겠지만, 폴리는 코앞에 들이민 분사도 제대로 알아보지 못할 수 있다.

이들은 물론 극단적인 정형들이지만, 때로 이것이 사실을 그대로 반영한다. 연구자들은 우리의 학습 차이가 상당 부분 우리 뇌의 다른 두 부분에서 기인함을 보여 주었다. '좌뇌'가 우세한 사람들이 있는가 하면, '우뇌'가 우세한 사람들도 있다. 좌뇌는 보다 논리적이고 순서적이며 합리적이고 분석적이고 객관적인 반면, 우뇌는 보다 임의적이고 직관적이며 전체적이고 통합적이며 주관적인 성향을 보인다. 좌뇌는 부분에 초점을 맞추는 반면, 우뇌는 전체를 조망한다.[12] 폴리는 우뇌 성향이고 앨런은 좌뇌 성향이다.

우리의 다른 학습 스타일 혹은 '뇌' 성향 혹은 성격들이 우리의 언어 학습에 영향을 미치도록 해야 하는가? 대답은 확실히 그렇다이다. 사실 우리에겐 선택의 여지가 그리 많지 않다. 이제 막 시작한 사람들은 자신의 강점에서 많은 유익을 얻을 수 있다. 주어진 말을 타라. 당신의 강점과 기호가 기폭제가 되게 하라. 마찬가지로 언어 학습 과정을 당신의 성향에 맞추게 되면, 학습 과정이 만날 지겨운 오트밀만 씹는 느낌이 아니라 꽤 재미있는 시간이 될 것이다. 우리는 또한 우리의 언어 수준에 맞추어 학습 활동들을 짜야 한다. 11개월째 활동은 결코 2개월째 활동과는 동일하지 않을 것이다.

그러나 우리가 오직 하기 편한 것, 우리 성격에 잘 들어맞는 것만 고집한다면, 필시 어딘가 비뚤어진 학습자 혹은 언어 구사자가 될 것이다. 사람들과 어울리기 좋아하는 유형의 사람도 엄격한 훈련과 자기 통제를 통해 홀로 시간을 보내며 자신들이 배우고 있는 바를 반성하고 내면화하며, 언어 구조를 보다 견고히 하고 자신들의 일상적 대화를 뛰어넘는 어휘력을 갖추어야 한다.

마찬가지로 보다 분석적인 학습자도 내면의 벽을 허물고 실제로 사람들에게로 나아갈 수 있어야 한다. 그것도 아주 많이 말이다. 어느 정도까지는 책상 앞에 그리고 비디오 앞에 붙어 있어야 하겠지만, 그들의 언어 프로그램 과정에는 나가서 현실의 사람들을 만나고 커뮤니케이션에 참여하는 것이 반드시 포함되어 있어야 한다. 언어 습득은 아마도 우뇌적인 과정이어서, 우리들 중 좌뇌 성향을 가진 사람들에게는 좋은 방법론과 프로그램 체제를 갖추는 것이 곱절로 중요할 것이다. 결국에는, 나는 진심으로 모든 성격 유형들이 외국어를 배울 수 있으며 그것도 아주 잘 배울 수 있다고 믿는다!

필드-사전 준비

마지막으로 필드-사전 준비는 어떻게 해야 하는가? 근자에 대부분의 사람들은 필드에 들어가기 전에 언어 학습을 시도하는 것은 그리 바람직하지 않다는 주장을 편다. 그 나라 사람들과 함께 하면서 언어에 푹 잠기지 않으면, 무언가를 잘못 배우거나 틀린 발음에 심지어 부적합한 사회적 습관이 몸에 밸 가능성이 농후하다는 것이다. 필드에 도착한 뒤에 시간을 들여 다시 고쳐 배워야 하는 상황에 누가 빠지고 싶겠는가? 그러나 한편에선, 전문가들은 필드에 가기 전에 언어 습득 기술들을 배우는 것이 엄청나게 중요하다고 말한다. 만일 그 팀이 이미 아주 유능한 언어 코디네이터와 더불어 강력한 언어 프로그램을 필드에 마련해 놓고 있다면, 그때는 새로운 사역자들이 사전에 언어 습득 강좌에 참여하는 일은 그리 필요치 않을 수도 있을 것이다.

그러나 그 외 모든 경우에는, 그런 과정을 이수하는 것이 절실하다고 나는 믿는다. 일반적으로 이런 과정은 두 주 짜리 집중 과정으로 미국이나 유럽에서 다양한 단체에 의해 연중 개설된다. 내 경험에 의하면, 이런 과정은 학습자에게 미래 언어 학습에 있어 최소한 20퍼센트 정도 우위를 점하게 해 준다. 단 두 주를 투자하여, 2년 과정에서 장장 5개월을 앞서서 출발하는 것이다! 계산기를 두들겨 보라. 비용이 얼마가 들든, 그만한 가치가 있다.

4. 시간에 대한 청지기 의식

시간이란 얼마나 귀중한 자원인가! 하나님께서는 우리에게 "세월을 아끼라, 때가 악하니라"(엡 5:16)고 말씀하신다. 우리는 타락한 세상에 살고 있으며, 주님께서 구원 사역을 위해 우리를 통해 이루고자 하시는 일이 너무도 많다. 이 모든 것이 우리로 하여금 시간을 지극히 현명하고도 너무도 잘 사용할 것을 요구한다. "알지 못하느냐? 너희는 너희 자신의 것이 아니라 값으로 산 것이 되었으니"(고전 6:19-20). 따라서 우리는 우리 시간의 주인이 아니라 그것의 청지기임을 잘 안다. 이것이 그리스도인의 삶과 사역 어디에나 적용된다면, 그것은 참으로 언어 학습에도 적용된다. 2년의 시간이 흐른 후, 우리가 도달한 수준은 우리의 원래 의도보다는 실제로 매시간 매일 그리고 매주 우리에게 주어진 시간을 어떻게 사용했는가에 의해 결정될 것이다. 그리고 앞서 말했듯이 우리 대다수는 본성상 자가-발전형 혹은 자기-조절형이 아니기 때문에, 우리에겐 생활 속에서 그 과업에 초점을 지속적으로 맞추도록 도와주는 리더들이 절실히 필요하다.

팀들이 배워야 하는 언어들 중에는 카슈미르어, 아랍어, 그리고 북경어처럼 특히 어려운 것들이 있다. 내가 듣기로 터키어 혹은 인도네시아어를 비롯한 몇 가지 언어들은 비교적 배우기 쉽다고 한다. 그럼에도 불구하고, 일반적으로 나는 최전방 교회 개척 팀들이 새로운 사역자들로 하여금 전임으로 2년 혹은 3년 간 언어 학습에 집중하게 하는 정책을 수립해야 한다고 주장한다. 적극 추천하고 싶은 규칙은, 한 주에 30시간 이상 2년 동안 언어 활동에 참여하는 것이다. 물론 "몇 개월 하면 된다"라는 식으로 정해진 것은 없다. 그러나 풀타임 언어 훈련을 종결하기까지는 적어도 합당한 수준의 유창함에 도달해야 한다(앞에서 이야기한 대로, FSI 3단계 수준에는 도달해야 한다). 실제로 24개월보다 적게 소요될 수도 있고, 경우에 따라서는 더 긴 시간이 요구될 수도 있다. 여기서 절대적으로 중요한 핵심 포인트는, 이 요건이 그 팀의 팀 매뉴얼에 명확하게 기재되어 있고, 새로운 멤버들이 필드로 출발하기 전에 이것을 잘 알고 있어야 한다는 점이다. 그리하여 그들은 이 험난한 과정에 돌입할 정신적인 그리고 감정적인 준비를 갖추게 된다. 이것은 또한 저 터널의 막바지에 빛을 드리워 주는 역할을 한다. 이것이 사전에 명문화되지 않은 채 그들이 도착한 후에 논쟁 거리가 된다면, 그때는 어떤 면에서 당신은 이미 싸움에서 패한 꼴이 된다.

여기에 대한 몇 가지 가능한 예외가 있다. 하나는 어린 자녀들의 엄마들이다. 어떤 부부들은 과중한 가사일 때문에 아내가 일주일에 최소한 30시간 이상 언어 학습에 할애해야 하는 요건을 채우기엔 역부족이라고 느낀다. 그들은 비록 혼자 있는 시간에 그리고 엄격한 책임 아래가 아니라 하더라도, 그 아내도 지속적으로 진보를 위해 노력할 것이라고 항변할 것이다. 이집트의 우리 팀에도 이런 생각을 고수하는 부부들이 몇 있었다. 하지만 다른 팀 멤버들은 정반대로 생각했다. 만일 내가 아내에게도 엄격한 책임을 요구하지 않는다면, 나는 그녀의 역할은 별로 중요하지 않다고 말하는 것과 같다. 이 경우 팀 리더 편에서는 지혜와 융통성이 요구된다! 여하튼 언어 학습은 모두에게 우선적인 과업이되어야 하며, 한 주에 다른 사람들만큼 많은 시간을 할애할 수 없는 어린 아이들의 엄마에게도 마찬가지다. 결국 그녀가 일정한 수준의 유창함에 도달하지 못하게 된다면, 그녀는 이 새로운 나라에 결코 안착하지 못하고 제대로 기능할 수 없는 위험을 감수해야 하며, 더불어 결코 그 팀의 교회 개척에 큰 기여를 하지 못할 위험도 감수해야 한다. 그녀는 현지인 친구를 사귀지 못하거나 매우 불행하다고 느끼거나, 심지어 고국으로 돌아가고 싶은 지경에 처할 수도 있다. 바로 이러한 현실 때문에 남편들은 아내의 언어 진보를 위해 유연하면서도 매우 유용한 사람이 되어야 한다.

두 번째 가능한 예외는 직장이든, 개인 사업이든, 자선 사업이든, 그외 무엇이든 초기부터 자비량 사업을 해야 하는 사람들이다. 때로 관광 비자로 장기 거주가 허락되지 않을 때에는 별도의 거주 허가를 받아야 한다. 만일 이런 경우라면, 나는 그 사역자와 팀 리더에게 그 상황을 보다 엄격하게 분석할 것을 요구한다. 장기 거주를 위해 정말 직업이 필요해서인지, 아니면 단지 사역자가 직업을 갖고 그에 준하는 장기 거주 비자를 얻어야 마음이 편하기 때문인지를 구분해야 한다. 관광 비자로 일정 기간 동안 거주하는 것이 가능한가? 사역자가 2년 간의 풀타임 언어 과정을 위해 낮은 단계의 거주 조건으로 지낼 수 있는가? 이런 사항들을 확인해야 한다. 많은 나라의 경우 여러 대학들이 그 나라의 언어 과정을 학점제로 개설하고 있는데, 학생들이 여기에 등록하면 학생 거주 허가를 받을 수 있다.

그러나 직업 비자를 가지는 것이 절실하다는 결론이 나게 되면, 그때는 나는 이 기간 동안 언어 학습 효과를 극대화 할 수 있는 세 가지 방법을 제안한다.

1. 직장을 잡거나 NGO에 소속될 계획을 세우되 최대한 미루라. 예를 들어, 어떤 NGO에 일하러 오는 사람들은, 가끔 현지 정부로부터 일찍 봉사 활동에 참여하라는 요구를 받는다. 그러나 NGO 리더가 그 정부에 사역자들의 언어 숙달의 중요성을 강조하여, 처음 9개

월간 집중적으로 언어 연수를 한 다음 NGO 사역을 시작하도록 동의를 얻을 수 있다.

2. 직장 일을 하되 상사와 협의하여 최대한 많은 시간을 언어 학습에 할애할 수 있도록 일하는 시간을 줄이도록 하라. 이것은 궁극적으로는 그 직장을 위해서도 훨씬 효과적인 업부 수행을 위한 토대가 될 것이다.

3. 그 일을 그 나라 언어로 수행할 수 있는 방법을 강구하라.

일 때문에 언어에 할애할 수 있는 시간이 한 주에 열다섯 시간에서 스무 시간으로 줄게 되면, 만족스러운 언어 수준에 도달하기까지는 당연히 더 긴 시간이 소요될 것이다.

마지막으로, 오랜 기간 동안 집중적인 언어 공부가 가능한 상황이 안 되면, 사역자들은 그들이 의도한 도시에 정착하기 전에 그 언어를 풀타임으로 2년 정도 배울 수 있는 다른 곳으로 이주하는 것을 심각하게 고려해야 한다.

지금까지는 일종의 거시적 그림이다. 그렇다면 우리가 시간의 청지기로서 시간을 매주 단위로 어떻게 사용할지 생각해 보자. 이것이야말로 가장 중요한 내용일지 모른다. 우선 언어 학습을 위해 매주 30시간 혹은 그 이상의 시간을 들여야 한다. 이것은 채소 사오기, 택시 타면서 기사와 이야기 나누기, 그 언어로 텔레비전 보기, 그 밖에 보다 직접적인 언어 학습 활동을 비롯하여 모든 종류의 언어 활동들을 포함할 것이다. 여기서 꼭 30시간인 이유는 그 사역자들에겐 필시 그들에게 요구되는 다른 사역 소요들도 있을 것이기 때문이다. 예를 들어 팀 모임과 일정량의 행정과 커뮤니케이션 관련 일들이다.

위에서 설명했듯이, 모든 팀 멤버들에겐 하나의 프로그램 혹은 계획이 필요하다. 바라건대 그것이 언어 훈련을 이미 받았거나 상당한 수준에 이른 사람이 짠 계획이면 더 좋다. 좋은 계획은 어휘와 개인 교습, 온몸으로 반응하기 훈련(저쪽에서 말로 하면 몸짓으로 표현하는 언어 훈련),[13] 공부하기, 말하기 사이클, 풍부한 실전 듣기, 그리고 많은 시간 현지인과 접촉하는 따위를 포함한 다양한 활동을 포함한 것이어야 한다. 다시 말하지만, 요즈음 학습자들을 위해서는 우리가 사용했던 것보다 훨씬 진보된 방법론과 원리들이 마련되어 있다. 한 사람의 개인적인 프로그램을 설계하기 위하여 학습자와 언어 코디네이터가 골라잡을 수 있는 다양한 전략 활동들이 이미 준비되어 있다. 우리 모두에겐 다양성이 필요하며, 지금은 그 다양성을 유지한 채 좋은 주간 계획을 짜는 것이 그리 어려운 일이 아니다.

둘째, 우리에겐 틀이 필요하다. 틀이 없으면 우리 대다수는 상당한 압박감을 받아서 쉽게 낙심의 문을 열어 버릴 것이다. 따라서 나는 그 계획에 반드시 주간 단위의 일정이 포함되어야 한다고 강하게 주장한다. 물론 현지인과 시간을 가지는 것이 핵심 요소이고 그것에 대해서는 미리 스케줄을 잡을 수 없기 때문에 다소 유동적일 필요가 있다. 그러나 먼저 스케줄을 가지고 시작하여 나중에 조금 변경하는 것이, 전혀 스케줄 없이 시작하는 것보다 훨씬 낫다. 팀 리더들은 통상 매주 일정한 양식을 작성하여 다양한 측면에서 시도되는 언어 학습 활동 시간을 보고해야 하는데 이것이 매우 유용할 수 있다.

마지막으로, 시간의 웅덩이들을 조심하라. 지속적으로 매주 30시간을 투자할 수 없게 할 가능성이 있는 모든 돌발 상황들을 고려하라. 예를 들어, 사람들을 일터로(이 경우에는, 언어 학습) 가지 못하게 붙잡아 두는 가장 악명 높은 유혹 중 하나는 이메일이다. 우리가 언어 학습을 향하여 전진해 나가야 한다는 것을 잘 알고 있지만, 저 방 한 구석에 앉은 컴퓨터라는 놈이 요부의 목소리로 우리를 유혹하여 우리 손을 몇 시간이고, 그것도 그럴듯한 중요한 이유로 키보드에 잡아매어 둔다. 물론 쉽고 안전한 이메일은 오늘날 우리에게 주어진 정말 굉장한 걸작이다. 우리로 하여금 전세계로 그토록 빠르게 커뮤니케이션할 수 있게 해 준다. 그리고 개중에는 정말로 중요한 소식도 있다. 그러나 그것은 또한 우리 목에 매달린 맷돌이 되어 우리가 정말로 마음을 쏟아야 할 것을 타협하게 만들 수도 있다. 지금은 결코 컴퓨터에 매달릴 때가 아닌데 말이다. 남을 판단하려는 게 아니다. 나 역시도 이 부분에 있어 많은 실수를 범했다고 고백한다. 나도 너무 많은 시간을 컴퓨터 앞에서 보냈다. 물론 나의 자비량 직업이 컴퓨터 관련 일이었다는 것이 변명이 될 수는 없다. 사도 바울이 그토록 효과적으로 사역한 것은 어쩌면 그에게 컴퓨터가 없었기 때문은 아닐까!

5. 언어 학습의 감독

앞 단락에서 시간의 청지기 의식에 관해 이야기했으니, 아마도 우리에게 왜 감독이 필요한지가 이미 분명해졌을 것이다. 어떤 이가 운동에 관해 말했듯이, "코치의 역할은 당신이 하기 싫어하는 일을 당신에게 강요하여 당신이 성취하고자 하는 것을 성취하게 하는 것이다." 우리에게 큰 그림을 보여 주고, 우리와 함께 프로그램을 밟아 나가고, 우리가 우리에게 주어진 시간을 잘 사용하도록 지속적으로 도와 주고, 정기적으로 우리가 잘하고 있는지를 평가해 주고, 우리로 하여금 책임 있게 행동하도록 우리를 지탱해 주는 신성한 리더십이 우리에겐 꼭 필요하다. 우리에겐 격려가 필요하다. 그리고 우리에겐 특정한 활동들을 실천할 수 있도록 해 주는 실제적인 도움의 손길이 필요하다. 당신이 이것을 언어 코디네이터, 언어 격려자, 언어 감독자, 혹은 그 어떤 다른 이름으로 부르든 중요치 않다. 이 사람이 팀 리더일 수도 있고 아닐 수도 있다. 사실 규모가 큰 팀들의 경우에는 이 언어 코디네이터가 그 팀 리더가 아닌 것이 더 좋다. 팀 리더는 불가피하게 많은 업무에 관련되어 있기 때문에, 언어를 전담하여 집중할 수 있는 언어 코디네이터를 두는 것이 바람직하다. 그러나 꼭 팀 리더가 맡아야 할 상황이라면, 그렇게 하라. 이 감독 업무가 지나치게 큰 부담이 되어서는 안 되지만, 반드시 감독은 있어야 한다. 성경은 감독과 책임에 관해 많이 말씀하는데, 이 둘은 언어 학습의 초기에 정말로 중요한 요소들이다.

팀 리더는, 직접 하든 혹은 언어 코디네이터를 통해서 하든, 이 언어 감독 체계를 마련하는 데 주저해서는 안 된다. 그게 없으면 팀의 교육은 필시 허우적거리게 될 것이기 때문이다. 언어 학습이 매우 고된 일이고 게다가 몇 달이 지나도록 항상 좋은 인상만 줄 수는 없기 때문에, 이 감독 활동의 주된 논조는 긍정적이어야 하며 또한 항상 격려를 곁들여서 해야 한다. 우리는 바닥으로 축 늘어진 가지들을 끌어 올려야 할 책임이 있다. 때로 정말 도움이 안 되는 역설이 있다. 대다수 팀 리더들은 처음에 다소 불안한 나머지 리더십 행사에 있어 애처로울 정도로 저자세가 되고자 하는 유혹을 받는다는 점이다. 그들은 이것이 팀의 만족도에 도움이 될 것으로 생각하는데, 현실은 오히려 정 반대이다. 팀 리더가 불안하면 팀 멤버들도 불안해질 뿐이다.

이미 언급했듯이, 언어 학습자들은 대략 매 6개월마다 자신들의 진보를 평가해야 한다고 나는 믿는다. 이 처음 2년 동안 계속해서 동기를 잃지 않는 일이 종종 가장 넘기 힘든 장애물이 되기도 한다. 어떤 이들은 언어 시험 혹은 평가가 두렵고도 낙심 되는 일이라고 말한다. 평가가 잘못 시행될 경우에는 그럴 수도 있다. 그러나 잘만 하면 그것은 우리로 하여금 꿋꿋하게 앞으로 나아가게 하는 강력한 자극제가 될 수 있다. 그것은 또한 우리의 강점과 진보가 필요한 부분을 발견하여, 공부의 방향을 수정할 수 있게 만드는 실제적인 유익도 안겨 준다.

그렇다면 각자의 팀에서 어떻게 반년마다 언어 학습을 평가할 수 있을까? 이에 대한 대답은 불행히도 이번 장의 범위 밖에 있으며, 나는 당신 팀에서 어떻게 실시할지에 관해서는 전문가에게 의뢰하여 배우기를 강하게 추천한다. 그렉 톰슨은 이렇게 말한다. "통상 학습자의 학업 내용에 대해서만 평가하는 성취도 시험과 그 학습자의 일반적인 언어 능력을 평가하는 숙달도 시험은 분명히 구별되어야 한다. 예를 들어 학습자에게 한 동사의 과거 완료형을 물어 보는 식의 단독형 시험과 그 언어를 보다 정확한 방식으로 사용하는지를 확인하는 통합형 시험은 분명히 다르다. 전통적으로 언어 숙달도를 평가하는 통합형 시험이 학습 성취도만을 평가하는 단독형 시험보다 의미 있으며, 이는 후자는 실제의 언어 능력을 거의 평가하지 못하기 때문이다."[14]

나는 최상의 평가는 다음과 같다고 믿는다:

1. 치르기가 쉬워야 한다.
2. 최소한 한 명의 원어민을 활용해야 한다.
3. 우선적으로 듣기 이해와 말하기 능력을 측정하되, 발음과 읽기도 곁들여서 확인해야 한다. 그리고
4. 어떤 형식으로든 수치화하여, 학습자와 리더가 언어의 진보를 평

가하고 충분한 유창함 수준에 도달했는지 확인할 수 있어야 한다.

현재 필드에서 선호되고 있는 평가 방법은, 학습자의 언어 학습 활동의 다음 과정을 계획하고 수립하는 수단으로서의 시험으로, 일종의 '배치 고사' 내지는 '코스 수정' 시험이다. 예를 들어, 한 학습자가 그림 이야기 책의 한 부분에 대해 그의 언어 도우미와 함께 이야기하는 평가를 하면서 그것을 녹음한다. 그러고 나서 학습자는 이 테이프를 그의 도우미와 (혹은 다른 원어민과) 다시 들으면서, 언어 사용과 발음에 있어 그의 실수를 기록해 둔다. 후에 그는 이것을 사용하여 그의 다음 언어 교육 코스에 중점을 둬야 할 부분을 계획한다. 이 테이프와 평가 자료를 그의 '개인 자료철' 안에 첨부하여, 언어 학습에서 그의 진보의 자취를 보여 주는 자료로 꾸준하게 보관한다. 이런 평가를 심지어 매달 치르는 것도 상당한 도움이 된다.

이러한 평가 방식에 대해 종종 제기되는 반대는, 한 사람의 언어 성취가 그 팀의 다른 사람들에게 알려지면, 이것이 건강하지 못한 경쟁 분위기를 초래할 수 있다는 것이다. 이에 대한 대답은 결과를 학습자와 언어 코디네이터 (그리고 팀 리더) 사이에 비밀로 간직하는 데 있다는 것에 나는 동의하며, 또한 그렇게 믿는다.

일부 아랍 사람들이 자신들의 언어를 배우는 사람들을 칭찬하고 싶을 때 사용하는 한 가지 표현이 있다. 그들이 보기에 당신이 꽤 영리하거나 혹은 당신이 아랍 언어를 열심히 배워 상당히 진보를 나타낼 때, 그들은 "당신은 위험한 사람이 될 것입니다!"라고 말한다. 그들은 긍정적인 의미로 애정을 담아 윙크하면서 이런 말을 던진다. 당신이 이제 막 두 가지를 하나의 강력한 조합으로 만들려 한다는 의미이다. 즉 당신이 본국에서 가져온 당신의 능력들과, 그것을 당신이 입양한 나라에서 활용할 수 있도록 해주는 새로운 언어 능력의 결합이다.

많은 사역자들은 그들의 본국에서 강력한 영적 은사들과 귀중한 훈련, 그리고 익히 검증된 본국에서의 사역의 열매들을 가져온다. 언어 장벽으로 인해 잠시 동안은 그들이 이전에 그토록 자신했던 그 역할들을 제대로 수행할 수가 없으며, 이 시간은 참으로 좌절의 시간이다. 그러나 시간이 흐른 뒤 그들이 그 언어적 능력을 점차 구비해 가면서, 그들은 그 옛 사역의 능력들이 자신에게 다시 돌아오는 것을 깨닫는다. 그것도 사역지의 현지 언어로 말이다! 그 재능들이 이제는 주님의 손에 잡힌 도구가 되어 그분의 영광을 위해 이 목표 언어 지역에서 교회를 개척하는 데 일조하게 된다. 이것이 바로 언어 학습이 해내는 위업이다.

7. 역할과 거주

사도적 팀의 최우선 목적은 미전도 종족 그룹의 사람들을 그리스도께로 인도하고, 교회를 개척하며 그것을 하나의 운동으로 확대하는 것이다. 그러나 우리가 사역하는 나라들 중에 이 목적으로 비자를 발급해 주는 나라는 거의 없다. 오늘날 최전방 사역에 있어 전임 교회 개척 사역은 지극히 드문 일이다. 통상 사역자들이 그 나라에 머물고 그 사회로부터 그것을 인정 받기 위해서는 어떤 다른 직업, 개인 사업, 다시 말해 소위 역할이 필요하다. 간혹 이 역할들을 일컬어 자비량 혹은 거주 발판(residency platform)이라고 부른다.[1]

이러한 이중성이 어떤 면에서는 기만적이라고 할 수 있는가? 당신이 그 나라에 온 주요 목적, 다시 말해 교회 개척과 정확하게 일치하지 않는 특정한 직업에 매일 종사하는 것에 윤리적인 문제가 있는가? 아니다. 결코 그렇지 않다.

다음 네 가지 진리를 고려하라:

1. 그리스도인에게 있어 주된 인생의 목적에 부가하여 다른 직업 신분을 가지는 것은 매우 정상적인 일이다. 예를 들어, 프랑크푸르트에 사는 그리스도인 데이터베이스 프로그래머를 생각해 보라. 그의 삶의 목적은 그리스도를 알고 그분을 사람들에게 알리는 것이다. 그러나 사람들이 "당신 직업이 뭐요?"라고 물으면 그는 "나는 그리스도를 알고 그분을 알리는 일에 종사합니다"라고 대답하지 않는다. 대신 그는 자신이 데이터베이스 프로그래머라고 말한다. 기회가 주어지면, 그는 그의 삶의 보다 본질적인 문제를 기꺼이 들추어 낼 것이다. 이것은 기만이 아니다. 정신 분열증도 아니다. 이것은 오늘날 미전도 종족들 가운데 일하는 타문화권 사역자들에게도 마찬가지다. 단지 두 가지 직업을 가지고 있는 것으로 이해하면 된다.

2. 사무엘상 16장 1-13절에서 우리는 아주 재미있는 선례를 발견한다. 주님은 사무엘에게 베들레헴으로 가서 이새의 아들 중 하나에게 기름을 부어 사울 왕을 잇게 하라고 명령하셨다. 사무엘은 그가 이런 목적으로 떠나면 사울이 듣고 그를 죽일 것이라고 주저했다. 이에 대한 주님의 해결책은 이러했다. "암송아지 한 마리를 이끌고 가서 '나는 여호와께 제사 드리러 왔습니다'라고 말하여라." 이것이 거짓말 혹은 술수였는가? 아니다. 사무엘은 실제로 그가 말한 대로 베들레헴 지도자들과 더불어 제사를 지냈다. 하나님은 이 일을 부가적인 목적으로 주신 것이다. 그것의 목적은 속이기 위함이 아니라 사울의 심복들 주변에서 심각한 문제를 피하면서 일하기 위한 방편이었을 뿐이다.

3. 교회 개척자들이 자선 사업이든 직장이든 혹은 개인 사업이든 자

비량을 할 경우 필연적으로 그들은 그 민족에게 귀중한 섬김을 베푼다. 때로 일자리를 창출하기도 하고 지역 경제에 손에 잡히는 도움을 주기도 한다. 여하튼 그들은 이 일을 통해 그리스도의 사랑으로 그 사람들을 섬긴다.

4. 이 직업들은 눈속임용이 아니며 진짜 직업이다. 자비량 복음 사역자들 중에 이러이러한 일을 (예를 들어, 영어 가르치기) 한다고 말하면서 실제로는 그렇게 하지 않는 사람을 나는 단 한 사람도 알지 못한다.

우리는 이것들을 머리 속에 잘 정리해 두어야 한다. 이것은 상당히 중요한 문제이다. 현지인들이 당신을 처음 바라보는 렌즈이기 때문이다. 당신이 두 가지 직업을 가지고 활동하는 것이 교회 개척이라는 목적에 방해가 아니라 도움이 되어야 한다. 필드에 어느 정도 있어 본 사람들은 모두 이것을 제대로 처리하지 못해서 오는 긴장을 경험한 적이 있다. 택시 기사가 우리에게 무얼 하는 사람이냐고 묻는다. 우리는 주저하거나 말문이 막혀서 똑바로 대답하지 못하고 우물쭈물한다. 우리가 우리의 존재 이유에 관해 안정감을 갖지 못하면 불안감이 싹트기 시작한다.

만일 당신이 관광 비자를 가지고 일시적으로 그 나라에 들어갔을 경우 — 자유로이 풀타임 언어 과정에 집중하기 위해 때로 필요한 일이다 — 특히 이 문제가 직접적으로 다가올 것이다. 사도적 팀들 중에 처음부터 분명한 직업을 가지는 경우는 극히 드물다. 대부분의 경우 약 2년간의 언어 배우기 과정에 집중하는 것이 최선인데, 이것은 거주상의 문제가 발생할 수 있음을 의미한다. 대다수는 그 나라에서 상당 기간을 지낸 후에 보다 손에 잡히는 일에 종사하게 되는데, 그래도 괜찮다.

한편 그 나라에 머무는 합리적인 이유를 서둘러 가져야 할 두 가지 매우 실천적인 필요가 있다. 1) 한 주에도 여러 차례 받게 되는 "여기서 무슨 일 하세요?"라는 질문에 대한 마땅한 대답을 가지기 위하여 2) 비자 혹은 거주 허가를 받기 위하여. 나머지 하나 없이 단지 둘 중에 하나만을 가지는 것도 가능하다 (즉, 거주 허가 없이 생존성만을 가지거나, 혹은 그 반대도 가능하다). 다음 팀 모임 때 다음 문제를 주제 삼아 토의하는 것도 좋을 것이다: "생존성 혹은 거주 허가 중, 어느 것이 더 중요한가?"

거주 발판의 유형들

주된 거주 범주들은 다음과 같다:

1. 직업. 현지 회사의 직원이 되는 것을 말한다. 예를 들어, 영어 가르치기, 컴퓨터 관련 일, 의료직, 관리직, 판매직, 학교 혹은 대학에서 가르치기 등.
2. 단독으로 혹은 파트너와 함께 개인 사업장을 소유하여 운영하기.
3. NGO에서 일하기. 보통 현지인들을 위한 자선 사업 혹은 경제 관련 일이다.
4. 교회에서 공식적으로 일하기. 소수지만 그리스도인들이 존재하는 나라들에서 때로 선택 가능한 범주로서, 특히 적극적인 현지인 후원자가 있을 때 가능하다.

5. 학생(예를 들어, 대학원, 연구원 혹은 고급 언어 연구).

6. 관광 비자 외에는 아무런 거주 허가 혹은 공식적인 역할을 가지고
   있지 않지만, 그 나라에 머무를 합리적인 이유를 가지고 있을 수
   있다(예를 들어, 사업 확장을 위한 현지 답사).

7. 기타(예를 들어, 은퇴).

다른 범주들도 생각할 수 있겠지만, 자비량 사역자들의 95퍼센트 이상이 위에 제시된 범주에 포함된다.

당신에게 알맞은 역할 발견하기

당신이 선택할 수 있는 저 무수한 직업 역할들의 숫자에 오히려 압도당할 수가 있다. 당신의 직업 배경이 무엇인가? 당신이 좋아하는 일은 무엇인가? 그 나라에서 당신이 실제로 선택할 수 있는 일과 아마도 그렇지 못한 일은 어떤 것들이 있는가? 이것은 우리가 반드시 심사숙고해야 할 현실적 사안이다. 이 모든 것들이 중요하지만, 이 모든 것들보다 더 우선시 되어야 할 또 하나의 결정적인 문제가 있다. 거주 발판을 통하여, 당신이 의도하는 교회 개척 사역을 위해 이루고자 하는 것은 무엇인가? 당신은 직접적인 교회 개척 사역에 참여할 수 있는 자유를 최대한 보장하는, 정말 최소한의 시간을 소요하는 일을 찾고 있는가? 아니면 보다 많은 시간을 소요하더라도 그 일을 통해서도 하나님 나라를 위해 무언가를 이룰 수 있는, 그러한 일을 찾고 있는가?

여기 당신의 자비량 역할이 줄 수 있는 열 가지 유익을 소개하겠다.

1. 탁월한 사회적 생존성. 즉 실제적이고 충분한 공감을 얻을 수 있는 신분. 예를 들어, 주당 다섯 시간의 영어 강사직은 충분한 생존성을 마련해 주지 못할 테지만, 한 회사의 전임 외국인 매니저로 일한다고 하면 의아하게 생각할 사람이 아무도 없을 것이다. 게다가 당신이 보다 확실한 역할을 가질수록 추후에 당신의 사역이 정부에 민감한 사안이 되더라도 쉽게 당신을 추방하려 들지 않을 것이다(물론 완전히 장담할 수는 없지만).

2. 거주 허가.

3. 인맥 — 광범위한 사람들을 만나서 친분과 신뢰의 고리를 마련해 주는 토대가 된다.

4. 말과 행동으로 복음을 전하고 증거하는 기회.

5. 직업 윤리의 모범. 현지인 신자들에게 바람직한 직업 윤리의 본을 보여 줄 수 있다.

6. 정상성. 다시 말해, 정상적인 직업에, 정상적인 시간 동안, 정상적인 방식으로 참여할 수 있다. 많은 사도적 사역자들은 직업적인 측면에서 무언가 별다른 인생을 살아야 한다고 느끼지만, 개중에는 본국에서 종사했을 법한 일과 전혀 다르지 않은 분야에서 일하고 싶어 하는 이들도 있다.

7. 빈번한 언어 사용의 실습장. 일을 하면서 언어의 숙달과 문화적 이해를 증진시킬 수 있는 기회가 마련된다.

8. 그리스도의 사랑의 표현. 주로 자선 사업을 통해 사람들의 긴급한 필요를 충족시켜 줌으로써 그리스도의 사랑을 표현할 수 있다.

9. 재정적 수입. 예를 들어, 아랍 국가에 거주하기 위해서는 통상 풀타임 직업을 잡아야 하는데 보수도 상당히 좋다.

10. 특정 지역을 방문할 수 있는 여행 허가. 당신이 복음을 전하고자
    하는 종족이 정부가 지정한 여행 제한 구역 안에 있을 때 이 지
    역에 접근할 수 있는 가능성이 높아진다.

최근 나는 위의 여덟 번째 항목에 관한 감동적인 사례 하나를 전해
들었다.

미러클 센터. 지역 공동체에서 우리 장애인 센터에 붙여 준 이름이다. 주
님을 찬양합니다! 한 소녀가 처음에는 휠체어를 타고 우리 센터를 찾아 왔
는데, 지금은 걸어서 센터로 온다. 한 소년은 처음 왔을 때는 팔을 쓸 수가
없었는데, 지금은 특수 세발 자전거를 그의 팔을 사용해 바퀴를 밀면서 타
고 다닌다. 여기 세 번째 감격스러운 성공 이야기가 또 있다. 지난 10월 시
골에서 한 어머니가 '절름발이' 딸을 데리고 센터로 찾아왔다. 이 어린 소
녀는 팔도 다리도 움직일 수가 없었고 고개를 들고 있기도 버거운 상태였
다. 엄마의 팔에 마치 배춧잎처럼 축 늘어져 있었다. 우리 센터의 한 치료
사가 그 어머니에게 기본적인 물리 치료 기술을 가르쳐서 집으로 돌려보
냈다. 그녀는 시골에서 살았기 때문에 몇 달간 아무도 그녀를 본 사람이
없었다. 이 달 초 그 어머니가 딸 아이를 데리고 다시 센터를 찾아 왔다.
이번에는 그 어린 소녀는 잠시도 쉬지 않고 센터를 이리 저리 뛰어 다녔
다. 아이의 어머니는 이것은 기적이라고 말한다. 그녀의 말이 도시 전체에
퍼져 나갔다. 지금 그 어머니는 키우던 가축을 팔아 센터 근처에 아파트를
얻고 딸 아이가 보다 정기적으로 센터를 방문할 수 있도록 할 계획을 세우
고 있다.

위에 나열한 열 가지 유익을 모두 안겨 주는 직업 혹은 역할은 없다. 하나를 얻으려면 다른 하나를 포기해야 하는 경우가 분명히 있을 것이다. 다시 강조하지만, 가장 중요한 고려 대상은 역시 시간이다. 두 가지 직업을 가지고 활동하는 많은 사역자들은 자비량 직업에는 아주 최소한의 시간만 투자하면서 절대적으로 많은 시간을 언어 학습, 복음 전도, 신자들의 제자 훈련, 성경 가르치기 등에 투자하고 싶을 것이다. 때로 사역자들이 회사 내에 좋은 자리를 차지하거나 혹은 고용주가 교회 개척 목적에 매우 호의적인 사람이어서, 시간 사용에 상당한 융통성을 부릴 수 있는 경우도 있다. 반대로, 전임으로 직장 혹은 NGO 활동에 참가해야 하고 심지어 그렇게 해도 시간이 모자랄 정도의 일을 감당해야 하는 경우도 있다. 그들은 그 직장 업무 자체를 통해 교회 개척 목표를 위해 가장 큰 기여를 할 수 있기를 희망한다. 아마 대다수 최전방 사역자들은 그 둘 사이 어디쯤에 처해 있을 것이다. 자비량 직업에 전임으로 종사하지도 않으면서, 교회 개척 사역에 전임도 아닌 중간쯤. (주의 요망: 나의 관찰에 의하면 전임 혹은 전임 이상의 직업을 갖게 되면 종종 교회 개척에 큰 직접적인 기여를 하지 못하는 경우가 발생한다. 각 팀 멤버들이 무슨 역할이 자신들에게 가장 적합한지 주님으로부터 분명한 언질을 받을 수 있기를 바란다!)

필드에서 우리가 택하는 직업은 본국에서의 우리의 직업과 동일하지 않을 수도 있다. 사도 바울은 최고 수준의 종교법을 교육 받았지만, 그런 경력은 장기적이고 안정적인 상황에서만 통할 수 있는 성질의 것이다. 따라서 그는 그에게 주어진 순회 사명에 보다 잘 들어맞는 일거리를 찾았다. 그것이 텐트 만들기이다. 그가 받은 교육과 사회적 신분에 비교하면 한참 아래에 있는 일이었다. 그러나 그의 사역에는 안성맞

춤이었다. 나는 많은 교회 개척자들이 법률, 의료 혹은 개인 사업 등 상
당한 수입에 높은 지위를 보장하는 일을 버리고, 필드에서 훨씬 '아래'
일들에 종사하는 것을 보아 왔다. 그러나 그 일들이 그 팀의 사역 목적
에는 훨씬 잘 들어맞았다. 그러면 되는 것이다!

　머지않아 사역자들은 "당신의 직업이 무엇입니까?" 그리고 "당신은
여기서 무슨 일을 합니까?"라는 질문이 신분에 관한 질문이 아님을 깨
닫게 된다. 나는 개인적으로 중동에서 작은 사업장을 운영했다. 그 지
역에서 우리는 상당한 규모의 사업장도 여러 개 갖고 있었기 때문에,
비록 적은 수지만 현지인들을 고용할 수도 있었다. 그러나 '이 나라에
온 나의 보다 깊은 관심은 사람들의 삶 가운데서 하나님의 나라를 위해
봉사하는 것임'을 친구들에게 고백할 때 비로소 해방감을 맛볼 수 있
었다.

　타문화권 사역자들이 5년, 10년, 혹은 그 이상 한 나라에 머물게 되
면 필연적으로 직업을 바꾸어야 한다. 그들의 삶과 사역에 보다 적합한
역할 혹은 상황으로 옮겨 갈 수 있을 것이다. 이것은 참 좋은 일이다.
새로운 사역자들은 처음부터 완벽한 일을 잡아야 한다고 생각해서는
안 된다. 개인적으로 나는 관광 비자로 상당히 긴 시간 동안 거주하기
도 했고(물론 그 나라에 머무를 그럴 듯한 이유를 가지고), 배우는 학
생으로 있기도 했고, 컴퓨터 회사의 직원으로 일하기도 했고, 작은 개
인 사업을 한 일도 있다. 시간이 지나면서 새로운 길들이 내게 열렸다.

　대다수 사람들에게는 하루 빨리 집 바깥에서 일하게 되면 더 좋다.
너무 많은 사람들이 집을 중심으로 할 수 있는 일을 선택하는 실수를
저지른다. 우리가 사역하는 대다수 나라들과 문화들에서는, 이것은 그
현지인들에게 선뜻 이해되지 않는 상황이다. 어떤 사람이 "왜 제이크

는 하루 종일 집에 있지? 내 아내도 집에 있는데 종일 아파트 주변을 저 친구가 서성거리고 있다는 게 조금 꺼림칙해" 하고 생각할 수도 있다. 설사 그 사람이 풀타임으로 언어 학습 과정에 있다 하더라도, 이 일을 위해 사무실을 빌릴 수 있다면 훨씬 효과적일 것이다. 나는 여러 차례 사람들로부터(그리고 내 자신의 경험이기도 하다) 사역하는 도시에서 당신이 정상적인 삶을 살고 있다는 인상 줄 수 있는 두 가지 매우 유용한 방법을 전해 들었다. 하나는 사무실을 가지는 것이고 두 번째는 명함을 가지는 것이다. 매우 간단해 보이지만, 이렇게 하면 굉장히 큰 심리적 차이를 가져올 것이다. 그 외에도 현지인들과의 관계를 형성하는 것을 목표로 한다면, 집에서 가정 대 가정으로 만나는 것보다는 일터에서 만나는 것이 훨씬 효과적일 것이다.

우리는 그리스도를 위하여 그분의 사랑과 진리의 대사로서, 이 소중한 사람들 가운데 살며 일하도록 부름 받았다. 나는 기만적인 형태의 자비량을 옹호하지 않으며, 현실적이고 합법적인 일을 잡아야 한다고 주장한다. 자선 사업이든, 이윤을 추구하는 사업이든, 혹은 학계에서 일을 하든, 우리의 목적은 돌봄을 통하여(현지인들의 필요를 채워 주고 탁월한 과업을 수행함으로써) 그리스도의 사랑을 표현하는 것이다. 사람들이 보기에도 이치에 맞는 일이며, 더불어 우리의 메시지를 전하는 데도 도움이 될 것이다. 바울이 말했듯이, "무슨 일을 하든지 마음을 다하여 주께 하듯 하고 사람에게 하듯 하지 말라. 이는 기업의 상을 주께 받을 줄 아나니 너희는 주 그리스도를 섬기느니라"(골 3:23-24).

8. 복음 전도

좋은 소식을 전하며 평화를 공포하며 복된 좋은 소식을 가져오며
구원을 공포하며 시온을 향하여 이르기를
네 하나님이 통치하신다 하는 자의
산을 넘는 발이 어찌 그리 아름다운고(사 52:7).

한번 상상해 보라. 저 바벨론의 포로 생활이 마침내 끝이 났다는 놀라운 소식을 전하러 달려오는 저 사자의 모습을! 그는 참으로 값비싼 대가를 치렀다. 며칠 동안 쉬지 않고 달리며, 탈진하고, 발이 부르트고, 피가 흘러, 상처가 아무는 데 몇 달이 걸릴지도 모른다. 그러나 그에게는 몇 세대가 지나도록 간절히 듣기를 고대하던 그 복음을 전달하는 역사적인 기쁨이 있다 ─ "하나님의 백성이, 하나님께서 이사야를 통해 약속하신 대로, 그들의 땅에 다시 태어날 것이다." 복음의 사자들은 미전도 종족 가운데 일하면서 그들의 발이 감당해야 할 고통을 익히 잘 알고 있다. 말하자면 그들이 남겨 두고 떠난 것들, 끊임없이 닥치는 위험과 그들과 그들의 가족이 그리스도를 위해 감내해야 하는 수고들 말이다. 개인적으로 말하면, 이와 더불어 내 곁을 떠나지 않고 언제나 엄존하는 하나의 현실이 있는데, 바로 내가 필드에서 복음을 전한 모든 사람의 경우에 그것은 거의 항상 그들이 하나님의

구원의 복음을 정확하게 듣는 최초의 순간이었다는 것이다 (그리고 슬프게도 그들은 그 복음을 다시는 듣지 못하게 될 수도 있다). 정말 말로 다할 수 없는 특권이 아닌가!

미전도 종족 가운데서의 사도적 사역은 다면적인 사역이 될 수 있다. 교회 개척이 이 책의 중심 주제이지만, 예수님을 선포하는 것은 우리가 바깥으로 나아가는 진짜 중심 목적이다. 그리스도를 나누는 것이 사도적 소명의 핵심부에 자리한다. "그들이 믿지 아니하는 이를 어찌 부르리요? 듣지도 못한 이를 어찌 믿으리요? 전파하는 자가 없이 어찌 들으리요? 보내심을 받지 아니했으면 어찌 전파하리요?"(롬 10:14-15; 바울은 이어서 이사야를 인용하면서 보냄 받은 자들의 그 아름다운 발에 대해 이야기한다). 예수님의 마음은 우리를 둘러싼 사람들에 대한 연민으로 가득하다. 우리도 같은 마음으로 행하면서, 우리 역시 우리의 친구들과 이웃들을 그리스도를 믿는 믿음으로 이끌어 그들도 우리와 함께 영원에 거하게 되기를 간절히 소망한다. 그런 점에서 그리스도를 많이 나누는 사도적 사역자들은 최전방 개척 상황에서 시작되는 교회 개척 운동은 말할 것도 없고, 교제 그룹을 형성하는 데 본질적인 역할을 수행한다.

매우 저항적인 문화에서 복음 전파는 주로 외국인의 손에 의해 이루어지는가? 그 대답은 확실히 아니오이다. 머지않아 현지인 신자들 자신이 훨씬 더 풍성한 열매를 거두는 더 효과적인 증인들이 될 것이다. 팀 리더 보고서에서 발췌한 아주 전형적인 사례를 하나 소개하겠다. "인도에서 한 동역자가 아리라는 이름의 젊은 시골 처녀를 그리스도께로 인도했다. 이어서 이번에는 아리가 후에 자기 남편이 될 남자에게 복음을 전했다. 그녀는 또한 다른 여덟 명의 여자를 그리스도께로 인도하여 세례를 주었고, 그 중에는 팔십 세가 넘은 사람도 있었다. 최근 아리는 아주 고약한 근본주의자 삼촌과 시장에서 공개적으로 언쟁을 벌였는데, 그 삼촌은 그녀를 당국에 고발하여 체포되게 하겠다고 으름장을 놓았다." 우리가 현지인 신자들에게 복음 전도의 열정과 실천에 있어서 지속적인 모범을 보임으로써, 그들 역시 이 본을 좇아 더 멀리 복음을 전하게 될 수 있기를 바란다.

당신이 이번 장을 어떻게 읽는가는 상당 부분 당신이 지금 어디에 있으며 당신의 종족 그룹이 어떤 사람들인지에 달려 있다. 당신은 이미 많은 신자들이 있어서 제자 훈련과 말씀 가르치는 일에 집중하고 있는가? 만일 그렇다면 복음 전도가 당신에게 중요하지만, 당신에게 부과되는 다른 사역과 균형을 맞추어야 한다. 혹은 당신은, 많은 하나님의 대사들처럼 아직 신자들이 없으며 그래서 복음 전도가 사역의 최우선 초점인 상황에 처해 있는가? 혹은 경찰의 제재가 심하여 드러내 놓고 복음 전도를 할 경우 추방 당할 위험이 있는 나라에 있는가? 아니면 당신은 사역자들이 공개적으로 예수 영화를 보여 줄 수 있고, 신문에 신약 성경 무료 배포 광고를 낼 수 있거나, 심지어 사람들을 큰 호텔에 초대하여 강연을 베풀 수 있는 그런 나라에서 사역하고 있는가?¹ 우리가 설사 아그라 혹은 반둥, 캘커타 혹은 카이로에서 사역한다 할지라도, 아니 그 무엇도 우리가 친구들과 직장 동료들, 이웃들, 그리고 일상적으로 우리가 만나는 많은 사람들에게 복음을 전하는 일에서 물러나도록 가로막을 수는 없다.

우리에게 참 좋은 질문은 "어떤 종류의 복음 전도가 '직접적으로' 교회 개척으로 인도하느냐"이다. 우선 그렇지 않은 종류가 둘 있다. "예비-전도"라 함은 통상 사람들이 복음 일반에 보다 수용적이 되도록 하여 예수님을 향한 보다 넓은 개방성을 창출하려는 목적으로, 그 사회에 광범위한 영향을 끼치는 것을 지칭한다. 아마도 예비-전도에 대한 다른 정의들도 있겠지만, 나는 이 용어를 그리스도께 대한 보다 긍정적인 이미지를 창출하는 것이라는 의미로 사용하려 한다. 이것은 중심적인 메시지 요소들을 동반한 (예를 들어, 그리스도의 대속적인 십자가상의 죽음과 모든 사람이 그분을 주와 구원자로 받아야 할 필요성을 강조하는) 직접적인 설교와 결단으로의 초청과 대비되는 개념이다. 이러한 예비-전도에 초점을 둔 출판물들도 있어 왔다. 나도 또한 이 포괄적인 목적을 위한 음악 프로젝트에 대해서도 들은 적이 있다.

더불어 "방송 전도"는 라디오, 텔레비전, 통신 과정, 인터넷 등의 미디어를 통하여 광범위하게 씨를 뿌리는 것을 목적으로 한다. 청취자들은 실제로 복음을 듣게 되고, 수많은 간증자들이 하나님께서 누군가의 눈을 열기 위해 텔레비전 프로그램 혹은 기타 매체들을 얼마나 강력하게 사용하셨는지를 증언하고 있다. 아래에서 보겠지만, 방송 사역이 후속적인 필드 사역으로 연계되면 교회 개척에 직접적으로 기여를 할 수 있지만, 그렇지 않으면 그 기여는 보다 일반적이게 된다. 이러한 두 형태의 복음 전도 모두 매우 귀중하며, 그 어느 쪽이든 그리스도를 위하여 미전도 종족을 위해 뿌려진 단 한 방울의 땀까지 내겐 모두가 하나님께 올리는 감사의 제목이다.

필드의 교회 개척자들이 방송-관련 사역들과 연계될 수 있다면 아주 강력한 효과를 발생할 수 있다. 1980년대 초, 조셉은 아프리카 어느 나라에서 지하 공산당 조직의 간부로 일하고 있었다. 그는 재정과 비밀 모임 조직 임무를 맡고 있었다. 그는 자기 나라의 가난한 사람들의 비참한 삶에 대한 부담감을 가지고 있었고 그 활동들로 인해 감옥에 갇히게 되었다. 그가 감옥에 간 사이, 문맹이던 그의 동생 이디가 트랜스월드 라디오(TWR)의 기독교 프로그램을 청취하기 시작했고, 한 친구의 도움을 받아 성경 통신 과정에 글을 보내곤 했다. 조셉이 감옥에서 풀려났을 때, 그의 동생은 자기가 글을 읽을 수가 없으니 그와 함께 성경 공부를 하자고 간청했다. 조셉으로서는 결국은 감옥으로 이끌 그 일과 관련해서는 그 무엇도 하고 싶어하지 않았다. 그러나 끈질긴 간청 끝에 조셉은 결국 마음을 열었고, 동생이 부탁한 그 처음 공부뿐만 아니라 이어지는 공부에도 참여했다. 한 사역 팀이 이디의 이름과 주소를 통신 과정 사람들로부터 입수하여 후속 돌봄에 들어갔다. 그 팀의 한 멤버가 접촉하여 곧 조셉의 전체 직계 가족이 믿음으로 나오게 되었고, 이어서 먼 친척들 중에서도 여럿이 신앙을 갖게 되었다. 그로부터 14년 후, 그 팀 리더의 활발한 사역 끝에 이 방송 전도와 교회 개척 간의 협력의 열매로 다섯 개의 교제 그룹 혹은 교회가 생겨나게 되었다.

교회 개척 팀들은 '직접적으로' 교회 개척으로 이어질 수 있는 복음 전도 활동에 중점을 둘 필요가 있다. 이를 위해서, 내가 생각하기에 확실히 해 두어야 할 두 가지 사항이 있다.

1. 사역자들은 개인적으로 현지인들을 믿음으로 인도하며, 그들이 그리스도와 새로이 맺은 관계를 기도와 다른 사람 앞에서의 고백을 통해 확정하게 할 수 있어야 한다.

2. 사역자들은 (결국에는) 새로운 제자들에게 세례를 주고 또한 그리스도께서 명령하신 모든 것을 그들에게 가르쳐서 지키도록(마 28:19-20) 할 수 있어야 하는데, 여기에는 일반적으로 그 새로운 신자들이 한 교제 그룹에 참여하도록 돕는 것이 포함되어야 한다.

우정 전도(개인적으로 친구들 혹은 지인들에게 복음을 전함)가 이 범주들을 충족시킨다. 많은 종류의 사도적 복음 전도(보다 광범위한 씨 뿌림을 겨냥한 사역들: 아래를 보라) 역시 직접적으로 교회 개척으로 이어질 수 있다.

어떤 문화들은 정말 복음에 대해 저항적인가?

이 단락의 교훈들은 주요 미전도 필드 모두에 적용된다. 불교도, 힌두교도, 무슬림, 그리고 여러 부족들이 여기에 속한다. 복음이 직면한 강력한 저항에 대해 한 예를 들자면, 강산(Kang-San)은 다음과 같이 쓴다. "기독교 선교는 수세기 동안 불교도의 심장부에서 매우 활발히 활동했다. 무슬림 선교에 비해 기독교 선교 사역에 상대적으로 많은 자유가 주어졌음에도 불구하고, 우리는 중국 불교도들이 그리스도께로 돌아오는 획기적인 성과를 맛보지 못했다. 다양한 접근들과 전략들이 개발되었고, 대체로 종족 그룹으로서 불교도 세계에 침투할 방법들에 초점이 맞추어졌다."[2] 더불어 일본도 여전히 오늘날 세계에서 가장 저항적인 나라들 가운데 하나로서, 교회 개척 운동의 성과가 아직 요원한 나라로 간주된다.

무슬림 국가들에서 오늘날 복음 전파에 관하여, 우리는 한편으로는 좋은 소식을 또한 한편으로는 나쁜 소식을 접하고 있다. 좋은 소식은 무슬림들이 세계 도처에서 이전과는 전혀 다르게 그리스도께로 돌아오고 있다는 것이다. 「세계기도정보」의 공저자인 패트릭 존스톤(Patrick Johnston)은 최근 수년 간 대략 200만의 무슬림이 그리스도께로 나왔다고 추산한다.[3] 데이비드 게리슨은 이렇게 쓴다. "지난 20년 동안 역사상 그 어떤 시기보다 더 많은 무슬림들이 그리스도께로 나왔다. 북 아프리카에서는 16,000명 이상의 베르베르인들이 지난 20년 간 그리스도께로 돌아왔다. 한 중앙아시아 교회 개척 운동은 지난 15년 동안 13,000명의 카자흐스탄인들이 그리스도 신앙에 이르는 열매를 보았고… 한 아시아 무슬림 국가에서는 150,000명 이상의 무슬림들이 예수님을 영접하여 3,000 개소 이상의 현지인 이사 자마트[Isa Jamaats, 예수 공동체]로 모이고 있다."[4] 30,000에서 100,000명에 이르는 이란인 무슬림들이 그리스도를 믿었다. 20년 전만 해도 사역자들이 열매는 거의 거두지 못한 채 겨우 씨만 뿌리고 있었지만, 현재는 무슬림 세계의 많은 복음 사역자들이 확실히 요한복음 4장 35-38절의 수확기에 이르렀다고 느끼고 있다.

나쁜 소식은 최근 수년 간 그리스도 신앙으로 나온 그들 모두가 전 세계 12억의 무슬림들에 비하면 양동이의 물 한 방울에 지나지 않는다는 것이다. 대다수 다른 미전도 종족들의 상황도 마찬가지라고 할 수 있다. 미전도 종족 가운데 절대 다수의 남자와 여자, 소년과 소녀들은 여전히 예수님의 참된 소식을 한 번도 듣지 못한 상태이며, 복음에 대해 한 번이라도 듣고 심각하게 생각해 보는 것을 원천적으로 봉쇄하는 신념 체계 안에 갇혀 살고 있다. 많은 사역자들이 활발하게 신자들을 제자 훈련하고 교회를 설립하고 증식하는 사역에 참여하고 있지만, 그렇지 못한 사역자들도 많이 있으며, 그들이 행하고 있는 '교회 개척 사역'의 전부는 여전히 오직 하나, 복음 전도에 머무르고 있다. 열매를 거두지 못한 많은 이들은 벌써부터 그들의 사역이 실패했다고 느끼고 있다. 그들은 동료들처럼 신자들과 그룹들 그리고 운동들에 대해 보고

하기를 간절히 바라지만, 지금까지는 그렇게 하지 못하고 있다. 중동과 북아프리카에서도 열매는 여전히 미미한 수준이다. 나는 특정 지역에서 15년 이상 안내심 있게 사역을 진행해 왔지만 단 한 사람도 그리스도께 돌아오는 모습을 보지 못한 여러 사역자들을 알고 있다. 심지어 열심 있는 구도자 한 사람을 얻는 특권조차 아직까지 맛보지 못한 이들도 있다. 우리가 어린양의 혼인 잔치에 참여할 때, 이토록 오래 그리고 이토록 열심히 그리스도를 선포했지만 기쁨의 열매를 거두지 못한 사역자들에게 주님께서 주시는 특별한 칭찬과 보상이 있을 것임을 나는 믿어 의심치 않는다. 그러한 상황에서도 중단 없이 힘을 쏟고, 기대를 가지고 예수님을 전하고, 다른 '보다 전망 좋은' 과업으로 곁눈질 하지 않는 것은 우리의 상상을 초월하는 어려운 일이다.

1870년대 말 한 프랑스 합작회사가 파나마 운하 건설권을 따내었고, 곧 바로 투자자들을 모집하여 사업에 착수했다. 그러나 그들의 모든 노력은 완전히 수포로 돌아갔다. 말라리아와 황열병이 주된 원인이 되어 25,000명의 사람들을 잃었고, 더불어 2억8천만 달러의 손실을 기록했다. 당시에 단일 사업으로는 사상 최대의 손실이었다. 이렇게 파산한 프랑스 회사는 그 시대의 마이크로소프트사였고, 그 회사의 몰락은 세계 경제 전반에 강력한 충격파를 미쳤다.

내 요점은 우리가 부름 받은 사명은 훨씬 더 중요하며, 우리는 결코 실패로 부름 받지 않았다는 것이다. 미전도 종족 가운데 지상 명령을 성취하는 것은 그것이 어떤 대가를 요구한다 해도 충분히 시도할 만한 가치가 있는 위업이다. 설사 우리가 수백 지역에서 뿌린 씨가 아직 열매를 맺지 못한다 하더라도, 그분의 눈에는 그것이(순종이라는 놀라운 성취가) 절대적으로 보배로운 일이며 영원 안에서는 분명히 보상을 받게 될 것이다. 누군가 말했듯이, "복음 전도는 성경의 능력 안에서 예수 그리스도를 나누는 것이며 또한 그 결과는 하나님께 맡기는 것이다." 여기에는 실패가 없다.

그 몇몇 종족 그룹들이 이날까지 그토록 복음에 저항적인 이유는 무엇인가? 이유는 다양하지만여기 일반적인 견해들을 소개하겠다:

일반적인 영적 상태

우리 모두와 같이 우리의 현지인 친구들도 아담의 아들과 딸들로서, "지금 불순종의 아들들 가운데서 역사하는 영… 공중의 권세 잡은 자"의 지배 아래 태어났다.[5] 더욱이 사람들은 일반적으로 급격한 영적 변화를 거부하는 내재된 관성을 가지고 있다. 우리는 사람들에게 휴대폰 회사를 바꾸라고 말하지 않는다. 우리는 그들에게 예수님을 구원자와 주님으로 받으라고 요구한다. 이 결정의 대가로 그들은 자신들의 모든 것을 내놓아야 할 수도 있다. 모든 인간에게 그러하듯이, 우리의 친구들이 예수님의 진리에 눈을 뜨기 위해서는 성령 하나님의 주권적인 역사가 필요하다. 그들은 인격적으로 하나님을 만나야 한다.

듣지 못하게 하는 장벽들

10/40 창에 있는 많은 국가의 정부는 복음 전도를 막기 위한 갖가지 장애물을 의도적으로 드리운다. 복음을 선포할 의도라면 그 나라에는 외국인이 발을 들여 놓을 수가 없다. 현지인 그리스도인들이 복음 전도하는 것은 법으로 금지되어 있다. 신자들이 공공연히 그리스도를 선포하려 치면, 종종 극단적인 심각한 반격에 직면한다. 그런 상황에 처해 보았던 나로서는, 현지인 친구들에게 이런 질문을 한두 번 던졌던 기억

이 있다. "너희 정부는 종교 문제에 관해서는 분명 너희가 선택권을 가져서는 안 된다고 생각하는 것 같다. 너희가 예수님에 대해 더 많이 듣는 것을 금지하고 있으니 말이야. 왜 그런 거지?" 하지만 개인적인 관계 안에서 일대일로 신앙을 나누는 것은 사실상 어느 지역에서나 허용된다. 그리고 우리 대다수는 우리가 복종하지 말아야 할 법규들이 불과 몇 개 안 되지만, 그 중에 하나는 복음을 어디서나 전하지 못하도록 제약하는 것이라는 데 동의한다.[6] 우리는 복음의 메시지를 선포해야 한다. 설사 그것이 추방과 투옥, 심지어 죽음을 의미하더라도 말이다.

신학적 문제

법적인 그리고 구조적인 장벽은 줄어들고 있지만(예를 들어, 인도, 터키, 튀니지), 여전히 광범위한 복음 수용은 이루어지지 않고 있는 몇몇 나라들이 있다. 우리는 복음 전도 대상인 우리의 친구들이 진공 상태에서 하얀 백지 그대로인 채 복음을 듣는 게 아니라는 사실을 명심해야 한다. 예를 들어, 대부분의 무슬림 문화권에서는 사람들이 어려서부터 세 가지 중요한 비(非)진리를 반복해서 듣는다.

1. 예수님은 십자가에서 죽지 않았다. 하나님이 유다로 하여금 그 자리를 대신하게 했다. 그리고 예수님은 다른 누구의 죄를 위한 대가를 지불할 수 없었다. 대리 속죄는 원천적으로 불가능하다.
2. 신약이 원래는 하나님이 주신 것이지만, 그 후 타락한 그리스도인들에 의해 변경되고 변조되었다.
3. 하나님은 오직 각 사람의 행위에 기초하여 그 사람에게 영원한 생명으로 보상하신다. 알라는 자비와 용서의 신이지만, 그럴 만한

자격이 있는 사람들에게만 천국을 하사한다. (물론 이러한 가르
침은 구세주를 믿는 믿음을 통한 은혜에 의한 칭의와는 양립할 수
없다. 이것은 은혜의 메시지가 때로 무슬림들에게 그토록 매력적
으로 다가오는 이유가 되기도 한다.)

복음 사역자로서, 우리는 우리의 친구들이 제기할지도 모를 이 주요
한 반대들에 능숙하게 대처할 수 있는 만반의 준비를 갖춰야만 한다.

자기 만족

나는 최근 수년 간, 사람들이 진지하게 그리스도의 메시지를 고려하
지 않는 가장 큰 이유는 자기에게 그것이 필요하다고 느끼지 못하기 때
문이라고 믿게 되었다. 자신의 종교에서 배운 바에 따르면 자신들에겐
아무 문제가 없을 것이기 때문이다. 이것이 왜 아랍 만(灣)이, 예를 들
어, 가장 저항적이고 가장 파고들기 어려운 지역인지를 설명해 준다.
그들의 정통 종교 사상에 대한 자부심으로, 그 민족은 사후 운명에 관
해 누군가의 도움을 받아야 할 필요를 전혀 느끼지 못한다. 마찬가지로
오일 달러의 힘으로 인해 수많은 사람들이 경제적인 부족함 없이, 거기
다 안전 문제에 관한 염려도 잠재운 채 평온한 삶을 살고 있다. 죄와 죄
책 그리고 영원한 운명 등에 관하여 해결되지 않는 난제가 있을지 모른
다고 생각하는 이들은 극소수이다. 여기에 상황을 더 복잡하게 만드는
것은 광범위하게 유포되어 있는 일종의 연옥에 대한 신앙이다. 연옥 신
앙은 기준에 미치지 못하는 사람도 결국에는 어떻게 해서든 천국에 이
를 수 있다는 확신을 준다. 비율적으로, 저항적인 지역의 사람들은 서
구 사람들에 비해 지옥에 대해 훨씬 적은 두려움을 느낀다.

봅은 터키에서 만난 친구인데 그가 버스에서 한 동료에게 복음을 전하자, 그 동료는 연옥에서 자신의 모든 죄값을 치를 것이라고 말했다고 한다. 봅은 그에게 그 모든 값을 치르는 데 얼마나 오래 걸릴 것 같냐고 물었더니, 아마도 대략 몇십만 년은 그곳에 머물러야 할 거 같다고 대답했다고 한다! 봅은 그에게 거저 주시는 구원의 선물에 대해 이야기한 후 하나님이 예수 그리스도를 통해 주시는 구원의 선물을 받는 것이 더 쉽지 않겠느냐고 물었더니, "아, 고맙지만 난 괜찮아! 나 스스로 값을 치를 거야"라는 대답이 돌아왔다고 한다.

그리스도의 제자가 되는 것에 따르는 너무 큰 대가

내가 만나 이야기해 본 사람들 가운데 많은 이들의 마음속에 있는 가장 큰 장애물은, 불신이 아니라 그들이 치러야 할 너무 큰 대가인 듯했다. 다른 지역에서 신자들이 어떻게 핍박과 멸시, 체포와 투옥, 그리고 때로는 심지어 죽음까지 당한다는 사실을 이야기해 주었다. 이에 더하여 수많은 사람들이 그리스도를 구세주와 주님으로 받아들였지만 이어지는 위협과 두려움 때문에 그분을 더 본격적으로 따르지 못하고 가족들에게 복음 전하는 일을 주저한다는 이야기도 해 주었다.

이 요인들이 오늘날 예수 그리스도의 교회에 여전히 엄청난 도전으로 남아 있지만, 우리가 섬기는 하나님은 살아 계시고 강력하셔서 전 세계 미전도 종족에게로 이전과는 전혀 다른 기세로 전진해 나가시는 하나님이시다. 역사상 이토록 열정적으로 불교와 힌두교 사회는 물론 이스라엘의 아들과 딸들에게 진리가 전파되는 감격적인 순간은 없었다. 성령 하나님의 사역으로 인해, 이제 그분의 "보냄 받은 자들"이 높은 기대감을 갖고 그리스도를 선포하지 못할 곳은 이 세상 그 어디에도 없다. 심지어 캄보디아, 쿠웨이트, 인도의 아삼과 같은 지역에서도 경이로운 새로운 일들이 벌어지고 있다.

복된 소식을 나누는 것에 대한 복된 소식

필드에서의 복음 전도 사역은 실제로는 세 가지라는 주장이 제기되어 왔다. 1) 그리스도를 나누는 것 2) 계속해서 눈을 부릅뜨고 혹 이미 주님을 알고 있을지 모르는 사람들을 찾아내는 것 그리고 3) 하나님께 힘과 담대함으로 우리를 충만케 해 달라고, 주권적으로 그분이 만지신 사람들께로 인도해 달라고, 그리고 그들의 눈을 뜨게 해 달라고 지속적으로 기도하는 것. 나는 이 삼중 모델이 참 마음에 든다.

사람들 사이에 복음 전도의 은사라는 것이 있는가에 대해 논쟁이 있다. "전도자" 혹은 "복음 전하는 자들"이 있는가 하면(행 21:8; 엡 4:11), 명시적으로 "전도자의 일"로 부름 받은 사람도 있었다(딤후 4:5). 여하튼 우리의 경험에 의하면, 어떤 사람은 열정적으로 그리고 지속적으로 믿지 않는 자들에게 그리스도를 전하는 일로 이끌리며 그 일에 아주 능한 것으로 보이는 반면, 나머지 우리들은 복음 전도를 할라치면 가슴부터 떨려 온다. 여러분들 중에 복음 전도의 은사를 받은 사람들은 이번 장의 나머지 부분은 거의 건너뛰어도 좋다. 이번 단락에서 나는 주로 우리 나머지 사람들을 겨냥하여 — 개중에는 낙심하고 혹은 무능하다고 느끼는 사람들도 있을 것이다 — 용기를 주고 도움이 되는 17가지의 비결을 제안하고자 한다. 당신의 은사와 상관없이, 하나님께서는 바로 지금 당신이 있는 그곳으로 당신을 부르셨고, 그분은 바로 당신을 사용하셔서 백성들을 그분께로 돌아오게 하기를 원하신다. 바라기는 이 17개의 이야기가 당신의 믿음을 강화해 줄 희망의 치료제가 되기를 소망한다.

1. 기도하라

어려움을 만날 때 우선적으로 기도하는 것이 그리스도인 삶의 사실상의 전부이다. 두드리는 것, 구하는 것, 간구하는 것. 그리고 나서 그것을 향해 나아가는 것. 하나님은 약한 자를 사용하기를 기뻐하시며, 그분은 그들의 기도에 응답하기를 기뻐하신다. 모든 최전방 교회 개척 팀, 특히 II, III, 그리고 IV 단계에 있는 팀들은 반드시 정기적으로 팀 미팅 시간에 각자의 주요 접촉자들을 위해 기도해야 한다. 그리고 모든 팀 멤버들은 매일 하루를 시작하면서, "주님, 내가 여기 있습니다. 나를 사용하셔서 저 사로잡힌 자들을 자유하게 하소서. 내가 당신의 인도하심에 민감하게 하소서"라고 기도할 수 있다.

카자흐스탄의 한 팀은 "작전 3"에 돌입했다. 각 팀 멤버는 세 친구를 선정하여 의식적으로 성심껏 그들의 구원을 위해 기도했다. 그들은 팀 기도 시간은 물론 개인 기도 시간에도 그들을 위해 기도했다. 놀랍게도 불과 6개월이 지나지 않아 기도 대상자 중 거의 60퍼센트가 주님께로 나왔다!

우리는 또한 우리가 섬기는 그 나라 전체 혹은 민족을 위해 기도할 필요가 있다. 어떤 사도적 사역자들은 그들의 국가를 위한 전세계적 기도 운동을 전개하여, 하나님의 은혜로 놀라운 결과를 얻었다. 1998년에 이르기까지 한 북아프리카 국가에는 겨우 30명 정도의 현지인 신자들이 알려져 있었는데, 그 중에도 교제 모임에 나오는 이는 10명 남짓에 불과했다. 그 해 성령께서 그 나라에서 사역하는 모든 그룹의 주요 지도자들을 인도하셔서 집중 연합 사역의 해를 시작케 하셨다. 그 일환으로 1999년 연중 그 나라에 집중된 전세계적 기도 동력화와 더불어, 특별 복음 전도와 훈련이 그 나라에서 실시되었다. 1999년이 저물 즈음, 그 나라 전역에서 100명이 넘는 새로운 신자가 생겼으며, 약 여섯 개의 교제 그룹이 세워졌다. 오늘도 성장은 계속되고 있다.

2. 당신의 도시에 사는 하나님의 택한 백성을 기억하라

고린도에서 복음의 문이 열리던 그 두렵고 떨리던 시절, 주님은 바울에게 "이 성중에 내 백성이 많음이라"(행 18:10)고 확신시키셨다. 나는 요한복음 10장 27절에서 "내 양은 내 음성을 들으며 나는 그들을 알며 그들은 나를 따르느니라"고 하신 예수님의 말씀이 세계 어느 도시에서나 진실이라고 믿어 의심치 않는다. 그것이 광저우, 파키스탄의 라호르, 혹은 인도의 보팔 그 어디라 해도 말이다. 당신이 바라보는 도시에 대해서도 이 진리를 굳게 붙잡으라.

3. 영적인 일에 관해 이야기하는 것은 터부가 아니다

그다지 사교적이지 않은 나로서는 다른 미국 사람과의 대화 중에 영적인 문제를 꺼내는 것이 참 어렵게 느껴졌다. 내가 아랍 국가들로 옮겨 왔을 때, 사람들이 영적인 문제들에 대해 이야기하는 것에 훨씬 개방적이어서 나는 참 기뻤다. "종교 문제를 논하지 말라"는 서양식 사고는 우리가 사역하는 많은 지역에서는 거의 찾아 볼 수 없으며, 그래서 초래되는 저 거북한 장벽도 존재하지 않는다.

4. 성령의 인도하심을 구하라

성령께서는 주권적으로 마음이 열린 사람들에게로 당신을 인도하신다. 최근 인도 여행 중에, 나의 동역자 한 사람이 시원한 밤공기를 맞으며 거닐고 있었다. 성령께서 그를 이끄셔서 이라와티라는 이름의 한 젊은이에게 다가가게 하셨는데, 짧은 대화 끝에 복음서 이야기를 꺼낼 수 있었다. 이틀 후 이 사역자는 이라와티를 다시 만났는데, 이라와티는 그에게 "내가 당신을 만났을 때, 신께서 나에게 당신이 나의 삶을 위한 영적인 무언가를 가지고 있고, 또 당신이 내가 기다리고 있던 바로 그 사람이라고 말해 주셨습니다"라고 말했다. 그 주가 끝날 무렵, 이라와티는 그리스도를 통해 하나님의 나라에 들어왔고, 이 지역에서 처음으로 알려진 신자가 되었다. 그는 마침내 다른 이들도 그가 걸었던 길로 이끌었다.

5. 담대하라

보다 담대하고 보다 '선지자적'인 유형의 증인이, 조심스럽고 간접적인 접근보다 더 효과적일 것이다. 우리 스스로 손님이라고 느끼기 때문에, 그리고 관계를 세우고 싶지, 망치고 싶지 않기 때문에, 우리는 때로 그리스도를 소개하는 일에 있어 '겁쟁이'가 된다: "저기, 예수님에 대해서 쬐끔만 얘기해도 괜찮겠어? 진짜 좋은 분이거든. 그리고 신약성경은 정말 재미있는 책이야. 어때? 괜찮겠어?" 친구들이여, 우리는 하나님으로부터 그리고 모든 좋은 것들로부터 영원히 끊어질 운명에 처한 사람들에게 이야기하고 있다. 만일 우리가 우리 친구들을 정말 사랑한다면, 그들을 영원한 멸망에 이르게 할 이 어리석은 자기 만족으로부터 어떻게 그들을 끌어낼 수 있을지 골몰할 것이다. 머리에다 대고 말하는 것도 좋은 일이지만, 우리는 또한 반드시 그들의 마음과 그들의 의지에도 소리쳐야 한다. '경고'의 메시지는 신약 설교에서도 중요한 부분이다. 우리는 그들이 영원히 멸망하지 않도록 하기 위해 감히 경고할 수 있어야 한다. 그것을 잃어버려서는 안 된다. 그렉 리빙스턴은 이렇게 쓴다. "나의 목적은 나의 무슬림 친구가, 만일 그리스도의 복음이 진리이고 그가 그 유익을 누릴 수 있다면, 그것은 정말로 기쁜 소식일 것이라고 느끼게 만드는 것이다. 그리고 반대로, 만일 그것이 진리임에도 그가 그것에 등을 돌린다면 그에게 참혹한 결과가 있을 것이라고 느끼게 하는 것이다."[7] 기억하라, 당신은 진리를 손에 쥐고 그리고 하나님의 대사로서의 전권을 가지고 보냄 받았다. 당신은 그것을 믿는가?

6. 다양한 방법들을 동원하여 그리스도를 전하라

우리가 개인적으로 복음을 나누는 일에 참여할 수 있는 지극히 다양한 방법들이 존재한다. 이와 관련된 다양한 측면들을 고려해 보라: 새로운 사람을 만나고 관계 형성하기. 오랜 기간 동안 관계 성숙시키기. 영적이고 핵심적인 문제에 관한 토의로 넘어가기. 기술적으로 복음을 나누고 질문과 반대 혹은 변증적인 문제를 처리하기. 친절하기. 우리는 매우 다른 강점과 약점을 가지고 있으며, 복음 전도에 있어서 우리의 역할도 다양할 수 있다. 내가 아는 한 팀은, 한 부부가 끊임없이 관계성을 공급하지만 친절함과 기술적인 문제에 있어서는 일주일에도 몇 번씩 절실하게 도움을 필요로 한다. 그럴 때면 그 팀의 다른 멤버들이 달려들었다. 또 한 팀에는 '관계 형성'에는 기막힌 능력을 소유하고 있으면서도 무언가를 설명하는 데는 능하지 못한 멤버가 있는가 하면, 다른 멤버는 새로운 사람을 만나는 재주는 일천하지만 까다로운 사람들에게 성경 진리를 설명하는 데는 일가견이 있는 경우도 있다. 당신이 최고의 능력을 소유한 바로 그 분야에서 일하는 것이 좋다.

7. 당신의 고유한 은사로 사역하라

만일 당신에게 복음 전도의 은사가 없다면, 당신이 가진 은사들을 복음 전도를 위해 사용하라. 예를 들어, 나는 개인 전도에는 약하지만, 성경 가르치기의 은사가 있다. 하나님의 은혜로, 나는 주님께서 이 은사를 다양한 방식으로 사용하셔서 사람들을 그분께로 인도하시는 것을 보아 왔다.

8. 항상 준비하라

"싸울 날을 위하여 마병을 예비하거니와 이김은 여호와께 있느니라"(잠 21:31). 승리가 여호와의 손에 있으니 말들을 준비할 필요가 없다고 본문이 말하고 있지 않다는 사실을 유념하라. 그것은 사실 말할 필요도 없는 일이지만, 복음 사역자들은 저항적인 사회 안에서도 복음을 나눌 수 있는 훈련을 받아 두어야 한다. 탁월한 과정들이 세계 전역에서, 필드에서 그리고 사역자들의 본국에도 지속적으로 개설된다. 반드시 철저하게 숙독할 필요가 있는 책들이 내가 보기에 최소한 서너 권 정도는 되며, 그 외에도 훌륭한 책들이 손길을 기다리고 있다. 이 독서가 자신감과 믿음을 심어 줄 것이며, 또한 당신이 "너희 속에 있는 소망에 관한 이유를 묻는 자에게 대답할 것을 항상 준비"하도록 도와 줄 것이다(벧전 3:15). 강산은 이렇게 쓴다. "선교 준비에 있어서, 불교도들 사이에서 사역하는 선교사들에게는 메위야 할 간극들이 많은데, 특히 불교도들의 신앙과 관습에 대한 이해와 관련해서다."[8] 리빙스턴은 관계를 성숙시키고 효과적인 개인 증언에 관한 아주 요긴한 정보들을 두 장에 걸쳐 제공한다.[9] 변증에 특히 탁월한 사람이 되고 싶어하는 이들이 있겠지만, 우리 모두 최소한 사람들이 주로 제기하는 그리스도에 대한 반대들에 대한 짤막한 답변 정도는 준비하고 있어야 한다.

영국의 신학자이자 복음 전도자인 존 스토트는 이렇게 쓴다. "어떤 이는 성령께서 친히 커뮤니케이션 문제의 완전하고 만족스러운 해결이 되시기 때문에, 참으로 그분이 계시고 활동하시면 그땐 커뮤니케이션은 전혀 문제될 것이 없다고 제법 경건한 투로 말한다. 이 말이 의미하는 바가 도대체 무엇인가? 이제 우리의 마음 가는 대로 모호하고 혼란스럽고 현실과 동떨어진 이야기를 할 자유가 우리에게 주어져 있고, 성령께서 모든 것을 바로 잡을 것이란 말인가? 성령을 빙자하여 우리의 게으름을 합리화하는 것은 경건이 아니라 신성 모독에 가깝다."[10]

9. 복음을 나누는 상황을 다양화하라

어떤 이는 친구든 이웃이든 누군가에게 증언하려면 우선 신중하게 시간을 두고 관계를 성숙시켜야 하고, 그런 연후에 그에게 말할 '자격을 획득' 한다고 믿는다. 그리 많지는 않겠지만 관계에 따라 이런 식으로 진행해야 할 경우도 있지만, 항상 이런 식이어야 한다고 생각하는 것은 비성경적이며 우리를 족쇄에 옭아매는 꼴이 된다. "말할 자격을 획득한다"는 생각은 반드시 척결되어야 할 신화이다. 우리는 예수님 혹은 바울, 그리고 그 외 다른 이들이 하나님 나라에 관한 일을 누군가와 나누기 전에 그 사람과 먼저 얼마간의 시간을 보내는 것을 본 적이 없다.

10. 언어 능력을 진보 시켜라

너무 노골적인 이야기일 수 있겠지만, 지역 언어 능력의 미숙함은 효과적인 복음 전도에 커다란 장애가 될 것이고, 반면에 탁월한 언어 능력은 확신과 믿음, 관계성 진작에 큰 도움이 될 것이다. 언어 숙달 없이 오직 영어로 혹은 통역자를 통해서도 큰 열매를 거두는 소수의 사람들이 있기는 하지만, 이들은 단지 위의 법칙을 증명하는 하나의 예외에 불과하다.

11. 당신의 관계를 제한하지 말라

우리들 '비-복음 전도자들'이 저지르는 가장 큰 실수들 중 하나는 친구를 두세 명으로 제한하여, 우리의 시간 전체와 복음 증거 행위 전부를 그 사람들에게만 집중 투자하는 것이다. 우리는 지속적으로 새로운 사람들을 만나고 혹 마음을 여는 이가 있는지, 주님께서 말씀하고 계신 자가 있는지를 찾아야 한다. 클럽에 가입하라(예를 들어, 컴퓨터 클럽, 테니스 혹은 스포츠 클럽, 실업인 클럽 등), 찻집을 찾아 시간도 보내라, 시간제로 일할 수 있는 곳을 찾아 새로운 관계를 물색해 보라, 아이들의 여러 활동들을 통해 학부모들을 만나라. 우리 대다수는 최선을 다해 노력하면 우리 자신과 가장 비슷한 사람들을 한둘 정도는 찾아낼 수 있을 것이다. 예를 들어, 만일 당신이 집 바깥에서 활동하기를 좋아하는 공교육을 받은 삼십대의 어머니라면, 인생에서 비슷한 자리에 처한 여성들을 찾아 보라.

서구인들은 결혼을 하고 나면, 주로 부부끼리 교제하는 것을 좋아한다. 그러나 우리가 살고 사역하는 다른 많은 문화권에서는 이 원칙이 통하지 않는 경우도 허다하다. 당신의 사역지에서 관계성이 어떻게 형성되는지를 면밀히 관찰하라.

12. 남성들은 집 밖에서 일하라

앞서 말했듯이, 남성 사역자들은 사무실과 같이 집 바깥에 낮 동안 일할 수 있는 공간을 확보하라고 나는 강력하게 권유한다. 남성들은 대부분 일터에서 다른 남성들과 시간을 보낼 뿐만 아니라, 온종일 집에 머무는 것은 대부분의 문화권에서 매우 이상해 보인다.

13. '발견 과정' 혹은 다른 성경 탐구 과정을 사용하라

'발견 과정'이(http://www.rmuller.com/discovery.pdf을 보라) 다양한 미전도 상황 가운데서 아주 유용한 도구가 될 수 있다. 이런 종류의 질문을 던지는 것은 참으로 손쉬운 일이다: "라자, 나는 당신이 하나님을 사랑하고 지속적으로 영적인 진리들에 대해 더 배우고 싶어 하는 사람이라는 것을 압니다. 내가 당신 민족의 거룩한 책을 읽는 동안, 당신이 신약 성경에도 마음이 열려 있다는 것을 알았습니다. 나와 함께 알마쉬(그리스도를 뜻하는 아랍어)에 대해서 신약이 가르치는 가장 중요한 것들에 대한 공부를 해 보지 않으시겠어요? 여섯 부분으로 되어 있는데요, 매주 화요일 일을 마친 뒤에 만나는 게 어때요?" 이런 초청을 하기 위해 반드시 당신이 그 사람과 아주 잘 아는 사이일 필요는 없다. 우리 경험에 따르면 사람들은 대체로 긍정적으로 대답한다. 설사 그들이 거절한다 해도, 그 제안 자체로 이미 좋은 증거였다.

이 간단한 과정은 많은 이들을 믿음에 이르게 하는 도구로 사용되었다. 그것은 세계 20개 국가에서 번역되어 사용되고 있고 아랍어로 된 비디오 드라마로도 제작되었다. 중동에서 만난 친구인 마이크는 최근

이 비디오 사본을 구해서 한번 사용해 보기로 결심했다. 그는 밴을 몰고 아이스크림을 팔러 다니는 한 친구에게 그런 뜻을 말했는데, 이미 수년 동안 그 비디오에 대해 이야기를 해 둔 터였다. 그 친구는 다음날 아침에 여섯 부 중에서 첫 편을 보러 오겠노라고 말했다. 1부를 보고 나서, 마이크는 "다음 주에 와서 2부도 볼래?" 하고 물었다. 그런데 그 친구는 "안돼. 지금 당장 나머지 부분을 다 보고 싶어!"라고 고집했고, 그들은 쉬지 않고 나머지 비디오를 모두 보았다. 몇 시간이 흘러 전체를 다 보고 난 뒤, 그 친구는 그리스도께 자기의 마음을 드렸고 그의 나머지 가족들도 천국에 이르는 길을 찾을 수 있도록 도와야겠다는 부담을 가지게 되었다.

14. 병자들을 위해 예수님의 이름으로 기도하라

많은 운동들은, 우선 예수님이 치료자이심을 목격하고 그리고 나서 주님으로 맞이한 사람들로부터 시작되었다. 인도의 브호즈푸리가 좋은 예이다." 누구나 할 수 있는 일이 여기에 있다. 단지 친구에게 "예수님께서 땅에 계실 때, 그분은 자주 기적을 통해 병자들을 고치셨습니다, 알고 계시죠?"라고 말하라. "예, 알고 말고요." 그때 "그분이 지금은 어디에 계실까요?"라고 물으라. "그분은 지금도 살아 계시죠. 하나님과 함께 하늘에 계십니다." 그때 이렇게 말할 수 있다. "예수님은 그의 제자들에게 병자들을 위해 그분의 이름으로 기도하라고 가르치셨습니다. 지금 이 자리에서, 예수님의 이름으로, 하나님께서 당신을 고쳐 주시도록 기도해도 되겠습니까?" "예, 물론이죠. 기도해 주세요." 물론 우리는 다른 개인적 혹은 가족 문제를 위해서도 기도할 수 있다 (취업, 깨어진 관계 등).

15. 처음 삼십 분 안에 예수님 이야기를 꺼내라

복음 전도자인 내 친한 친구는 복음 사역자들이 새로 만나는 모든 사람에게 어떡하든지 대화를 나눈 지 삼십 분 내로 예수님 이야기를 꺼내라고 조언한다. 왜냐고? 사회학자들에 따르면 우리는 누군가와 새로운 관계를 맺을 때 그와 나눈 전체 이야기 시간을 기준으로 처음 반 시간 안에 우리에게 가장 중요한 모든 것들에 관해서 나누게 된다고 한다. 다시 말해, 만일 당신이 한 이웃과 오분 짜리 대화를 여섯 차례에 걸쳐 한 달 동안 나누었다고 한다면, 당신 인생에서 가장 중심적인 이야기 대부분을 그에게 말했을 가능성이 아주 크다는 말이다. 따라서 만일 예수님이 당신의 삶에서 가장 중요한 적어도 열 가지 중 하나라면, 누군가와 관계를 맺는 아주 이른 시기에 적어도 한 번은 어떤 식으로든 당신 입에서 예수님에 관한 언급이 나와야 한다는 말이다. 베테랑 사역자들은 빠른 시간 내에 그리스도에 관한 이야기를 꺼내지 않으면 뒤로 갈수록 그렇게 하기기 더 어려워진다는 사실을 경험으로 잘 알고 있다.

여기 예수님에 관한 이야기를 솔직하게 꺼내는 아주 전형적인 예를 소개하겠는데, 아시아의 한 팀이 보내 준 것이다:

지난 금요일 아주 특이한 소식이 왔다. 롭이 일년 전쯤부터 친구로 지내 온 사람이 다른 친구를 데리고 화요일 서점에 들렀다. 꽤 오래 이야기를 나눈 뒤 읽을 거리들을 받아 갔다. 그 친구의 친구가 다시 돌아왔는데, 이번에는 자신의 아내를 데리고 왔다. 그는 이미 마음이 열린 상태였고 눈물 흘리며 감사했다. 마침내 그들은 '가족'으로 연합했다! 그들이 무슨 말을 했는지 들으면 당신은 정말 놀랄 것이다. "그러면 이제 우리 어떻게 해야 합니까?" 기타 등등. 정말 멋진 대화였다. 우리에게는 올해도 그리고 지난 해도 항상 '오르막과 내리막'이 있었지만, 이런 종류의 '오르막'이 있으니 그 내리막도 충분히 감당할 만하다. 최소한 이런 종류의 일들은, "복음에 대해 그렇게 너무 노골적으로 얘기하지 말았으면 좋겠다"고 말하는 사람들을 자주 만나는 우리에게는 격려가 된다. 그밖에도 사람들이 어디로 가야 할지 그리고 누구에게 가야 할지를 알고 우리를 찾아온 경우도 많았다. 물론 원하는 대로 상황이 흘러가지 않을 때도 있고, 주님께서 다른 방법들도 사용하심을 우리는 잘 알고 있으며 그것에 대해 의심치 않는다. 그러나 또 한 가지 우리가 아는 사실은, 지금 하나님 나라에 들어온 사람들 중에는 우리가 그들에게 보다 직설적으로 말할 기회가 있었을 뿐만 아니라 어떤 대가를 치르고서라도 우리가 실제로 그렇게 했기 때문에 하나님께로 온 사람들이 있다는 것이다.

16. 실천할 수 있는 네 단계

혹 당신이 미개척지를 기경하는 데 있어 모든 비-복음 전도자들 중에서도 가장 부족한 사람이라고 느낀다 하더라도, 여기 누구나 실천할 수 있는 최소한의 '쉬운 계획'을 소개하고자 한다. 1) 매일 하루를 시작하면서 기회를 달라고 기도하라 2) 사람들과 시간을 보내고, 혹은 최소한 시간을 들여 사람들을 만나고자 힘쓰라(위의 11번 항목을 보라) 3) 대화 중에, 그 사람을 알아 가는 데 도움이 되며 그의 일상과 속마음, 현실적 문제들에 접근하는 데 도움이 되는 질문들을 던지려고 애쓰라 4) 하나님께서 당신의 기도에 정말로 응답하시더라도 놀라지 말라. 나는 손쉬운 길을 조장할 생각은 없다. 나는 다만 패배감과 무력감에 사로잡힌 자들에게 이것을 제안하고 싶을 뿐이다. 이 네 가지 일은 누구라도 할 수 있다.

17. 결과는 하나님의 손에 있음을 기뻐하라

당신이 많은 씨앗을 뿌리지만 그 결과를 모두 볼 수 없다는 사실을 기뻐하라. 다시 말해, 당신이 결과를 직접 볼 수 없다 하여 열매가 없으리라는 의미는 아니다. 이집트에 머물다가 다음 국가로 이동하기까지 사이 기간에 이 사실이 우리에게 분명하게 다가왔다. 우리는 미국에 있었고, 리즈는 우리의 세 번째 아이를 임신한 지 8개월 하고도 반 달이 지날 무렵이었다. 아내의 상태가 그리 좋지 않았고, 우리는 몇 가지 일에 대해 티격태격하다가(물론 내 잘못이었다), 정기 검사차 아내가 외출하게 되었다. 그녀가 카트에 기댄 채 복도를 걸어가고 있을 때, 뒤에서 소리가 들려 왔다. "리즈, 리즈. 날 기억하겠어요?" 페이자는 우리가 이집트로 출발하기 수년 전 대학 사역을 하고 있었을 때 리즈와 친구가 되었던 한 아시아계 소녀였다. "당신한테 보여 줄 게 있어요." 그녀는 완전히 닳고 닳은 신약 성경을 꺼내 들었다. "이거 저한테 주신 거 기억 나세요? 당신이 떠난 뒤로 나는 이것을 읽고 신앙에 이르게 되었어요. 그후 이곳에 있는 나의 가족 전부에게 구원의 길에 대해 말해 주었고, 지금은 가족 중 상당수가 믿게 되었어요." 리즈는 하마터면 이 사실을 모른 채 살아 갈 뻔했다. 하나님께서 이 순간 이렇게 그녀를 축복하려고 작정하시지 않았더라면 말이다. 그러나 많은 경우 우리가 천국에 이르기까지 우리는 그 열매에 대해 까마득히 모르고 지낼 것이다.

사도적 복음 전도

최전방 복음 전도자인 내 친구가 '우정 전도'(일대일의 관계를 맺고 그리고 나서 그리스도를 나누는 전도)는 신약의 사도들의 모델이 아니었다는 사실을 내게 일깨워 주었다. 미전도 종족 가운데 복음의 돌파를 추구할 때, 사도들은 일반적으로 한 번에 많은 수의 사람들을 상대하면서, 설교하고 혹은 다른 방법들을 사용하여 '그물'을 보다 넓게 던졌다. 심지어 개인을 상대할 때조차도(예를 들어, 빌립보의 루디아처럼), 복음 전도 시점은 오랜 개인적 관계 이후가 아니었으며, 오히려 항상 그들의 광범위한 관계 네트워크 전체를 상대했다. 그리하여 이 복음 전도 방식은 초대 교회를 건설한 핵심적인 한 기둥이 되었으며, 오늘날 최전방 교회 개척에도 마땅히 그러해야 한다.

우리 단체도 경험으로 이 사실을 확인할 수 있었다. 내가 이끌었던 팀들도 몇 사람이 신앙에 이르는 모습을 보았는데, 그들 중에 우리의 가까운 친구들 혹은 이웃들은 거의 없었다. 우리의 가장 효과적인 교회 개척자들 중 한 사람이 나에게 다가와, 자신들이 동일한 이웃들 주변에 고착되어 8년 동안 살면서 그들에게만 그리스도를 전한 사실을 되돌아보면서 안타까워했다. 그들은 그 사람들의 수준으로 살면서 문화적으로 매우 잘 적응했다. 그들은 심지어 몇 사람의 육체적인 치료를 위해 기도했고 그 기도에 놀라운 응답을 받기도 했었다. 그러나 그 이웃들 중에 누구도 믿음으로 나오지 않았다. 오히려 그들이 거둔 열매는 대부분 저 멀리 떨어진 곳으로부터 왔다. 이것은 그리 드문 일이 아니다.

그렇다면 사도적 복음 전도는 무엇인가? 그것은 많은 사람들을 복음에 노출시켜 그 중에 소수라도 영적으로 반응하는 이들을 찾아내는 것이다. 한 자매 단체는 이것을 "가까운 이웃의 경계를 넘어 이루어지는 모든 담대한 복음 전도"라고 정의한다. 한 친구는 그것을 "한 그룹에 의한, 한 그룹을 향한, 한 그룹을 얻기 위한 복음 전도"라고 정의한다.

보통 사도적 복음 전도는 하나의 프로그램, 계획, 혹은 행사로 추진된다. 예를 들어, 라디오 방송에 대한 개인적인 후속 조치, 강사 초청 행사의 개최, 많은 손님들을 초대하는 파티 열기(예를 들어, 기독교 명절 전후에), 병자를 위한 기도 행사 가지기, 영적 상태에 대한 지역 조사를 하면서 그리스도를 소개할 수 있는 기회를 달라고 기도하기 등.

한 번은 내가 스리랑카의 한 그룹과 같이 있었을 때, 이웃 주변에 널린 쓰레기들을 줍는 봉사와 더불어 전도 활동을 실시한 적이 있었다. 비닐 봉지 한 다발을 가지고 와서 우리 모두 길을 나섰다. 내가 청소하려고 한 숲에 들어가려고 하는데, 어떤 사람이 내 팔을 잡더니 그곳에 들어가지 말라고 말렸다. 최근까지 이어진 분쟁 때문에 아직도 그곳에 지뢰들이 묻혀 있다는 것을 그 지역 사람들은 잘 알고 있었던 것이다! 곧 많은 사람들이 우리의 청소 활동에 합류했고, 우리의 이 작은 수고를 통해 여기 저기서 따뜻한 관계들이 형성되기 시작했다. 급기야 우리 그룹의 한 사람이 불도저와 몇 가지 장비를 가지고 그럴싸한 배구장을 하나 만들어 이웃에게 선물하자는 생각을 내놓았고, 현지인들은 흥분과 감사로 이 제안을 기꺼이 받아 들였다. 바로 그 다음 주에 우리 팀과, 이름은 잘 알려지지 않았지만 한 영향력 있는 정치 단체 사이에 배구 시합이 벌어졌다! 그 이래로 이 모든 것이 사람들의 마음을 더욱 활짝 열게 하여, 복음이 그토록 절실하던 그 도시 지역의 교회 개척 사역에 일조하게 되었다.

나는 개인적으로 미전도 종족 가운데 복음 전도에 대한 이러한 접근 방법이 몇 가지 이유로 매우 고무적이라고 생각한다. 우선 나는 주님께서 내가 사역하고 있는 그 도시 사람들의 마음을 움직이고 계심을 믿어 의심치 않는다. 이곳에도 그분의 택하신 백성이 있다. 그리스도의 음성을 들을 양들이 있다. 그러나 나는 믿음이 부족한지, 느긋한 우정 전도 접근 하나만으로 그들을 찾아낼 수 있다고 생각하지 않는다. 성령님께서 현지인의 1퍼센트의 마음을 흔들어 열게 하신다고 생각해 보자. 그런데 내가 만일 기껏해야 한줌 밖에 되지 않는 우정의 바구니에 내 모든 것을 걸어 버린다면, 저 1퍼센트의 사람들 중에 몇이나 그 바구니 안에 들어올 수 있겠는가? 더 넓은 '그물' 혹은 '여과 장치'가 절실하게 필요하다. 둘째로, 광범위한 사람들 가운데 행해지는 복음 전도는 하나의 교회 개척 운동을 일으키는 데 결정적이다. 데이비드 게리슨은 "광범위한 복음 전도"를 "모든 교회 개척 운동의 열 가지 보편적인 요소들"의 범주에 포함시킨다.[12] 그는 이렇게 쓴다. "모든 운동에 결정적인 것은 바로 대량-파종이다. 마치 자연에서 나무가 단 한 그루의 어린 나무를 만들기 위해 수천의 씨앗을 떨어트리듯이, 그리고 단 하나의 아기를 얻기 위해 인체가 수백 개의 난자를 생산하듯이, 복음 전도도 꼭 그와 같다."[13] 그리고 셋째로, 이것은 개인 복음 전도자의 은사를 크게 받지 못한 사람들에게도 효과적인 사역의 문이 열리게 한다.

이것이 이제는 사도적 사역자들이 더 이상 개인적인 복음 전도에 신경 쓰지 않아도 된다는 것을 의미하는가? 결코 그렇지 않다! 우선 그리스도의 사랑이 우리로 하여금 친구와 이웃을 포함하여 우리가 할 수 있는 모든 사람에게 그리스도를 나누도록 강권한다. 대다수 사역자들은 언어와 문화를 매우 잘 습득하기 전에는 — 여기에는 여러 번, 아주 여러 번 일대일로 사람들에게 구원의 길을 소개한 경험이 포함되어야 한다 — 사도적 복음 전도를 위한 채비를 갖추지 못할 것이다. 대부분의 사역자들은 필드 사역 초기 4년 정도는 우정 전도에 초점을 맞추어야 한다. 그리고 개인 증언 모델이 우리가 신자들을 제자 훈련하는 데 있어 지속적으로 우선 순위를 가질 것이다.

이제 당신이 무슨 생각을 하고 있는지 나는 알고 있다: 가장 적대적인 환경 안에서 어떻게 누군가에게 담대하고, 가능하면 공개적인 형식의 복음 전도를 감행할 수 있는가? 체포, 투옥, 추방, 혹은 더 심각한 상황이 초래될 수도 있다. 물론 성경적으로 이것들이 예수님을 선포하지 말아야 할 이유는 못 된다. 당신이 취해야 할 종류의 사도적 복음 전도 방식을 제한하도록 하는 전략적인 혹은 기술적인 고려들이 물론 있을 것이다. 당신이 하나님을 추구하면, 하나님은 분명히 당신에게 이 문제들과 관련하여 필요한 지혜와 담대함을 주실 것이다. 그럼에도 불구하고, 10/40 창 너머 모든 지역에서 다양한 형태의 사도적 복음 전도가 시도되고 있음을 나는 분명히 알고 있다. 심지어 당신이 도저히 기대하지 않는 그런 곳에서도.

복음 전도에 관해 자주 묻는 질문

1. 효과적인 사역자가 되기 위해서는 초자연적인 것에 대해 경험하고 그것에 정통해야 하는가?

그렇지 않기를 바란다. 그렇게 되면 대다수 사역자들이 자격 미달자가 될 것이다. 물론 오늘날 많은 사람들이 치유, 놓임(악령으로부터 — 옮긴이), 꿈, 혹은 환상을 통해 그리스도께 오고 있다는 데는 의심의 여지가 없다. 그러나 나는 개인적으로 더 많은 사람들이 기적적인 사건들보다는 신약 성경을 읽은 결과로 그리스도에 대한 믿음에 이른다는 사실을 익히 들어 잘 알고 있다.

2. 반드시 전체 그룹을 대상으로, 예를 들어, 가족 전체 혹은 친지 모두를 모은 상태에서 그들 모두가 한꺼번에 그리스도를 따르겠다는 동시다발적이고도 상호 의존적인 결단과 동의가 있기를 희망하면서 그리스도를 나누어야 하는가? 그물 낚시가 줄 낚시보다 낫지 않은가?

나는 모든 종류의 복음 증거를 기뻐한다. 따라서 만일 당신이 개인 단위가 아니라 전체 가족 단위의 증언을 추구하도록 부름 받았다고 느낀다면 하나님의 이끄심에 맞추도록 하라. 그러나 나는 한 그룹 전체가 그리스도께 나오도록 해야 한다는 희망을 논함에 있어 자주 망각되는 요소가 있다고 생각한다. 즉, 만일 한 가족 친지 전체가 그리스도께로 돌아왔다면, 그것은 거의 항상 그리스도를 믿고 따르는 한 핵심적인 개인으로부터 시작된다. 수도 없이 많은 예들을 제시할 수 있다. 그것을 '기드온 요소'라고 부를 수 있을 것이다. 우선 기드온이 위험을 무릅쓰고 여호와만을 따르기로 결심했다. 그후 그의 가족이 그리고 더 후에는 민족 전체가 그의 검증된 인내심 있는 믿음의 결과로 여호와께 돌아왔다. 28년 간의 이런 종류의 사역에 헌신한 나의 경험을 돌아보면, 먼저 그리스도를 받아들인 한두 사람의 핵심적인 개인들 없이 그룹 전체 혹은 확대 가족 전부가 한꺼번에 그리스도께로 돌아온 경우는 단 한 차례도 없었다. 그런 예는 없다고 말하는 게 아니다. 단지 내가 그런 예를 보지 못했다는 말이다. 나는 개인을 추구하는(그런 연후에 그 혹은 그녀와 협력하여 보다 광범위한 관계망으로 침투하는) 사역이 여전히 의미 있는 역할을 수행한다고 확신한다!

3. 우리의 복음 증거에 자선 행위를 동반하는 것이 본질적인가?

이것은 사실상 당신의 상황 혹은 당신의 소명에 달렸다고 나는 믿는다. 나는 이것이 성경적으로 혹은 전략적으로 '절대적인 의무'라고 믿지는 않는다. 그러나 긴급한 육체적 필요에 처한 현지인들에게 그리스도의 사랑을 나타내는 것이 당신의 사역을 향한 하나님의 뜻일 수 있다. 또한 하나님께서는 분명히 이러한 실천적인 사랑의 표현을 사용하셔서 전세계에서 많은 사람들의 마음을 움직이고 계신다.

4. 우리의 증언에 비판적 부분, 예를 들어 현지인들이 신성하게 여기는 책들의 문제점을 지적하는 부분이 포함될 수 있는가?

긍정 그리고 부정이다. 사람들 중에는 살면서 그들 자신의 종교에서 모종의 난관에 부닥쳤을 때 열린 마음으로 그리스도를 고려하는 자리로 나오는 자들이 있다. 그러나 일반적으로 말하면, 부정적인 접근에 집중하는 것은 역효과를 낳는다. 리빙스턴이 쓰듯이, "모하메드의 약점을 깎아 내리는 것은 그의 영웅적 자질들과 아랍인들이 진중하게 오직 하나의 진실된 하나님께 순종하도록 초청한 그의 가상한 노력들을 망각하는 처사이다. 꾸란의 모순과 오류들에 집중하는 것은 하나님이 자연 안에서 사역하신다는 그것의 가르침을 혹은 인류의 윤리적 의무를 놓치는 결과를 낳는다. 이슬람이 하지 못한 것으로 인해 이슬람을 공격하는 것은, 유럽 문화에 대한 이슬람의 공헌과 더불어 자신의 사회를 변화시키지 못한 기독교의 실패까지 망각한 처사이다."[14]

5. 내가 복음을 증언할 때, 현지인들이 신성하게 여기는 책에서 몇 구절을 인용해야 하는가?

당신은 마땅히 성경 구절을 인용해야 하지만, 그들의 신성한 책을 사용해야 할지의 여부는 보다 복잡한 문제이다. "그렇다"라고 대답하는 사람들이 중요하게 생각하는 두 가지 사실이 있다: 1) 만일 당신이 그들의 책에서 시작한다면, 당신은 당신의 친구가 선 자리에서, 그들의 삶에 신뢰와 권위가 현존하는 바로 그 자리에서 시작하는 것이다. 그리고 2) 그들의 책 안에는 예수님, 신약, 그리스도인 심지어 구원 개념들에 대해서도 긍정적인 언급들이 많이 포함되어 있을 수 있다. 부정적으로 반응하는 이들은, 그들의 책을 인용함으로써 당신도 모르는 사이에 당신이 그것을 권위적인 책으로 인정한다는 인상을 줄 수 있다고 우려한다. 그리고 만일 당신이 오직 성경에 기록된 그대로 고지식하게 예수님과 진리를 소개한다 해도, 영적으로 받을 자세가 된 자들에게 증언함에 있어서는 아무 부족함이 없을 것이라는 주장이다. 개인적으로 나는 둘 다 일리가 있다고 보며, 무엇보다 당신의 은사에 달렸다고 생각한다. 그들의 책을 잘 사용하면서도 실수 혹은 함정에 빠지지 않으려면 확실히 상당한 기술이 필요하다. 그리고 그런 은사를 가진 사람들이 물론 있다.

결론

구하라 그리하면 너희에게 주실 것이요 찾으라 그리하면 찾아낼 것이요 문을 두드리라 그리하면 너희에게 열릴 것이니 구하는 이마다 받을 것이요 찾는 이는 찾아낼 것이요 두드리는 이에게는 열릴 것이니라(마 7:7-8).

나는 한때 예수님이 이 단락에서 오직 기도에 관해서 말씀하신다고 생각한 적이 있지만, 그것은 사실과 다르다. 그분은 삶 전체의 자세에 관해 말씀하신다. 이것은 무엇을 해야 할지, 무엇을 할 수 있는지, 무엇이 옳은 일인지, 그리고 무엇이 가능한지를 알고 있는 사람에 관한 말씀이며 또한 설사 엄청난 장애물이 막아서고 중단해야 할 이유들이 겹겹이 쌓인다 하더라도 그것을 향해 전진하는 사람에 관한 말씀이다. 이 '전진하는' 믿음의 예는 성경 페이지마다 차고 넘친다: 그 나병환자는 무리를 헤치고 예수님께 나아와 뻔뻔하게 말했다. "주여, 원하시면 저를 깨끗하게 하실 수 있나이다"(마 8:2). 중풍병자 친구를 메고 온 그 친구들은 설교하고 계시는 예수님 위로 지붕에 구멍을 뚫었다(필시 그 와중에 예수님 머리 위로 진흙이며 먼지들이 쏟아졌을 것이다). 입구가 막힌 터라 다른 방도가 없었기 때문이다(막 2:1-2). 예수님은 그 염치없는 백부장에게 "가라! 네 믿음 대로 될지어다"라고 말씀하셨다(마 8:13). 요나단은 그 믿음의 풋내기에게 이렇게 말했다. "우리가 이 할례 받지 않은 자들에게로 건너가자. 여호와께서 우리를 위하여 일하실까 하노라. 여호와의 구원은 사람이 많고 적음에 달리지 아니했느니라"(삼상 14:6).

나의 한 친구는 전도의 손길이 전혀 닿지 않은 지역에서 커다란 텐트 하나를 구했다(서커스를 생각하라). 그래서 그와 그의 팀은 그 텐트를 치면서 이 마을 저 마을로 돌아다녔다. 한 번에 수백 명씩 그 지역 종교인들이 몰려 왔다. 그들 모두에게 복음을 전했고, 치료가 필요한 사람들을 위해 기도했다. 많은 사람들이 구원을 받았다. 기관총을 들고 그 팀을 죽이겠다고 위협하는 자들이 있었지만, 말로써 잘 달랠 수 있었다. 억수같이 비가 쏟아져 텐트 모임이 불가능했을 때, 그 지역 종교의 성직자에게 요청하여 그곳 공동체 회관을 사용하도록 허가를 받기도 했다. 여차여차해서, 필드–사전 준비 훈련 때 우리가 그만 이 팀 리더에게 그 지역에서는 이런 종류의 일이 불가능하다고 혹은 심각한 위험에 봉착할 수 있으니 안전상의 문제로 그렇게 해서는 안 된다고 말해 주는 것을 잊어 버렸다. 하지만 그 후로도 그와 그의 팀은 그 나라에서 수년 더 머물면서 사역했다.

대다수 사람들은 무언가를 향해 전진하다가 난관에 부닥치거나 혹은 두려운 상황에 봉착하면, 그 자리에서 멈춘다. 그러나 하나님께서는 당신에게 그와 다르게 행동하라고 가르치실지 모른다. 우리가 강력하다는 것이 아니다. 오히려 우리는 약하여 비틀거린다. 우리에게 소망을 주는 것은, 우리가 믿음으로 전진하는 교훈을, 하나님께서 약한 자들을 사용하시기를 기뻐하신다는 교훈을, 그리고 하나님께서 이 승리의 믿음에 보상하신다는 교훈을 배우고 있다는 사실이다. 당신이 기꺼이 "예, 알았습니다" 하고 안전 지대에서 담대히 바깥으로 나와 앞으로 전진할 때, 성령 하나님의 능력이 당신 위에 머물러 그리스도를 위한 추수를 거두기를 바란다. 특히 그토록 오래 굳어 메말라 있는 저 땅에서 그 일이 실현되기를 바란다! 하나님의 은혜로, 모든 민족 가운데 추수의 때가 이르렀다.

9. 현지인 신자를 제자 삼기

그러므로 너희는 가서 모든 민족을 제자로 삼아
아버지와 아들과 성령의 이름으로 세례를 베풀고
내가 너희에게 분부한 모든 것을 가르쳐 지키게 하라.
볼지어다 내가 세상 끝날까지 너희와 항상 함께 있으리라(마 28:19-20).

지상 명령의 핵심부에는 제자 삼기(Making Disciples)가 자리잡고 있다. 제자(즉, 그리스도를 믿고, 그리스도를 따르며, 그리스도께 기꺼이 순종하려는 자)로서, 나는 다른 이들을 제자로 삼는다는 목적을 가지고 '전진한다.' 여기에는 사람들을 그리스도께로 인도하기, 그들이 믿음 안에 서도록 돕기, 그리고 그들이 자라고 몸소 제자가 되도록 돕기가 포함된다. 한 사람이 그리스도를 섬기고 순종하는 제자가 되었을 때, 그 혹은 그녀는 또한 다른 제자들을 만들고자 하는 소망을 품는다. 그리고 이 과정은 계속 이어져 결코 끝나지 않는 연쇄 반응이 된다.

제자 삼기는 근본적으로 이것이다: 다른 신자가 그리스도를 위하여 나와 같이 생각하고 나와 같이 행동하도록 오랜 시간에 걸쳐 영향을 주는 것이다. 매우 건방진 소리로 들릴 수 있다. 겸손한 사람은 "하나님과 인생에 대한 나의 이해에는 결함이 있고, 나의 행동은 그보다 더 나쁜 상태이다. 그런데 어떻게 내가 그런 것을 가르칠 엄두를 내겠는가"
라고 반응할 것이다. 그러나 그것이 정확하게 예수님께서 우리를 부르
셔서 시키시는 일이다. 바울도 빌립보인들에게 편지하면서 별다른 말
을 하지 않는다: "너희는 내게 배우고 받고 듣고 본 바를 행하라. 그리
하면 평강의 하나님이 너희와 함께 계시리라"(빌 4:9). 오히려 이것은
모든 제자 삼는 자들의 규범이 되어야 한다.

부디 "현지인 신자들을 제자 훈련하기"에 관한 이번 장을, 모종의 가
부장적인 태도로, 마치 외국인 사역자는 성숙함과 모든 지식을 겸비한
사람이고 현지인 신자는 미성숙한데다 문제 투성이라는 인상을 갖고
대하지 말기를 당부한다. 이것은 결코 일방 통행식 활동이 아니다. 제
자를 만드는 사람은 언제나 그 제자로부터 배우고 성장한다. 힌두교,
무슬림, 혹은 불교 배경을 가진(HBBs, MBBs, 그리고 BBBs) 우리의 고귀한
형제 자매들은 한 사람 한 사람 우리와 동등한 사람이며 우리의 동료이
다. 진실로, 그들이 성장하면서 우리에게 신앙의 여러 부분에서 우리를
무안하게 만든다는 것은 의심할 바 없는 사실이다. 나는 현지인 신자들
이 외국인 사역자들을 오히려 돌보고 혹은 상담하고 도와 주는 경우를
수도 없이 많이 보았다. 제자 훈련은 양방향으로 이루어질 수 있다. 이
책을 읽는 여러분 중에 많은 사람들이 그리스도인의 삶에 관한 제자 훈
련과 지도를 받는 놀라운 축복을 누렸을 것이다. 이제 당신도 동일한
선물을 다른 이들에게 나누어야 하지 않겠는가? 우리 모두 성장해야
하며, 우리 모두 영적으로 재생산할 필요가 있다. 그리스도 안에서 어
린 자들을 문화를 초월하여 제자 훈련하는 것은 그들을 삶과 신앙의 정
도에 오르도록 돕는 핵심적인 방법이다.

제자 훈련이란 무엇인가?

제자 훈련이라는 말이 의미하는 바는 간단히 이것이다: 주님 안에서 보다 앞선 사람이 몇 해 동안 한 형제 혹은 자매 곁에 와서 매우 의도적으로 그들에게 친구가 되어 주고, 그들을 지원하고, 그들이 그리스도 안에서 자라도록 돕는 것이다. 여러 사람이 함께 이 일을 수행할 수도 있겠지만, 일차적으로 이 지도 관계는 일대일이다. 두 사람이 함께 이 제자 훈련 관계를 향해 의식적으로 헌신한다. 당신이 한 어린 신자를 제자 훈련한다면, 그것은 당신이 스스로를 재생산하고 있음을 의미한다고 말할 수 있다. 다소 부담이 되는 말일 수도 있다. 그러나 우리는 육체적인 재생산에 있어서도 우리가 그 개체를 창조하지 않는다는 사실을 기억할 필요가 있다. 우리의 자녀들은 특별하고도 고유한 존재로서, 우리 자신의 복사품이 아니다. 그럼에도 불구하고, 제자 훈련에서 우리는 육체적 재생산에서와 같이 다른 이를 양육하고 지식과 지혜, 가치들, 훈련, 그리고 강점들을 전수하여 다음 세대로 하여금 훨씬 더 앞으로 전진할 수 있게 만드는 엄청난 기회를 누리게 된다. 제너럴 일렉트릭의 전 CEO 잭 웰치가 한 번은 이렇게 말했다, "리더가 되기 전에는 당신 자신이 성장하는 것이 성공의 전부이다. 리더가 되고 나면 다른 이들을 성장시키는 것이 당신의 성공의 전부이다."[1]

제자 훈련은 누군가를 비행기 조종사로 훈련시키는 일에 곧잘 비유된다. 처음에는 교실에서 비행 기술, 바람의 움직임, 항법 기술 등을 배운다. 그러다 어느 시점이 되면 그 훈련생은 수십 시간에 이르는 일대일 개인 훈련에 돌입한다. 비행 교관은 이 훈련생을 태우고 하늘로 올라 다양한 비행 기술을 직접 보여 주고, 훈련생은 눈으로 보고 요긴한 것은 필기도 한다. 때가 이르면 훈련생이 직접 키를 잡게 되는데, 물론 교관이 바로 옆에 앉아서 지도하고 교정하며 산에 부딪히지 않도록 보호한다. 이 상태로 상당 기간을 지나게 된다. 그런 연후에 결국에는 첫 단독 비행의 날이 찾아온다! 여러 시간에 걸쳐 단독 비행 훈련을 거친 후, 비로소 그 훈련생은 조종사 면허를 획득한다. 결국 이 풋내기 조종사가 교관이 될 수도 있다. 이 긴 과정이 비행기 조종 기술을 배우는 데 필수적이라면, 그리스도 안에서 모든 측면에서 진보하고 또한 복음 사역자로 성숙하는 데 투자되는 이 시간은 얼마나 소중한 과정이겠는가.

감사하게도 성경은 셀 수 없이 많은 일대일 영적 멘토링의 예들을 소개한다: 모세와 여호수아, 엘리야와 엘리사, 예수님과 베드로, 야고보, 요한의 핵심 그룹, 바나바와 사울/바울, 바울과 디모데, 그 외 기타 등등. 바울과 협력한 그 수많은 다양한 이름들의 최전방 복음 사역자들의 면면을 보면 — 특히 그의 오랜 에베소 거주 기간 동안 — 바울에게 새로운 사역자 재생산이 얼마나 높은 우선 순위를 차지했는지를 분명하게 알 수 있다. 바울의 팀은 자주 재생산 기계라는 이름으로 불린다! 이러할진대 우리가 미전도 종족 가운데 교회 개척 운동을 전개하고자 할 때, 신실한 신자들을 제자 훈련함으로써 리더를 발굴하는 일보다 더 결정적인 일이 있을 수 있을까?

불교, 힌두교, 혹은 무슬림 배경의 신자를 제자 훈련함에 있어 독특한 측면들이 분명히 존재하겠지만, 그 과정은 여타 형제 혹은 자매를 제자 훈련하는 일과 거의 대동소이하다. 사역자들이 필드에 투입되기 전 본국에서 제자 훈련 경험을 가지고 있다면 — 제자로서 그리고 제자 만드는 자로서 모두 — 그것은 제자를 지도함에 있어 굉장한 도움이 될 것이다. 제자 훈련을 위해 만들어진 익히 알려진 도구들 중에는 르로이

에임스(LeRoy Eims)의 「잊혀진 예술: 제자 만들기(The Lost Art of Disciple Making)」와[2] 월터 헨릭슨(Walter Hendrickson)의 「훈련으로 되는 제자(Disciples Are Made, Not Born)」와[3] 같이 여전히 엄청나게 유용한 자료들이 많이 있다.

그밖에도 효과적인 제자 훈련을 위하여 명심해야 할 여덟 가지 열쇠에 대해 함께 나누고자 한다.

1. 실패를 두려워 말라

처음 어린 형제 혹은 자매를 지도하려 할 때 혹시나 그들을 잘못된 길로 인도하지 않을까 두렵고 떨린다. 내가 바르게 지도하지 않으면 그들은 멸망에 이르지나 않을까? 내가 그들을 잘 준비시키지 못했기 때문에 후에 그들이 더 큰 어려움에 직면하게 되지 않을까? 안심하라! 당신의 삶, 그리스도의 사랑, 그리고 하나님의 말씀을 나누라. 하면서 배우라. 설사 당신이 최고의 제자 훈련 전문가가 아니더라도, 주권은 하나님께 있으며 당신의 자원하는 마음을 보시고 그분이 당신을 사용하실 것이다.

2. 예수님이 하신 대로 제자 훈련하라

예수님이 열두 제자를 혹독한 교육 프로그램으로 질식하게 하셨던가? 아니다. 그분이 하신 일이 여기에 있다: 그분은 그들을 불러 친밀한 관계를 맺고 성장하는 일에 매진하도록 하셨다. 그분은 많은 시간을 그들과 함께 보내셨다. 그분은 그들을 가르치셨고, 그 후에는 배운 바를 순종하고 '실습' 할 수 있는 기회를 주셨다 그분은 때로 그들의 잘못을 고쳐 주시기도 하셨다. 그분은 그들을 사역으로 보내셨다. 그분은 그들이 하나의 그룹을 이루어 일하도록 격려하셨고, 아버지께서 어떻게 그들을 특별히 사용하셔서 세계를 변화시킬 것인가에 대한 비전을 나누셨다. 간단하다!

이런 종류의 제자 훈련에서, 관계와 가르치는 내용 중 어느 것이 더 중요하겠는가? 이 질문은 비행기의 두 날개 중 어느 쪽이 더 중요한가라는 질문과 유사하다. 왼쪽 날개냐 아니면 오른쪽 날개냐! 둘 모두 절대적으로 불가결하다. 바울은 데살로니가 신자들에게 이렇게 말했다. "우리가 이같이 너희를 사모하여 하나님의 복음뿐 아니라 우리의 목숨까지도 너희에게 주기를 기뻐함은 너희가 우리의 사랑하는 자 됨이라"(살전 2:8). 이것은 결코 단순한 가르침과 훈련이 아니라 오히려 삶과 삶의 만남이다. 우리는 삶의 모든 영역에서 함께 시간을 보낸다: 나의 집에서, 그의 집에서, 일터에서, 스포츠 혹은 여가 시간에, 시장에서, 우리의 가족들과, 주님과 함께 하는 시간 등.

우리가 곧 그들을 잘 알게 될 뿐만 아니라 그들 역시 우리를 잘 알게 된다. 그들은 우리의 결점, 우리의 죄, 우리의 고뇌를 보게 된다. 그 누구도 (예전에도 그랬고 앞으로도) 완벽한 제자 훈련 전문가를 기대하지 않는다. 그들도 우리를 격려하고, 우리를 위해 기도하고, 심지어 필요할 때는 우리에게 도전하고 훈계하기도 한다. 우리가 회개하고 성장할 때 그들은 우리 안에서 역사하는 하나님의 은혜를 눈으로 직접 확인한다.

3. 그럼에도 불구하고, 우리가 가르치는 내용이 너무도 중요하다

제자 훈련의 중심은 하나님의 말씀을 배우고 실천하는 것이다: "또 네가 많은 증인 앞에서 내게 들은 바를 충성된 사람들에게 부탁하라.

그들이 또 다른 사람들을 가르칠 수 있으리라"(딤후 2:2). 하나님의 말씀 사역 중에서 가장 위대한 사역은 바로 우리가 제자 훈련하고 있는 자들을 말씀으로 섬기는 일이다. 우리는 그들에게 하나님의 말씀대로 살라고 가르친다. 그들은 매일 영적인 우유와 딱딱한 음식을 섭취하는 법을 배운다. 그들은 성경을 이해하고 붙잡는 데서 자라간다. 그들은 스스로 말씀을 읽고 공부하는 법을 배운다. 그리고 그들은 그 말씀을 적용하고 말씀을 가지고 다른 신자들을 섬기는 법을 배운다.

4. 그들이 성경 이해에서 성장하는 것도 중요하지만, 그리스도를 순종하는 법을 배우는 것은 훨씬 더 중요하다

순종과 적용의 도전이 없는 성경 지식은 껍데기에 불과하다. 그러나 영적인 지식과 상황에 대한 성장 없이 끊임 없이 순종으로 초청하면 자칫 길을 잃고 우왕좌왕하게 된다. 그렇다. 예수님은 지상 명령에서 그들을 가르쳐 그분께 순종하도록 함으로써 그들을 제자로 만들라고 말씀하셨다. 여기에 가르침이 포함되어 있음에 유념하라. 그리고 이 가르침의 내용은 "내가 분부한 모든 것"이다. 바울이 에베소 장로들에게 말했듯이 우리도 그렇게 말할 수 있어야 한다: "내가 꺼리지 않고 하나님의 뜻을 다 여러분에게 전했음이라"(행 20:27).

순종-지향적인 제자를 만드는 것이 핵심이다. 내가 그분께 순종하는 것은 그분의 사랑 때문이고 그리고 그것이 나에게 최고의 유익이 될 것이기 때문이다. 그러나 그분의 길이 최고라는 것이 내 마음에 완전한 확신으로 다가오지 않을 때에도, 나는 여전히 그분께 순종한다. 왜냐하면 그분이 주님이시기 때문이다. 우리 안으로 들어온 복음은 우리의 마음을 만진다. 복음은 또한 우리의 의지와 마음의 동기까지 변화시켜야

한다. 제자 삼는 자로서 우리는 의지와 마음을 포괄하는 삶의 변혁이라는 과업에 뛰어 든다. 세계 도처의 최전방 개척 현장의 교제 그룹들이 핍박에 의해 파괴되기도 하지만, 그보다 훨씬 더 많은 수의 교제 그룹이 그리스도께 순종하는 문제와 성품 문제로 인해 파괴되었다.

5. 처음부터 재생산을 염두에 두라

제자 훈련은 본성적으로 재생산적이기 때문에, 제자 훈련을 받는 사람에게, 두 사람이 함께 장도에 오른 이 길이 끝날 무렵이면 둘은 헤어져 각기 또 다른 누군가를 제자 훈련하는 것으로 이어지리라는 사실을 처음부터 분명히 해 두라. 우리는 결코 매듭의 끝자락이 아니다. 우리는 하나님의 구원 계획에서 하나의 연결 고리이다.

6. 인내하고 인내하라

적대적인 상황에서 신자들을 제자 훈련하게 되므로 특별한 인내가 요구된다. 예를 들어, 무슬림 배경을 가진 신자들은 심각한 어려움과 위협에 봉착한다. 두려움과 박해, 그의 기존 종교 전통을 떠나야 하는 데서 오는 감정적 고뇌, 가족 내 고조된 긴장과 파국 등이 찾아온다. 특히 (영적으로) 어린 신자들은 우리가 기대하는 만큼 신실하지도 않으며 고분고분하지도 않다. 약속을 잡아도 지키는 것보다 어기는 경우가 더 많을 수도 있다. 상황이 멋지게 진행된다고 생각하다가도, 그의 갑작스러운 행동에 소스라치게 놀랄 수도 있다. 그가 더 이상 영적 성장에 관심이 없어 보이면, 경우에 따라 제자 훈련을 중단해야 하는 시기가 찾아올 수도 있다. 그러나 당신의 급한 성격에 이끌리기 보다는 조금 더 그를 인내하면서 돌보아야 할 것이다. 진실로, 내가 어린 망나니

에 지나지 않을 때도 내 곁에서 나를 지켜 준 나의 옛 제자 훈련 스승에
게 진심으로 감사한다.

7. 당신의 제자 훈련을 다차원적으로 만들라

단지 하나 혹은 두 영역에 제한되지 말라. 오히려 시간이 지나면서
당신이 제자 훈련하고 있는 그 사람들을 모든 영역에서 돕되, 특히 다
음 영역에 관심을 두라:

· 하나님과의 동행
· 가정 생활: 부모님과 형제 자매와의 관계, 그리고 결혼한 사람이
  라면 배우자와 자녀들과의 관계
· 직장 생활
· 그리스도의 몸 된 교회 안에서의 생활: 다른 신자들과의 관계 및
  교제 그룹 안에서 그들의 역할
· 다른 개인적인 성품 문제: 예를 들어, "육체의 일"의 극복과(갈
  5:19) "성령의 열매"로 자라는 일(5:22-23).

8. 우리는 제자 훈련을 통해 그들을 공동체 안으로 인도해야 한다

멘토링 관계가 대체로 일대일 관계로 이루어지지만, 우리의 제자가
가능한 빨리 그리스도의 몸 안에 있는 다른 이들과 연결되는 것이 결정
적으로 중요하다. 때로 우리는 누구의 열매가 가장 풍성한지, 우리가
참으로 투자해야 할 헌신한 개인들이 누구인지를, 그들이 공동체에 들
어갈 때까지는 알 수가 없다. 교제 그룹이 태동되면 현지인 신자들은
그 가운데 참여하여 공동체를 향한 주님의 명령에 헌신해야 한다. 우리

는 고립되어 성장하지 않는다. 오히려 바울은 이렇게 말한다, "범사에 그에게까지 자랄지라. 그는 머리니 곧 그리스도라. 그에게서 온 몸이 각 마디를 통하여 도움을 받음으로 연결되고 결합되어 각 지체의 분량 대로 역사하여 그 몸을 자라게 하며 사랑 안에서 스스로 세우느니라"(엡 4:15-16).

제자 삼는 자가 그리스도의 몸된 교회를 대신할 수 없다. 새로운 신자가 그리스도 안에서 성장함에 있어 불가결한 요소는 믿음의 공동체에 관한 그의 가르침을 순종하는 것이다. 수년 동안 나는 오직 일대일 사역에만 집중하여 신자들을 서로로부터 고립시킨 채 실시되는 제자 훈련 사례들을 관찰했다. 나로서는 그러한 시도가 성공하는 경우를 본 적이 없다.

제자 훈련하는 방법

그렇다면 이제 이 모든 것을 합쳐서, 구체적으로 제자 훈련을 어떻게 실행할 수 있는가? 우리 대다수에겐 이와 같은 일들을 시작할 수 있는 좀 더 간략하고 간단한 단계가 필요하다. 일종의 철길 같은 것 말이다. 예를 들어, 당신이 이제 주님을 안 지 일 년 남짓 되었지만 고립되어 있었기 때문에 그리스도 안에서 그리 많이 자라지 못한 이브라힘이라는 친구를 만났다고 치자. 당신은 그의 곁에 서서 주님 안에서 그가 성숙하도록 돕고 싶고, 또한 믿음으로 곧 태동하리라고 예상되는 교회의 일원이 되도록 돕고 싶을 것이다. 그렇다면 당신이 이브라힘과 맺을 제자 훈련 관계는 대략 다음과 같은 네 가지 단계로 이루어질 것이다.

1. 제자 훈련 관계를 이브라힘에게 제안하라

말씀을 토대로, 어떻게 예수님이 열두 제자들과 특별한 관계를 형성했는지를 나누라. 주님은 처음에 그들을 부르셔서 자신과 함께 시간을 보내도록 하셨고(요 1:35-39), 조금 시간이 흐른 뒤 풍성한 열매를 위한 지속적인 훈련에 들어가셨다(마 4:18-20). 이번에는 열두 제자를 대신하여 이브라힘이 예수님의 제자가(당신의 제자가 아니라) 될 것이지만 그 훈련 과정은 여전히 동일하다. 당신의 제안을 자세히 설명하고 이브라힘에게 가부간에 명확한 대답을 달라고 요구하라. 예를 들면 다음과 같다: "이브라힘 형제, 당신을 향한 나의 사랑과 존경은 계속해서 자라고 있습니다. 나는 지금 당신과 내가 제자 훈련 관계를 시작할 것을 제안하고자 합니다. 이것은 우리의 사귐에 훨씬 더 큰 마음을 쏟고 더 많은 시간을 함께 보낸다는 것을 의미합니다. 우리는 정기적으로 함께 시간을 내어 기도하고 말씀을 공부하면서, 그리스도 안에서 당신의 성장이라는 목적을 향해 나아갈 것입니다. 물론 당신뿐만 아니라 나도 우리의 관계를 통해 성장할 것입니다. 그리고 여기에는 장차 당신도 다른 이들을 제자 훈련해야 한다는 목적도 포함되어 있습니다. 나의 제안에 대해 기도해 보시고 결심이 서면 알려 주시겠습니까?"

2. 진지한 관계를 위해 투자하기 시작하라.

위의 "효과적인 제자 훈련을 위한 여덟 가지 열쇠" 중 두 번째 항목에서 설명한 것을 참조하라. 갈수록 더 많이 서로를 신뢰하고 서로에게 솔직해지도록 하라. 삶의 모든 측면에서 시간을 함께 보내라. 그리고 서로를 향한 책임감이 싹트도록 하라.

3. 정기적으로 모여 말씀과 기도에 집중하라

일주일에 적어도 한 번 함께 말씀과 기도에 집중하는 시간을 확실하게 마련하라. 반드시 정기적인 스케줄을 세울 필요는 없지만, 대부분의 사람들은 스케줄이 있을 때 훨씬 더 일관되게 잘할 수 있다.

당신의 가르침의 내용은 무엇이 되어야 하는가? 당신이 사용할 수 있는 제자 훈련 자료들이 이미 준비되어 있다. "발견 과정(Discovery Course)"은 새로운 신자들에게는 좋은 출발이 된다(제8장을 보라). "SEAN" 과정도 있다.[4] 네비게이토 혹은 C.C.C. 같은 단체에서 좋은 자료들이 많이 나와 있다. 혹은 당신 스스로 개발한 자료를 활용할 수도 있다. 그리고 마지막으로 특별한 자료에 의존하지 않은 채 성경의 주요 단락들을 함께 섭렵하는 것도 좋은 방법이다.

진실로 당신이 이브라힘을 제자 훈련하는 아주 중요한 목표들 중 하나는 그가 성경 본문을 스스로 깊이 연구할 수 있도록 훈련하는 것이다. 가능한 일찍 이브라힘에게 책임을 주어 성경 공부를 준비하여 인도할 수 있는 기회를 주라.

어떤 성경 공부든지 간단하고 실천적이며, 바라기는 이브라힘 입에서 "우리가 하는 성경 공부나 혹은 이와 비슷한 것이라면 나도 다른 사람들한테 가르칠 수 있겠다"라는 말이 나오도록 하라. 어느 시점이 되면 당신은 이브라힘에게 과제를 주어 스스로 공부하도록 하고 싶어질 것이다. 만일 이브라힘이 글을 모른다면, 그에 따라 상황은 분명히 달라질 것이다. 구어성(Orality)에 관한 부록 4와 "성경 이야기 들려주기"에 관한 스티브 에반스(Steve Evans)의 탁월한 제안을 참조하라.

마지막으로, 만일 당신이 다른 이들도 제자 훈련을 하고 있다면 일대일 시간 외에 함께 모여 교제하는 작은 그룹을 만들도록 힘써 보라.

이것은 이브라힘으로 하여금 그리스도께 헌신한 다른 두세 사람의 후원자와 더불어 그리스도를 따르게 되는 감격을 경험하게 함으로써, 그가 엄청나게 빠른 속도로 성장하고 있다는 느낌을 가져다 줄 것이다.

4. 성경적인 재생산 개념을 심어 주라

당신은 일찍부터 이브라힘에게 성경적인 재생산 개념을 심어 주어야 한다. 더불어 그 재생산의 목적은 훈련 받은 자신이 이번에는 '제자 삼는 자'가 되는 것임을 일깨워 주어야 한다. 이것은 아마도 처음에는 그에게 놀랍고도 두려운 일일 것이다. 그러나 시간이 지나면서 그는 자신도 어린 신자들에게 나누어 줄 무언가가 있다는 사실을 깨닫게 될 것이고, 이것이 주님과 동행하는 그의 발걸음에 한결 큰 힘을 실어 줄 것이다. 적당한 시간이 이르면, 이브라힘과 협력하여 이 목적이 실제로 현실이 되게 하라.

특별한 도전들

앞서 말했듯이, 타문화권에서 제자 훈련하는 것은 우리 문화권에서 제자 훈련하는 것과 별반 다르지 않다. 하지만 몇 가지 중요한 차이와 고비들이 있는데, 특히 저항적 혹은 적대적인 환경이라면 더욱 그러하다. 우리는 할 수 있는 모든 힘을 다하여 우리의 사랑하는 친구들이 이 독특한 어려움에 맞설 수 있는 채비를 갖추도록 도와야 한다. 여기 그 독특한 도전들 몇 가지를 소개하겠다.

가족과 사회의 거부

인도에서는 힌두교도가 그리스도를 믿고 따르는 이가 된다는 것은, 흔히 그의 카스트에서 쫓겨나 더 낮은 "기독교인 카스트"에 소속되는 것을 의미한다. 이런 배경을 가진 이들에게 있어서 결정적으로 선을 넘어가는 시점은 세례 혹은 주님이신 예수님께 기도하는 때가 아니라, 일반적으로 "그리스도인" 교회의 활동적인 멤버가 되는 시점이다.[5] 많은 아랍 상황에서는 교회에 발을 담그거나 인질(신약 성경)을 읽는 것은 통상 용인될 수 없는 문제는 아니지만, 세례를 받을 때에는 문제가 심각해진다. 요점은 교회 개척자들이 그들이 머물고 사역하고 있는 지역의 문화를 이해하여, 새로운 신자들이 그들의 가족과 전통 안에, 물론 그리스도를 위하여, 가능한 한 오래 머물 수 있도록 도와야 할 필요가 있다는 것이다.

자기 정체성

이제 그들이 그리스도를 믿고 따른다면, 이 회심자들은 다른 사람들 앞에서 스스로의 정체성을 어떻게 드러낼 수 있는가? 그들은 다른 그리스도인들에게 어떤 존재로 인정 받고 싶어 하는가? 주류 종교 안에 있는 친구들 혹은 가족들에게는? 정부로부터는? 새로운 신자들이 처음 믿음으로 나올 때, 제자 삼는 자는 통상 일정 기간 동안은 그에게 "머리를 수그리고" 그들의 새로운 신앙이 다른 사람들 눈에 섣불리 드러나지 않게 하라고 조언한다. 그들에게 우선 필요한 것은 복음 안에서 성장하고, 바라기는, 보다 견고하게 서는 것이다. 그런 연후에 그들의 삶에 무슨 일이 일어났는지에 대해 설명하든가 혹은 변호할 기회가 찾아올 것이다.

이런 이유로 자기 정체성 문제는 지금 당장 해결될 필요는 없다. 새로운 신자들에게 그들의 부모와 다른 친척 어른들을 공경할 것을 가르치라. 만일 그들이 먼저 가족 관계에 있어서 변화된 사람임을 보여 준다면, 다시 말해 보다 순종적인 자녀, 보다 사랑하는 남편 혹은 아내로서 잘못했을 때 기꺼이 인정하고 용서를 구하는 사람이 되면 그들의 부모 혹은 형제 자매가 그들의 새로운 신앙에 대해 더 마음을 열게 될 것이라고 설명해 주라. 많은 어린 신자들이, 변화된 삶을 통한 느리지만 끈질긴 증언으로, 그리고 더 배우고 나서는 분명한 말로 자신의 신앙을 고백함을 통해, 그들의 배우자 혹은 가족을 주님께로 인도했다.

그러나 조만간 그리스도를 새로이 따르는 모든 신자들은, "너는 누구냐? 힌두교도냐 (예를 들면)? 그리스도인이냐? 아니면 다른 무엇이냐?"라는 질문에 대답할 수 있어야 한다. 이것에 대해 분명하게 생각해 두지 않았거나 준비가 되어 있지 않은 사람들은 자칫 더 어려운 상황에 봉착하게 될 수도 있다. 세계 도처에 있는 무슬림 배경의 신자들은 이 질문에 각기 다른 방식으로 대답한다. 어떤 곳에서는 무슬림 배경 신자들이 보통 마시히위인(masihiyiin)이라는 아랍어를 사용하여, 자신들이 "그리스도인"임을 말한다. 이것은 그들 가운데 사역한 외국인 사역자들의 철학 때문이거나, 혹은 신자들 자신이 그리스도를 받아들이는 과정에서 예전 종교로부터 떠나고 싶은 강한 열망을 느끼기 때문인 것으로 보인다. 그러나 이러한 접근은 세계적으로 아주 극소수 지역의 제자들에게서만 발견된다. 그리스도인이라는 이름표를 다는 것은 단지 구원자이신 그리스도께 의지한다는 의미뿐만 아니라 원치 않는 문화적 혹은 심지어 모종의 정치적인 함의를 가지게 되는데, 이는 결코 바람직하지 않다. 중앙아시아에서는, 무슬림이 그 혹은 그녀가 "그리스도인"

이 되었다고 말하는 것은 자신들이 이제 러시아인 혹은 민족의 배신자가 되었다는 뉘앙스를 풍길 수 있다. 반대편 극단에서는, 많은 지역에서 무슬림 배경 신자들은 여전히 스스로를 무슬림으로 칭한다. C5 유형의 상황화 접근에서는[6] 이것이 실로 하나의 규범이 되어서, 무슬림 배경 신자들은 라마단 금식과 하루 다섯 번의 기도를 지속하고, 원래 하던 대로 이슬람 사원에도 그대로 다닌다. 그들은 문화적 전통 혹은 관계성에서 끊어지는 위험을 감수하지 않은 채 그리스도를 따르고 싶어 한다. 이 두 방법론 중간쯤에는, 관련 문제를 다소간 회피한 채 스스로를 무미니인(mu' miniin, 믿는 자들)으로 부르는 제자들이 있다. 보다 구체적으로 말하라는 압력을 받으면, 묻는 이가 누구이고 묻는 이유가 무엇인지에 따라 그들의 대답은 달라질 수 있다. 이와 관련해서는, 신약에서 신자들이 단순히 "그 도(道)"를 따르는 자들로 일컬어졌던 것이 떠오른다(행 9:2; 19:9, 23; 24:14, 22).

이 자기 정체성의 문제는 보통 개인적인 결단이 아니라 신자 공동체에 의해 결정될 사안이다. 물론 그 신자가 큰 그룹의 일원이라면 이 문제의 해결은 보다 쉬워진다. '숫자의 힘'이 특정한 정체성을 취하는 것을 보다 쉽게 만들기 때문이다. 예를 들어, "내부자 운동(insider movements)"은 그리스도를 따르지만 여전히 그들의 원래 신앙 공동체(예를 들어, 힌두교 공동체, 무슬림 움마[umma]) 안에 남아 있는 새로운 신자들의 교제 그룹 운동을 지칭한다. 만일 함께 하는 유사한 신자들이 수백 명 있다면, 이러한 연대를 유지하기가 아마도 훨씬 쉬울 것이다.

이 책에서 일찍이 언급했듯이, 많은 신자들은 그리스도를 따르려는 그들의 결심의 결과로 다양한 위험과 위협에 직면한다: 직계 가족, 다른 친척들, 경찰, 법원, 극단주의자들, 고용주 등으로부터 말이다. 따라서 그들이 엄청난 두려움에 사로잡히게 되리라는 것은 충분히 이해할 수 있는 일이며, 때로는 물론 이것이 그들의 성장에 지름길이 되기도 한다. 우리는 깊은 공감과 연민을 가지고 그들과 함께 이 두려움에 맞서야 한다. 외국인 사역자들도 때로 특별한 위협에 직면하기도 하지만 (예를 들어, 서구인으로서 정치적으로 불안정한 나라에 살면서 느끼게 되는 독특한 삶의 어려움들과 최근 중동에서 무슬림 배경 신자들보다 더 많은 수의 외국인 복음 사역자들이 순교 당했다는 사실), 이 상황들을 서로 비교한다 하여 도움이 될 것은 없다. 오히려 우리는 어떻게 주님께서 그들의 상황을 이해하시며 그들 곁에 서 계신지를 이해할 수 있도록 도와야 한다. 그분을 위해 그들이 겪는 시험은 그분 보시기에 참으로 귀중하다. 그럼에도 불구하고, "두려워 말라"는 아마도 가장 많이 반복되는 그리스도의 명령일 것이다. 바울과 바나바가 그들의 일차 여행 이래로 신자들과 행한 마지막 일은 고난에 대비하여 그들을 준비시키는 것이었다: "하나님 나라에 들어가려면 많은 환난을 겪어야 할 것이니라"(행 14:22).

내 경험에 비추어 보면, 적대적 환경에서 새로운 신자들이 그리스도 안에서 성장의 길을 걸어갈 때면, 두려움이 마치 우는 사자와 같이 길을 막아 설 수 있다. 그 신자가 그 사자를 지나기까지는, 그 혹은 그녀는 더 이상 성장하는 것 같지 않다. 그들이 그 두려움의 사자를 극복하기까지는 믿음의 성장을 멈춘다는 말이다. 일정량의 두려움에 대한 승

리는 계속되는 진보에 있어서 불가결하다. 제자 삼는 자는 인내심을 갖
고 아버지의 주권적인 사랑과 돌봄에 대한 그리스도의 다양한 가르침
으로 그들을 도울 수 있을 것이다.

고용(혹은 실직)

최전방 교회 개척자들이 사역하고 있는 대다수 개발국들의 경제 사
정은 그리 좋지 못하다. 실업률이 20퍼센트를 상회하는 것이 흔한 일
이다. 우리가 돕고자 하는 많은 제자들은 실직 상태이거나 혹은 단순
노동에 종사하고 있다. 일을 하고 있는 경우에도, 대체로 주당 60시간
에 이르는 혹독한 노동에 시달리고 있다. 이러한 상황을 보면, 외국인
사역자의 마음속에는 뛰어 들어 일자리를 내주고픈 유혹이 물씬 찾아
온다. 그러나 이것은 대부분의 경우 결코 좋은 생각이 아니다 (아래의
"현지인 신자를 고용하기"를 보라). 보통 진짜로 유익이 되는 것은 그
들이 직업 교육을 받도록 도와 주는 것이다.

율법주의

하나의 체계로서의 이슬람은 지독할 정도로 종교법 지향적이다. 신
도들은 모든 방식의 행위의 대가로 '포인트'를 받는다: 하루 다섯 번
기도하기, 정기적으로 모스크 방문하기, 의무적으로 라마단에 금식하
기 등. 게다가 히잡이라는 이름의 가외 점수 체계가 마련되어 있는데,
'계좌'가 비어 있는 죄인들이 두 배 혹은 심지어 열 배의 포인트를 단
번에 받을 수 있는 방법들을 설명하고 있다. 아이들은 어려서부터 알라
가 그들의 영원한 운명을 간단하게 양팔 저울을 사용해서 결정할 것이
라고 교육 받는다. 선행은 오른쪽에, 악행은 왼쪽에 올려 놓는 저울이

다. 알라의 호의는 오직 값으로 사야 한다. 다른 길은 없다. 힌두교에도 신성의 공로를 쌓을 수 있는 이와 비슷한 길들이 있다. 예를 들어, 예카다시(Yekdadsi)에 금식과 철야하기 혹은 다양한 형태의 고행 순례를 통해서다.

이로 인해, 이러한 상황에서 제자 훈련 사역을 하는 사람들은, 이브라힘 혹은 파리다가 3주간에 걸쳐 은혜에 대해 배웠다고 해서 그(혹은 그녀)가 이제는 그것을 진심으로 받아들일 것이라고 섣불리 단정해서는 안 된다. 이브라힘 혹은 파리다는 그리스도 안에서 하나님의 용서하심을 붙잡으려 하겠지만, 그들의 사고방식을 행위의 신으로 다시 침잠케 하는 엄청난 중력은 그들 곁에 언제나 남아 있을 것이다. 은혜에 대한 가르침을 반복하고 반복하고 또 반복해서 그들의 살점 속에 스며들게 해야 한다. 우리는 단지 처음 한 번의 죄사함에 집중하기보다는 모든 다양한 방법을 동원하여, 오직 그리스도의 구속 사역을 통해서만 하나님께서 그들을 받아들이신다는 것과 삶 전반에 걸쳐 그 죄사함이 지니는 함의들을 지속적으로 그들에게 가르쳐야 한다. 그리고 그리스도의 희생은 나의 죄책을 제거할 뿐만 아니라, 또한 나의 수치를 날려 버린다는 사실을 가르쳐야 한다. 대다수 동양 문화권에서는 서양에 비해 이것이 훨씬 중요한 개념이다.

자녀

핍박 아래 있는 우리 형제 자매들에 속한 자녀들은 너무나 소중한 존재들이다. 그들은 다음 세대의 교회로서, 이미 지금도 그 교회에 실제성과 깊이를 더해 주고 있다! 내가 사역했던 어떤 상황 안에서는, 신자들의 거의 절반이 아이들이었다. 주님께 찬양을! 그들은 자신들의 가족 중에서 복음의 자유 아래 양육 받는 첫 세대이다. 이 유산에도 불구하고, 그들 역시 특별한 고통에 직면한다. 친척 아저씨들, 아주머니들, 할아버지, 할머니가 드러내 놓고 혹은 몰래 그들을 부모의 신앙에서 떼어 놓으려 할 수도 있다. 학교에서 그리고 마을에서 그들은 배척과 조소, 괴롭힘의 대상이 될 수도 있고 더 심각한 상황에 내몰릴 수도 있다. 사역 필드로부터, 믿는 자녀들이 그들의 신앙 혹은 부모의 신앙에 대한 형벌로 심지어 순교를 당했다는 안타까운 소식이 수없이 많이 들려 온다. 당신은 당신이 제자 삼으려 하는 그 사람으로 하여금 이러한 일까지 감당할 수 있도록 도울 준비를 갖추었는가?

감시와 심문

전세계 핍박 받는 신자들 대다수는 대체로 정보 기관에 의해 밀착 감시를 받고 있을 것이다. 이것은 집요하고도 끈질긴 압박이다. 정기적으로 많은 사람들이 정보 기관에(혹은 비밀 경찰에) 소환되어 심문을 받는다. 이것은 항상 위협과 공갈, 그리고 그리스도를 부인하거나 신자 공동체에 더 이상 참여하지 말라는 압박과 압력을 의미한다. 취할 수 있는 유일한 대책은 그것을 예상하고, 준비하고, 영적으로 각오를 다지는 것이다. 만일 상호 지지해 주는 신자들의 공동체가 있다면, 그들은 어떤 일이 예상되는지 그리고 그것을 어떻게 극복할 수 있는지에 관해 서로 조언해 줄 수 있을 것이다. 한 사람이 비밀 경찰에 소환되면, 그 소식이 삽시간에 수십 명에게 퍼져 나가 이내 기도의 불을 지피는 것이 상례이다. 그 결과 어떤 사람은 심지어 '나는 언제나 소환되나' 하고 고대하기도 한다!

비밀 경찰 조직은 그 임무를 위해 으레 두 가지 특별한 속임수를 사용한다. 첫째, 그들은 흔히 다른 신자들이 하지도 않은 말과 행동을 거짓으로 꾸며 댄다. 그들은 넌지시 누구누구가 자기들에게 정보를 제공한다고 혹은 비밀리에 정부를 위해 일한다고 말한다. 그들의 목적은 신자들을 갈라 놓고 교제 그룹을 와해시키는 것이다. 둘째로, 그들은 두려워하는 기미가 보이는 신자들에게, 직장에서 해고시키겠다든지, 혹은 고문을 가하겠다든지, 심각한 죄를 뒤집어 씌워서 감옥에 쳐넣겠다든지, 혹은 결혼 생활을 파탄나게 하겠다고 위협한다. 보통 이런 위협들은 과장된 허풍이다. 그 목적은 신자들을 두려워 떨게 만드는 데 있다. 이 수작에 넘어가는 사람들은 소문과 경찰의 지시에 굴복할 공산이 크다. 제자들은 이 두 가지 계략에 잘 대비하고 있어야 한다!

기독교 배경 신자들로부터의 배척

이 문제를 제기하기가 조금 꺼려지는데, 왜냐하면 세계 전역에서 기독교 배경의 많은 현지인 신자들이 헤아릴 수 없는 사랑과 용기를 가지고 그리스도를 위하여 힌두교도, 불교도, 그리고 무슬림들에게 나아가고 있으며, 주님께 돌아오는 자들을 섬기고 있기 때문이다. 많은 이들이 엄청난 위협을 무릅쓰고, 더불어 엄청난 희생을 치르면서 새로운 신자들이 믿음에 든든히 서도록 돕고 있다. 그러나, 안타깝지만, 그렇지 못한 일부 기독교 배경 신자들과 교회들도 존재한다. 신자들이 어느 특정한 교회에 다니기 시작했는데, 불과 몇 달이 지나지 않아 어떤 교인들은 이제 그들이 그만 나왔으면 한다는 이야기를 들었다는 안타까운 소식을 수도 없이 접해 왔다. 이 교인들은 힌두교 배경 신자들 혹은 불교 배경 신자들 혹은 무슬림 배경 신자들이 그들 중에 있으면 장차 위험이 닥칠지도 모른다고 두려워하는 듯하다. 아니면 그들은, 예를 들어, 이브라힘의 신앙의 진정성을 의심할 수도 있다. 아니면 그들은 이브라힘이 그들 기독교 배경 신자들의 딸들 중에 누군가와 결혼하려 들지도 모른다고 염려할 수도 있다. 많은 기독교 배경 신자 교회들이 이 문제를 잘 극복하며 사역을 지속하고 있지만, 현실은 이런 종류의 배척이 여전히 도처에서 발견된다는 것이다. 여기에 덧붙여 문화의 차이도 한 몫 거든다(예를 들어, 용어 사용, 여성의 옷 등). 다른 문화에서 온 새로운 신자가 잘 적응하지 못해 배척 받는다고 느끼는 경우가 있는가 하면, 그가 문화적으로 잘 순응하는 바람에 이로 인해 이번에는 그의 가족과 친구들에게서 배척을 당하게 되는 경우도 있다. 내 개인적으로는, 이런 신자들이 기독교 배경 신자들의 교회들로부터 호의를 얻을 수 있는 가능성도 충분히 있지만, 통상 최선의 길은 특별한 교제 그룹을 (예를 들어, 힌두교 배경 신자) 따로 만들어 그의 '모교회'로 삼는 것이라고 생각한다.

그들의 새로운 신앙을 미리 예상하기

만일 당신이 나면서부터 한 특정 종교에서 자라, 일생 동안 매일 가정에서, 사원 혹은 모스크에서, 그리고 학교의 종교 수업시간에 그 교리를 주입 받았다고 생각해 보라. 그러다가 그리스도의 진리를 알고 받아들여 삶을 그분께 드리고 인격적으로 그분의 사랑과 은혜를 경험하게 되었다. 그러나 당신을 둘러싼 모든 사람들과 모든 환경들은 여전히, 의식적으로 그리고 무의식적으로, 당신이 심각한 실수를 저질렀다고, 당신은 속았다고, 당신의 옛 종교가 유일한 옳은 길이라고, 그리고 당신은 배교자라고 소리치고 있다! 이와 같은 환경에 처한 제자들에게는 특별히 날마다 그리스도에 대한 그들의 신앙을 공고히 할 필요가 절실하다. 그리고 이를 가능케 하는 가장 든든한 확신은 같은 배경의 다른 신자들로부터 주어질 수 있다.

성경적 유산의 부재

서구인 비신자가 신앙으로 나올 때는, 대부분 성경 이야기와 가르침의 몇 토막 정도는 알고 있을 것이다. 우리가 '그리스도인으로 자랐든' 아니든 상관없이, 그것은 우리 문화적 배경의 일부이다. 이로 인해 개도국의 외국인 사역자들은 때로 누구에게나 최소한의 성경 이해를 섣불리 그리고 당연한 것으로 기대하기도 한다. 그것은 물론 실수다. 우리는 그 무엇도 사전에 전제해서는 안 된다. 예를 들어, 이슬람교에 따르면, 아브라함의 가장 중요한 아들은 이스마엘이고, 사람들은 죄를 짓는 게 아니라 단지 실수할 뿐이고, '타락'이라는 것이 있었던 게 아니라 인간은 항상 비도덕적이었을 뿐이며 (타락 전 죄 없는 아담과 하와는 없다), 피의 희생 제사는 아무런 구속적 의미가 없는 한낱 의식에 불과하며, 예수님은 십자가에서 죽지 않았고, 그 어떤 인간도 ─ 심지어 알-마시(그리스도)도 ─ 다른 사람의 죄에 대한 값을 치를 수는 없다. 그러므로 요점은, 말씀으로부터 나온 모든 중요한 진리가 새로운 신자들에게 분명하게 가르쳐져야 한다는 것이다.

불화

많은 문화권에서, 그룹 연합, 협동, 타협, 무례를 범했을 시 재빠른 시정 등은 매우 희귀한 행동이며 아예 존재하지 않기도 한다. 분열, 불화, 그리고 회복 불가의 관계들이 오히려 규범이 되기도 한다. 신자들을 함께 모아 좋은 교제 그룹을 만드는 것이 어떤 나라 혹은 문화에서는 어렵지 않을 수 있지만, 핍박이 상존하는 환경에서는 불가능하게 보일 수도 있다. 신자들을 연합시키려는 시도는 성공하여 지속되기 보다는 깨어지는 경우가 더 많다. 교회 성장은 오직 신자들이 이러한 문제들을 헤쳐 나갈 때, 그리고 그룹 균열이 극히 드물어질 때 비로소 이루어질 것이다.

돈 문제

이건 정말 하나의 지뢰밭이지만, 나로선 이 문제를 다루지 않는 것은 거의 범죄 행위가 될 것이다. 미전도 종족들 가운데 교회 개척 사역을 하는 팀들 중에 혹은 힌두/무슬림/불교 배경 신자들을 대상으로 제자 삼는 사역을 하는 이들 중에서, 적어도 약간이라도 돈 문제로 인해 고민해 보지 않은 경우는 내가 알기로는 단 한 팀도 없다. 이것이 우리의 현지인 형제 자매들이 특별히 돈에 관한 문제가 있거나 혹은 잘못된 저의들을 가지고 있기 때문인가? 결코 그럴 수 없다! 너무도 많은 경우에, 그들은 돈에 집착하지 않는 면에서 그리고 그들의 필요에 관해 오직 하나님을 신뢰하는 면에서, 오히려 그들의 외국인 교회 개척자 친구들보다 더 훌륭하다. 그럼에도 불구하고 재정에 관련된 긴장들로 인해, 신자들 가운데 그리스도가 온전해짐을 보기 위해 사역하는 사도적 사역자들과 바로 그 신자들 사이에 분열이 일어나는 경우가 너무 많다. 이 문제를 건드림에 있어 나의 목적은 "우리"와 "그들"이라는 구분을 부추기는 것이 아니라, 오히려 우리 안에 그런 분열이 뿌리 내리지 못하도록 돕는 데 있다. 피할 수 없는 문제를 피한다고 해서 이러한 잠재적 균열들이 제거되는 것은 결코 아니다.

다음 세 가지 영역을 고려하라:

· 특별한 곤경에 처하여 모종의 도움을 원하는 자들
· 신자들을 고용하고 있는 외국인 사역자들
· 직업적 사역에 들어가는 신자들

이것들을 각각 하나씩 다루어 보겠다.

곤경에 처한 사람들

우리가 지금 말하고자 하는 것은 핸드폰을 바꾸고 싶어 하는 형제가
아니라, 정말로 긴급한 곤경에 처한 사람들이다. 현지인 신자들은 때로
정말로 큰 어려움에 처하기도 한다. 실직, 시급한 의료적 필요, 심지어
가족의 먹거리가 떨어지기도 한다. 이브라힘에게 미국 혹은 화란 혹은
저 어디에서 온 '제자 삼는 자'가 있다고 치자. 이 사람은 서구 기준으
로는 그리 부자가 아니지만 현지인 기준으로는 분명히 부자이다. 이브
라힘의 딸에게 긴급히 수술이 필요하고 그 비용이 100불이 드는데, 이
브라힘에겐 그만한 돈이 없다. 어떻게 할까? 그 지역 문화로는 한 친구
가 당연히 다른 친구를 도와야 하지 않겠는가? 요한일서 3장 17절도
"누가 이 세상의 재물을 가지고 형세의 궁핍함을 보고도 도와 줄 마음
을 닫으면 하나님의 사랑이 어찌 그 속에 거하겠느냐"라고 말하지 않
는가? 그 교회 개척자의 가족에겐 100불이 없어진다 해도 별일이 아니
겠지만, 딸의 긴급한 수술 때문에 절실하게 100불이 필요한 이브라힘
에게는 하늘과 땅을 바꿀 수 있는 금액이다.

뭐, 쉽네 하고, 그냥 필요한 사람에게 줄 것인가? 그러나 기다리라! 현지인 신자들이 외국인에게 돈을 받은 것이 알려지면 그들의 증거는 완전히 신뢰를 잃을 수 있다. 이브라힘은 "돈을 받고 종교를 팔았다"는 비난을 받을 수 있다. 거기다 만일 그 외국인이 도움의 손길을 내밀기 위해 늘 대기하고 있다면, 그 현지인 신자들이 하나님에 대한 신뢰를 배우고 그들의 필요를 채우는 그분의 주권적 섭리를 경험할 수 있을까? 사역자와 신자의 관계가 급속도로 재정 문제와 얽혀 버리지는 않을까? '제자 훈련'의 동기 자체가 혼탁해지지는 않을까? 사역자들이 재정적 도움을 주기 위해 그곳에 있지 않음을 분명히 했을 때, 갑자기 사람들이 성경 공부 혹은 심지어 그리스도에 대한 관심을 끊어 버렸다는 이야기를 들려 주는 사역자들이 많이 있었다. 그렇더라도 사람들의 재정적 필요를 채워 주는 존재로 인식된 외국인 사역자는 본성적으로 재생산 능력에 흠결을 안게 된다. 달리 말해, 교제 그룹이 성장하면 신자들은 더 이상 외국에서 오는 후원금에 의존해서는 안 되며, 오직 하나님만을 그들의 공급자로 바라보아야 한다.

그럼 됐네, 이제 한 푼도 안 주면 되겠네? 글쎄, 독자들이 실망할 수도 있겠지만, 나는 여기에는 간단한 대답은 없다고 생각한다고 말할 수밖에 없다. 모든 상황은 "위로부터 오는 지혜"를 필요로 하며 우리로 하여금 무릎을 꿇게 만든다. 일반적으로, 요구한 돈을 주지 않았다 하여 관계가 깨어진다면 그것은 필시 좋은 관계가 아니다. 우리는 현지인들의 조언을 구할 수도 있다. 최소한 미전도 종족 그룹 출신의 신자들로 구성된 자그마한 공동체가 있을 때, 당신 혹은 그들이 긴급한 필요에 처한 사람들을 도울 수 있는 기금을 마련하는 것이 중요하다. 그리고 그 그룹은 어려움에 처한 사람들은 외국인 사역자가 아니라 그 기금을 관리하는 현지인 신자들에게 찾아가야 한다고 못박을 수 있을 것이다. 둘 혹은 세 사람이 곤경에 처한 신자의 '실상'을 들어 보고 적합한 대로 도움을 주게 하라. 그 기금에 돈을 넣고 싶은 사람은 외국인 사역자를 포함하여 모두 비밀리에 하도록 하라. 그리고 모든 신자들에게 나눔의 청지기 의식에 관해 가르치라.

한 가까운 이집트 친구가 한 번은 나에게, 금방 갚을 테니 300달러만 빌려 달라고 부탁했다. 조금 당황스러웠지만 "그러지 뭐" 하고 선뜻 내어 주었다. 그는 그 돈을 신속하게 갚았을 뿐만 아니라 그 후에 미국으로 건너가 결국에는 그리스도께 마음을 드리고 사업에도 크게 성공하여 지금은 우리 사역의 든든한 후원자가 되었다! 그와 그의 가족은 이 날까지 우리 가족의 절친한 친구이다. 이것은 매우 이례적인 경우일 뿐, 일이 이런 식으로 좋게 전개되지 않는 경우가 허다하다.

현지인 신자 고용하기

우선 외국인 교회 개척 사역자들이 사역 중에 교제하게 된 현지인 신자들을 고용해야 할 많은 이유들이 있음을 인정한다. 예수님이 말씀하셨듯이, 사역자는 품삯을 받을 자격이 있다. 많은 외국인 사역자들은 자비량 사업, 자선 사업, 번역 작업 등을 감당해야 하고, 게다가 언어 교육까지 받아야 한다. 그러므로 현지인 신자와 일터에서 함께 시간을 보내면 교제와 제자 훈련을 위한 보다 많은 기회가 제공된다. 현지인 신자들은 당신의 회사에서 믿지 않는 직원들 틈에서 신앙의 증인이 될 수 있다. 그리고 현지인들 중에 그리스도를 따르는 자들보다 더 믿을 만하고 정직하고 이해심 넓은 사람이 또 누가 있겠는가? 마찬가지로, 이미 앞서 말했듯이, 신자들은 많은 경우 괜찮은 직장에 대한 절실하고도 합당한 필요를 가지고 있다.

그럼 됐네, 당장 일자리를 내어 줄까? 글쎄, 일이 그렇게 간단하다면 얼마나 좋을까! 어떤 이들은 당신이 고용과 제자 훈련을 뒤섞어 놓으면 필시 둘 다 다치게 될 것이라고 확신한다. 이브라힘은 직원으로서는 매우 모범적인데 그리스도로부터 자꾸만 멀어져 가려 할 경우에는 어떻게 할 것인가? 아내를 대하는 태도에 있어서는 전혀 성경에 순종하지 않는다면? 혹은 그 반대로 아주 신실한 제자이지만 직원으로서는 밉상이라면, 그래서 그를 해고하고 싶어진다면? 그리고 교제 그룹에 일이 필요한 많은 신자들이 있는데 당신이 그들 모두에게 일거리를 다 주지 못해서 어떤 이들이 상처를 받고 있다면? 처음부터 모든 리더들이 당신이 월급을 주는 직원들이라면, 이런 상황에서 두 발로 든든히 선 건강한 교회를 개척하는 것이 가능한 일인가?

내가 관찰한 바에 따르면, 열에 아홉은 현지인 신자들을 고용한 결과가 좋지 못했다. 급료 수준에 관한 갈등과 요구들이 끊이질 않는다. 동기 자체가 혼탁해진다. 그 중에 몇 사람을 그만두게 하면 교회 자체가 와해될 수도 있다. 그 신자들의 친척들은 그들을 외국인 회사 직원쯤으로 생각한다. "그래 물론 그러니까 그리스도인이지"라는 식으로 그들을 대한다.

일반적으로 나는 만일 현지인 제자가 사역자의 회사 혹은 NGO에 고용되어야 한다면, 제자 훈련이 고용과 혼동되지 않아야 한다고 조언한다. 다시 말해, 그 도시에 독립적인 둘 혹은 세 개의 외국인 팀 혹은 사역 그룹이 있다고 치자. 만일 소크가 A팀이 이끌고 있는 사역에 (예를 들어, 신생 교회 개척) 적극 가담하고 있다면, 그가 B팀의 NGO에서 일하는 것은 아마도 큰 잠재적인 문제가 되지는 않을 것이다(그리고 바라기는 B팀이 소크가 A팀의 교회 개척에 가담하고 있음을 존중하고 그 관계에 끼어들지 말아야 한다). 물론 이 모든 제안들이 절대적인 법칙은 아니다. 주님께서 당신에게 지혜를 주시기를.

사역을 직업으로 삼은 현지인 신자들

최전방 개척 사역이 진척될수록, 이와 같은 질문들이 필연적으로 대두된다. "셍은 매우 신실한 사람으로 하나님께서 분명히 그를 쓰시고 계신다. 그렇다면 우리가 어떡하든지 그가 주님의 일에 전임 사역자로 나서도록 격려해야 하지 않을까?" 이 생각이 교회 개척자들에게서 비롯될 수도 있고 때로는 개인 신자에게서 나오기도 한다. 또 어떤 경우에는 별 도움이 되지 않는 외부 사역자들의 간섭에서 부각되기도 한다. 예를 들어, 셍과 관련되지도 않았고 그가 제자 훈련을 받지도 않았던 사역 팀이 찾아 와서 그에게 유급으로 성경 통신 과정의 후속 조치 직원으로 채용하고 싶다고 제안할 수 있다. 내가 이 문제 전반에 대해서는 뒤에 교회 개척 운동에 관한 장에서 자세히 다룰 것이기 때문에, 일단은 여기서 멈추고자 한다.

결론

하나님의 손에 이끌려 미전도 종족 그룹 출신의 한 그리스도인과 제자 훈련 관계에 들어가는 것은 말로 다할 수 없는 특권이다. 하나님 나라 확장의 최전방에서 신자들을 통해 나의 신앙을 영적으로 재생산한다는 것은 얼마나 영광스럽고 기쁜 일인가. 최전방 개척 사역에서 '제자 삼기'는 아마도 대규모 전도 집회 혹은 두드러진 리더십 역할처럼 그리 화려하지는 않을 것이다. 그 사역자는 어쩌면 수년 간 그늘에서 일해야 할지도 모른다. 그러나 하나님 나라를 위하여 이보다 더 좋은 전략은 없다. 미전도 종족 출신으로 그리스도를 위하여 현재 강력하게 그들 나라 전체를 바꾸고 있는 리더들이 머리에 떠오른다. 예외 없이, 그들 배후에는 수년에 걸쳐 자신들의 삶 전부를 그들을 위해 쏟아 부은 끈질긴 사역자들이 있다. 이들 부지런하고도 영리한 제자 삼는 자에게는 그 영예가 두 배로 돌아가야 하지 않겠는가?

10. 사도적 사역의 리더십

한 대령이 국방부에 새로운 보직으로 영전(榮轉)하게 되었다. 오크 원목으로 장식된 널찍한 사무실이 참 마음에 들었다. 하지만 출근 첫날이라 그런지, 조금 위축되는 것도 같고 마음 한 켠이 허전했다. 그러자 자신에 대한 존재감을 아랫 사람들에게 깊이 각인시키고 싶은 강한 충동이 일었다. 열 시쯤 되자 한 부사관이 문을 노크했다. 대령은 "들어와" 하고 소리친 후, 바로 전화기를 들고 부사관이 들으라는 듯 큰소리로 "예, 장군님, 대통령께 올릴 보고서를 완성했습니다. 지금 바로 보내도록 하겠습니다"라고 말했다. 그리곤 전화기를 내려놓고 "그래, 부사관, 무슨 일이야?" 하고 말했다. 그때 부사관 왈, "예, 아무 것도 아닙니다. 그냥 전화선을 가설하려고 왔습니다."

그리스도인으로서, 우리는 리더십이란 것이 무슨 대단한 자랑거리가 아님을 깨닫는다. 그것은 사람들이 우리에게 가질 법한 존경심을 조장하거나 혹은 자리가 주는 우쭐함을 즐기는 것과는 상관 없다(사실 최전방 교회 개척 사역에는 이런 것이 거의 존재하지 않는다). 오히려 리더십은 은사 혹은 소명으로서, 기꺼이 일에 뛰어 들고 그 책임을 지고, 하나님의 백성을 돌보고 인도하고 또한 먹여서, 그리스도를 위하여 무언가 귀한 일이 이루어지기를 도모하는 것이다. 요컨대 리더십은 섬김이다. 그리스도를 위한, 그리고 그분의 몸 된 교회를 향한 섬김이다. 최전방 교회 개척 사업에 부름 받은 이들은 하나 같이 값비싼 대가를 치른다. 사도적 리더들은 이보다 훨씬 큰 대가를 치른다.

'그리스도인의 리더십'에 관한 모든 책들을 모으면 체육관 하나 정도는 가뿐히 채울 것이다. 나는 그런 책들과 경쟁할 생각은 없다. 다만 우리는 사도적 사역, 최전방 교회 개척 팀의 리더십이라는 구체적인 사안에 초점을 맞추려 한다. 그 사역의 성격, 좋은 팀 리더십으로의 도전, 책임과 감독에 관한 우리의 이해를 떠받치는 성경적 원리들, 그리고 필드의 몇 가지 실제적 문제들을 살펴보고자 한다.

무엇이든 중요한 것, 무엇이든 가치 있는 일은 잘 추진되고 또 잘 관리되어야 한다. 성경이 지속적으로 증거하는 것은 하나님의 사역에 있어 바른 리더십이 결정적으로 중요하다는 사실이다. 우리 단체는 그간 지나치게 '팀 리더 중심적'이라는 비난을 받아 왔는데, 나는 그게 사실이라고 생각한다. 팀으로 사역하는 것은 우리의 여섯 가지 근본 원리(때로 우리의 '타협할 수 없는' 원리라고 부른다) 중 하나이다. 한 팀이 분명한 비전과 방향성을 가지고, 시간이 흐를수록 영적으로 든든히 나아가며 그 사역에 끝까지 집중하고자 한다면, 팀의 효과적인 리더십은 그야말로 본질적인 사안이다. 우리의 〈윤리 강령〉에 다음 사항이 포함되어 있다: "리더십은 영적으로 구비된 섬기는 리더에 의해, 그리고 실제로 사람들이 따르는 자에 의해 행사된다. 개별 팀 리더들이 팀의 의

사 결정 과정을 설계할 수 있지만, 국제 본부는 최종 결정에 대한 책임을 팀 리더에게 묻는다." 팀 리더들이 이 무겁고도 신성한 책임을 지기 때문에, 팀 멤버들은 자신들과 자신들의 사역을 감독하는 그 팀 리더의 영적인 그리고 직급적인 권위 아래 있다는 것을 인지한다.

우리 팀들은 '본부'의 일방적 지시를 받지 않는다. 우리 팀들과 팀 리더들은 그들의 마음에 하나님이 심어 주신 교회 개척 목표를 추구함에 있어 어떻게 실행해야 할 것인지에 관하여, 우리 단체의 '타협할 수 없는' 원리들과 팀이 스스로 작성한 비전의 범위 안에서 스스로 결정할 수 있는 폭넓은 자유를 누려야 한다고 우리는 믿는다. 이 자유는 심지어 그 팀 리더의 독립성과 우리의 전반적인 '팀 리더-중심성'에도 적용될 수 있다. 따라서 우리 팀들이 '준 자율적'이라는 것 역시 우리들 사고 방식의 커다란 부분을 차지한다. 하지만 우리 팀들과 팀 리더들에게 상당한 자유의 폭이 주어져 있더라도, 팀 리더들 자신도 모종의 권위와 감독 하에 있음을 인지하고 있으며, 모두가 '누군가의 지도를 갈망하고 책임감 있는' 사람이 되고자 한다. 우리는 또한 몇 가지 다른 장치를 동원하여 팀 멤버들이 의견을 말할 수 있고 그들과 팀 리더 사이에 커뮤니케이션이 원활하지 않을 시에는 문제를 조정할 수 있는 체제도 마련하기 위해 힘쓰고 있다.

이것이 비록 완벽한 체제는 아니겠지만, 지금까지 우리의 사도적 팀 교회 개척의 원리들을 구현하려는 과정에서 최대한 발전시킨 결과이다. 이 모든 것을 고려할 때, 우리는 하나님과 팀 그리고 주님께서 가라고 명하신 지역의 사람들 앞에서 그 팀 리더가 가지는 고유한 역할에 관해서만큼은 냉정해질 필요가 있다.

팀 리더가 할 일은 무엇인가?

나는 최근 대략 30명의 새로운 팀 리더들을 훈련하는 도중에 이런 질문을 던졌다. "좋은 팀 리더가 효과적인 임무 수행을 위해 감당해야 할 책임들은 무엇일까요?" 시계 바늘이 돌아가는 사이, 이 새로운 리더들은 너무도 적절한 이 질문을 앞에 두고 진지하게 머리를 굴리기 시작했다. 한 사람도 예외 없이 이거야 말로 정말 중요한 것이라면서 각자의 의견을 쏟아 놓았다.

- 정기적으로 개별 팀 멤버들을 만나 삶과 사역에 관해 평가해 보기
- 팀 멤버들의 주거 환경과 정착을 위한 제반 절차를 도와주기
- 하나님과 끈끈하게 동행하기
- 강력한 카리스마형 리더가 되기
- 많은 기도와 영적 재충전의 시간 가지기
- 지속적으로 팀에 비전을 공급하기
- 꼭 합당한 새로운 팀 멤버들만 뽑기
- 언어 학습에 모범을 보이기
- 정기적으로 감독자에게 보고하고 도움을 구하기
- 팀 회의들을 인도하기
- 중요한 방문자들을 초대하기
- 잘 들어 주기
- 팀을 원활하게 운영하고 관리하기(분명한 팀 규정과 효율적인 절차 마련하기)
- 파송 단체 및 교회들과 긴밀한 커뮤니케이션 유지하기

· 부지런한 복음 전도자와 제자 삼는 자 되기

· 성경을 공부하여 효과적으로 가르치기

· 재미있고 유익한 팀 재충전 시간 마련하기

· 팀의 목회적 필요를 채워 주기

· 자비량에 좋은 모범을 보이기(그것이 개인 사업이든, 자선 사업이든, 혹은 그 무엇이든); 확실한 거주 신분과 생존성 유지하기

· 사도적인, 다시 말해 '일이 되게 하는' 교회 개척자가 되어, 새로운 교제 그룹이 강화되고 더욱 강화되도록 만들기

· 해당 지역의 다른 사역자들과, 더불어 현지인 교회의 리더들과도 끈끈한 관계를 발전시키기

· 이메일을 정기적으로 확인하고, 단체의 전체 토의 모임에도 참여하기

· 생기 있고 건강한 결혼 생활을 유지하고 좋은 부모 역할의 모범을 보이기

· 건강한 재정 후원 체제 유지하기

· 모든 지도자 컨퍼런스와 지역 컨퍼런스에 참여하고, 특별한 훈련 기회들도 활용하기

· 모든 컴퓨터에 최신 프로그램으로 업그레이드하기(맞아요, 이런 말 한 사람은 없었어요. 그냥 잘 읽고 있나 확인한 것임!)

차트를 몇 장씩이나 가득 채우고 나자, 대부분이 다리를 쭉 뻗은 채 의자에 기대 앉기 시작했다. 그래서 내가 두 번째 질문을 던졌다, "저기, 이제 그만하면 좋겠다는 사람 있어요?" 모든 손이 올라갔다! 너무 오래 낙심하지 않도록 하기 위해, 한 가지 희망을 제시했다. "여러분이

이 많은 과업을 모두 수행할 수는 없습니다. 선별하는 것 외에 다른 방도가 없습니다. 무슨 뜻이냐 하면, 팀 리더로서 여러분에게 부과되는 모든 기대들, 다시 말해 단체가 거는 기대, 팀 멤버들의 기대, 본국 교회에서 혹은 당신 스스로에게서 오는 모든 기대들을 세 범주로 구분하는 겁니다. 반드시 해야 할 것, 다른 사람에게 위임해야 할 것, 그리고 그냥 내버려 두어야 할 것으로 말입니다." 실내 희망 지수가 조금 올라갔다.

우리는 우리의 우선 순위들을 쉽사리 뒤죽박죽으로 만들어 놓는다. 수퍼볼(미식 축구 챔피언 결정전)을 보고 있던 한 관중이, 50야드 라인 오른쪽 더 좋은 구역에 자리가 난 것을 발견하고는 작심하고 그곳으로 내려갔다고 한다. 몇 차례 플레이가 이어지고 난 뒤, 그는 바로 옆에 앉은 사람에게 전석 매진이라고 했는데 왜 이 자리는 비어 있느냐고 물었다. 그 사람은, 원래는 그 자리가 자기 아내가 앉을 자리였는데 그만 세상을 떠났다고 설명해 주었다. "이런, 정말 유감입니다. 그럼 다른 가족이나 친구와 함께 오시지 그러셨어요?" 하고 그는 다시 물었다. 그랬더니 그 사람 왈, "그러고 싶었죠. 하지만 지금 모두 장례식장에 있어요." 엉망이 된 우선 순위!

여기, 내가 믿기로, 모든 팀 리더가 설사 다른 일을 망치더라도 반드시 개인적으로 꼭 유지해야 할 여섯 가지 책임을 소개하겠다.

1. 영적으로 건강하라

너무 뻔한 이야기일 수 있다. 그렇지만 이보다 더 중요한 것이 무엇이란 말인가? 리더가 그의 삶과 사역에서 '성령 안에' 거하지 않으면, 그는 일주일에 80시간을 일하고 모든 과업을 완수하고도, 영적인 유익을 전혀 가져 오지 못할 것이다. 개인 기도와 성경 읽기 그리고/혹은 공부 등 매일 가지는 '경건의 시간'은 결코 사치가 아니다. 죄를 자백하고 어떤 불순종의 모습이라도 지속되지 못하게 하는 것은, 만일 그가 "하나님과의 사귐"을 갖고 "빛 가운데 행"하고자 한다면, 참으로 본질적인 사안이다(요일 1장). 나를 성장시키려는 주님의 계획 안에서 그분과 협력하는 것은 없어서는 안 될 사항일 뿐 아니라, 다른 이들과의 깨어진 관계가 나와 하나님과의 관계를 해치거나 곪게 만들지 못하도록 방지하는 작업이다.

리더가 하나님과 동행함에 있어 가장 큰 위협들 중 하나는 익히 잘 알려진 '긴급한 일의 횡포', 즉 급한 일들이 중요한 일들을 질식시키고 고사시키는 경우이다. "무조건 두 시까지 꼭 마쳐야 할" 수많은 일들이 있으면, 우리의 경건의 시간을 일차로 희생시키는 것이 얼마나 쉬운가. 한번 여기에 굴복하면, 머지않아 그것이 삶의 스타일로 굳어진다. 주님께서 우리를 부르신다, "댄, 네가 많은 일로 염려하고 근심하나… 한 가지만이라도 족하니라"(눅 10:41-42, 원문에 댄은 없음).

성경에서 리더십은 지혜와 거의 동의어이다. "너희 중에 지혜와 총명이 있는 자가 누구냐? 그는 선행으로 말미암아 자혜의 온유함으로 그 행함을 보일지니라… 오직 위로부터 난 지혜는 첫째 성결하고 다음에 화평하고 관용하고 양순하며 긍휼과 선한 열매가 가득하고 편견과 거짓이 없나니"(약 3:13, 17). 오직 하나님의 성령의 인도하심을 통해서만 우리 리더들이 이러한 지혜로 행할 수 있다.

2. 비전과 믿음을 배양하라

월 스트리트 저널에서 이런 광고를 보았다. "비전은 가능성에 대한 예리한 감각을 가지는 것이다. 그것은 다른 사람이 보지 못하는 것을 보는 것이며, 비슷한 비전을 가진 이들이 함께 모이면 무언가 굉장한 일을 일으키는 동력이 된다." 하나님께서 한 사도적 리더를 일으키실 때, 그분은 그에게 무거운 짐과 더불어 그분이 그 팀을 통해 이루실 일에 대한 비전을 주신다. 어떤 면에서 그 팀 리더는, 비록 장차 이루어질 그 일이 당시에는 존재하지도 않지만, 그것을 볼 수 있고, 만질 수 있고, 냄새를 맡을 수도 있다.

불행히도 우리는 이 비전과 믿음의 은사를 자주 그 사람의 성격과 혼동한다. 만일 누군가 카리스마가 강하고 두드러지고 빛나는 사람이 있다면, 우리는 그를 비전적인 리더라고 생각한다. 분명한 사실은, 리더라면 누군가를 이끌 수 있어야 한다는 것이다. 그렇다면 주변에 그를 따르는 사람들이 있는지 살펴보아야 한다. 그러나 오랫동안 지켜본 내 경험에 따르면, 특정한 사도적 사역을 위해 이런 종류의 비전과 믿음을 주님께로부터 받은 사람이라면, 그의 팀이 그 사실을 분명하게 인지할 수 있도록 해야 한다는 것이다. 그리고 이러한 일은 그 리더의 성격 유형만으로는 일어나지 않는다. 핵심은 그 리더의 비전에 흡입력과 전염성이 있어야 한다는 것이다.

수년 전 비교적 신참에 속하는 한 팀 멤버가 그의 리더를 격려해 주고 싶었다. "당신이 우리 팀을 위해 얼마나 뜨거운 비전을 불러일으켰는지에 대해 감사하고 있습니다." 이 말에 그 팀 리더는 깜짝 놀라고 말았는데, 왜냐하면 자신은 특별히 '비전적인 성격'의 소유자가 아니었기 때문이다. 그래서 그 팀 멤버가 이렇게 설명해 주었다. "우리가 무슨 비전 모임 혹은 그와 유사한 모임을 가졌다는 게 아닙니다. 단지 팀의 모든 사람이 우리가 무엇을 향해 가고 있는지를 분명하게 보고 있다는 말입니다. 왜냐하면 당신이 그것을 또렷이 보고 있기 때문입니다. 우리는 자주 우리가 어디로 가고 있는지, 그리고 주님께서 우리를 어떻게 그곳까지 인도하실지에 관해 이야기를 나누었습니다. 그래서 분명해진 것이죠. 당신을 결코 막을 수 없을 겁니다. 그리고 당신은 그 누구도 우리를 막을 수 없게 만들 거구요. 그래서 우리 모두는 비전을 얻었고, 그것이 우리를 밀어붙이는 참으로 큰 힘이 됩니다."

3. 교회 개척에 의미 있게 참여하고 전체적인 방향성을 설정하라

이집트에서 처음으로 리더로 섬기는 동안, 나는 그만 전략적인 실수를 저지르고 말았다. 우리 팀은 열다섯 명의 성인으로 구성되어 있었는데, 각종 모임, 계획, 커뮤니케이션, 문제 해결, 그리고 행정 등 해야 할 일이 항상 너무 많았다. 그래서 나는 '팀 관리'가 나의 주 임무인 듯 살았는데, 그것이 나의 아랍어 학습에 큰 지장을 주었다. 얼마 지나지 않아 현지 주민 중 몇몇 남성과 여성이 믿음을 갖게 되었는데, 다른 일로 분주한 나머지 내가 개인적으로 제자 훈련과 모임에 참여하는 수준은 흡사 '바깥에서 구경하는' 정도에 머물 수밖에 없었다. 나는 팀 리더가 항상 교회 개척과 관련된 모든 일의 중심에 서야 한다고 말하지 않겠다. 다만 교회 개척이 팀이 그곳에 있는 주된 목적이기 때문에, 리더는 항상 의미 있게 참여해야 한다고 나는 믿는다.

나는 때로 우리가 맡은 역할에 관해 '팀 리더'가 아닌 다른 명칭이 있었으면 좋겠다고 생각한다. 이 말은 은연중에 리더의 주된 역할은 그 팀을 이끌고 그들의 필요들을 돌아보는 것이라는 인상을 주기 때문이다. 이것은 사실이 아니다. 오히려 팀 리더의 주된 역할은 교회가 개척되게 하는 것이며, 팀에 효과적인 리더십을 공급하는 것은 교회 개척이라는 목적을 달성하기 위한 하나의 수단일 뿐이다. 목적에 맞추어야 할 초점을 수단에 맞추는 우를 범하지 말라.

리더와 교회 개척자로서 최고의 은사를 가진 사람이 팀에 소속되어 있는 경우를 상당히 많은 경우에서 보게 된다. 그러나 그 사람은 공식적인 팀 리더는 다른 사람이 맡고 자기는 계속 교회 개척에 집중하고 싶다고 말한다. 리더의 자리를 내놓는 이유는 언제나 보고서 작성, 과업 조율, 그리고 목회적 돌봄 등 팀 리더에게 부과되는 많은 짐 때문이다. 이런 경우에 나는 보통 직면한 어려움에 대한 그의 반응은 이해하지만 그 해결책은 틀렸다고 조언한다. 일반적으로 이 사람을 팀 리더에 임명하여 비전과 방향성, 그리고 영적인 환경을 마련하는 일을 담당케 하고, 팀에서 다른 리더를 하나 더 세워 ‘총무’ 혹은 ‘팀 리더 보조’로 일하게 하는 게 보다 바람직하다. 다시 말해, 그 팀에서 사도적인 은사를 가장 풍성하게 받은 사람이 그 팀 리더가 되는 것이 이상적이다.

4. 들으라

누군가와 함께 있을 때 상대방이 우리의 말에 정말 귀 기울이는 모습을 본다면, 우리는 얼마나 기분이 좋은지 잘 알고 있다. 팀 리더들이여, 스스로에게 물어 보라. 팀 멤버들이 무엇을 더 원할까? 들어주는 것, 아니면 항상 알아서 하라고 하는 것인가? 대부분의 사람들은 만일 그들이 의견을 제시할 수 있고 그리고 그 의견이 존중 받고 충분히 고려되는 것을 알게 되면, 일들을 자기 마음대로 하려고 고집하지 않을 것이다. 그들은 때로 결정들이 원치 않는 방향으로 흘러가도 이해한다. 왜냐하면 팀 리더가 다른 요인들과 다른 사람들의 생각들도 고려해야 하는 줄을 잘 알기 때문이다. 그들이 그 결정에 참여했고 다른 이들이 자기 의견에 귀를 기울였다는 사실을 아는 한, 그들은 그 결정에 기꺼이 승복할 수 있다.

5. 개별 팀 멤버들을 감독하라

자석같이 끌리는 성품을 지닌 한 좋은 친구가 내게 있는데, 그는 수년 동안 한 팀의 리더로 지냈다. 사람들은 그의 비전을 열정적으로 받아 들였고 그와 함께 필드에 합류했다. 그의 팀은 한때 거의 30명에 이르렀다. 내가 처음 그곳에 방문했을 때가 생각난다. 한 사람 또 한 사람, 놀랍게도 모든 팀 멤버들이 똑같은 말을 나에게 들려주었다. 정말 흥분된 마음으로 이 팀에 합류했지만, 6개월 후 그들은 좌절하고 거의 환멸을 느끼게 되었다고 한다. "우리에겐 전혀 방향성이 주어지질 않았어요. 우리 스스로를 어느 장단에 맞춰야 할지 모르겠어요. 날이 가도 우리가 무엇을 할 것인지가 확실치 않아요"라는 하소연이 후렴처럼 반복되었다. 계속해서 팀 멤버들이 떠나거나 혹은 다른 팀에 합류했다.

팀 리더들에겐 특별한 기회와 특별한 의무가 주어진다. 팀 리더는 지구라는 혹성에서 오직 유일한 한 사람, 팀 멤버들의 삶과 사역을 감독하리라고 기대되는 오직 그 한 사람이다. 팀 멤버들 자신, 단체, 그리고 본국의 모든 후원자들과 파송 교회들은 리더가 그들이 보낸 사람들을 잘 돌보고 그들의 일을 잘 지도하며 책임을 지리라고 가정한다. 재정적인 지원을 받는 팀 멤버들에게(대부분 이런 사람들이다), 이것은 팀 리더가 직장 혹은 직업적인 측면에서도 그들의 감독자임을 의미한다. 여기 합리적인 감독 체제를 유지할 수 있는 네 가지 장치를 소개하겠다: 1) 주 단위 활동 보고(통상 간단한 양식을 사용함) 2) 격월 단위 일대일 면담 3) 6개월 단위 '어려운 목표'의 설정과 수정(아래를 보라); 4) 위 시간들 중 한 번을 택하여(1년에 한 차례) 활동과 성과에 대한 점검 및 새로운 목표 설정하기. 물론 전임 사역자가 아닌 사람들을 위해서는 (예를 들어, 어린 자녀들의 어머니들) 당신이 행하는 감독의 성격이 상황에 맞추어 조절되어야 할 것이다.

목회적 돌봄의 문제가 종종 대두되기도 한다. 이에 대한 더 깊은 논의를 위해서는 아래를 보라. 우리는 팀 리더가 팀 멤버들의 성장을 촉진하고 개인적 안녕을 누릴 수 있는 여건 확보를 돕는 책임을 감당하기를 기대한다. 그러나 많은 사도적 리더들은 목회적 돌봄에 능하지 않기 때문에, 다른 사람의 도움을 받을 필요가 있다.

당신의 팀 멤버들에겐 격려와 인정이 필요하다. 그들의 리더인 당신으로부터 주어지는 격려와 인정은 단연 최고의 가치를 지닌다. 남가주 대학의 트로잔 풋볼 팀 수석 코치였던 존 로빈슨은 이렇게 말했다. "나는 선수들이 우선 내가 그들의 능력을 무조건적으로 신뢰한다는 사실을 확신하기 전까지는 결코 그들을 비판하지 않았다."

팀 리더들에겐 하나님 나라를 위한 특별한 기회가 주어진다. 한 팀 멤버가 고작 50퍼센트의 능력을 발휘하고 있을 때, 리더가 최소한의 시간과 에너지만 투자하여 격려와 방향성을 제공해 주면 그는 75퍼센트 혹은 100퍼센트의 능력을 발휘할 수 있다. 이것이 진정으로 당신의 시간을 증폭시키는 길이다.

6. 책임지고 배우려는 자세의 모범이 되라

우리는 마태복음 8장 9절의 이방인 백부장으로부터 교훈을 얻을 수 있다. "나도 남의 수하에 있는 사람이요, 내 아래에도 군사가 있으니 이더러 '가라' 하면 가고 저더러 '오라' 하면 오고 내 종더러 '이것을 하라' 하면 하나이다." 자신의 휘하에 군사들을 다스릴 책임과 권한이 그에게 있듯이, 역으로 그 위에 있는 리더에게 순종할 책임과 의무도 그에게 있음을 그는 잘 알고 있었다. 필드 디렉터로 지낸 10년 동안 나는 강력한 상관 관계 하나를 발견했다. 팀 리더가 그 위에 있는 감독자에게 신실하게 순종하면 일반적으로 그의 팀 멤버들도 그만큼 그 리더를 대우한다. 마찬가지로, 요리조리 피해 다니거나 꾸준하게 보고하지 않는 리더들은 보통 팀 멤버들로 인한 심각한 좌절에 직면하게 된다. 가령 리더의 말을 듣지 않고 자기들 마음대로 행하고, 자문을 구하지 않은 채 중요한 결정들을 내리고, 수동적이고, 공격적으로 행동하고, 그리고 심지어 항명까지 일어난다. 지혜로운 팀 리더는 자신이 마땅히 수행해야 할 책임에 매우 신실하며, 팀이 그 사실을 분명하게 알도록 할 것이다.

"너는 권고를 들으며 훈계를 받으라. 그리하면 네가 필경은 지혜롭게 되리라"(잠 19:20). 나는 훈계와 건설적인 비판을 기꺼이 들으려 하는가? 나는 나에게 지도가 필요함을 알고 그것을 추구하는가, 아니면 나는 이미 모든 답을 다 알고 있다고 생각하는가? 이 문제에 대하여 나의 팀은 나에 대해 어떤 인상을 가지고 있는가? 내가 마지막으로 팀 앞에서 "나는 이 부분에 약합니다. 그래서 훈련을 받거나 이러이러한 과정을 이수하려고 합니다"라고 말한 것이 언제였던가? 만일 우리가 겸손하고 지도에 잘 따르는 팀 멤버들을 원한다면, 우리가 먼저 그 모범을 보여야 한다.

비본질적인 과업들

따라서 만일 이 여섯 가지가 효과적인 팀 리더에게 불가결한 우선 순위들이라면, 반면에 그 리더가 그냥 내버려 두어도 되는 책임들은 어떤 것들이 있는가? 아래 목록이 완벽하지는 않다. 그리고 당신이 이런 영역에는 아예 한 발짝도 들여 놓지 말아야 한다는 의미도 아니다. 당신의 은사와 당신 팀의 상황에 따라, 이 중에서 몇 가지를 불가피하게 할 수도 있다. 그러나 일반적으로 꼭 당신이 이 일들을 안 해도 되는 상황이라면, 다른 누군가에게 위임하여 합리적으로 처리되도록 하라.

- 팀의 모든 활동과 모임을 인도하기. 그 팀에 여섯 명 이상의 멤버들이 있으면, 나는 그 리더에게 이런 종류의 많은 책임들을 떠맡을 수 있는 '총무' 혹은 '팀 리더 보조'를 임명하라고 조언한다. 또한 소규모의 '실행 지도부'를 조직하여 리더십 행사를 돕도록 할 수도 있을 것이다.
- 교회 개척의 모든 측면에 관여하기(이것은 위의 세 번째 항목과 모순되지 않는다.)
- 지나치게 이메일에 매달리기. 얼마 전 나는 가장 효과적인 팀 리더와 교회 개척자 중 한 사람의 집에 머물렀다. 여차여차해서 그는 일주일에 딱 두 번만 이메일을 확인한다는 이야기가 나왔다(그리고 중요 발표 사항이 있지 않는 한, 토론 그룹에는 전혀 참석하지 않는다고 한다). 우리 중 상당수가 이메일에 너무 자주 기웃거리고 있으며, 거기에는 그만큼 상응하는 손실이 따른다.
- 팀의 언어 학습 컨설턴트(제6장을 보라. 팀 리더가 아닌 언어 컨설턴트를 따로 두어야 할 필요성에 대해 논의하고 있다).
- 모든 팀 절차와 행정을 처리하기. 만일 당신이 큰 규모의 팀을 이끌고 있다면, 당신은 더 많이 위임할 수 있을 뿐만 아니라 살아남

으려면 절대적으로 그렇게 해야 한다. 팀 리더들이 여기저기 뛰어다니면서 새로 오는 사람들을 위해 아파트를 마련하고, 수도 없이 비행기 티켓을 끊고, 컴퓨터를 고치고, 팀 재정을 관리하고, 여러 직무들을 조율하느라 정신이 없는 경우를 나는 왕왕 본다. 시간도 있고 도와 줄 용의도 있는 팀 멤버들이 많은데도 말이다. "그렇지만, 누군가에게 위임하면 일이 제대로 안 될 게 뻔한데요" 하면서 반발하는 리더도 있을 것이다. 팀 리더로 있는 내 친구가 정말 기가 막힌 규칙 하나를 소개했다. 만일 무슨 일을 자기 아닌 누군가에게 위임하여, 자기가 직접 했을 때의 75퍼센트 정도만 달성할 수 있다면, 그는 그 일을 위임한다고 한다. 나중에 그는 그 기준을 50퍼센트로 내렸다고 말했다!

· 팀의 일차적인 목회적 돌봄의 공급자 되기. 모든 리더들은 동역자들이 당하고 있는 어려움을 돌아보고 격려하기를 원한다. 그럴 필요들이 분명히 존재한다. 목회적 영역에 관하여 우리 팀 리더들이 가진 은사의 폭은 '바나바' 유형에서부터 '패튼 장군' 유형에 이르기까지 상당히 넓다. 리더로서 당신은 당신의 강점과 약점을 잘 파악하여, 그 은사를 가지고 팀을 이끌 필요가 있다. 만일 당신이 목회적으로 강하면, 그때는 당연히 목회적 돌봄이 당신이 팀을 이끄는 중요한 부분이 되게 하고 싶을 것이다. 그러나 만일 당신이 그 영역에 강점을 가지고 있지 못하면, 팀의 목회적 필요를 채우기 위한 다른 방도를 찾아야 한다. 팀 내 다른 사람을 통하든가 아니면 팀 외부의 누군가를 통해서라도 말이다. 경우에 따라서는, 치료적인 측면 혹은 지속적인 목회적 돌봄의 측면에서 아주 심각한 어려움에 처한 사람을 팀 멤버로 영입하는 것은 지혜롭지 못한

일일 수 있으니 신중하게 고려하라.

· 박사 학위를 획득하는 일. 이 말을 잘못하면 큰 곤경에 처할 수도 있다. 만일 하나님이 당신을 선교학자 혹은 신학교 교수로 부르신다면, 당연히 당신에게 박사 학위가 필요하다. 그러나 하나님께서 그리스도의 이름이 아직까지 불리지 않는 지역에서 사도적 사역을 통한 교회 개척 과업으로 부르신 사람들은 대부분 그것이 필요하지 않으며, 그들은 그런 학위를 원하지도 않을 것이다. 박사 학위를 따는 것이 일부 최전방 개척 사역자들에게는 분명 하나님의 뜻일 것이다. 그러나 나는 그 비율이 그리 높다고는 생각할 수가 없다.

· 개인적으로 모든 팀 멤버들을 감독하기. (이것은 위의 다섯 번째 항목과 모순되지 않는다.) 규모가 큰 팀에서는 고참 팀 멤버들이 어린 풋내기 팀 멤버들을 감독하는 것이 좋다. 마찬가지로, 나는 일반적으로 큰 규모의 팀의 리더들에게 고참 여성 팀 멤버를 임명하여 팀 내 여성들에 대한 사역을 하도록 하라고 조언한다. 그럴 때 훨씬 좋은 성과가 있을 것이다. 이집트에서 만난 한 미혼 여성이 생각난다. 그녀는 내 친구이기도 하고 존경 받는 동역자였다. 나는 이 기간 동안 그녀가 수행해야 할 몇 가지 목표들을 내 나름대로는 부드럽게 부탁했다. 그녀가 갑자기 울음을 터뜨렸을 때, 이런 감독 관계에는 내가 적임자가 아니라는 사실을 뼈저리게 깨달았다!

한 가지 더

팀 리더가 장차 완수해야 할 모든 임무들을 고려한다면, 현지 거주를 위해 소모해야 하는 시간을 최소화시키는 (사업, 직장 혹은 학생 신분으로서의) '거주 발판'을 마련하는 것이 중요하다. 솔직히 말해 보자. 교회 개척보다 때로 교회 개척을 위한 방편으로서의 이 일이 더 쉽다. "내가 여기 머물기 위해서는 이 일을 해야 합니다"라고 말하면서 그 일에 시간을 투자하는 것을 정당화하기가 쉽다. 거주 발판 마련을 위한 일이 당장은 만족을 준다. 물리적인 필요를 채워 주기도 하고 무언가를 성취할 수도 있다. 시간을 이렇게 사용한다며 당당하게 내놓을 것도 있다. 당신의 거주 발판 마련하는 일을 지원하도록 사람들을 이해시키고 끌어들이기도 쉽다. 그렇지만 나는 이러한 식으로 '거주 발판' 마련에 집중할 경우 그것이 사람들에게 올가미가 될 수 있다고 본다. 왜냐하면 거주 발판을 마련하는 일들은 손에 잡히고, 그리고 사람들은 무언가 눈에 보이도록 쌓아 올리는 것을 좋아하기 때문이다! 반대로 교회 개척 사역은 때로 아무런 보상이 주어지지 않는다. 그것은 어렵다. 그것은 험한 고갯길이다. 그것은 당장 만족을 주지 않는다. 그리고 그것은 영적인 공격을 받는다! 정말로 그 사역에 끈질기게 집중해야 하는데, 그럴 듯한 그 발판 마련 일과 비교하여 이 사역을 바라볼 때면 정말 낙심할 수 있기 때문이다. 팀 리더들은 교회 개척에 지속적으로 초점을 맞출 수 있도록 항상 깨어 조치를 취해야 한다.

사도적 사역의 책임

감독(oversight)과 책임(accountability)은 의미가 다소 모호한 단어이다. 이 말들을 들을 때, 우리 모두는 제각기 다른 개념들을 떠올린다. 이것은 매우 불행한 일인데, 왜냐하면 사도적 사역에 있어서 이것들의 역할이 지극히 중요하기 때문이다. 특히 이 사역이 어떤 형태로든 팀으로 이루어질 경우 더욱 그렇다. "책임지다"의 사전적 정의는 "어떤 사람 혹은 어떤 일을 떠맡다"이다.[1] 그리고 "감독하다"는 "어떤 사람 혹은 그가 하는 일을 주시하고 관리하고 지도하는 것"으로 정의된다.[2] 그런데 이 정의들은 단지 서구적인 개념들로서, 아마도 지난 20년 간 광풍처럼 몰아친 경영에 대한 강조에서 태어난 것들이 아닌가 한다.

휴이 코브라 헬리콥터 한 대가, 야간 군사 훈련의 일환으로 자동 회전 기술을 시도하던 중 꼬리 회전 날개가 땅에 닿으면서 강력한 폭발과 함께 꼬리 부분이 동체에서 떨어져 나갔다. 다행히 동체는 활주부로 떨어져 엄청난 불꽃과 함께 360도 회전하면서 활주로 위를 미끄러져 나갔다. 코브라 헬기가 관제탑을 지나갈 때 다음 대화가 오갔다.

관제탑: "조종사, 도움이 필요한가?"

코브라: "모르겠다, 관제탑. 아직 완전히 박살 나지는 않았다!"(말하자면, 완전히 부서지지 않았으므로 자신이 책임지겠다는 의미다.)

이것이 우리가 책임에 관해 생각할 때 떠오르는 개념이다. 물론 이것으로 그 의미를 완전히 이해한 것은 아니다. 그럼에도 불구하고 우리는 힘써 성경이 그것에 관해 가르치는 모든 것을 배워야 한다. 이 단어가 우리가 현지 교회 개척을 위해 어떻게 함께 일해야 하는지에 대해 직접적으로 알려 주기 때문이다. 영적인 권위 행사에 관해 확고한 성경적인 틀을 가지고 있지 않는 팀 리더는 필시 모호하면서도 자신감이 없는 듯한 태도를 보일 공산이 크다. 그리고 이것은 누구에게도 덕이 되지 않는다. 마찬가지로, 이에 대한 이해가 부족한 팀 멤버들은 그들에게 주어진 성경적인 자유와 책임들에 대해 알지 못할 것이고, 그들의 리더에 대하여 그리스도를 높이는 방식으로 항상 대하지는 않을 것이다. 성경이 가르치는 바에 대한 이해의 결핍이 우리 팀에 얼마나 많은 혼란을 초래할 것인가?

"우리에게는 리더십에 대한 또 다른 책이 필요하지 않으며 오히려 '팔로워십(followership)'에 관한 책이 필요하다"고 말하는 소리를 나는 두어 번 들은 적이 있다. 우리는 리더들이 보편적으로 불신 받는 시대에 살고 있으며, 이 현상은 교회 안에서도 예외는 아니다. 달라스 윌라드(Dallas Willard)는 이렇게 쓴다. "오늘날 서구 교회는 제자도와 복음의 의미에 관한 역사적 환상의 거품 안에 살고 있다. 우리는 미국 문화를 지배하고 있는 계몽주의적 가치들에 의해 철저히 지배당하고 있다.[3] 행복의 추구, 무한한 선택의 자유, 권위에 대한 경멸 등이 그것이다." 유사하게, 폴 맥코건(Paul McKaughan)도 이렇게 쓴다. "우리는 많은 시간을 들여 리더십을 가르치고 나서는, 성경과 우리의 경험이 인간은 본질적으로 따르는 존재(follower)가 아니라 아나키스트라고 말함에도 불구하고, 누군가를 따르는 것(following)이 자연적 본성이라고 단정한다. 그러나 우리 인간들은 각기 제 길로 가는 양이다. 이것은 단지 우리의 지도를 따르지 않으려 하는 저들에게 국한된 성향만은 아니다. 저들과 우리가 꼭 같은 만큼, 타락한 우리의 인간적 본성이기도 하다. 독립성과 자기-만족은 결코 바람직한 성경적 성품이 아니다. 우리가 성경을 읽다가 이런 성품들을 발견할 때면 거의 예외 없이 그 다음에 나쁜 일이 일어난다는 사실을 관찰한다. 건강한 의존성이 보다 성경적인 규범이다. 우리는 서로가 필요하도록 창조되었다."[4]

바라기는, 우리가 리더를 따르면서 공통적으로 당한 어려움들이 팀에는 지장이 되지 않았으며 사역자들은 항상 사심 없이 그 민족과 동역자들을 섬겼다고 말할 수 있었으면 좋겠다. 그러나 현실은 그렇지 않은 걸 알고 있지 않은가. 우리는 다소 차이는 있지만 모두 우리 세대의 산물이다. '팔로워십'이 우리들 베이비부머 세대에게 하나의 문제였다면, 일반적으로 우리의 X 세대 형제와 자매들에게는 그것이 더 큰 문제로 부각된다고 말할 수 있겠다. 성경은 경건한 리더들(경건한 왕들, 사도들, 장로들, 선생들)을 은혜의 방편이라고 말한다. 좋은 리더를 가지지 못한 사람들은 "목자 없는 양"이라고 말하는데, 이 말 안에는 삶의 가혹함이 투영되어 있다. 그렇다면 성경은 이 문제들에 관해 무엇을 가르치는가? 왜 우리에게 리더가 필요한가? 복종이란 무엇인가? 권위란 무엇인가? 왜 우리는 '보고'(報告)라는 것을 해야 하는가?

그리스도의 몸 안에서의 리더십과 권위

예수님은 제자들에게 이렇게 가르치셨다. "그러나 너희는 랍비라 칭함을 받지 말라. 너희 선생은 하나요 너희는 다 형제니라. 땅에 있는 자를 아버지라 하지 말라. 너희의 아버지는 한 분이시니 곧 하늘에 계신 이시니라. 또한 지도자라 칭함을 받지 말라. 너희의 지도자는 한 분이시니 곧 그리스도시니라. 너희 중에 큰 자는 너희를 섬기는 자가 되어야 하리라. 누구든지 자기를 높이는 자는 낮아지고 누구든지 자기를 낮추는 자는 높아지리라"(마 23:8-12). 이러한 말씀이 우리의 기초가 된다. 그리스도의 몸 안에서 모든 우리의 관계는, 궁극적인 의미에서, '동료 대(對) 동료'다. 동등한 가치, 존엄성, 그리고 하늘의 시민권이 우리 관계의 토대를 형성한다. 예수님은 또한 이렇게 가르치셨다. "이방인의 집권자들이 그들을 임의로 주관하고 그 고관들이 그들에게 권세를 부리는 줄을 너희가 알거니와, 너희 중에는 그렇지 않을지니 너희 중에 누구든지 크고자 하는 자는 너희를 섬기는 자가 되고, 너희 중에 누구든지 으뜸이 되고자 하는 자는 모든 사람의 종이 되어야 하리라"(막 10:42-44). 리더십이 무엇이든 그것은 본질적으로 섬김이다.

그런데 이 말씀들이 신약에서 이와 관련된 유일한 예들인가? 이것들은 어떤가?

"잘 다스리는 장로들은 배나 존경할 자로 알되 말씀과 가르침에 수고하는 이들에게는 더욱 그리할 것이니라"(딤전 5:17). 장로들의 여러 책임 중 하나는 "다스리는"(헬라어 proisteemi) 것이며, 이것은 참 어려운 일이다.

"형제들아, 우리가 너희에게 구하노니 너희 가운데서 수고하고 주 안에서 너희를 다스리며 권하는 자들을 너희가 알고… 귀히 여기며"(살전 5:12). 리더들은 관할 하에 있는 자들을 "다스리는" 자들이다.

"우리에게 주신… 은사가 각각 다르니… 다스리는 자는 부지런함으로"(롬 12:8). 바울은 여기서 장로에 대해서만이 아니라, 리더 일반에 관해 말한다. 예수님이 우리의 리더이지만, 그분은 인간 리더들을 통해서 일하신다는 복안을 수립하셨다.

"너희를 인도하는 자들에게 순종하고 복종하라. 그들은 너희 영혼을 위하여 경성하기를 자신들이 청산할 자인 것 같이 하느니라. 그들로 하여금 즐거움으로 이것을 하게 하고 근심으로 하게 하지 말라. 그렇지 않으면 너희에게 유익이 없느니라"(히 3:17). 여기서 다시 기자는 장로들과 우리의 관계에 대해서 뿐만 아니라, 우리의 리더 일반과의 관계에 대해 말한다. 리더들은 그리스도의 몸 안에서 감독의 책임과 권위를 가진다. 그들 스스로가 이에 대해 책임을 져야 한다. (그는 이것이 하나님 앞에서인지 혹은 그들 위에 있는 인간 리더들 앞에서인지에 대해서는 말하지 않는다. 아마도 둘 다일 것이다.) 그들의 일은 기쁨일 수도 있고 짐이 될 수도 있는데, 이것은 내가 어떻게 반응하느냐에 달려 있다. 현재 문화 속에서 꽤나 귀에 거슬릴 수 있는 말이지만, "하나님은 나를 순종하고 복종하도록 부르신다."

이와 같은 단락들이 사도적 필드 팀들의 리더십, 감독 그리고 책임에 적용되는가? 예를 들어, 팀 리더와 팀 멤버 사이의 관계에 적용될 수 있는가? 나는 그렇다고 믿는다.

영적 권위 그리고 직분의 권위

직분의 권위는 한 단체에서 개인이 맡은 '팀 리더,' '팀 리더 감독자,' '지역 코디네이터' 등의 직분 혹은 위치로 인해 주어지는 권위이다. 그 사람됨에 상관없이 직분 자체에 주어진 그 나름의 책임과 권위를 가지기 때문에, 그들 아래 있는 사람들은 그들의 리더십에 협력해야 한다. 그러나 영적 권위는 다르다. 그 개인이 직분의 권위 혹은 지위를 가지고 있을 수도 있고 그렇지 않을 수도 있다. 그렇지만 그들의 삶, 업적, 경험, 그리고 지혜로 인해 사람들이 그들의 영향력과 지도를 존중하게 되는 것을 의미한다.

어떤 이는 우리는 오직 영적 권위에만 순응하면 된다고 말한다. 이것은 반쪽짜리 진실이 아니겠는가? 성품, 참된 영적 성숙, 그리고 검증된 경험은 성경에서 실로 엄청나게 중요한 것으로 간주된다. 그런데도 우리가 오직 영적인 권위에만 순응한다면, 머지않아 그것이 어려운 시기에 파국을 초래하거나 궁극적으로 일을 망치는 지름길임을 알게 될 것이다. 다시 말해, 상대의 권위를 순간 순간 어떻게 받아들이냐에 따라, 그것이 기분에 내킬 때에만 다른 이들의 영적인 권위에 순응하려

할 것이다. 오직 영적인 권위에만 순종하려 하는 것은 사실상 아무런 권위에도 복종하지 않으려 함과 같다.

그렇다면 리더의 스타일은 어떠해야 하는가? 우리는 우리의 팀이 효과적인 팀이 되기를 원한다. 그러나 인간으로서 우리는 또한 다른 이들에게 호감을 살 만한 리더 스타일을 갖추기 원한다. 우리는 독단적이고 고압적이며, 통제하려 하고 지시적이어야 할까? 아니면 자기 주장 없이, 무관심하고, 성격 좋고, 수동적이며, 팀 혹은 팀 멤버들이 표류하는데도 그냥 방치하고, 오직 전원의 의견 일치만을 엄격하게 추구해야 할까? 물론 이것은 결코 양자 택일의 문제는 아니다. 우리는 각각의 단어들이 풍기는 감정적인 함의의 함정에 빠져서는 안 된다. 두 명의 리더가 있을 때, 그들의 리더십 스타일이 정확하게 동일한 경우는 없을 것이다. 하나님께 의지하여 그분이 의도하신 모습의 리더가 되고, 그분의 가르침에 잘 따르며, 성숙한 리더십으로 성장하기를 힘쓰자.

리더 대 리더 책임

대다수 최전방 사역자들은 그들이 '팀 리더'이건 아니건 모두 리더이다. 그들은 본국에서 모두 리더들이었다. 만일 그렇지 않았더라면 여기까지 와서 사도적 사역에 참여하지 않았을 것이다. 필드에서 그들은 제자 훈련, 복음 전도 활동 계획, 가르침, 멘토링, 그리고 현지인 장로들 준비시키기와 같은 사역에 참여한다. 다른 말로, 리더의 일을 수행한다는 말이다. 따라서 우리가 한 팀 리더와 그 팀 멤버 간의 관계에 대해서 말할 때는, 그 성격상 이미 리더 대 리더 관계를 이야기하고 있는 것이다. 다시 한 번, 성경이 이에 대해 이미 말하고 있어서 감사하다.

우선 성경은 우리에게 항상 다른 신자들이 우리 삶에 대화 상대가 되도록 허락하라고 말씀한다.

- "미련한 자는 자기 행위를 바른 줄로 여기나 지혜로운 자는 권고를 듣느니라"(잠 12:15).
- "생명의 경계를 듣는 귀는 지혜로운 자 가운데에 있느니라. 훈계 받기를 싫어하는 자는 자기의 영혼을 경히 여김이라. 견책을 달게 받는 자는 지식을 얻느니라. 여호와를 경외하는 것은 지혜의 훈계라, 겸손은 존귀의 길잡이니라"(잠 15:31-33).
- "너는 권고를 들으며 훈계를 받으라. 그리하면 네가 필경은 지혜롭게 되리라"(잠 19:20).
- "그리스도를 경외함으로 피차 복종하라"(엡 5:21).

그리 주목 받지는 못했지만, 교회가 시작될 무렵 아주 흥미로운 사건이 하나 있었다. 베드로의 '2차 사도적 여행'을 기억하는가?(행 9:32-10:48 [1차 여행은 사도행전 8:14-25에서 발견된다]) 그가 룻다와 욥바를 여행할 즈음, 성령께서 동일한 이상을 세 번에 걸쳐 보여 주시는 독특한 방식으로 그를 가이사랴로 부르셨다. (베드로에게는 무슨 일이든 세 번씩 일어나야 하는 것 같군, 어흠.) 여하튼 우리 모두는 주님께서 얼마나 놀라운 방법으로 이 유력한 이방인 무리들에게 — 고넬료, 그의 친척, 그리고 그의 여러 지인들에 이르기까지 — 복음을 전하셨는지 익히 잘 알고 있다. 그리고 이것이 사도행전 1장 8절의 세 번째 국면인 "땅끝까지"의 서막이 되었다. 그들 모두가 설교를 듣고, 믿고, 성령을 받아, 방언으로 말하고, 지난 주까지만 해도 이방인들로부터는 빵 조각 하나 사 오려고 조차 하지 않았던 이 유대인 그리스도인들의 손에 세례를 받았다.

이어지는 장면도 눈여겨보라. "유대에 있는 사도들과 형제들이 이방인들도 하나님의 말씀을 받았다 함을 들었더니, 베드로가 예루살렘에 올라갔을 때에 할례자들이 (즉, 내노라 하는 모든 사람들이) 비난하여 (밑줄 쫙) 이르되, '네가 무할례자의 집에 들어가 함께 먹었다' (이 문장은 아마도 물음표로 끝나야 할 것이다. 그리고 최고의 초기 사본에는 다음 질문과 같은 의미가 포함되어 있다: "도대체 무슨 생각을 하고 있었는가?") 하니 베드로가 그들에게 이 일을 차례로 설명하여…"(행 11:1-4).

다른 누구도 아닌 베드로다! 저 수석(首席) 사도. 저 위대한 "오순절의 설교자." 장차 교회의 반석이 될 자. 도대체 누가 감히 그를 꾸짖는단 말인가? 결코 겸손과는 거리가 멀었던 그의 옛 모습을 생각하면, 게다가 성급하기까지 했던 베드로라면 이렇게 말했어야 하지 않을까?: "썩 물러서시오. 하나님이 이 위대한 일을 행하셨소… 나를 통해서 말이외다. 당신은 대체 누구요? 당신은 예수님께서 복음이 전세계로 뻗어 나가리라고 가르치신 것을 벌써 잊어 먹었단 말이오? 이방인이 들어오리라고 한 구약의 예언들을 다 잊어 먹었단 말이오? 그리고 은혜에 대해서도? 그분의 다른 양에 대해서도? 당신은 그 엉터리 구원론을 가지고…" 그러나 그는 그렇게 하지 않았다. 그는 자존심을 버리고 그의 동료 사도들과 다른 리더들에게 복종했다. 이 예루살렘 장로들에게 화를 내는 대신, 그는 그들의 직분을 존중하고 그들에게 말씀하시는 성령을 신뢰했다. 그것은 참으로 어려운 일이었을 것이다.

신약에서 사도적 팀의 리더십에 관한 대부분의 모범 사례들이 바울을 중심으로 일어난다는 사실에 대해 놀라서는 안 된다. 바울이 나머지 사람들에게 어디로 그리고 언제 가야 할지, 무엇을 해야 할지, 무엇을 가르치고 강조해야 할지를 지시하며, 성품에 대해 훈계하고, 그리고 그들의 사고 방식을 뜯어 고치려 하는 모습을 우리는 여러 차례 볼 수 있다(참조, 행 16:1-3; 19:21-22; 20:4-6; 딤후 4:9-15; 딛 3:12-13). 구체적으로 사도적 사역자들 사이에 오간 세 개의 서신들은[5](디모데전후서와 디도서) 다분히 명령조로 쓰여졌다.

1992년에 나는 필드 팀 리더로 있었는데, 미국에서 휴가를 보낸 후 중동으로 돌아가는 길에 그만 실수(?)로 유럽의 우리 국제 본부에 들르고 말았다. 나는 나 자신이 꽤 유용한 사람이라고 단정했었다. (그렇다. 그래서 나는 월별 보고서를 거의 일 년에 한 번만 제출했다.) 게다가 본부 사역자들과 나는 막역한 친구였다. 그런데 일이 어떻게 됐을까? 그들은 나를 조그만 방으로 끌고 가더니, 얼굴에 백열등을 확 갖다 대고는 (아마 내 기억이 좀 과장되었을 것이다), 그간 보고를 제대로 안 한 것과 책임 있게 행동하지 못한 것에 대해 질책하면서 그야말로 못질을 해댔다. 내가 뭐라고 말할 수 있었을까? 내가 잘못했는데. 그래서 나는 집(필드)으로 돌아가 차후 24개월 치 달력의 매달 15일에 동그라미를 그려 넣었다. 어떤 식이든 팀 보고서가 15일이 되면 꼬박꼬박 보고되어야 했다. 그리고 하나님의 은혜로, 그렇게 되었다. 그런데 그 2년 간은 특별히 내 사역에 풍성한 열매가 있던 시기였다.

몇 해 전 우리의 국제 총재였던 이가 스스로 그 자리에서 물러나, 한 팀 리더가 되어 필드로 돌아왔다. 그는 또한 몇 팀을 감독하는 팀 리더 감독관의 역할도 맡았는데, 더불어 필드 디렉터인 나에게 자신의 업무에 관해 보고할 책임도 주어졌다. 이건 정말 난처한 상황이었다. 나 같이 어리고, 아직 머리에 피도 안 마른 풋내기가 저 존경 받는 베테랑 리더를 감독하다니. 문을 열고 나가면서 그는 이렇게 말했다. "자네가 나를 더 많이 받쳐 줄수록, 자네도 더 좋은 열매를 얻을 것이고, 저 사람들도 더 좋은 팀 리더 감독자(TL)를 받을 수 있을 거야. 그리고 자네는 나를 어린 동료들에게 좋은 본보기로 활용할 수 있을 거야. 나 같은 사람도 권위에 잘 순종한다고 말이야."

요점은, 리더들은 합법적인 다른 리더들의 권위에 복종하는 데 최고의 모범을 보여 주어야 한다는 것이다. 왜 우리가 이런 보고 책임을 성실히 수행하는가? 왜냐하면 우리에겐, 예수님을 위하여, 바로 그 과업을 향한 열정이 있기 때문이다.

함께 모으기

신약의 사례를 보면, 사람들은 주님 안에서 팀에 가입할지의 여부에 관한 자유를 누렸다(예를 들어, 요한 마가, 에바브라디도, 디모데, 실라, 우르바노, 누가, 에바브라, 유오디아와 순두게, 바나바). 그것은 과업을 위한 자발적인 연합이었다. 그러나 일단 그들이 팀이 되면, 리더십과 책임, 그리고 복종의 원리들이 적용되었다. 마찬가지로, 사람들은 팀을 떠나는 것을 통해 죄에 대한 비난과 징계를 회피하기로 작정할 수도 있었다(예를 들어, 요한 마가의 섣부른 이탈, 바울과 바나바의 성숙한 결별). 형식적 구조(예를 들어, 지역 교회) 안에는 리더에 대한 결코 자발적이지 않은 복종의 요소가 움틀 여지가 있다. 그러나 그것이 긴밀한 연대라면(즉, 사도적 연대) 그 가입 혹은 이탈이 자발적인 것으로 보인다. 한 사람이 한 팀에 혹은 보다 광범위한 팀 네트워크에 소속될 때는(즉, 필드 단체들), 그 사람은 책임과 복종에 대한 성경적 원리들에 순종할 필요가 있다.

필드 단체의 일원으로 일하는 것은 어떠한가? 우선, 나는 우리가 신약 성경에서 이러한 네트워크에 대한 힌트를 발견한다고 믿는다. 일반적으로 다양한 사도적 연대들이 상호 지원적인 관계를 유지하고 있었다는 감을 잡을 수 있을 것이다. 바울이 에베소에 오래 머문 그 기간 동안, 거기에는 분명히 서로 연계된 몇 개의 교회 개척 팀들이 있었을 것으로 예상된다. 신약 성경은 우리가 사역자들을 파송하기 위한 기구를 반드시 가지고 있어야 한다고 가르치는가? 그렇지 않다. 그러나 개척 팀들이 서로 협력 관계를 유지한 선례는 분명히 있으며, 하나님께서는 우리를 현명한 청지기로 부르신다. 만일 포괄적인 네트워킹과 국제본부가 시너지 효과를 내고, 보다 효과적인 교회 개척 사역을 가능케 한다면, 그렇게 할 만한 충분한 가치가 있다. "두 사람이 한 사람보다 나음은 그들이 수고함으로 좋은 상을 얻을 것임이라. 혹시 그들이 넘어지면 하나가 그 동무를 붙들어 일으키려니와 홀로 있어 넘어지고 붙들어 일으킬 자가 없는 자에게는 화가 있으리라. 또 두 사람이 함께 누우면 따뜻하거니와 한 사람이면 어찌 따뜻하랴. 한 사람이면 패하겠거니와 두 사람이면 맞설 수 있나니 세 겹줄은 쉽게 끊어지지 아니하느니라"(전 4:9-12). 사도적 팀은 반드시 한 단체에(예를 들어 한 지역 교회에서 나온) 소속되어야 하는가? 그렇지 않다. 그러나 만일 그들이 그렇게 할 경우에는 그 특정한 상황의 범위 안에서 성경적인 책임의 원리들을 준수해야 한다.

팀 리더들이 팀 멤버들을 모아 팀을 구성하려 할 때, 그들은 팀에 들어오도록 초청받는 사람들과 명확한 커뮤니케이션 상태를 유지해야 한다. 두 개의 중요한 문서를 작성할 것을 강력하게 추천한다. 1) 비전과 전략 계획서. 팀이 주님 안에서 무엇을 이루고자 하는지, 그리고 방법론에 대해서도 약간 언급하는 문서, 그리고 2) 팀 매뉴얼보다 상세한 팀 생활과 규정들, 그리고 필드에서의 삶에 대한 소개. 부록 3을 보라. 이 두 도구는 팀 리더가 그의 뜻과 비전, 그리고 책임이라는 주제를 명확하게 팀 멤버들에게 인지시키는 데 큰 도움이 될 것이며, 더불어 차후에 불거질 수 있는 오해의 소지를 최소화할 수 있을 것이다.

책임이란 어떤 것인가?

사역에서 감독 관계라 함은(예를 들어, 팀 리더와 팀 멤버 사이) 일반적으로 이것이 사역에 관한 가장 일차적인 감독과 책임인 것을 의미한다. 그것은 수직적인 관계이며(살전 5:12와 같은), 동료 대 동료가 아니다. 그것은 영적인 문제들, 사역과 직업 문제들, 그리고 사역에 영향을 초래하는 모든 개인적인 문제들에 적용된다. 그것은 또한 통상, 반드시 항상 그런 것은 아니지만, 일차적으로 지도적인 혹은 훈육적인 관계이다. 만일 당신이 사역 상황에서 나에게 책임을 물을 수 있는 위치에 있다면, 여기에 나열된 항목들이 수반된다.

· 그것은 감독자인 당신이 반드시 '피감독자'인 나보다 일을 더 잘함을 의미하지 않는다. 때로 그 반대일 수도 있다.
· 그것은 당신이 나의 삶과 사역을, 어떤 면에서는 위에서(즉, 나무만이 아니라 숲 전체를 바라보며) 관찰하고 있고, 그래서 더 나은 생각을 가질 수 있고, 잘못을 지적해 낼 수도 있고, 내가 놓치고 있는 우선 순위들을 분명하게 짚어 줄 수 있음을 의미한다. 당신은 내가 나의 책임을 다할 수 있도록 지지해 줄 수 있는 좋은 위치에 있다.

· 당신은 나를 위해 영적인 풍요와 사역의 결실이라는 두 가지 핵심
적인 측면을 돌보아 주고 있다.

· 나는 정기적으로 나의 영적인 삶과 사역의 핵심 사안들을 당신에
게 보고하고 있다. 나는 어떤 중요한 정보라도 의도적으로 당신에
게 숨기고 있지 않다.

· 나는 당신이 정기적으로 어려운 질문을 해도 개의치 않는다. 나는
당신이 나의 삶과 사역을 철저하게 모니터 하도록 허용하고 있다.
당신이 나를 좀 더 자세히 감독하기 위해 특정한 활동에(예를 들
어, 언어 학습의 진보, 복음 전도) 대해 측정해야 할 필요가 있다
고 생각하면, 나는 기꺼이 응한다. 누군가 말했듯이, "측정할 수
없는 것은 리더가 관리할 수도 그 일에 관해 동기를 부여할 수도
없다." 그리고 "현명한 관리에는 올바른 측정이 필수이다."

· 당신은 나와 협력하여 목표와 '지정 과업'들을(구체적인 목표들,
다시 말해 "아랍어로 일주일에 세 시간씩 성경 공부하기"와 같은
지속적인 목표들) 설정한다. 나의 진보에 따라 당신은 후속 조치
를 취한다.

· 만일 내가 아무 도움이 안 되는 수동적인 자세에 빠져 있다면, 내
가 그것에서 벗어나 놓임을 받을 수 있도록 하기 위한 당신의 조
처들을 기꺼이 수용한다. 성경은 이러한 "하지 않음의 죄"에 대해
다음과 같이 말한다. "그러므로 사람이 선을 행할 줄 알고도 행하
지 아니하면 죄니라"(약 4:17).

· 당신은 나의 편견들을 지적할 수 있다. 나는 당신의 지적 일반을
환영한다.

· 당신은 우리가 서로 동의한 것들을 나에게 상기시켜야 한다: 목표

들, 지정 과업들, 팀 혹은 단체 윤리 등.

· 나는 권면, 훈계, 심지어 징계까지도 기꺼이 받아들인다.

이 모든 것들이 왜 중요한지 실제적인 부분을 들어 그 이유를 설명하겠다. 첫째, 적극적인 감독과 책임은, 리더들이 무슨 일이 일어나고 있는지를 알게 하며 리더로서 그 일들에 영향을 미칠 수 있는 (개선, 추가, 수정, 혹은 연결할 수 있는) 기회를 제공한다. 둘째, 그것은 리더들에게 목회적 사역 그리고/혹은 멘토링을 할 수 있는 기회를 제공한다. 셋째, 리더들은 정보가 없이는 누군가를 인정할 수도 격려할 수도 없다. 넷째, 만일 한 팀 리더 혹은 팀 멤버가 보고하지 않으면, 사실상 그들은 독립적 존재들로서 서로에게 책임이 없다. 다섯째, 대다수 최전방 교회 개척 단체들은 그들의 모든 멤버들을 향하여 성경적인 책임의 원리를 강력하게 구현하고자 한다. 여섯째, 필드 디렉터로서의 나의 십 년 경험에 의하면, 한 팀 리더가 보고하지 않으면 대략 절반 정도의 아주 나쁜 일들이 감추어진다(예를 들어, 심각한 낙담, 팀 항명, 심지어 간음). 보고 책임이 제대로 수행되지 않으면, 리더는 반드시 해당 책임자를 '대면해야' 한다. 최종 결론은 이것이다. 효과적인 감독이 이루어질 때 미전도 종족 가운데 예수님을 위하여 보다 풍성한 열매를 맺는 사역이 가능해진다.

몇 가지 결론

바비 클린턴(Bobby Clinton) 교수는 이렇게 회고한다. "리더십은 복잡하고 난해하며 어렵고도 위험천만한 일이다. 바로 이 때문에 리더십이 필요하다. 리더십은 복잡하다. 바울은 도덕적 문제, 철학적 문제, 실천 적인 일상의 문제, 사회적 문제, 신학적 문제, 개념적 문제, 방법론적 문제를 포함한 전 영역에 걸친 문제를 다루었다. 이처럼 리더십이 필요 한 상황의 문제들이 발생한다는 점이 바로 리더들이 존재해야 하는 주 된 이유다. 리더들은 수시로 일어나는 문제를 리더십의 방해 요소가 아 니라 오히려 리더십이라는 직물을 가로 세로로 구성하고 있는 실들로 간주해야 한다."[6]

너무나 자주 우리 리더들은 이 생명과 같은 훈계를 무시한다. "혹⋯ (한 사람의 은사가) 다스리는 자는 부지런함으로⋯ 할 것이니라"(롬 12:8). 바울은 교회 사역이라는 맥락에서 이 말을 썼는데, 그의 전체적 인 권면은 말하자면 "우리에게 주어진 은혜에 따라 다른 은사들을 받 있으니, 우리가 그것들을 제대로 사용하자"라는 것이다. 그것은 하나 님이 우리 각 사람에게 이 땅에 사는 동안 사용하라고 맡기신 것들에 대한 청지기 의식을 설명하고 있다. 그것은 우리로 하여금 지속적으로 "잘하였도다, 착하고 충성된 종아"라는 말을 들을 수 있게 해줄 우리 삶의 가장 주요한 부분이다.

바울은 리더의 역할이 매우 중요하다고 말하고 있다. 리더는 이끌어 야 한다. 리더가 그 일을 수행하지 않으면, 그리스도의 몸과 그리스도 의 사역이 지장을 받는다. 리더가 자기 안에서 일하시는 성령의 사역을 좇아 이끌면, 그것은 생명을 주는 위대한 사역을 이룰 것이다.

오늘날의 작가들은 "지각 있게 이끌라" 혹은 "종의 마음으로 이끌 라" 혹은 "의견 일치를 통해 이끌라" 혹은 "비전을 갖고 이끌라"고 조 언한다. 그러나 성령으로 말하는 바울은 리더의 일을 말하면서 흥미롭게도 손에 힘을 주며 부지런함을 강조한다! 젊은 사도적 리더들에게는 이것이 약간 이상하게 들릴 수도 있다. 왜냐하면 그들에게 부지런함이란 '자연스럽게 나오는' 것이기 때문이다. 그러나 바울은 여기에 지극히 현실적인 통찰을 제공하고 있다. 시간이 지날수록 리더들의 본성은 부지런함으로 향하기보다는 수동성으로 기울어진다. 당신은 이것을 경험해 보았는가? 급기야 중력이 우리를 잡아 당겨 양질의 리더십을 공급하는 고된 일을 피하게 만들고, 자꾸만 느릿느릿해지고, 자꾸만 마음이 떠나고 혹은 도전하는 것도 귀찮아지고, 틀에 박힌 관료주의에 빠진 나머지, 활기차고 적극적이며 담대한 지도를 제공하는 일에서 멀어진다. 인간 본성이 우리의 바짓가랑이를 붙잡는다.

지혜가 많은 나의 한 친구가 한 번은 이렇게 말했다. "댄, 리더십에 있지 않는 사람들은 그리스도인 리더들이 그 일로 굉장한 유익을 보는 줄로 생각하는 것 같아. 굉장히 즐겁고 모종의 성취감을 맛볼 수 있고, 게다가 꽤 부러워할 만한 특권까지 누린다고 생각하지. 그런데 사실은 리더 사역을 시작하고 얼마 지나지 않으면 이것이 상당히 거치적거리는 짐이 될 수 있다는 사실을 깨닫게 되지. 그건 정말 무거운 짐이야. 갈등에 스트레스, 분노가 치솟을 수도 있지. 근본적으로 따지면 그럴 만한 가치는 없는 일이지. 최소한 이 땅의 '손익 계산'의 기준에서는 말이야. 진짜로 그 대가로 주어지는 값을 보려면, 고린도후서 11장 23-29절을 보면 돼! 리더 역할을 기꺼이 맡아서 감당할 이유는 오직 한 가지, 바로 다음 삶에서 주어질 그분의 보상을 기억하며, 그리스도를 섬기는 특권, 그것뿐이야."

하나님께서 온 세계 복음의 손길이 가장 덜 미친 민족들 가운데 그분의 추수를 위해 리더십의 자리에 세우신 사람들로서, 우리는 지속적으로 이 약속을 잊지 말도록 하자. 오늘 당장 당신 팀의 리더십 역할을 위해, 그리고 어떻게 그것을 수행할지를 위해 기도하라. 그리고 항상 주어지는 가르침에 잘 따르고 서로에게 책임을 지도록 하자. 그리하여 하나님께서 의도하신 리더의 참모습을 이루어 가자.

11. 교회 개척에서 교회 개척자의 역할

교회 개척에서 교회 개척자들의 역할은 정확히 무엇인가? 처음에는 이 질문이 다소 의아하게 들릴 수도 있다. "당연히 교회를 개척하는 것입니다!" 이것이 당신에게 처음 떠오르는 생각일 수 있다. 아니면 "그거야 쉽죠. 신학교에서 배웠는데, 우리가 맡을 부분은 곁으로 물러나 있으면서 그냥 현지인들을 격려하는 것입니다"라고 생각할 수 있다. 사실 최전방 교회 개척에 오랫동안 직접 몸담은 사람들은 이 질문이 그리 간단하지 않음을 잘 안다. 교회 개척자들은, 특히 외국인 사역자들은 신자들의 모임에 참여해야 하는가 아니면 방관자로 물러나 있어야 하는가? 성경을 가르치는 일에 시간을 많이 할애할 것인가? 만일 현지인 신자들이 외국인 사역자들과 자주 접촉할 경우 그들에게 핍박이 가해진다면 어떻게 할 것인가? 사역자들은 새로운 교회와 그 구조를 설정하는 데 도움 내지는 영향력을 행사할 것인가, 아니면 모든 핵심 사안들을 현지인 신자들이 스스로 결정해서 세우도록 할 것인가? 사역자들은 필드에 거주해야 할까 아니면 다른 곳에 살아야 할까? 뚜껑을 열고 보면, 교회 개척자들의 역할에 관한 문제는 어떻게 교회가 개척될 것인지를 결정하는 가장 중요한 요소들 중 하나이다. 이 문제는 결코 간단치 않으며 하나의 본질적인 문제이다.

이 문제들에 관하여 미전도 종족 가운데 사역하는 교회 개척자들 사이에 지극히 다양한 견해의 스펙트럼이 존재하는데, 사도적 공동체가 나타내는 이런 종류의 다양성은 사실 바람직한 일이다. 나도 개인적으로 이 문제들에 대해 나름의 입장을 가지고 있는데, 후에 나누도록 하겠다. 여하튼 우리가 이 문제 보따리를 풀어 놓아 교회 개척 팀들이 스스로 답할 수 있게 하는 것이 중요하다. 더불어 나는 이 문제들에 대하여 나와 다르게 접근하는 동료 사역자들을 진심으로 존중하며, 다른 철학을 가진 자들을 결코 무시하지 않는다. 이 주제의 중요성은 우리로 하여금 주님께 이에 대한 방향을 세밀하게 인도해 주시기를 간구하게 만들고, 그 답과 모범을 찾기 위해 그분의 말씀으로 달려가게 만든다.

전형적인 시나리오는 예를 들면 다음과 같다. 한 팀이 어느 도시에 일정 기간 머물면서 언어를 배우고, 그곳 공동체에 참여하고, 우정을 쌓고, 사람들을 그리스도께로 인도하기 위해 힘쓰고 있다. 어느 시점이 되어 그들은 한두 사람을 믿음으로 이끌게 되고, 더불어 이미 존재하는 한두 명의 기존 신자들을 '발견한다.' (이번 경우에는, 힌두교 배경 신자라고 치자). 이들은 우정, 영적인 도움, 가르침, 그리고 따라야 할 모범에 관해 사역자들에게 의존한다. 그 팀은 이미 이들 신자들을 하나의 교제 그룹으로 모으는 데 성공했을 수도 있으며, 혹은 지금 막 그렇게 할 찰나에 있을 수도 있다. 그 팀이 스스로에게 다음 질문들을 던지기 시작한다. 그리고 이에 대해 많은 최전방 사역자들이 내놓는 대답들이

서로 다르다:

- 우리는 이제 이 교제 그룹을 모아, 그들을 인도하고 가르칠 것인가? 아니면 얼마간 뒤로 물러나 있으면서 현지인 신자들이 모든 인도와 가르치는 일을 처음부터 할 수 있게 할 것인가? 심지어 그 그룹이 전부 갓 신앙을 가진, 미성숙한 신자들로 구성되었다 하더라도?
- 우리는 어떻게 각 개별 신자가 그들의 사회적 네트워크로 돌아가 다른 사람들을 그리스도께로 인도하도록 후속 조치를 취할 것인가? 사회적 네트워크가 없거나 혹은 그 사회적 네트워크로부터 추방당한 신자들은 어떻게 할 것인가?
- 누가 목양과 목회적 돌봄을 감당할 것인가?
- 그룹에 영향을 미치는 결정들은 어떻게 내려져야 하는가?
- 만일 우리가 처음부터 그 그룹을 인도하고 성경을 가르친다면, 어느 시점에서 힌두교 배경 신자들에게 이 책임을 이양하여야 할 것인가? 만일 그들이 새로운 신자들이라면, 언제쯤 그들이 준비될 것인가? 일단 힌두교 배경 신자들 중에서 장로들이 임명되면 그들이 하나님 앞에서 인도와 가르침, 그리고 의사 결정에 대한 책임을 져야 한다는 데 이의를 달 사람은 없을 것이다. 그런데 이 시점이 오기 전 인큐베이션 기간에는 어떻게 해야 하는가?

하나의 새로운 교회 혹은 교회들의 네트워크가 출발할 즈음 이 결정적인 시기에 대해 묘사하는 다양한 비유들이 존재한다.

1. 모닥불을 피우려 하는 사람을 생각해 보라. 그는 불쏘시개와 나무 조각들을 모은다. 어떻게 해서 그는 불을 붙여 자그마한 불꽃을 만들어 낸다. 이것이 쉽게 꺼질 수 있다는 것을 잘 알지만, 잘 타올라 주기를 소망한다. 그래서 손바닥으로 가리며 바람을 불어 주기도 한다. 너무 세게도 말고 너무 약하게도 말고. 천천히 작은 가지들을 더하고, 다음엔 막대기, 그 다음엔 나무 토막과 통나무까지. 장작들이 잘 말라 있으면 불은 잘 타오를 것이다. 만일 젖어 있으면 시간이 오래 걸리거나, 자칫 불이 꺼져 버릴 수도 있다.

2. 아기를 받아 줄 산파가 있다. 그녀는 어머니도 아니고 아기도 아니고, 다만 안전한 출산을 돕기 위해 일시적으로 찾아온 사람이다. 그녀가 모든 것을 할 수는 없다. 그러나 그녀가 역할을 제대로 하지 않으면, 그 아기는 죽을 수도 있다.

3. 건물을 짓는 과정에서 지지대와 발판이 사용된다. 그것은 건물이 아니며 건물이 잘 지어지도록 하기 위한 일시적인 장비들이다. 작업이 끝나면 그것은 철거되어, 다른 곳으로 옮겨져 다른 건물을 짓는 데 사용된다.

일단 당신이 그리스도께 헌신하여 기꺼이 섬기려 하는 하나 이상의 신자를 얻으면 이 질문들이 보다 현실적이 되고, 이에 대해 반드시 대답해야 한다. 교회 개척 팀들이 교회 개척자들의 역할에 대해 의견이 갈리는 지점이 있다면, 바로 이 시점과 나중에 장로를 임명하기까지 그 사이 기간이다. 절대 다수의 사도적 교회 개척자들에게 최종 목표는 동일하다. 현지인 리더들이 완전한 책임과 지도 체제를 갖추게 함으로써 그 교회를 (혹은 교회들을) 완성하는 것이다. 일부 외국인 교회 개척자들은 장로들이 임명되었음에도 계속 교회를 장악하고 있지만, 나는 이에 결코 동의하지 않는다. 우리가 후에도 지속적으로 영향을 미칠 수는 있지만 — 심지어 바울도 그가 설립한 여러 교회들에 대해서 그렇게 했듯이 — 하나님 앞에서 이 새로운 교회에 대한 책임과 권위를 가지는 것은 그 현지인 장로들이다. 이것이 바로 우리가 나아가고자 하는 방향이다.

여기 새로운 교제 그룹의 초창기에 누군가에 의해 수행되어야 할 사역 요소들을 소개하겠다.

1. 어린 신자들의 제자 훈련. (일대일 혹은 그룹 단위 훈련으로, 둘 다 매우 중요하다.) 사랑의 돌봄과 더불어 훈계. 관계를 통한 사역. 훈련(예를 들어, 믿음을 증언하는 방법, 병자를 위해 기도하고, 성경을 공부하는 방법).

2. 신자들을 모으기. 그룹 모임을 시작케 하고, 신자들에게 이것의 중요성에 대해 그리고 이것이 어떻게 그리스도를 따름의 일부가 되는지에 대해 설득하기. 일회성 행사들과 (예를 들어, 수양회, 파티, 특별 친목회) 지속적인 모임을 계획하기.

3. 그룹 안에서 몸 된 생활 계발하기. (서로에 대한 상호 돌봄, 서로의 삶에 참여하기, 기도, 예배, 나눔, 성찬식 등을 포함한 모든 측면에서.)

4. 말씀 가르치기, 그룹 성경 공부 인도하기. 사도 바울의 말을 빌면, "바른 교훈(건전한 교리)" 위에 그들을 세우기.

5. 문제 해결하기.

6. 목회: 개별 신자와 부부들을 돌보고 그들의 개인적 필요를 돕기.

그리고 교회 개척자들의 역할에 대한 질문의 골격을 이루는 몇 가지 변수들을 소개하겠다.

1. 하나님이 그리시는 신자들의 특성. 만일 주어진 현지인들 전부를 당신의 팀이 신앙으로 인도한 경우, 혹은 그들이 기타 방법을 통해 신앙을 가진 지 얼마 되지 않은 경우를 생각해 보자. 아마도 이것은 그 신자들에게 그룹 성경 가르치기의 책임을 맡겨도 해가 되지 않을 정도의 수준에 이르렀다고 판단하기까지는, 인도와 가르침의 역할 대부분 혹은 전부를 당신이 감당하도록 하는 요인이 될 것이다. 야고보서 3장 1절이 말하듯이, "내 형제들아, 너희는 선생 된 우리가 더 큰 심판을 받을 줄 알고 선생이 많이 되지 말라." 그러나 완전 초보 신자들일지라도, 그리고 심지어 아직 믿음이 부족한 신자들이더라도 그들이 그리스도에 관해 아는 바와 그리스도를 통해 경험한 것들을 다른 이들에게 나누라고 촉구해야 한다.

이와 달리, 만일 당신이 성숙하고 사역-지향적인 신자들과 초기부터 연결되었다면, 그때는 물론 그들이 첫날부터 목양과 양떼를 먹이는 일의 상당 부분을 떠맡게 될 것이다. 그들의 나이와 삶의 경험이 책임 이양 결정에 영향을 미치는 주요한 요소가 된다. 통상 스물다섯 살 청년이 장로가 되기는 어려울 것이다. 만일 당신 그룹의 모든 사람이 어리다면, 물론 다른 방향으로 신중하게 생각해야 한다.

2. 당신의 사역 철학. 만일 당신이 신자들의 교제와 자기 정체성 확

립에 있어서 외래적 영향을 완전히 배제한 채 문화적인 순수성과 100 퍼센트 현지화를 유지하는 데 최대의 관심을 두고 있다면, 그것은 아마도 다른 모든 고려 사항들보다 결정적인 요소로 작용할 것이다. 심지어 어떤 교회 개척자들은 초보 신자들의 그룹과 만나거나 그들에게 말씀을 가르치지도 않을 뿐더러, 어떻게 그리스도의 몸을 이룰 것인가에 대해서도 전혀 지도하지 않겠다고까지 말하는 경우도 있었다. 그리스도의 몸을 이루는 일에서 교회 개척자가 개입할 경우 현지화된 몸 된 생활을 오염시키지 않기란 불가능하기 때문이다. 그 밖에 사역 철학과 관련된 다른 문제들로는, 지역 교회를 어떻게 볼 것인가, 성경의 역할, 셀 교회를 개척할 것인지 아니면 가정 교회 혹은 큰 규모의 교회를 추구할 것인지, 그리고 제자 훈련 모델 등이 포함된다.

3. 현지인 신자들이 핍박 받을 가능성, 특히 당신과의 접촉으로 인한 핍박의 가능성. 경우에 따라서는 이것이 최전방 교회 개척 팀이 교회의 태동을 위해 어떤 촉매 역할을 감당할 것인지를 결정하는 주된 요소가 된다. 그러나 나는 대부분의 우리가 처한 상황에서는 이것이 그렇게 급박한 문제는 아니라고 말하고 싶다.

4. 언어 숙달, 현지 생활방식 및 문화에 대한 적응, 그리고 현지인 속으로 들어가는 것과 같은 성육신적 문제들에 대해 당신이 부여하는 가치. 교회 개척자들이 적극적인 역할을 수행하기 위해서는 상당한 수준의 언어 숙달이 전제되어야 하며 더불어 그들이 지역적으로, 물리적이든 혹은 생활방식 측면이든, 신자들에게서 너무 멀리 떨어져 있지 않아야 함을 요구한다.

다시 강조하건대, 이 네 영역에 대해 당신이 세운 원칙이 교회 개척자로서 당신의 행동을 상당 부분 제어할 것이다.

마지막으로, 서론적인 마지막 한 마디. 가끔 주님은 한 명 이상의 예리한 현지인 형제들 혹은 자매들을 당신의 교회 개척 사역에 동참하도록 인도하신다. 예를 들어, 우리 현장에서 기독교 배경을 가진 현지인들 가운데 복음으로 주류 종족 (혹은 저항적인) 그룹을 (예를 들어, 불교도들) 섬기라는 소명을 받은 이를 발견하는 것은 그리 드문 일이 아니다. 심지어 그들이 당신이 사역의 초점을 두고 있는 그 종족 그룹 출신이 아니라고 하더라도, 적어도 그들은 언어와 문화, 그리고 아마도 당신이 나아가고자 하는 불교도들 틈 속으로 침투할 수 있는 탁월한 많은 관계를 확보하고 있을 것이다. 어떤 팀들은 대체로 그 지역 기독교 배경 신자들을 중심으로 교회 개척 팀을 구성하려고 시도했다. 이것은 교회 개척 사역의 엄청난 추진력이 될 수 있다. 그러나 나는 이것이 우리 앞에 놓인 현안들(교회 개척에서 교회 개척자들의 역할)에 큰 영향을 미친다고 생각하지는 않는데, 그것은 이들 동역자들은 매우 현실적인 의미에서 일종의 교회 개척의 외부인이며, 따라서 외국인 사역자들에게 적용되는 문제들이 그들에게 적용되기 때문이다.

몇 가지 유익한 성경 구절

이어지는 성경 구절들은 (모두 개역 개정판) 그레데, 갈라디아 남부, 데살로니가, 그리고 에베소의 최전방 개척 상황에서 새로운 교회들이 어떻게 개척되었으며, 사도적 교회 개척자들의 역할이 각각의 경우에 무엇이었는지에 대한 탁월한 통찰들을 제공한다.

디도서 1:5: "내가 너를 그레데에 남겨 둔 이유는 남은 일을 정리하고 내가 명한 대로 각 성에 장로들을 세우게 하려 함이니."

디도서 2:15: "너는 이것을 말하고 권면하여 모든 권위로 책망하여 누구에게서든지 업신여김을 받지 말라."

사도행전 14:23: "각 교회에서 장로들을 택하여 금식 기도 하며 그들이 믿는 주께 그들을 위탁하고."

관찰...

1. 바울은 우리 팀들이 수행하고 있는 것과 거의 동일한 과업을 수행하고 있던 디도에게, 권위 있게 인도하고 가르치라고 당부한다. 디도는 그레데의 외부인이었으며 한 최전방 교회 개척자였다.

2. 장로가 될 만한 영적인 자질과 성품을 구비한 현지인 리더들이 임명되기까지는, 그 사역은 종결된 것이 아니다. 교회 개척자들은 쉽게 발을 빼면서 "우리는 그곳에 교회를 개척했습니다"라고 말할 수 없다. 왜냐하면 기초가 아직 완성되지 않았기 때문이다. 초기 장로들을 임명하는 것은 교회 개척자들이 수행해야 할 과업이며, 이것을 통해 장로들의 권위적인 역할이 인정되고 더불어 그들이 그 역할을 실제로 수행할 수 있어야 한다.

3. 교회 개척자들의 역할은 일시적이었다. 그것은 마치 새로운 건물을 짓는 데 사용되는 발판의 역할과 같다.

4. 교회. 개척자들의 역할과 장로들의 역할 사이에 명확한 구분이 지어졌다. 전자는 외부로부터 왔고 어느 시점이 되면 떠났다. 후자는 그 현지인 신자들로서 그곳에 머물면서 무기한으로 "다스렸다."

5. "장로들"(복수형)은 "각 성"/"각 교회"(단수형)에 임명되었다.

데살로니가전서 2:7-13: "우리는 그리스도의 사도로서 마땅히 권위를 주장할 수 있으나 도리어 너희 가운데서 유순한 자가 되어 유모가 자기 자녀를 기름과 같이 했으니, 우리가 이같이 너희를 사모하여 하나님의 복음뿐 아니라 우리의 목숨까지도 너희에게 주기를 기뻐함은 너희가 우리의 사랑하는 자 됨이라. 형제들아, 우리의 수고와 애쓴 것을 너희가 기억하리니 너희 아무에게도 폐를 끼치지 아니하려고 밤낮으로 일하면서 너희에게 하나님의 복음을 진했노라.

우리가 너희 믿는 자들을 향하여 어떻게 거룩하고 흠 없이 행했는지에 대하여 너희가 증인이요, 하나님도 그러하시도다. 너희도 아는 바와 같이 우리가 너희 각 사람에게 아버지가 자기 자녀에게 하듯 권면하고 위로하고 경계하노니, 이는 너희를 부르사 자기 나라와 영광에 이르게 하시는 하나님께 합당히 행하게 하려 함이라.

이러므로 우리가 하나님께 끊임없이 감사함은 너희가 우리에게 들은 바 하나님의 말씀을 받을 때에 사람의 말로 받지 아니하고 하나님의 말씀으로 받음이니 진실로 그러하도다. 이 말씀이 또한 너희 믿는 자 가운데서 역사하느니라."

데살로니가전서 4:2: "우리가 주 예수로 말미암아 너희에게 무슨 명령으로 준 것을 너희가 아느니라.”

디도서 1:13: “이 증언이 참되도다. 그러므로 네가 그들을 엄히 꾸짖으라. 이는 그들로 하여금 믿음을 온전하게 하고.”

디도서 2:1-2: “오직 너는 바른 교훈에 합당한 것을 말하여 늙은 남자로는 절제하며 경건하며 신중하며 믿음과 사랑과 인내함에 온전하게 하고.”

사도행전 20:20-21, 27, 31, 34-35: “유익한 것은 무엇이든지 공중 앞에 서나 각 집에서나 거리낌이 없이 여러분에게 전하여 가르치고 유대인과 헬라인들에게 하나님께 대한 회개와 우리 주 예수 그리스도께 대한 믿음을 증언한 것이라 … 이는 내가 꺼리지 않고 하나님의 뜻을 다 여러분에게 전했음이라 … 그러므로 여러분이 일깨어 내가 삼 년이나 밤낮 쉬지 않고 눈물로 각 사람을 훈계하던 것을 기억하라 … 여러분이 아는 바와 같이 이 손으로 나와 내 동행들이 쓰는 것을 충당하여 범사에 여러분에게 모본을 보여준 바와 같이 수고하여 약한 사람들을 돕고 또 주 예수께서 친히 말씀하신 바 ‘주는 것이 받는 것보다 복이 있다’ 하심을 기억하여야 할지니라.”

관찰…

1. 교회 개척자들의 과업의 핵심부에는 건전한 교리 가르치기, 우리가 서로 사랑하기를 하나님이 얼마나 간절히 원하시는지 가르치기, 훈계하기, 그리고 심지어 필요한 경우 꾸짖기가 자리잡고 있다. 또한 우리의 삶을 신자들 가운데 쏟아 놓고 사랑과 돌봄으로

그들을 양육하는 것이 결정적이다. 바울은 그와 그의 팀이 마치 어머니와 같이 데살로니가 신자들을 돌아보았다고 말한다. 또한 그는 마치 아버지처럼 그들을 다루었다고 말한다.

2. 이 단락에서 실제로 분명하게 드러나는 또 하나의 역학 구도는 새로운 교회들을 시작한 사도적 사역자들이 보여 준 모범의 중요성이다. 그들은 그리스도인의 삶이 어떠해야 하는지에 대한 가시적인 모범뿐 아니라, 모델 제시 사역을 몸소 실천했다. 여기에 나는 우리가 어떤 모델을 제시하는가가 매우 중요하다는 말을 덧붙이고자 한다. 예를 들어, 만일 내가 파워포인트를 사용하여 성경 공부를 가르치면서 헬라어의 뜻을 설명하고 수세기에 걸친 신학적 발전에 관해서도 설명한다면, 나는 은연중에 성경을 가르치는 일은 오직 고등 교육을 받은 사람만 할 수 있다는 메시지를 던지고 있는 것이다. 우리는 현지인 신자들이 능히 할 수 있는 무언가에 대한 실례를 보여 주어야 한다. 우리는 최대한 재생 가능한 방식으로 모델을 제시해야 한다.

3. 사도적 교회 개척자들은 새로운 신자들의 삶에 깊이 관여하게 된다. 이것은 많은 시간의 투자와 더불어 서로가 서로의 삶의 주변에서 살게 되는 것을 의미한다. 그들이 당신의 집에 오기도 하고 그 반대로도 한다.

예를 들면...

우리가 처음 만났을 때 핫산은 젊은 무슬림 미혼 남성이었는데, 이 집트에서 자주 만나 교제를 나누었다. 머지않아 그가 믿음에 이르게 되었고 현재까지 몇 년 동안 주님 안에 머물고 있다. 옛 일을 증언하면서 그는 우리 가족의 삶이 얼마나 그에게 실제적인 영향을 미쳤는지를 설명한다. 어느 날, 예를 들어, 내 아내 리즈가 헬스 클럽에 가서 머리도 식히고 쉬고 싶다고 했다. 그녀는 거기서 종종 이집트 여성들을 만났고 그 사람들과 교제하고 아랍어도 연습했다. 나는 그녀에게 어서 가라고 재촉하면서, 당시 세 살이었던 우리 딸을 내가 돌보겠다고 말했다. 핫산은 이 일로 충격을 받았는데, 왜냐하면 그의 문화에서는 남편이 이렇게 하는 것은 굉장히 이상한 일이었기 때문이다. 물론, 그가 나에게서 혹은 우리 가정 생활에서 본 것이 항상 긍정적인 것만은 아니었다. 그러나 그것은 현실적이었다. 그리고 우리가 나누었던 친밀한 우정이 지속적으로 증언을 쌓아 가고 있었다 (짤막한 추신: 우리의 결혼 생활은 그 해 참으로 어려운 시기였다. 필드 사역 첫 해에 찾아오는 삶의 모든 스트레스가 우리의 육체성과 결탁하여 우리에게 엄청난 대가를 요구했다. 우리의 미성숙에도 불구하고 주님께서 여전히 우리를 사용하신다는 것이 참으로 경이롭지 않은가!)

아시아에서 팀 리더로 섬기는 나의 한 친구가, 어느 날 새로운 신자들인 세 친구와 함께 아파트에 살게 되었던 이야기를 들려주었다. 어떤 이유로 그와 그의 아내가 바로 그 신자들 면전에서 크게 싸웠다고 한다. 고성이 오가고 감정 싸움이 격해졌다. 나중에, 이 일이 지난 5년 간 그들과 쌓아 온 제자 훈련 관계를 망쳐 놓은 게 아닌가 하는 두려움에, 그는 그들에게 사과했다. 그런데 그들로부터, 이토록 그의 삶을 투명하게 있는 그대로 자신들 눈앞에서 보여 준 데 대해 오히려 깊이 감사한다는 말을 듣고는 그는 참으로 놀랐다. 그들은 이 친구와 그의 아내가 우리 대다수가 했을 법한 대로(목소리를 낮추고 몇 마디 퉁명스러운 말을 주고 받으면서 일단 싸움은 뒤로 미루는 식으로) 하지 않았음에 대해 진심으로 고마워했다. 이들 신자들은 그들의 배경에서는, 남편과 아내가 어떤 일에 대해 이토록 심각하게 다른 생각을 가지고 그것을 감정적으로 그리고 말로 표현하면서도, 어떻게 여전히 사랑하고 존중할 수 있는가에 대한 사례들을 전혀 가지고 있지 않았던 것이다.

위의 모든 단락들은 이제 막 태어나고 있는 교회의 초기 인큐베이션 기간에 관한 것이다. 이 신약의 예들을 보면, 혹독한 환경에 있는 새로운 신자 그룹이 사도적 사역자들의 도움과 가르침 없이 스스로의 힘만으로 강하고 성숙한 단계로 성장하는 것은 가능성이 매우 희박하며 권장될 만한 일이 아닌 듯하다. 정말로 우리 경험에 따르면, 대부분의 경우 세심한 사도적 돌봄이 없으면 교회가 붕괴되거나 혹은 '사산(死産)'의 결과를 낳았다. 이것은 여기 소개된 신약 성경의 예들에 비추어도 충분히 짐작할 수 있다. 이들 신약 교회들에서는 새로운 교회가 스스로 생존하여 번성할 수 있는(단지 한두 해가 아니라 여러 세대에 걸쳐) 수준에 이르기까지, 외부인 사역자들이 절대적으로 중요한 역할을 수행했다.

모든 최전방 사도적 사역자들은 재생산하는 교회 개척을 원하며, 더불어 하나님이 허락하시면 신속한 증식이 일어나는 하나의 운동이 되기를 원한다. 그것은 마치 사과와 같다. 우리는 "이 사과에는 씨가 몇 개나 있어요?"라고 물을 수도 있지만, "이 씨에 사과가 몇 개나 있어요?"라고 물을 수도 있다. 모든 새로운 교회는 몇 번이고 스스로를 재생산할 수 있는 잠재력을 가지고 있다. 따라서 외국인 교회 개척자들은 현지인 신자들의 적극적인 — 이것이 본성적으로 훨씬 더 재생산적이다 — 사역을 최대화하기 위해 교제 그룹의 바깥에 머물러야 하는가? 아니면 그들은 교제 그룹 안에 밀착되어 건강한 첫 번째 교회가 이 계속되는 재생산 흐름에 안착할 수 있도록 도와야 하는가?

외국인 사역자가 최소한으로 관여해야 한다는 주장의 근거들

· 현지성과 문화 적응

· 현지인 신자들이 일찍부터 사역에 대한 책임을 더 많이 질수록,
  그들 민족 안에서 행하시는 하나님의 사역에 대한 더 큰 주인의식
  을 그들이 소유할 수 있다.

· 현지인들이 가능한 일찍부터 주도권을 가지게 되면 운동이 될 가
  능성이 상대적으로 더 커진다.

외국인 사역자가 보다 큰 역할을 맡아야 한다는 주장의 근거들

· 신약 성경의 예

· 어린 신자들이 미처 준비가 되기 전에 너무 무거운 영적 리더십
  혹은 가르치는 책임을 맡음으로 인해, 그들 자신은 물론 태동하는
  교회에 위험이 초래될 가능성(참조, 딤전 3:6; 약 3:1). 그 그룹 자
  체가 대부분 신앙은 차치하고라도 삶에서도 아직 성숙하지 못한
  어린 신자들로 구성되었을 경우에 이 위험 부담은 더욱 커진다.

· 일시적인 인큐베이션 기간 개념. 다시 말해, 교회가 진정으로 제
  발로 서기 위해서는 우선 일정 기간 하나님이 마련해 주신, 주님
  과 그분의 말씀을 더 잘 알고 새로운 교회를 설립하도록 부름 받
  은 자들에게 의존해야 한다.

· 건강한 출생에서 운동이 발생할 가능성이 더 크다(예를 들어, 생
  물학에서 새로운 바이러스가 폭발적으로 재생산 되려면 우선은
  그것이 강하고 생존성이 있어야 한다).

필드에서 몸소 체험한 것과 11년 간 필드 디렉터 역할로 섬긴 경험을 통해 형성된 나의 입장은, 외래적 영향에 대한 염려가 중요하긴 하지만, 굳건한 성경적 그리고 영적인 토대를 놓는 것에 비하면 부차적이라는 것이다.

예를 들면...

최근 중동에서 사역하는 우리 팀으로부터 받은 보고서가 이에 관한 그들의 생각을 예시한다:

파리드가 일어나서 열정적으로 말했다. "오늘 하나님께서 우리에게 말씀하셨습니다. 나는 하나님께서 우리를 통해 무엇을 행하기 원하시는지 알게 되었습니다." 내가 하루 종일 사도행전에 기초하여 교회를 개척하고 든든히 세우는 방법에 대해 가르친 후에 나온 그의 이 적극적인 반응에 나는 (그 팀 리더) 정말 기뻐했다. 파리드는 그 교회에서 가장 능동적인 리더들 중 하나가 되었다. 그는 대략 오십 세 정도 되었다. 초등학생에서 대학생에 이르는 그의 자녀들도 예수님을 따르고 있었다. 지금까지 하나님이 그를 사용하셔서 불로스의 복음 전도 사역을 튼실하게 수행하신 결과 우리 지역 바깥에 여덟 개의 교회를 세우셨다. 그와 나머지 교회 리더들은 헌신과 열정으로, 혹 닥칠지도 모르는 위험에도 아랑곳하지 않은 채 주님을 섬기고 있다. 다섯 형제들과 몇몇 자매들도 지금 훈련을 받는 중에 있다.

이 경우, 이 신속한 교회의 재생산을 촉진하고 있는 것은 정확히 그 외국인 사도적 사역자들의 적극적인 사역이다.

그러나 심각한 핍박 상황에서는 어떻게 할 것인가?

"그림자 목회(shadow pastoring)"라는 용어는 닉 리프켄(Nik Ripken)에 의해 만들어졌는데, 그는 다른 단체 소속의 경험이 풍부한 동료 사역자로서 전 세계 수많은 팀들을 위해 지극히 유익한 사역을 해 온 사람이다. 이 용어는 심각한 핍박 환경에 처한 무슬림 배경 신자들 중 40퍼센트에 해당하는 500명이 넘는 개별 신자들과의 인터뷰에 기초해서 닉이 만든 것이다.

기본 개념은, 외국인 복음 사역자들은 신자들이 심각한 위협에 처할 소지를 없애기 위해 신자 그룹 주변에 머무는 것을 실제로 제한해야 한다는 것이다. 따라서 복음 전도, 제자 훈련, 그리고 가르침은 주로 배후에서 '디모데들'과 '루디아들'과의 밀착 관계를 통해 이루어져야 하고, 이들로 하여금 태동하고 있는 교회를 효과적으로 세우도록 해야 한다. 외국인들이 신자들의 모임에 참석하는 경우는 거의 혹은 전혀 없다. 여기에 한 가지 소망이 더 있다면, 이 직접 참여의 제한이 현지화에 기여하고 더불어 서구인에 대한 의존을 줄이는 효과를 나타내는 것이다. 여기 닉의 인터뷰 내용 중 한 예를 소개하겠다:

'피터'와 그의 가족은 수년 동안 핍박의 상황 가운데 살고 있다. 이 가족은 큰 대가를 치르면서 언어와 문화에 대한 학습 및 적응 과정을 거쳐 오고 있다. 특히 피터는 복음을 나누는 것은 물론, 제자 훈련을 통하여 현지인들이 성숙에 이르게 할 수 있을 정도로 지역 언어와 문화에 능통한 수준에 이르렀다.

피터와 그의 가족은 '무스타파'와 그의 가족에게 복음을 증언해 오고 있다. 그들은 음식을 나누고, 집을 방문하기도 하고, 사회 활동에 함께 참여하기도 한다. 몇 달에 걸친 증언과 이슬람과 기독교의 장점들에 대한 긴 토의도 이어지고 있다. 그리스도인 가족의 모범을 보여 준다. 마침내 때가 이르러, 무스타파가 조용히 피터를 찾아와 예수님의 정체와 인격에 대해 진지하게 대화를 나누고 싶다고 말한다.

피터는 무스타파를 집으로 보내면서 하나님이 그가 찾는 답을 보여 주실 것이라고 격려한다. 피터는 얼마간 보다 성숙한 무슬림 배경 신자들과 교제하면서 제자 훈련을 한다. 그는 '후세인'에 연락해 약속을 잡고 그와 만나서 무스타파에 관해 말한다. 그때 피터는 무스타파가 어디 사는지, 그의 아내의 이름과 자녀들의 숫자며, 무스타파가 차를 마시러 가는 곳까지 꿰고 있다.

후세인이 무스타파에게 접근하기 시작한다. 그는 공동체에서 무스타파를 관찰힌다. 그는 시장에서 무스타파에게 귀를 기울인다. 그는 무스타파와 일상적인 대화를 나누기 시작한다. 만일 무스타파가 진지한 구도자라면, 후세인은 그와 그의 가족을 예수님께 인도할 것이다. 피터는 무스타파가 그 자신의 문화권 내 누군가로부터 자신의 언어로 분명하게 복음을 들을 수 있도록 했다. 피터가 시도한 이런 방식을 통하여, 현지인이 선교사에게 직접 찾아와 직장, 교육, 혈통, 아내 문제 등을 상의하는 일들은 완전히 줄어든다. 또한 선교사는 후세인이 그의 종족 그룹 내 누군가를 기쁨으로 그리스도께 인도하도록 힘을 실어 준다. 피터는 복음 진도와 섬김의 모범을 보여 주었다.[1]

리프켄 자신의 필드 경험 중에는, 한 번은 무슬림 배경 신자 교회를 개척했다가 그만 순교를 통해 문자 그대로 신자들이 싹쓸이 되어 그 새로운 교회가 종말을 고한 일도 있다. 후에, 이 사태의 여러 요인들 중 하나는 외국인 복음 사역자들이 새로운 신자들과 빈번하게 그리고 너무 깊이 접촉한 것이라는 결론이 났다. 분명히 말하지만, 우리 중 그 누구도 이런 사태가 벌어지는 것을 원치 않으며 또한 현명하지 못한 사역 방법으로 인해 우리가 섬기는 귀중한 신자들을 위험으로 내몰고 싶어 하지 않는다.

한편, 간혹 현지인 신자들이 외국인 사역자들과 연결되는 것이 오히려 그들을 위한 보호 장치가 되기도 한다. 나는 현지 경찰 관계자가 현지인 신자들을 위협하거나 체포하고 싶지만, 신자들에 대한 박해 소식이 국제적으로 알려지고 경찰 고위 관계자가 혹 외교부에 소환될까 염려하여 물러난 경우를 몇 차례 전해 들었다. 그러므로 당신이 처한 상황에 기초한 분별력이 요구된다. 완전히 동일한 필드 상황은 존재하지 않으며, 하나님의 성령의 인도를 받아 우리의 상황에 알맞은 방법을 구해야 한다.

예를 들면...
여기 중앙아시아의 한 팀으로부터 받은 보고서를 소개하겠다:

경찰이 이웃의 전화를 받고 아흐메드의 집에 들이 닥쳤다. 그곳에서 외국인 사역자 리차드와 가정 교회 네트워크의 다섯 명의 핵심 리더들의 신분이 발각되었다. 그들은 즉시 안전국으로 연행되어 자신들의 활동에 대한 자술서를 강요받았다. 모두가 긴장한 탓에, 자술서를 지혜롭게 쓰지는 못했다. 이 모든 상황이 지역 전체에 알려졌고, 외국인 사역자들은 물론 현지인 신자들이 기도에 돌입했다. 다음 날 저녁, 금요일까지 풀려난 일부 사람들과 함께, 우리는 스티브의 집에서 지난 밤까지만 해도 그 집에 함께 있었던 리차드를 위해 기도하고 있었다. 우리는 특히 그 전날 밤에 서툴게 작성했던 각자의 자술서가 다음 날 아침까지 발견되지 않도록, 그리고 그 다음 날 하나님께서 그분의 능력을 나타내시고, 그분의 은혜와 사랑을 신자들에게 부어 주시도록, 그리고 판사가 꿈속에서라도 하나님의 음성을 듣도록 기도했다.

다음 날 아침 경찰과 함께 판사의 판결을 기다리고 있는데, 자술서가 아직 도착하지 않았다. 그래서 (신자들은) 자술서를 다시 쓰도록 강요받았다. 이번에는 그들 사이에 이미 일어난 사태를 해결해 나가는 데 가장 유리하겠다고 생각하여 서로 약속한 대로 썼다.

두 명의 경찰관들도 다른 이들과 함께 다섯 시간이나 판사가 그 보고서를 받도록 기다려야 했다. 이렇게 지체되는 동안, 신자들과 경찰들 사이에 긴장감이 다소 누그러져, 심지어 보안국 요원들 중 한 사람이 리차드와 그의 가족을 집으로 식사 초대할 정도가 되었다! 이 사람은 얼마 전 그 지역 대테러 본부장으로 임명된 사람이었다.

마침내 판사의 검토가 시작되었고 짤막한 판결이 내려졌다. 그는 형법에 의거 세 가지 판결이 가능하다고 말했다: 1) 모두 감옥에 보낸다 2) 모두에게 벌금을 부과한다 혹은 3) 그들이 한 일에 대해 그들을 꾸짖는다. 그리고 나서 판사는 리차드에게 어떻게 하면 좋겠냐고 물었다. 그는 세 번째 안이 좋겠다고 내답했다. 이렇게 한 사람씩 현지인들에게도 동일한 질문을 던지니, 각 사람이 똑같이 대답했다. 결국 판사는 그렇게 판결했다.

다음 날 그 리더들 중 한 사람이, 판사가 그에게 신약 성경은 참 좋은 책이니까 공부하는 걸 포기하지 말라고 당부했다고 전해 주었다. 판사는 단지 보다 작은 그룹으로 공부하는 게 좋을 거라는 토를 달았을 뿐이다! 하나님을 향한 감사의 제목이 우리에게 넘쳐 났다.

"그림자 목회"의 원리와 방법들이 심각한 박해에 직면한 상황 가운데서는 최상의 방법이라는 데 의심의 여지가 없다. 그리고 비교적 덜 심각한 상황에 처한 사역자들도 이 원리들의 일부를 선용할 수 있을 것이다. 그러나 나는 또한 많은 경우에 교회 개척자들은 여전히, 신자들을 약화시키지 않기 위해, 본질적인 사도적 사역을 직접적으로 수행할 필요가 있다고 믿는다. 예를 들어, 교회 개척자들이 오직 한 사람의 현지인 리더만 접촉한 채 새로 태동하는 교회로부터 먼 거리에 떨어져 있도록 강요받는 경우, 이것은 그 교회 개척자들이 행할 수 있는 사도적 사역에 심각한 제한을 초래한다. 그들의 눈과 귀가 교제 그룹과 함께 할 수 없고, 대신 그들은 100 퍼센트 지역 리더를 통해 주어지는 상황 설명에만 의존해야 한다. 그들은 말씀을 가르칠 수도 공급할 수도 없다. 그들은 다른 리더들을 발굴할 수도 없다. 모델을 보여 줄 수도, 설득하거나, 격려하거나, 훈련하거나, 혹은 잘못들과 죄, 그리고 그룹의 분가를 어떻게 실행할 것인가에 대해 어린 교제 그룹을 직접 도와 줄 수도 없다. 그룹으로부터 오는 모든 정보, 혹은 그룹으로 가는 모든 기여는 오직 한 사람의 리더를 통해야 한다. 이것은 마치 빨대 하나로 교회를 개척하는 것과 같다.

물론 결론적으로 우리는 한편으로는 영적인 성장을 도모하고 또 한편으로는 불가피한 수준 이상의 핍박을 회피한다는 균형을 잘 맞추면서, 막 태동하는 교회를 위한 최선의 길을 택해야 한다. 그런 점에서 배후에 머물러 그림자 목회를 실천하는 일은 때로는 절대적으로 필요하고, 때로는 전략적으로 선별해야 한다. 그리고 각각의 상황마다 적용할 수 있는 원리들이 있다. 그러나 우리가 핍박이 극심한 상황을 다루고 있는 경우가 아니라면, 나는 그 태동하는 교회에게는 일정 기간 가르치고 사역할 수 있는 사도적 교회 개척자들이 진정으로 필요하다고 확신한다.

몇 가지 결론

이제 독자들에게 분명히 밝혀야 할 것이 있는데, 나는 개인적으로는 최소한 한 사람의 사도적 교회 개척자가 일정 기간 동안 특히 영적인 리더십과 성경 가르치기에 있어 적극적으로 관여해야 한다는 쪽에 기울어져 있다는 것이다. 그러나 나는 그렇게 할 수 없는 현실적인 상황이 있음을 인정하며, 더불어 나의 생각에 전혀 동의하지 않는 의견들도 존중한다.

그렇다면 나는 때가 이르러 장로들이 임명되기까지는 모든 지도와 가르침이 외국인 교회 개척자에게 일임되어야 한다고 주장하고 있는가? 결코 그렇지 않다. 어린 신자들이 그리스도께서 자신들을 위해 행하신 일을 다른 이들과(신자와 비신자 모두와) 나누도록 재촉하는 것도 그 신자들의 성장을 돕는 방편의 일환이다. 가능한 가장 이른 시기에, 그리스도의 몸 안에서 적합한 책임들이 신자들에게 주어져야 한다. 어떤 이들에게는 이것이 리더십과 목회적 돌봄을 포함할 수 있다. 또 어떤 이들에게는 하나님의 말씀을 가르치는 일을 맡길 수도 있다.

나는 한 자매 단체 출신 친구의 초대를 받아 새로운 신자들의 친목 모임에 참석했던 적이 있다. 그 신자들 중에는 내가 아는 사람도 있었고, 낯선 사람들도 있었다. 우리는 함께 교제하며 서로를 위해 기도했다. 그리고 나서 라비 형제가 갈라디아서 성경 공부를 인도할 것이라는 광고가 나왔다. 라비는 이제 믿은 지 겨우 3개월 정도 되는 친구였는데, 정말이지 환상적으로 성경 공부를 인도했다! 이것이 내게는, 에베소서 4장 11-12절에서 약속 받은 대로 그리스도께서 어떻게 그의 새로운 교회들에게 은사들을 주시며, 또한 이 형제에게 가르치는 은사가 — 비록 세련되게 좀더 다듬어져야 하겠지만 — 얼마다 분명하게 있는지를 확인할 수 있는 좋은 사례가 되었다. 이제 이 새로운 교회가 아주 오랜 동안 당신을 필요로 하지 않을 것임이 분명하게 드러나는 것을 보는 건 얼마나 가슴 뿌듯한 일인가! 그리스도께서 성령을 통해 그들을 돌보시고 그분이 원하시는 모습으로 만들어 가실 것이다.

많이 선생 되지 말라는 야고보서 3장 1절의 가르침은 어린 신자들은 완전히 성숙할 때까지 (이것이 무슨 의미이든) 절대 입을 열어 성경 공부를 인도하려 해서는 안 된다는 의미가 아니다. 이것은 하나의 과정이다. 그리고 태동하는 교회의 보호를 위해 비교적 어린 선생들이 일정 기간 사도적 감독의 입회 하에 말씀 사역을 시도할 자유를 누릴 필요가 있다. 정말로 교회 개척자의 책임 중 하나는 이 지역에 은사를 가진 이들을 찾아내고 이 은사들이 개발되고 가르칠 기회들이 주어지도록 하는 것이다.

대부분의 경우 좋은 교회 개척자들은 교회가 홀로 설 수 있으면 바로 떠나려 할 것이다. 이것은 가능한 일찍 현지인 신자들의 손에 모든 책임을 위임하기를 원한다는 뜻이다. 이것은 훈련과 위임, 평가, 그리고 추후 지원 과정을 요구한다. 이 과정을 거치는 동안 현지인 신자들은 실패할 수도 있고 성공할 수도 있으며 — 부침을 거듭하고, 선한 동기와 나쁜 동기가 혼재하기도 하고 — 또한 이 과정을 통해 그들은 그리스도 안에서 성장하고 그들의 은사를 개발할 것이다.

한 명 혹은 그 이상의 신자들이 주님을 섬기려고 자원하는 시점과 최종적으로 장로들을 임명하는 시점 사이 기간을 일컬어 우리는 인큐베이션 기간이라고 불렀다. 이 기간이 얼마나 지속되어야 하는가? 나는 개인적으로 가능한 짧은 것이 좋다고 생각한다. 물론 경우에 따라서는 보다 오래 걸릴 수도 있을 것이다. 만일 핍박으로 인해 신자들이 주님 안에서 함께 모여 온전한 목양적 책임을 질 수 없을 때라면, 이 기간이 길어질 수밖에 없다. 교회 개척 경험이 30년에 이르는 한 절친한 친구는, 대체로 장로를 임명하기까지 너무 오래 기다리는 경우가 너무 서두르는 경우보다 많다고 말한다.

그리스도는 저 10/40 창을 관통하는 불교, 무슬림, 그리고 힌두교 사람들로부터 그분의 신부를 부르고 계신다. 이 사역에 동참하는 것이야말로… 거기다 이 어려운 문제와 씨름해야 한다는 것은 얼마나 놀라운 특권인가. 주님의 지혜와 인도하심이 당신과 함께 하기를 기도한다.

12. 저항적인 문화 안에서의 교회 개척 운동

최전방 교회 개척자들로서 우리 모두는 동일한 염원을 가지고 있다. 예수 그리스도의 복음이 우리가 택한 종족 그룹으로 침투하여, 교회가 세워질 뿐만 아니라 또한 그 교회들이 멀리 그리고 넓게 다른 교회들을 개척하여 복음이 파격적으로 퍼져 나가는 모습을 보는 것이다. 우리는 가족마다, 길거리마다, 마을마다 복음을 주제로 대화가 이루어지기를 염원한다. 가장 긍정적인 의미에서, 우리 마음에 활활 타오르는 들불의 형상이 떠오른다. 다른 메타포를 동원한다면, 복음이 누룩이 되어 빵 한 조각이 아니라 덩어리 전체를 부풀어 오르게 하는 장면을 상상케 한다.

오늘날 가장 반응이 더딘 민족 가운데서는 이것이 전연 불가능한 것처럼 보인다. 그러나 수 세기 동안 사도적 팀들은 처음에는 철저히 저항적이고 적대적이며 완고했던 종족 그룹에게도 결국에는 복음을 전해 왔다. 이윽고 때가 찾아오면, 몇 사람이 그리스도를 영접하고, 핍박에 맞섰으며, 조만간 자그마한 교제 그룹을 이루어 힘써 일치와 성장을 이루어갔다. 때가 이르면 복음의 강력이 모든 장애를 돌파하고 급속한 교회 재생산과 억누를 수 없는 성장으로 내달릴 수 있다. 오늘날 가장 저항적인 문화에서 사역하는 이들은, 20세기 초만 해도 한국에는 복음으로 씨름하던 신자들이 불과 손에 꼽힐 정도였다는 사실을 되돌아보면 힘이 솟아오를 것이다.

오늘날 미전도 종족 그룹에서 사역하고 있는 자들은, 교회 개척 운동(CPM)만이 그 나라에 절대적으로 필요한 수준의 영적 변혁을 일으킬 수 있다는 사실을 깨닫는다. 급속한 교회 증식을 통한 복음의 현저한 전파 없이는, 그 민족 가운데 대다수 남자, 여자, 그리고 어린이들은 평생 그리스도 안에서 하나님의 용서하심의 복된 소식을 결코 듣지 못할 것이다. 하나님의 사랑은 우리가 이 보다 낮은 수준의 목표에 안주하도록 내버려두지 않는다(딤전 2:4; 벧후 3:9).

일본의 복음 사역자들은, 개별적으로 그리스도를 영접하는 것을 가로막는 그 문화 특유의 강력한 집단성과 씨름하고 있다. 그러나 사회가 갑자기 그리고 전방위적으로 새로운 것들을 받아들이는 현상이(거기서는 "붐"이라 부른다) 어느 날 복음 메시지에 적용될 소망은 여전히 남아 있다.[1]

그러나 불교 혹은 무슬림 종족 그룹과 같은 매우 저항적인 종족 그룹 가운데 한 교회 개척 팀이 교회 개척 운동을 목표로 하는 것은 과연 어느 정도로 현실적인가? 만일 주변 현실 여건이 복음에 지극히 냉담하다면, 그런 야심찬 목표가 오히려 역효과를 불러올 가능성은 없을까? 반대로 교회 개척 운동보다 낮은 수준의 목표를 겨냥하는 것은 그 사역이 성취할 수 있는 성과에 모종의 영구적인 제한을 드리우지는 않을까? 사역자들은 그 문화의 진정한 일원이 되고 그 언어를 유창하게 구사할 수 있게 되기 위해 충분한 시간을 투자해야 할 것인가, 아니면 서둘러 그 지역 너머로 교회 개척 운동을 조성하기 위해 힘써야 할 것인가?

이번 장은 이러한 문제들 중 몇 가지를 다루고자 한다. 물론 이 문제들에 대해 완전하게 답하는 것은 불가능하겠지만 말이다. 사실 이 시대는 추수의 계절이고 미전도 세계의 영적인 조망이 급속하게 변화하고 있기 때문에, 어쩌면 당신이 이 책을 읽고 있을 즈음엔 이러한 조처가 이미 시대에 뒤떨어진 것이 될 수도 있겠지만, 설사 그렇다 하더라도 유용할 것이다!

오늘날 무슨 일이 벌어지고 있는가?

미전도 종족 가운데서 사역하는 우리 모두는 데이비드 게리슨의 최근 저작 「하나님의 교회 개척 배가 운동(Church Planting Movements)」에 큰 빚을 지고 있다. 이 책은 힌두교도, 무슬림, 불교도, 그리고 정령 숭배자들을 대상으로 이루어지는 교회 개척 운동에 대한 모든 논의들을 망라하는 탁월한 소개서이자 촉매제로서 사역자들에게 기여했다. 게리슨은 교회 개척 운동을 "하나의 종족 그룹 혹은 전체 주민의 한 구획을 휩쓰는 교회들을 개척하는 현지 교회들의 급속한 증식"으로 정의한다.[2] 게리슨은 우리 하늘 아버지께서 세계 전역에서 놀라운 추수를 거두고 계시다는 사실을 알게 하는 숫자들을 사용하여 광범위한 교회 개척 운동의 증언들을 개괄함으로써 우리의 피를 끓게 만든다. 예를 들어, 중국에서는 매일 30,000명의 사람들이 세례를 받고 있다!

그러나 게리슨이 제공하는 다양한 사례들은 저항이 거센 종족들에게서 나온 것이 아니며, 특히 무슬림 세계에 대한 보고는 극소수이다. 도대체 그곳에서는 무슨 일이 일어나고 있는가?

무슬림 세계로부터도 몇 가지 교회 개척 운동 사례들이 보고 되어서 우리를 기쁘게 한다: 1960년대 인도네시아, 알제리아의 카빌 베르베르, 방글라데시, 베르키나 파소 등. 그리고 무슬림 세계 주변의 다양한 장소에서 현재 이루어지고 있는 일종의 "미니-교회 개척 운동들," 혹은 몇몇 무슬림 배경 신자들의 교회가 빠른 속도와 큰 규모로 확장될 수 있는 잠재력을 내포한 인자들을 가지고 재생산하고 있다는 사실을 전해 듣고 있다. 예를 들어, 1991년 소비에트 연방이 붕괴될 때만 해도 카자흐스탄에는 알려진 무슬림 배경 신자가 한 사람도 존재하지 않았다. 오늘날에는 13,000명이 넘는 신자에다 매일 교회의 숫자가 증가하고 있다는 보고가 있다. 정치적인 소요 혹은 급속한 문화적 급변이 곳에 따라 새로운 사상에 대한 개방성을 창출하고 있다. 예를 들어, 다카르의 거리를 걷다 보면, 뒷문 두 개에 각각 그림을 그려 놓은 미니버스들을 만날 수 있다. 하나는 오사마 빈 라덴 (그곳에서는 전혀 놀라운 일이 아니다)이고 다른 하나는 가끔 마돈나이다! 이슬람 근본주의와 서구 문명의 흔적이 묘하게도 나란히 놓여 있다.

그럼에도 불구하고 무슬림 종족 그룹의 절대 다수는 아지도 복음에 대해 냉담하며, 최전방 교회 개척자들의 손이 미치지 않은 곳이 대다수다. 이토록 반응이 없는 가장 큰 요인은 물론 "적게 심는 자는 적게 거두리라"의 원리이다. 그렉 리빙스턴에 따르면, 무슬림들 가운데 교회 개척은 — 특별히 그들 스스로 리더십을 갖춘 무슬림 배경 신자 교회들을 설립한다는 개념에서 — 겨우 1960년대에 와서야 실행되기 시작했고, 본격적으로는 1980년대 이후이다. "80년대에 이르기까지, 실제로 무슬림 배경 신자 교회 (재생산하는 교회에 대한 생각은 아예 고려하지 말라) 설립을 '계획 중'인 선교사는 거의 알려지지 않았었다."[3]

오늘날 전 세계 대부분의 무슬림권 도시들은 트리폴리, 카이로, 다마스커스, 앙카라, 아쉬카바드, 카불, 카라치, 쿠알라룸푸르, 자카르타와 같다. 다시 말해, 무슬림 배경 신자들이 극히 드물며 무슬림 배경 신자들의 교제 모임은 있다 해도 손에 꼽을 정도이고, 또한 무슬림 배경 신자 교회는 재생산은 고사하고 성장 자체가 요원하다. 여기서 한 가지 질문이 제기된다. 남아메리카 혹은 아프리카의 교회 개척 운동들로부터 배운 교훈들이, 추수는 거의 혹은 전혀 이루어지지 않고 다양한 요인들로 인해 교회는 작은 규모를 벗어나지 못하고 있으며 신자들에 대한 핍박이 일상적으로 상존하는 오늘날의 저 적대적 상황들에 어떻게 적용될 수 있는가? 현실을 확인하면 이러한 상황 안에는 급속한 복음의 확산을 막는 수많은 걸림돌들이 존재하고 있음을 알게 된다. 신자들은 추방과 실직, 체포, 고문, 투옥, 그리고 순교에 직면한다. 이들 신자들은 정부와 비밀경찰로부터, 가족으로부터, 그리고 주변 이웃들로부터 반대에 부딪힌다. 여기에 더하여 많은 이슬람 문화들은 무슬림 배경 신자들 사이에 신뢰와 연합을 거의 불가능하게 만드는 분위기를 조성한다. 또한 "풍성한 복음 전도"는 — 게리슨에 따르면 교회 개척 운동들을 위한 필수 조건이다 — 모로코, 사우디 아라비아, 파키스탄, 혹은 말레이시아에서는 불가능한 것으로 보인다.

1982년 우리의 교회 개척 기구는 주님께서 세계에서 가장 저항적인 민족들 가운데 교회들을 개척하시기 위해 새로운 운동을 일으키고 계신다고 믿으며 겉보기에도 대담한 계획을 세웠다. 사람들은 우리를 향해 순박하고, 주제넘고, 심지어 교만하다고까지 말했다. 그리고 그것은 모두 사실이었다. 아랍 만(灣)에서 수십 년간 담대하게 사역하고 은퇴를 앞둔 한 사역 단체 출신의 리더는, 이집트의 우리 팀에게 교회 개척은 잊어버리고 그냥 "씨 뿌리기"에 만족하라고 말했다. 1984년에 우리 리더들과 만났던 오픈 도어즈(Open Doors)의 앤드류 형제도 우리에게 "구호의 수준을 낮추고" 하나님께서 우리 사역에 열매를 보여주실 때까지 몸을 낮추고 있으라고 조언했다. 그것은 사실 현명한 조언이었다. 그래서 수년 동안 우리 사역자들은 주로 언어 학습과 거주에 집중했다. 하지만 결국 열매는 나타나지 않았다. 오늘날 그 단체의 팀들이 개척한 교제 모임과 교회의 숫자는 160개에 다다른다. 요점은 이것이다. 여러 해 동안 하나님께서 교회 개척에 관해 말씀해 오셨는데, 우리는 그것을 매우 절실한 문제로 받아들이면서도 한편으로는 매우 비현실적인 것으로 받아들이고 있다는 것이다.

오늘날 하나님께서 우리에게 그리고 다른 이들에게 주신 비전이 현실이 되는 모습을 보기 위해서는, 교회 개척 운동이 우리의 미래이며, 또한 미래여야 한다고 우리 중 많은 이들이 믿고 있다. 그렇다면 무슬림들과 다른 저항적인 종족들 가운데 우리가 감히 어떻게 교회 개척 운동에 관해 이야기할 수 있는가? 우리는 이 꿈들을 겸손하게 그리고 믿음으로 논의해야 하며, 일이 어떻게 진행될지에 관해 우리가 많은 것을 모르고 있다는 사실을 인정해야 한다. 그러나 과거 80년대와 90년대에도 하나님께서 행하실 일에 대해 우리에게 감을 주셨듯이, 오늘날 교회 개척 운동에 관해서도 그분의 이끄심이 있을 것을 우리는 기대하고 있다. 저 저항적인 민족들 가운데 교회 개척 운동이 일어날 가능성이 외

견상 전무해 보이는 현실과, 그럼에도 불구하고 그 가능성과 긴급한 필요들을 우리는 어떻게 조화시켜야 할 것인가? 나는 잘 모르겠다. 그러나 믿음의 눈으로 볼 때, 주님 바로 그분의 동역자로 이러한 모험에 참여한다는 것은 정말 가슴 벅찬 일이 아닌가?

아인트호벤 협의회

2003년 수십 명의 필드 리더들이 네덜란드에서 함께 만나 교회 개척 운동과 교회 재생산을 두고 씨름하면서, 특히 네 가지 사례 연구를 발표했다. 그 중 셋은 우리 단체의 사역에서 나온 것이고(서아프리카, 중동, 그리고 중앙아시아), 하나는 남아시아에서 사역하는 다른 단체의 사례였다. 네 사람의 발표 후, 10/40 창 전역의 사역자들 사이에 활발한 질문과 의견이 오갔다.

물론 이들 사례 연구를 통해 우리는 현실의 일면 만을 들여다볼 수 있을 뿐이다. 우리는 교회 개척 운동 혹은 광범위한 교회 증식에 있어서도 정답이라고 할 만한 권위적인 경험이 있다고 말하지 않겠다. 물론 2002년에 주님께서 모두 어려운 현장이던 우리의 여덟 지역 중 일곱 지역에서 우리로 하여금 교회들이 지교회를 재생산하는 모습을 보게 하신 사실로 우리의 믿음이 강화되었지만 말이다. 다만 여기 이 네 사례 연구를 통해 우리가 발견한 공통적인 요소들을 소개하겠다.

1. 모든 신자들은 그들이 그들 자신을 뛰어넘는 한 목적을 위해 구원받았다고 가르침 받았다. 그것은 교회를 세우기 위한 목적이었다.

2. 가장 결정적인 순간은, 몇몇 신자들이 그 비전을 '소유하고,' 하나
님께서 그들의 민족 가운데 복음을 전파하고 새로운 교회들을 개
척하는 사역으로 부르심을 깨닫고 받아들이는 시점이다. 이 짐은
매우 큰 희생을 요구한다. 그러나 그것은 외국인 사역자들이 아니
라 주님으로부터 주어지며, 주님이 그들과 끝까지 함께 하실 것이
다. 하나님은 현지인 복음 전도자들과 사도들을 일으키신다.

3. 그 종족 언어로 예배가 이루어진다. 그리고 상당한 수준의 상황화
가 이루어지면서, 이 새로운 신자 공동체가 그 지역 문화와 잘 조
화되며, 할 수 있는 한 기존의 형식을 성경적으로 잘 보존하면서
도 현지에 적용시킨다.

4. 극복해야 할 두려움과의 싸움이 있었고, 각 사례마다 그들은 성공
적으로 그렇게 했다.

5. 네 사례에서 모두 핍박은 오히려 성장의 동력이 되었다.

6. 신중하게 결정된 구조가 자리를 잡았다. 구조는 현지 교회와 더불
어 확장 사역에도 본질적인 요소이다.

7. 현지인 리더십이 신속하게 계발되었다.

8. 교회에 건강치 못한 영향을 초래할 수 있는 외부 그룹들과는 의도
적으로 단절시켰다.

9. 지극히 공통적으로, 이런 유형의 교회 개척에서는 "삼보 전진, 이
보 후퇴"를 경험했다.

10. 외국인 교회 개척자들은 초기부터 중요하고 적극적인 역할을 감
당했지만, 전략적 필요성이 인정되면 뒤로 물러나 현지인 리더들
이 그들의 사역을 스스로 꽃피울 수 있도록 했다.

11. 하나님의 말씀을 깊이 심어 주는 것은 각 사례에서 본질적인 요

소였고, 말씀의 권위가 그 새로운 교회의 토대를 형성했다.

12. 교회 개척 팀은 때로 전략과 전술에 주요한 수정을 가할 수 있었다.

13. 팀은 의도적으로 지역의 믿는 여성들과 협력하여 그들이 성장하고 사역에 동참할 수 있도록 도왔다.

14. 각 사례마다 작은 가정 그룹들이(셀, 가정 교회 등) 핵심적인 역할을 수행했다.

15. 각 사례마다 핵심 신자들이 사역에 보다 많은 시간을 보낼 수 있도록 해주는 모종의 지원책을 가지고 있었다(후원, 융통성 있는 고용 등을 통해).

외국인 교회 개척자의 역할

지난 장에서 언급했듯이, 현재 사도적 사역자의 역할 문제에 관한 다양한 스펙트럼의 의견이 존재한다. 이러한 논쟁은 건강하지만 지나친 극단은 피해야 한다. '교회 개척 운동 캠프'에 속한 어떤 이는 언어 숙달, 태동하는 교회에 성경 가르치기, 그리고 개척 초기 지체 의식 형성에 적극 뛰어들기와 같은 전통적인 활동들이 교회 개척 운동을 실현하는 데 방해가 될 수 있다고 지적한다. 이러한 활동들이 오히려 교회 개척 운동의 촉진에 지장을 초래하거나 심지어 현지인들이 외국인 사역자의 바통을 이어 받는 데 방해가 될 것이라고 생각한다.

하지만 다른 편에서는, 특히 어려운 필드에서 사역하는 교회 개척자들은 사역자들이 현지인 신자들과 떨어져 다른 도시에 산다거나(삶의 수준이 현지인들보다 아주 높은 경우가 왕왕 있다), 언어를 배우지 않고, 멀리 떨어져서 활동을 지휘하려 하거나, 바울이 교회의 태동을 위해 행한 고된 수고를(예를 들어 사도행전 20:17-38; 갈라디아서 4:12-20; 데살로니가전서 2:1-12) 회피하려는 개념에 대해 아주 발끈한다. 한 팀 리더는 최근 자신의 마음을 이렇게 나누었다. "나는 저 고전적, 성경적, 역사적, 자기-부인적인 교회 개척의 방편들이 우리들 사이에서 수치스러운 이름으로 전락하고 있는 건 아닌지 두렵다. 하나님에 관한 모든 것을 끈기 있게 수년 동안 소수의 유망한 장로 후보자들에게 가르치는 것이, 누군가에게는 엄청난 시간 낭비로 여겨진다니… 우리가 떠난 후에 길을 잃은 양들의 피는 그 책임이 하나님 앞에서 우리에게 지워질 텐데도 말이다!"

이 견해들이 조화될 수 있을까? 우리는 어떻게 "교회 개척(CP)"과 "운동(M)" 사이의 긴장을 누그러뜨릴 수 있을까? 이 접근에 있어 중요한 요소는 "어느 시점에 교회 개척자가 그 과정에 돌입할 것인가"이다.

1. 처음부터? 아무 신자도 없이 바로, 그리고 사람들을 그리스도께 인도하는 시점?
2. 아니면 일종의 "중간 단계"? 기존 신자들을 만나고 그들이 한데 모이도록 돕는 시점?
3. 아니면 장차 다가올 "밀기"? 하나의 교제 모임이 이미 존재하고, 외국인 사역자는 곁에서 단지 코치, 촉매, 혹은 연결자로만 돕는 시점(아마도 바울이 고린도 교회와 취했던 관계와 유사한)?

의심의 여지 없이 시나리오 1과 2는 상대적으로 높은 수준의 성육신 사역을 요구한다. 시나리오 3은 언어 숙달이 필요치 않을 수도 있다. 물론, 예를 들어, 신뢰를 쌓고 일정한 역할을 맡음으로써 현지인 리더들에게 교회 개척자가 사역에 의미 있는 기여를 하고 있다는 확신을 주어야 한다는 부담이 있지만 말이다.

이 스펙트럼 상의 어디에 있건 관계없이, 지교회를 계속 재생산할 수 있는 방식으로 새로운 교회를 개척해야 한다는 데는 모두가 동의할 것이다. 이것은 매 수준마다 재생산에 대한 비전을 심어 주어야 할 뿐 아니라 그것이 새로운 교회의 "DNA"의 일부가 되도록 해야 함을 의미한다.

많은 사람들은 나와 마찬가지로 외국인 교회 개척자가 초기 인큐베이션 기간에는 적극적인 리더십과 가르치는 역할을 감당해야 한다고 믿는다. 그러나 그들은 또한 리더십과 성경을 가르치는 역할들은 가능한 일찍 현지인 제자들에게로 이양되어야 한다고 믿는다. 개별 신자들이 준비되는 대로 — 심지어 종종 그들이 준비되었다고 느끼기 전이라도 — 그들은 모임을 인도하고, 목회적 문제를 해결하고, 행사를 계획하고, 예배를 인도하고, 하나님의 말씀 사역을 감당하는 일원이 되어야 한다. 궁극적으로 이 모든 과정이 지향하는 목표는 장로의 임명이며, 이것은 신약 교회 확장의 결정적 요소이다.

현지인 교회 개척자와 사도

그리스도께 돌아온 자들 가운데 종교적으로 성숙함을 갖춘 많은 이들은 장로와 교사로서의 은사를 계발할 수 있을 것이다. 그러나 나의 짧은 20년 경험에서 큰 기쁨을 맛보게 한 놀라운 사실은, 많은 경우에 하나님께서 신자들에게 강력한 은사를 새로이 부어 주셔서 성장과 확장을 추진하시는 일이었다. 어떤 이는 현지인 장로로 부름 받는 대신, 보다 넓고 광범위한 사역을 위해 사도로 부름 받았다. 안전상의 문제로 자세한 사항을 이야기할 수는 없지만, 북아프리카, 중동, 발칸 반도, 중앙아시아, 남아시아, 그리고 동남아시아 등지에서 여러 예들을 쉽게 떠올릴 수 있다. 우리는 에베소서 4장 11-12절에서 그리스도께서 사도들을 포함한 특별한 리더들을 교회에 은사로 주셨다는 사실을 전해 듣는다. 그리고 그분은 우리 시대에도 현지인 사도들을 일으키심으로 동일한 일을 하고 계신다. 심지어 세계에서 가장 저항적인 민족들에서도 이것은 예외가 아니다. 지나고 보니, 이것은 사실 그리 놀랄 일도 아니었는데, 솔직히 말해서 그땐 정말 놀라웠다.

현지인 최전방 교회 개척자들이라는 주제를 놓고 이야기하자면 엄청나게 할 말이 많다. 교회 개척의 전 과정이 외국인 사역자에 의해 이루어진 곳에서는 교회 개척 운동이 일어날 수 없다는 사실을 부인할 사람은 없을 것이다. 반대로 많은 현지인 신자들이 자기 나라와 자기 종족 그룹 가운데 교회를 개척하고 증식하여 복음을 확산시키려는 부담을 가질수록, 폭발적인 성장의 가능성은 한계를 초월한다. 이것은 사실상 가장 저항적인 미전도 종족 그룹이 진정으로 복음화 될 수 있는 유일한 길이다.

교회 개척 운동 이론에서 강조점은 다른 교회를 개척하는 하나의 교회에 맞추어진다. 그러나 오늘날의 가장 저항적인 현장에서 두드러지는 대다수 교회 개척 운동들의 동력을 보면, 그것은 핵심 역할을 감당하는 개개인의 제자들이다. 그들은 새로운 교제 그룹을 시작함에 있어서 특별한 소명 의식과 은사와 효과성을 발휘한다. 그들은 한 특정한 교회에서 주도적 역할을 맡을 수도 있고, 혹은 보다 광범위한 지역, 어쩌면 나라 전체를 복음화 하는 데 관심을 둘 수도 있다. 물론 현지인 복음 전도자들과 현지인 사도들 사이에 종종 구분이 존재한다. 전자는 복음 전도의 열정에 이끌려 새로운 마을로 들어가 그리스도를 위한 일에 불을 지핀다. 그들은 상당한 영적 깊이와 성숙도를 가지고 있을 수도 있고 아닐 수도 있다. 그러나 이들 개인들이 몇 사람을 단번의 전도 여행으로 그리스도께 인도하는 것이 그리 드문 일도 아니다. 한편 현지인 사도들은 강력한 성경적 은사들을 가진 자들로 새로운 장소에서 그리스도의 몸을 후원하고 든든히 세울 수 있다. 이것은 마치 사도행전 8장의 패턴, 즉 복음 전도자 빌립이 복음화 되지 않았던 사마리아인들 가운데 하나의 돌파구를 마련하고, 이어 베드로와 요한과 같은 사도들이 와서 그 열매를 굳게 하고, 하나님의 말씀을 보다 철저히 가르치고, 신자들을 하나의 에클레시아로 세우는 일련의 과정과 같다.

이들 확장의 은사를 받은 핵심적인 힌두교/불교/무슬림 배경 신자들이 일어날 때면, 그들의 은사들과 소명 그리고 그들이 사역에 사용할 수 있는 가용한 시간 사이에 긴장이 빠른 속도로 증가한다. 사역자들 혹은 현지인 신자들은 이들 핵심 신자들이 복음 사역에 더 많은 시간을 할애할 수 있는 길이 있는지를 묻기 시작한다. 남침례교단의 국제 선교부는 "POUCH"로 알려진 교회 개척 방법론을 개발했다. 이것은 "참여적인(participative) 성경 공부와 예배 그룹들, 하나님의 말씀에 순종(obedience), 무보수의(unpaid) 많은 평신도 혹은 두 가지 직업을 가진 교회 리더들과 셀(cell) 혹은 가정(house) 교회 모임의 개발"의 약자이다.[4] 마찬가지로 힌두교 상황을 배경으로 수밤마는 이렇게 쓴다. "유급 사

역자들이 교회의 주된 사역을 담당하는 중심 인물이 되면 직업주의
(professionalism)가 교회 안에 득세한다는 것은 불을 보듯 뻔한 사실이다.
새로운 유형의 비직업적 사역이 효과적인 기독교 전파를 위해서는 꼭
필요하다."[5]

나는 "U" 요소(무보수 사역자들)가 얼마나 지혜로울 수 있는가에 대
해 진심으로 인정하지만, 개발국에서 무보수는 종종 집중적인 확장 사
역에 관여하는 것이 불가능함을 의미한다. 이들 국가들 대다수의 경제
사정이 여의치 않아서 사람들은 아예 일을 하지 않고 있거나 혹은 일주
일에 60시간씩 일을 해야 하는 극단적 현상이 빚어진다. 성숙하고 은
사를 받은 평신도로서[6] 좋은 직장에서 어느 정도 자기 재량으로 사용할
수 있는 시간적 여유를 가진 사람은 정말로 드물다.

그래서 우리는 다음과 같은 긴장의 삼각 관계에 처하게 된다.

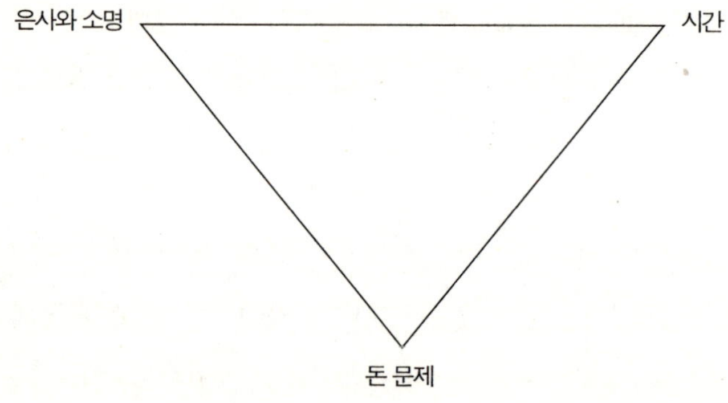

나는 지금 현지인 사역자가 모종의 직업적인 전임 사역에 뛰어드는
것이 언제나 해결책이라고 말하고 있지 않다. 역사적으로 복음의 확산
과 교회들의 재생산은 상당 부분 직업적인 사역에 들어오지 않은 자들

에 의해 (즉, 평신도들) 이루어져 왔다. 그러나 직업적인 형태의 사역이 경우에 따라 일부 현지인 사역자들에게는 성경적일 뿐 아니라 전략적인 것으로 판단된다. 만일 하나님으로부터 복음 전도와 교회 개척의 비전을 받은 한 현지인 제자가 성숙하고 게다가 은사도 검증되었는데, 사역에 대한 대가로 수입을 기대하지도 않고 그리스도의 사역이 주는 위험을 기꺼이 감수하려 한다면, 이들 형제와 자매들에게 적절히 시간을 사용하도록 할 방도가 있을까? 후원, 유동적인 직장, 혹은 두 가지 직업 등의 기발한 해결책들이 대답이 될까? 아니면 복음 전파를 가속화하기 위해 모종의 재정적인 조치가 취해질 경우, 장기적으로 그 사역을 파국으로 몰아갈 위험성이 다분히 존재하는가? 나는 이 문제가 오늘날 대다수 어려운 현장에서 교회 개척 운동에 하나의 중추적인 문제라고 확신한다. 우리에겐 하나님으로부터 오는 지혜가 필요하다!

다양한 미전도 현장에서 현재 벌어지고 있는 상황들을 간략히 고찰하면서, 여기에 확장 사역에 특별히 활동적으로 참여하고 있는 현지인 사역자들을 위한 재정 문제와 관련하여 여섯 가지 주요 모델을 제시하고자 한다:

1. 사역자가 모종의 월급 혹은 정기적인 사례를 받는다.
2. 사역자가 사역을 위한 재정 후원을 모금한다 (즉, 지역 그리고/혹은 지역 외 후원자로부터).
3. 사역자가 외국인 사역자의 비종교적 사업 혹은 비즈니스에 융통성 있는 근무 시간제로 고용된다.
4. 사역자가 두 가지 직업으로 활동한다. 일부 시간은 후원을 받는 사역에 관여하고 또 일부 시간은 수입을 내는 일에 종사한다.

5. 지속적인 후원은 없지만, 사역자에게 자산을 빌려 주어 수입을 낼 수 있는 사업을 열 수 있도록 한다(예를 들어, 차를 구입한 뒤 사역자에게 빌려 주어 택시 영업을 하게 한다. 상점과 최소한의 장비를 구입한 뒤 사역자에게 빌려 주어 재봉 일을 하게 한다).
6. 아무런 물질적인 도움이 없다. 사역자가 완벽히 자활할 수 있으며, 사역에도 상당한 수준으로 헌신할 수 있다.

돈 혹은 후원이 관련된 곳에는 그 나름의 잠재적인 문제점, 다시 말해 동기가 혼탁해질 가능성이 항상 존재한다. 사역자는 직업적 사역에 들어감으로써 삶의 수준을 높일 수도 있다. 서구에서는 사역에 들어간다는 것은 일반적으로 삶의 수준이 낮아짐을 의미하지만, 개발국에서는 오히려 그 반대가 종종 현실이 되기도 한다. 잘 관리되지 않으면, 이것이 교회 내의 시기 혹은 갈등의 원인이 될 수도 있다. 외국인 교회 개척자는 골치 아픈 '경리 부장' 자리로 떨어질 수 있다. 현지인 사역자들이 외부 자금의 도움을 입으면, 보통 그만큼 재생산은 제한되는 것이다. 내가 여기서 보통이라고 말하는 이유는 남아시아의 무슬림 가운데 이루어지고 있는 교회 개척 운동이 외부 기금의 역할에도 불구하고 높은 수준의 재생산을 지속적으로 이루어 내고 있기 때문이다. 이 경우 사역자들은 위의 네 번째 안, 즉 시간의 절반은 사역에 그리고 나머지 절반은 큰 규모의 수익성을 내는 일에 종사하는 두 가지 직업인이다. 마지막으로, 만일 많은 사람들이 모종의 직업적 사역에 들어오게 되면 그것은 헌신된 평신도들을 위축시키는 결과를 낳기도 하는데, 이것은 결코 바람직한 방향이 아니다.

이와 달리, 현지인 신자들이 직업적 사역에 들어올 수 있도록 돕는 것을 지지할 만한 다른 요소들이 여전히 남아 있는가? 그렇다. 합당한 사람들이 시간상의 자유를 누릴 수 있을 때, 사역의 효과는 상당한 탄력을 받게 된다. 그것은 또한 신약의 모델을 따르는 것이기도 하다. 시작부터 일부 핵심 사역자들은 복음 전파 과업을 위해 후원을 모집하거나 기금을 받을 수 있도록 허용되었던 것으로 보인다. 그리고 현지인 장로들을 돕는 돈은 분명히 지역 자금이었지만(딤전 5:17-18), 최전방 교회 개척자들 혹은 사도들에 관하여서는 이런 제한이 적용되지 않았던 것으로 보인다(고전 9:1-18). 이러한 사도적 사역자들을 위한 사역 후원 현상은 1세기 교회에서 상당히 일찍부터 시작되었던 것으로 보인다. 그리고 현지인 신자들이 직업적 사역에 들어오는 것에 대해 우리가 다소 두려움을 가지지만, 사실 따지고 보면 외국인 사역자들에게도 항상 '돈 문제'가 따라 다녔다.

따라서 아마도 사역자들의 선택과 후원 행정에 관해서는, 서구에서 온 사역자들과 현지인 사역자들에게 동일한 규범이 적용되어야 할 것으로 보인다, 예를 들면 다음과 같다.

1. 그리스도와 복음 사역에 대한 검증된 헌신
2. 검증된 성품
3. 동기의 순수함(재정 수익이 아니어야 한다)
4. 실제로 이익이 되지 않아야 함(어떤 사역들은 지역 사역자들이 전임 사역에 종사해도 이전에 세속 직업에서 벌어들인 것보다, 혹은 교사 수준의 수입보다 더 많이 받는 것을 허락하지 않을 것이다)
5. 궁극적으로 하나님의 공급하심을 신뢰함

현지인 교회 개척자들과 그들을 위한 재정 지원에 관한 부분을 교회 개척 운동에 관한 이번 장에서 논의하는 내 마음이 결코 편치 않다. 나는 몇몇 신자들이 직업을 갖거나 혹은 두 가지 직업을 가지고 사역에 들어오는 것이 교회 개척 운동을 일으키는 데 본질적인 요소라고 믿지 않는다. 이 문제가 중심이라고도 생각하지 않는다. 그렇지만 이것이 몇몇 떠오르는 교회 개척 운동 사역들의 전략적인 한 부분이 될 수 있다는 데는 나도 동의한다. 이 모든 사실에도 불구하고 이 문제를 피할 수 없는 것은, 이 주제가 항상 부각 되기 때문이다. 우리는 이 문제들과, 지금도 그리고 장래에도, 씨름해야 한다. 나는 개인적으로 앞으로 수년 내에 보다 창조적이고 생산적인 모델들이 제시되기를 고대한다.

13. 교회 개척의 세 가지 모델

대다수 그리스도인들은 '교회'에 관하여 아주 간단한 일종의 공통적인 그림을 그린다. 일단의 사람들의 모임으로 종종 보다 큰 교단에 연결되었고, 매주 일요일 아침 모여서 예배를 드리고, 주중에도 다양한 활동들을 하고, 그리고 이 모든 일들이 이루어지는 교회 건물을 가지고 있다. 이것이 서구인들 사이에 가장 전통적인, 세계 전역에서 공통적으로 통하는 교회관이기 때문에, 나는 이것을 기존 교회 모델(prevalent church model)이라고 부른다. 내가 이 이름을 붙였다 하여, 그것이 가장 성경적인 혹은 심지어 필연적으로 역사적으로 가장 일반적인 모델이라는 의미는 아니다.

이것이 유일한 교회 모델이 아니라는 것을 깨닫는 것은 참 흥분되는 일이다. 대다수 서구인들은 잘 모르고 있지만, 아프리카, 라틴 아메리카, 그리고 아시아에서는 20세기 후반에 다른 모델들이 각광을 받고 있다. 이들 다른 모델들이 지금은 심지어 서구에서도 점차 호응을 얻어

가고 있다. 그러나 보다 중요한 것은, 이것들이 오늘날 적대적 혹은 저항적 상황의 미전도 종족 그룹 가운데서 교회를 개척하는 데 있어 엄청난 유익을 준다는 사실이다. 두 가지 주요한 대안 모델들로 셀 교회 모델과 가정 교회 모델이 있다. 오늘날의 사도적 교회 개척자들은, 말할 나위 없이, 이들 세 모델들을 신중히 고려할 필요가 있으며 그들 자신의 최전방 개척 상황에 어느 것이 가장 적합한지를 분별할 수 있어야 한다.

셀 교회들과 가정 교회들에 관한 많은 책들이 저술되었고, 유력한 기존 교회 모델에 관한 책들도 도서관을 꽉 채우고 있다. 이번 장의 목표는 이 세 모델들에 대한 간략한 스케치를 제공하는 것이다. 우선 이 것이 짤막하기 때문에 아래 소개되는 몇 가지 일반적 원칙들이 항상 현실에 부합하지는 않는다는 사실을 밝혀 둔다. 나의 의도는 그것들 사이의 핵심적인 차이짐과 필드에서 사용될 때 부각되는 각각의 상대적인 강점과 약점을 관찰하는 것이다.

기존 교회 모델

이 모델에 관해서는 그렇게 많은 논의가 필요하지 않은 것이, 우리들 대다수에게 매우 익숙한 모델이기 때문이다. 이 모델을 좇는 교회들 대부분은 그 크기에 있어 40명 혹은 그 이상이며, 활동적인 교인 수가 수천에 이르는 경우도 드물지 않다. 보다 작은 교회들은 통상 상대적으로 친밀한 관계성을 누릴 수 있고, 봉사에 참여하는 사람들의 비율이 높고, 그리고 몸된 교회 안의 모든 사람들을 아주 잘 알 수 있다는 이점이 있다. 보다 큰 교회들은 일반적으로 탁월한 성경 가르침, 그리스도를 위한 도시 단위 사역, 여러 종류의 사역 실시, 잘 개발된 어린이와 청소년 프로그램 구비, 그리고 해외 사역에 대한 의미 있는 기여 등의 장점을 가진다. 큰 교회들은 또한 알코올 중독, 약물 중독, 가난, 그리고 실직과 같은 사회적 문제들에 관해 상당한 영향력을 행사할 수 있다. 이것은 때로 지역 단체장들과 정부 관계자들에게 좋은 인상을 주고, 그들로 하여금 복음에 '개방적'이지 않은 그 나라 안에서 계속해서 사역할 수 있는 계기를 만들어 주기도 한다.

일반적으로 이 모델에는 규모에 관한 본질적인 제한은 없다. 이런 유형의 대다수 교회들의 생각은 다다익선(多多益善)이다. 많은 기존형 교회들이 지교회를 개척하려는 비전을 가지고 있지만, 이들 교회의 복음 전도와 수적 성장의 목표는 보통 모교회가 크게 자라는 것이다.

리더십은 최소한 한 명의 목회자를 포함한 장로 그룹을 통하거나 혹은 담임 목회자와 그를 보좌하는 목회자들을 통한다. 두 경우 모두, 그 목회자들은 단일한 회중을 인도한다. 대안적으로 어떤 교회들은 운영 위원회 혹은 다른 형식의 비(非)장로 협의체의 지도를 받는다. 대부분은 최소한 한 사람의 유급 목회자를 두고 있으며, 상당수는 큰 규모의 급료를 받는 목회자들과 직원들을 거느리고 있다.

교회 생활의 본질은 대체로 중앙 집중적이다. 한편, 많은 중형 혹은 대형 교회들은 소규모 가정 그룹에의 활발한 참여를 강조하며, 이것이 실제로 회중들의 삶의 활력이 된다.

전 세계에 산재해 있는 기존 모델형 교회들을 생각할 때, 사람들은 제도적이고 교단에 얽매이고 틀에 박히고 형식적이고 편안하며, 대체로 다양한 프로그램을 통해 그들 자신의 필요를 채우는 데 관심을 기울인 나머지 지역 사회에 그리고 그 너머로 복음을 담대하게 전하는 데는 상대적으로 소홀하다는 고정관념을 갖고 있다. 하지만 이것은 매우 단편적이고 치우친 묘사일 뿐, 실제 상황은 많이 다를 수 있으며 또한 다양하다. 이러한 교회들의 모습은 대체로 성경적이고 건강하며, 코이노니아에 대한 그리고 그 어떤 대가를 치르고서라도 그리스도의 명령에 순종하는 영적인 혁명가가 되는 것에 관한 강조가 있을 때는 특히 그러하다.

최전방 교회 개척자들은 본성상 인습 타파적 혹은 비전통적이어서 그들의 사역 필드에서 교회 개척을 추진할 때 이 모델을 거부하고 손에서 떨쳐 버리려는 경향이 있는데, 잘못하면 목욕물과 함께 아기까지 버릴 위험의 소지가 있다. 나는 내 동료 사역자들에게 다음과 같이 당부한다: 셀 모델 혹은 가정 교회 모델이 여러분의 종족 그룹에 맞는 최선이 될 수도 있겠으나, 아닐 수도 있다. 그러므로 셋 모두를 동등하게 고려하라. 우리 단체에서 파송한 팀들은 몇몇 큰 규모의 기존형 교회들을 개척했고, 대부분 지금까지 잘 지속되고 있다. 이미 짐작하겠지만, 이런 경우 고도의 핍박 상황 가운데 있는 교회는 없다.

셀 교회 모델

설립자이며 담임 목사인 조용기 목사의 리더십 아래 있는 한국의 여의도 순복음교회는 세계 최대의 교회이다. 1958년 군용 천막 안에서 몇 사람의 신자들이 모이던 그 초라한 시작부터 현재 70만 명에 이르는 교인과 연 예산 1억불 규모로 성장하기까지, 이 교회는 셀 교회 모델을 광범위하게 유포했다. 이 모델은 랄프 네이버(Ralph Neighbour)의 「우리는 여기서 어디로 갈 것인가?(Where Do We Go From Here?)」[1]와 조용기의 「성공적 가정 셀 그룹(Successful Home Cell Groups)」과[2] 같은 책들을 통해 익히 잘 알려져 있다.

이 모델의 기본 원리는 다음과 같다: 전체 교회는 작은 셀들로 구성된다. 당신이 교인이라면 하나의 셀 그룹에 속하게 된다. 셀은 최소한 일주일에 한 번 모이며, 아무리 영적으로 어리다 할지라도 모든 신자들이 친구들과 가족에게 그리스도를 나누는 것에 대해 크게 강조한다. 셀 그룹의 두 가지 본질적 기능은, 한편으로 서로를 섬기고 한편으로는 비신자들에게로 나아가는 것이다. 셀이 성장하여, 예를 들어 스무 명 정도의 일정 크기에 도달하면, 분리 혹은 증식한다는 분명한 계획을 가지고 있다. 각 셀은 한 셀 리더가 인도하며, 차후에 새로 분리된 셀을 인도하기 위한 훈련을 받고 있는 예비 리더가 있다. 젊은 신자들이 셀 리더를 맡기도 하지만, 이들에게 성경 교사 혹은 장로 수준의 성숙함을 기대하지는 않는다.

이 모든 셀들 위에는 정교하고 위계적인 리더십 구조가 존재한다 (셀 리더들, 지역 리더들, 회중 리더들, 그리고 담임 목사의 체계를 갖추고 있다). 보통 장로는 없지만, 포괄적인 행정적 권위를 지니는 최고위 리더가 한 명 존재한다. 모든 셀들은 매주 혹은 매월마다 함께 모여 보다 큰 규모의 '축하 행사'를 갖는다. 셀들은 자율적이지 않고, 보다 큰 회중의 일부이며 광범위한 명령 체계 구조 아래에 존재한다. 셀 그룹들을 중앙 리더십에 긴밀히 연결된 상태로 유지하기 위해, 셀 리더들은 많은 경우 매주 그들의 셀 그룹에서 실시할 프로그램을 상급 리더로부터 전달 받는다. 수적인 성장과 계량을 크게 강조하며, 자세한 보고 장치가 정착되어 있다. 하지만 비록 중앙 집중적인 리더십 아래 있다 하더라도, 교회의 영적인 삶과 활동들은 분산화 되어야 한다고 주장하는 사람도 있다. 고도의 핍박 상황 아래 있을 경우는, 중앙 집중적 리더십과 큰 규모의 집회들로 인해 셀 모델이 성공적이지 않은 것으로 입증되었기 때문이다.

나는 중앙아시아에서 상당한 열매를 거두고 있는 무슬림 배경 신자들의 셀 교회를 방문하는 행운을 누렸는데, 그 규모가 대략 700명에 이르고 있었다. 그 사역은 둘 혹은 세 개의 다른 종족 그룹 가운데서 이루어지고 있었다.

다음 장에서 우리가 보겠지만, 장로들의 임명은 최전방 상황에서 새로운 교회들의 설립에 지극히 중요하다. 정상적인 셀 교회 모델은 장로들을 세우지 않지만, 그것을 허용하는 쪽으로 이 모델을 수정할 수도 있다. 미국에는 담임 목회자가 아니라 장로들의 지도를 받는 셀 교회들이 많이 있다.

가정 교회 모델

서구에서 가정 교회 운동을 부흥시키고 있는 주요 리더 중 한 사람으로 뉴 잉글랜드에서 가정 교회 개척자 팀을 이끌고 있는 딕 스코긴스가 있다. 많은 필드 단체들이 최전방 개척 필드에서 딕의 가정 교회에 대한 강조에 큰 도움을 입고 있다. 그의 책 「네트워크로 가정 교회 개척하기(Planting House Churches in Networks — A Manual)」와[3] 「교회 증식 가이드(Church Multiplication Guide)」(조지 패터슨과 공저)[4]는 우리 팀들에게 매우 가치 있는 것으로 입증되었다. 우리 단체의 대다수 팀들은 그들의 교회 개척 사역에 있어 가정 교회 모델을 추구하고 있다.

물론 최근 가정 교회 운동의 가장 왕성한 사례는 중국 본토로서, 성 경을 믿는 그리스도인이 약 9천만 명으로 늘었다는 보고가 있다. 역사 상 최대 규모의 교회 성장 현상이 일어나고 있는 것이다. 공식적인 삼 자 교회는 기존 교회 모델을 따르고 있지만, 절대 다수의 중국인 그리 스도인들은 핍박 상황 가운데 지하 혹은 준지하 가정 교회들 안에 존 재한다.

가정 교회들은 작은 규모와 자율로 가장 잘 알려져 있다. 가정 교회 들이 핍박 상황 속에서 번성하기 때문에, 어떤 이는 이것이 "저의 집에 있는 교회"와 "누구누구와 그들과 함께 한 모든 성도들"로 대변되는 신 약 시대의 가장 일반적인 형태의 교회였다고 말한다. 또한 의도적으로 지어진 교회 건물들은 콘스탄틴 이전에는 알려지지 않았다는 사실이 이를 뒷받침한다고 말한다. 많은 이들은 이것이, 편만한 핍박의 현실을 고려할 때, 가장 적대적인 환경들에 가장 적합한 모델이라고 믿는다.

불행히도 비그리스도인 문화 출신의 신자들이 처음 그리스도의 몸 으로 모이기 시작할 때, 때로 그들이 보아 온 유일한 교회 모델은 기존 교회 모델이다. 예를 들어, 크고 공개적인 기독교 배경 신자들의 교회 이다. 이것이 그들이 생각하는 교회의 기본 모델로 자리잡았으므로, 그 들을 가정 교회로 이끌려면 상당한 노력과 설득이 소요된다.

가정 교회들은 교회 건물 혹은 유급 목회자를 가지고 있지 않다. 수 밤마는 인디아에 관해 이렇게 쓴다. "우리는 힌두교도들이 주님을 알 거나 복음을 경험하기 전까지는 큰 교회를 지을 것을 기대할 수 없기 때문에, 세례 전까지 그들을 돌볼 수 있는 가정 교회가 합리적인 절차인 것으로 보인다."⁵ 셀과 마찬가지로 가정 교회 멤버들은 친구들과 가족에게 복음을 전하도록 격려되며, 가정 교회들은 성장하여 분리 혹은 재생산하는 것을 기대한다. 분리는 통상 그 그룹의 크기가 성인 기준으로 열두 명에서 열다섯 명에 이를 때 이루어진다. 셀 교회에 참여하는 모든 사람은 그룹에 성실히 참여할 뿐 아니라 그룹 전체로서는 함께 그리스도의 몸을 이루겠다는 언약을 지키기 위해 노력해야 한다. 셀 교회 구성원 중 어느 누구도 이것에서 예외일 수 없다. 가정 교회의 리더들에겐, 장로든 혹은 장로로 임명되기 위해 훈련 받고 있는 후보자이건 일정 수준의 성숙한 성품이 요구된다. 대다수 가정 교회들은 장로가 없거나 혹은 한 명의 장로만 있기 때문에, 장로의 복수성은 가정 교회의 네트워크 혹은 연결체에 소속된 모든 장로들이 모임으로 형성된다. 진실로, 몇몇 가정 교회들의 약식 네트워킹 혹은 연결은 시너지 효과와 보다 광범위한 교제를 위해 결정적이다. 가정 교회 그룹들은 안전 문제가 어느 정도 해소되면 때로 보다 큰 그룹으로 함께 모인다. 또한 한두 명의 핵심적인 개인들을 중심으로 사실상 무(無)에서 새로운 가정 교회들을 시작하여, 그들의 자연스러운 사회적 네트워크 내 관계 내로 침투하는 것에 높은 가치가 부여된다. 심지어 그 사람이 아직 그리스도 안에 있지 않지만, 최소한 열심을 가진 구도자일 경우에도 그러하다. 가정 교회 모델이 셋 중에서 가장 분산적인 모델임을 감안하면, 왜 이것이 중국에서 그토록 성공적이었는지 그리고 왜 이것이 오늘날 핍박 상황 가운데 있는 교회 개척자들 사이에 그토록 큰 관심을 모으는지 이해하기는 그리 어렵지 않다.

여기 우리가 방금 논의한 것들을 요약 정리했다:

	기존 교회 모델	셀 교회 모델	가정 교회 모델
리더십	한 회중 위에 당회(장로들). 전문 목회자(들)	담임 목사가 정점에 위치하는, 위계적 구조. 통상 장로는 없음. 다수의 셀 리더들.	각 가정 교회마다 하나 혹은 두 리더. 어떤 경우에는 그들이 장로들이다. 가정 교회 연결체를 통한 장로의 복수성.
중앙 집중도	중앙 집중적인 영적 생활과 리더십. 그러나 가정 그룹들과 특별 모임 안에서 보다 긴밀한 교제가 원활히 이루어질 수 있다.	분산된 영적 생활. 중앙 집중적인 리더십.	분산됨.
성장전략	오직 보다 큰 회중으로 성장하라. 더 큰 건물을 확보하라. 때로 지교회들을 개척하라.	셀들이 지속적으로 성장하고 분리되기를 기대한다.	가정교회들이 성장하여 재생산 되기를 기대한다. 더불어 아예 무에서부터 새로운 가정교회들을 시작한다.

몇 가지 특성, 장점 및 약점

셀 교회들이 건물을 소유하지 않는 경우도 흔히 볼 수 있다. 그들은 학교와 같은 시설들을 빌려 가끔 큰 그룹 모임을 가진다. 가정 교회들은 결코 건물을 소유하지 않는다. 이것이 다른 사역을 위한 자금 사용을 원활하게 한다. 그리고 서로에게 헌신한 신자들의 그룹으로서 한 교회가 하나의 건물에 매이지 않을 때, 그 교회는 필연적으로 보다 덜 '제도적인' 분위기를 유지할 것이다. 심지어 최근 미국에서는 적지 않은 기존 모델 교회들도 교회 건물을 버리고 대학 캠퍼스 같은 시설을 빌려 모임을 갖고 있다.

건물 소유는 통상 적대적이고 저항적인 필드에서는 논란의 불씨가 되기도 한다. 그리고 가정 교회들이 가장 유연하고 핍박-내성(耐性)적이기 때문에, 이 모델이 저항적인 종족들 가운데서 이루어지는 사역에 널리 퍼져 있다.

최전방 가정 교회가 부딪히는 중요한 도전은 자녀들을 돌보는 일이다. 이 아이들은 최전선에 선 다음 세대의 교회라는 의미에서 그리고 포화(砲火) 아래 있다는 점에서 매우 귀중한 존재들이다. 이들 중 상당수가 조부모와 친척들로부터 심각한 압력을 받는다. 학교에서 그들은 조소의 대상이 되거나 더 심각한 상황에 노출될 수 있다. 그러므로 새로운 교회들은, 모델에 상관없이, 기회를 포착하여 자녀들이 복음을 듣고 성경을 배우고 그들 앞에 놓인 특별한 도전들을 처리할 능력을 구비할 수 있도록 할 필요가 있다.

셀 교회는 작은 교회 생활의 장점에다 큰 교회가 가진 유익의 시너지 효과를 더할 수 있다. 예를 들어, 큰 교회들은 정부를 보다 잘 상대할 수 있다. 규모가 큰 교회들은 (기존 모델이든 혹은 셀 모델이든), 그 크기로 인해, 큰 예배 모임 혹은 셀 모임에서 가르칠 수 있는 탁월한 교사를 확보할 가능성이 더 크다. 그들은 특별한 사역을 확장시키는 일에도 보다 효율적으로 힘을 모을 수 있다. 한편 가정 교회들은 때로 보다 깊은 코이노니아를 개발할 수 있고, 안전성 측면에서도 보다 안전할 수 있다.

역사적으로 큰 (기존 모델) 교회들이 세계 복음화에, 적어도 파송과 기금 마련에 관한 총체적인 노력에 있어서 가장 큰 영향력을 행사하는 것은 분명하다.

결론

이 세 모델들 중 어느 하나가 다양한 미전도 종족 그룹 가운데 교회를 개척하기 위한 최고의 모델이라고 말하기는 불가능하다. 처한 상황이 각각 다르고, 각 팀마다 성령께서 그들의 특정 도시와 상황에 적합한 열쇠를 계시해 주시기를 기다려야 한다.

내가 몸담았던 아랍 세계 내의 사역에 대해 나누는 것으로 마무리하려고 한다. 그 사역은 조금은 모호하고, 뭐라고 딱히 규정할 수 없는 가정 교회 모델로 시작되었다. 지나고 보니, 이것은 아마도 우리가 성인 열둘 이상의 규모로 커지리라고는 꿈도 꾸지 못했고 신자들이 거의 비밀리에 모여야 할 필요가 있다고 생각했기 때문인 것 같다. 그 이상으로 모임이 잘 성장했을 때 정부 보안 기관들의 핍박이 시작되었는데, 거의 모든 신자들을 불러 심문하고 심각한 위협과 더불어 더 이상 우리 그룹에 참여하지 말라고 명령했다. 그래서 우리의 가정 교회는 하나의 무교회(nonchurch)가 되었다.

몇 달에 걸쳐 상황이 회복되기 시작하면서 두 가지 발전이 있었다. 우선, 신자들이 등록된 기독교 배경 신자들의 교회 건물에서 모이는 전략을 시작했다. 둘째, 중심 리더가 셀 교회 모델에 관한 훈련을 받았다.

그러나 실제로는 단 한 번도 셀 모델을 그룹 안에서 실행하지 않았다. 비록 몇 가지 원리들이 사역에 유익을 준 것은 사실이지만 말이다. 여하튼 그룹은 성장하여 그 기독교 배경 신자들의 교회 모임을 떠났고, 중형 규모의 자체 교회를 이루어 조금은 공개된 다른 시설에서 모이기 시작했다. 결국에 그룹은 다시 한 번 일종의 흩어짐을 겪게 되었는데, 이번에는 경찰 핍박보다는 내부 갈등 때문이었다. 이 글을 쓰고 있을 즈음, 그들은 얼마간 하나의 가정 교회 모델을 추구하고 있는데, 현재까지 다양한 결과를 내고 있다.

이들 다른 모델들에 관한 다양한 시도들로부터 우리는 무엇을 배웠는가? 첫째, 올바른 모델을 선택하는 것이 성공을 보장하지는 않는다. 우리는 셋 모두를 시도했는데 성장은 여전히 제한적이다. 여기에 놀랄 필요는 없다. 왜냐하면 올바른 전략이 결코 풍성한 열매를 보장하지 않기 때문이다. 둘째, 교회 개척자들은 반드시 주님께 어느 모델 혹은 전략이 유용할 것인가에 관해 인도하심을 구해야 한다. 시간이 흐를수록, 당신은 실험적 시도에, 심지어 직관에 반하는 일들에까지 마음을 열어야 할 것이다.

14. 결정적인 첫 번째 장로 그룹

인간으로서 감당하기 힘들고 지루한 과업에 뛰어들 때, 우리는 처음부터 그 마지막을 마음에 또렷하게 그려볼 필요가 있다. 그렇게 하지 않으면, 우리의 비전과 에너지는 쉽게 사그라질 것이다. 출발선에 선 주자는 그 마음의 눈으로 마지막 결승선을 통과하며 테이프를 끊는 모습을 응시할 수 있어야 한다. 조선가(造船家)는 배가 완성되어 선체 주위에서 샴페인을 터뜨리며 명명식과 출항식을 거행하는 모습을 상상한다. 그리고 교회 개척 초기에 하나님의 사역자는 그 마음속에 사도적 과업이 완수된 그림, 그리고 위대한 성취감과 그리스도의 새로운 지체 됨에 대한 확신으로 전진하는 모습을 그릴 수 있어야 한다.

교회 개척에서 '결승선'은 무엇을 말하는가? 아마도 이 질문에 대한 답은 교회 개척의 수만큼이나 다양할 것이다. 그러나 신약에서는 하나의 일관된 종착점이 존재한다. 그것은 사도적 교회 개척자들에 의한 새로운 교회의 첫 번째 지역 장로 그룹의 임명이다. 예를 들어, 바울과 바나바의 일차 사도적 여행의 마지막에 우리는 다음 장면을 보게 된다. "복음을 그 성에서 전하여 많은 사람을 제자로 삼고 루스드라와 이고니온과 안디옥으로 돌아가서 제자들의 마음을 굳게 하여 이 믿음에 머물러 있으라 권하고 또 '우리가 하나님의 나라에 들어가려면 많은 환난을 겪어야 할 것이라' 하고 각 교회에서 장로들을 택하여 금식 기도하며 그들이 믿는 주께 그들을 위탁하고"(행 14:21-23).

사도들은 그들이 시작한 교회 내에 장로라 불리는 현지인 리더들을 세우기까지는 '사명 완수' 의식을 가지고 고향으로 돌아갈 수 없다고 판단했다. 물론 교회 개척자들은 때로 이 시점 이후에도 다양한 사역 목적을 위해 그곳에 머무를 수 있다. 그러나 하나 혹은 여러 교회 개척의 일차적 목표는 첫 번째 현지인 장로 그룹이 임명되어 목양 사역 체제가 갖추어지기 전까지는 완수되지 않은 것으로 간주될 것이다.

나는 수년 간 중앙아시아의 한 특정한 교회 개척 사역에 참여했다. 사역은 몇 년 동안 잘 진척되었고 많은 이들이 믿음으로 나오고 그룹들이 증가되었다. 몇 해 전 장로 후보자들을 교육하여 첫 번째 장로 그룹을 임명할 시기에 당도했다고 결정할 무렵 사역은 특히나 박진감 넘치고 재미있게 전개되었다. 일이 얼마나 쉽게 어긋난 길로 빠질 수 있는가를 잘 알기에, 임명과 안수가 실제로 몇 개월의 과정을 거쳐 이루어졌을 때 나는 깊은 안도의 한숨을 내쉬었다. 그 종족 그룹에게 이 날은 역사적인 날이었다. 오늘 그 장로들 중 한 사람으로부터 이메일을 받고 나는 잠시 이 가정 교회 그룹들에 대한 추억에 잠겼다. 그 장로는 그와 그의 아내가 지난 주말 교회에 의해, 먼 지역으로 나가 교회를 개척하기 위한 그 교회의 첫 번째 보냄 받은 자들로 임명되었다는 소식을 전해 주었다.

최전방 교회 개척에서 장로와 장로 임명이라는 주제에 대해 따분하게 여기는 이들이 있다는 것은 내가 보기엔 참으로 기이한 일이다. 사실 미전도 종족 그룹 가운데 세워진 첫 번째 장로 그룹은 궁극적으로 한 나라를 변화시킬 수 있는 동력이 되기 때문이다. 이것은 하나의 분수령이요 중추적 사건이다. 수년 간의 최전방 사역에서 내가 관찰한 바로는, 복수의 장로들이 임명되는 이 시점에 이르지 못한 대다수 새로운 교제 그룹들은 결국에는 와해되었다. 반대로, 장로들이 임명된 교제 그룹의 절대 다수는 생존할 뿐만 아니라 지속적으로 성장하여 심지어 재생산에 이르렀다.

한 저항적 민족 그룹이 현지인 장로들의 리더십 아래 있는 교회를 가지게 되면 대부분의 경우 그 민족 그룹은 결코 이전과 같지 않을 것이라고 나는 확신한다. 그 장로 그룹은 복음과 그리스도의 몸을 위한 눈에 보이지 않는 발판이 될 것이며, 밭을 이룰 하나의 씨앗이 될 것이다.[1] 교회는 "사랑, 진리, 그리고 선교의 공동체"[2]로 불리어 왔다. 그 공동체가 현지화 되고 성경적이며 머리 되신 그리스도께 민감한 리더십을 가질 때, 그것은 존속하고 성장하며 재생산하고, 여러 세대에 걸쳐 그 나라에 영향을 미칠 강력한 유기체가 된다. 이보다 더 흥분되는 주제를 달리 생각할 수 있겠는가?

우리가 경계해야 할 몇 가지 잘못된 생각이 있다. 어떤 이는 교제 그룹에서 리더십의 성격과 같은 구조적 문제들은 중요치 않다고 생각한다. 그러나 내부로부터건 혹은 외부로부터건 폭풍이 닥칠 때는 현지인 리더십이 얼마나 결정적인지를 우리의 경험이 잘 말해 준다. 그 리더십의 성격뿐만 아니라, 그것이 어떻게 형성되었고 몸된 교회와 어떤 관계에 있는가에 이르기까지 말이다. 어떤 이는 신약 성경은 교회 리더십 (혹은 '다스림' 혹은 의사 결정)에 대해 별로 말하지 않는다고 생각하지만, 실제로는 상당한 자료가 포함되어 있다. 새로운 교회가 외부의 문화적 유입으로 오염되는 것을 피하기 위해, 교회 개척자들은 교회의 리더십에 관하여 그 무엇도 간섭하지 말고 오히려 전적으로 새로운 현지인 신자들의 손에 맡겨 그들 스스로 고안해 내도록 해야 한다고 주장하는 이들을 나는 가끔 만나 왔다. 그런데 과연 그것이 성경적인 모델인가? 내가 보기엔 그렇지 않다. 한편 성경이 교회 정치에 관한 거의 세부 조례에 이르기까지 매우 구체적인 모델을 가르친다고 정반대로 말하는 이도 있을 수 있다. 그러나 성경 자료를 들여다보면, 몇 가지 포괄적인 원리들 혹은 규범들을 발견할 수 있지만, 장로들이 기능하는 실제 형식에 관해서는 장소에 따라 아주 다양하게 나타나는 것을 알 수 있다.

만일 당신이 필드 사역을 시작한 지 얼마 되지 않았다면, 이번 장을 건너뛰고 싶은 유혹이 생길 수도 있다. "적어도 수년 간은 나와는 상관없는 일로서, 이것에 관해 지금 고민하는 것은 너무 앞서 나가는 것"이라고 단정하면서 말이다. 그러나 나는 그럼에도 불구하고 계속해서 읽어 나가기를 당부한다. 첫째, 상황은 굉장히 빨리 진척될 수 있다. 당신이 생각했던 것보다 훨씬 빨리 장로 준비 사역에 들어갈 수도 있다. 둘째, 결승선을 상상하고 장로 문제를 미리 고민하는 것은, 출발점에서 결승점을 바라보는 데서 오는 힘과 통찰을 선사해 줄 수 있다. 이 주제는 당신 팀의 비전 세우기를 위한 도움 자료가 될 수 있다.

몇 가지 주요 성경 구절

복음을 그 성에서 전하여 많은 사람을 제자로 삼고 루스드라와 이고니온과 안디옥으로 돌아가서 제자들의 마음을 굳게 하여 이 믿음에 머물러 있으라 권하고 또 '우리가 하나님의 나라에 들어가려면 많은 환난을 겪어야 할 것이라' 하고 각 교회에서 장로들을 택하여 금식 기도 하며 그들이 믿는 주께 그들을 위탁하고(행 14:21-23).

이 감격스러운 장면을 다시 한 번 들여다보면서, 교회는 단수형이지만 장로들은 복수형이라는 사실을 유념할 필요가 있다. 각 교회(단수형)는 사도들이 임명한 장로들(복수형)을 가지고 있었다. 이것은 성경 기록에 나타나는 일관된 패턴이다. 신약에서 장로라는 단어가 등장하는 열아홉 번의 용례 중에(계시록의 천상의 장로들에 대한 언급은 포함하지 않음) 열세 번이 구체적으로 단수형 교회 상황 안에 복수형 장로들을 지칭하고 있다. 그리고 나머지 여섯 경우들도 이것과 모순되지 않는다. 단지 그것들은 보다 일반적일 뿐이다.

바울의 에베소 장로들을 향한 마지막 권면: "여러분은 자기를 위하여 또는 온 양 떼를 위하여 삼가라. 성령이 그들 가운데 여러분을 감독자로 삼고 하나님이 자기 피로 사신 교회를 보살피게 하셨느니라. 내가 떠난 후에 사나운 이리가 여러분에게 들어와서 그 양 떼를 아끼지 아니하며 또한 여러분 중에서도 제자들을 끌어 자기를 따르게 하려고 어그러진 말을 하는 사람들이 일어날 줄을 내가 아노라"(행 20:28-30).

바울이 "사람을 에베소로 보내어 교회 장로들을 청하고"(20:17) 그들에게 고별의 말을 전했을 때, 그는 교회 개척자가 해야 할 일과 현지인 장로들이 감당해야 할 사역적 책임에 관하여 참으로 경이로운 유산을 남겨 주었다. 우리는 여기서 다시 한 번 복수형 장로들과 단수형 교회를 만난다. 바울은 그들 가운데서 그들이 믿음으로 시작하여 하나의 교회를 형성하기까지 자신이 행했던 바로 그 사역의 연장에 대해 자세히 설명하면서 이제는 그들이 이 일을 맡기를 당부하고 있다. 나아가 바울은 장차 그들에게 필연적으로 닥칠 어려움에 관해 경고한다. 가장 큰 위험들이 내부에서 나온다는 것은 참 흥미롭다. 한 교회가 최소한 두 명 이상의 장로를 가지는 것이 중요한 이유가 여기에 있다. 더불어 이 단락에서는 장로, 감독(혹은 감독자), 그리고 목사(혹은 목자) 등이 사실상 동일한 역할을 감당하는 자로 지칭되고 있음에 유념하라(17, 28절을 보라). 마지막으로 28절에서 우리는 장로들이 "삼가야 할" 하나의 삼중 책임을 가지고 있음을 발견한다. 1) 스스로 삼가서 자신의 영적 상황을 살펴야 한다 2) 스스로 삼가서 동료 장로들을 살펴야 한다 그리고 3) 모든 양 떼를 살펴야 한다(즉, 나머지 교회 전체). 이 책임을 잘 수행하는 것은 이 양 떼가 다음 세대에도 잘 이어지게 함을 보장하는 데 도움이 될 것이다.

내가 너를 그레데에 남겨 둔 이유는 남은 일을 정리하고 내가 명한 대로 각 성에 장로들을 세우게 하려 함이라(딛 1:5).

바울은 여기서 다시 장로라는 말과 감독이라는 말을 상호 교환적으로 사용한다(딛 1:7을 보라). 바울과 그의 동역 팀은 이 복음 전도 사역을 저 큰 섬 그레데에서 시작했다. 많은 마을과 동네에서 사람들이 이들의 사역에 반응하여 교제 그룹들을 형성했다. 사역이 잘 진척되면서, 바울은 이제 디도에게 교회 개척 사역을 완수할 책임을 맡기고 그 섬을 떠날 수 있겠다고 판단했다. 바울은 디도에게 여기서 그가 남겨진 일들을 마무리하고(아마도 이 책에 소개된 교리적이고 실천적인 가르침에 대한 강조들을 지칭하는 듯하다), 장로들(복수형)을 각 성(단수형)에 세울 필요가 있음을 상기시킨다. 이 시점에서 가르침, 돌보기, 그리고 리더십의 책임은 전적으로 현지인 장로들의 어깨에 드리워질 것이다. 그러고 나면 디도는 떠날 것이다(3:12).

신약에 기술된 모든 기사에서, 첫 번째 장로 그룹은 사도적 팀에 의해 임명된다. 이것이 항상 그러해야 하는가? 더 많은 성경 자료가 있기 때문에, 그렇게 단정하기는 어렵다. 그렇지만 일반적으로 사도록 그룹이 아닌 새로운 신자 그룹이 장로들을 선택한다면, 관계적인 긴장이나 폐해가 발생할 여지가 높다. 인격적으로나 신앙 면에서 준비되지 않았지만 개인적인 영향력 때문에 장로가 되는 사람이 있는가 하면, 자격은 있지만 특정인의 반대로 선출되지 못한 사람이 나올 수 있기 때문이다. 이런 측면을 고려할 때, 외국인 교회 개척자들은 상대적으로 보다 객관적이어서(그렇기를 희망하는 부분도 있다) 개인적인 정치력보다는 인격에 기초한 선택을 할 수 있을 것이다.

잘 다스리는 장로들은 배나 존경할 자로 알되 말씀과 가르침에 수고하는 이들에게는 더욱 그리할 것이니라. 성경에 일렀으되 "곡식을 밟아 떠는 소의 입에 망을 씌우지 말라" 했고 또 "일꾼이 그 삯을 받는 것은 마땅하다" 했느니라(딤전 5:17-18).

나는 여기서 두 가지 요점을 본다. 첫째, 장로들 사이에 절대적인 동등성이 상정되지는 않는 것으로 보인다. 바울은 세 가지 범주를 암시한다. 1) 일반적인 장로들 2) 잘 다스리지만 설교와 가르치는 활동을 하지 않는 자들 그리고 3) 잘 다스리고 더불어 설교와 가르치는 사역에도 열심히 참여하는 자들. 둘째, 이것은 급료를 받는 어떤 장로들을 위한 기초를 형성하는 듯하다. 이 "두 배의 존경"(재정적 보상)이 가능한 원천은 현지인 회중이었을 것이다.

사람들은 종종 신약이 가르치는 장로들의 구체적인 책임이 무엇인지에 관해 궁금해 한다. 그들은 무엇을 하는 사람들인가? 이 질문에 대하여 www.churchplantingphases.com의 관련 문건(Related Papers) 항목 아래 "장로의 직무(What Elders Do)"를 참조하기 바란다.

다음으로 넘어가기 전에 한 마디 덧붙이려 한다. 나는 장로들을 남성형으로 지칭해 왔다. 이것은 의도적이다. 내가 신약의 기록을 이해하기로는 남자와 여자에게 교회 내 다양한 주요 리더십 역할이 맡겨질 수 있지만, 장로의 역할은 남자에게 해당한다. 하지만 내 친한 친구들 중에도 이 문제에 관해 나와 의견을 달리하여 여성 장로도 합당하다고 보는 이들도 있다. 나는 그들의 성경 해석도 존중한다. 우리는 단지 몇 가지 본문을 다르게 해석하고 있을 뿐이다. 요점은, 나는 비록 장로를 남자로 지칭하고 있지만, 여성 장로를 긍정하는 당신에게도 이번 장이 도움이 되기를 바라며, 내가 장로를 남자로 지칭하는 것이 당신이 이 글을 계속 읽는 데 방해물이 되지 않기를 바란다.

다수의 장로를 가지는 것이 정말 필수적인가?

신약 자료가 각 지역 교회에 리더십과 가르침, 그리고 목양의 책임을 함께 짊어질 수 있는 다수의 장로들을 임명해야 함을 분명하게 가르치고 있다는 데 대다수는 동의할 것이다. 그리고 내가 아래에 주장한 대로, 기술적으로는 두 명만으로도 이 복수 요건을 채울 수 있지만, 세 명의 장로가 보다 실제적이고 기능적인 장로 역할을 가능케 할 것이다.

다양한 동료 사역자들이 다음과 같은 고백을 했다. "댄, 나는 신약이 복수의 장로를 지시하고 이것이 첫 번째 장로 그룹에 중요하다는 사실을 잘 압니다. 그러나 이것은 실제로 우리가 사역하고 있는 문화에는 맞지 않아요. 이곳 사람들은 강력한 단일 리더 모델에 익숙하거든요." 정말로 아랍 세계와 아시아 대부분, 혹은 10/40 창의 다른 나라들에서는 집단 지도 체제 혹은 공동 리더십에 대한 선례는 그리 많지 않다. 여기에 속한 대부분의 나라들은 한 사람의 강력한 리더십 아래 있고, 이러한 리더십 모델이 종교 영역을 포함한 그 문화 전반에 침투해 있다. 예를 들면, 많은 무슬림 배경 신자들의 교제 그룹은 통상 남자 한 사람의 리더십 아래에서 시작한다. 이것은 좋은 일이며, 거의 예외 없이 이 사람들은 하나님을 기쁘시게 하는 방향으로 힘써 사역하려는 경건한 지도자들이다. 문제는 그들이 보통 처음부터 다른 사람들에 비해 교육, 성경적 배경, 그리고 그리스도 안에 거한 기간 등에서 상당히 높은 수준의 사람들이고, 이것이 다른 이들이 그들의 뒤를 이을 수 있는 문을 닫을 수 있다는 것이다. 어떤 문화들에서는 이것 자체가 다른 이들이 더 발전하거나 리더십 책임을 떠맡는 것을 가로막기도 한다. 그렇게 하는 것은 심지어 그 리더를 무시하는 것으로 받아들여질 수도 있다.

나는 동료 교회 개척자들에게 신약에 따르면 복수 장로가 필연적으로 장로들의 동등성을 의미하지는 않는다고 지적해 준다. 우리는 단지 디모데전서 5장의 예만 보았다. 그밖에도 다양한 역할들과 다양한 수준의 존경 혹은 영향력이 있었다. 또한 예루살렘의 야고보의 예에서도 볼 수 있듯이, 그는 열두 사도 중의 하나가 아니라 아마도 예수님의 동생이었던 것 같다. 그럼에도 그는 장로 그룹에서, 그리고 심지어 사도들 가운데서도 매우 유력한 자였던 것이 분명하다. 신약에서 복수 장로제는 필연적으로 일인 일표 체계, 다시 말해, 완전한 영향력의 동등성을 암시하지 않는다. 사실상 구체적인 의사 결정 과정에 관해서는 장로들에게 스스로 그 상황에 가장 적합한 방식을 마련하도록 맡겨 두는 듯하다. 장로 그룹 내에 한 사람이 유력한 위치를 점하는 많은 선례들이 있으며, 심지어 곳에 따라 그런 경우가 대다수를 차지하기도 한다. 내 기억에는 저항적인 환경의 교회 중에 상당한 영향력을 행사하는 하나 혹은 두 명의 핵심 인물들 — 다른 리더들 혹은 장로들 외에 — 이 없는 경우는 단 한 차례도 없었다. 이런 경우, 한 유력한 리더 주변에 다른 리더들 및 장로들이 함께 있어야 할 필요는 더욱 크다 하겠다.

이제는 내가 왜 한 명의 장로/감독/목사를 두는 것이 좋지 않다고 믿는지에 대한 이유를 소개하겠다.

1. 강력한 단일 리더는 자만심에 매우 취약하며 고압적인 리더십 스타일로 떨어지기 쉽다. 요한삼서 9절을 기초로 이것을 디오드레베 증후군이라고 부를 수 있다: "내가 두어 자를 교회에 썼으나 그들 중에 으뜸 되기를 좋아하는 디오드레베가 우리를 맞아들이지 아니하니."

2. 설사 그 리더가 매우 경건하고 은사가 있다 해도, 한 사람이 모든 은사들 혹은 한 장로 그룹이 제공할 수 있는 모든 사역 재능 그 이상을 가질 수는 없다.

3. 한 사람이 교회 내에서 일어나는 모든 상황들의 필요를 살필 수는 없다. 예를 들어, 아내와 나는 성향과 시야가 매우 다르다. 일전에 받은 기질 테스트에서, 우리는 네 항목에서 각각 정반대 성향으로 나왔다. 그 중에서도 한 항목에서는 말 그대로 반대의 극단 지점에 존재했다! 만일 우리가 똑같은 인성 유형을 가지고 있었다면 우리의 결혼 생활은 지난 수년 간 얼마나 더 조화롭고 고요했을까. 그러나 우리 둘 사이의 이런 차이가 실은 우리에겐 아주 강력한 자산이 되었다. 사역이든 아이들 문제든 그 어떤 상황에 직면할 때마다 우리는 거의 모든 각도에서 사태를 조망할 수 있다. 한 장로회가 서로 매우 다른 사람들로 구성되어 있다면, 그것은 분열을 초래할 수도 있다. 그러나 긴 장래를 생각할 때 그것은 그 몸 된 교회에 엄청난 유익이 될 것이다.

4. 그 어떤 사람도 혼자로는 모든 인성 유형들, 연령 그룹 등을 상대할 수 없다.

5. 교회 리더들의 책임에 대한 신약의 묘사들을 보면서, 해야 할 일들이 얼마나 많이 있는지, 특히 지역 교회 혹은 교회들이 성장할수록 얼마나 더욱 그러한지 분명해진다. 한 사람이 감당하기엔 너무 많은 일이다. 단일 리더는 정말 너무나 쉽게 지치고 말 것이다! 바로 이 무거운 짐 때문에 낙심과 고독이 찾아와 짓누르게 될 것이다. 한 사람이 이 모든 것을 어깨에 짊어져야 하는 것은 하나님의 선한 계획의 일부가 아니다. 설사 그가 그렇게 할 자신이 있어

도 말이다(사실은 할 수 없다).

6. 단독 리더는 깨지기 쉽다. 감정적 혹은 육체적 긴장의 측면만이 아니다. 그는 또한 그 대적(사단)에 의해, 혹은 복음의 대적들에 의해 뽑혀지기 쉽다. 권력자들이 간단히 한 사람을 감옥에 집어 넣음으로 인해 얼마나 많은 지하 교회들이 흩어지고 말았던가? 마찬가지로, 단일 장로가 도덕적 혹은 영적으로 몰락하면 그것으로 끝이다. 한 교회가 한 사람의 서고 넘어짐에 의존해서 든든히 서고 혹은 몰락한다면, 귀중한 교회를 위해서는 더할 나위 없이 미련한 일일 뿐 아니라 청지기직을 망각한 어처구니없는 일이다. 악한 세력은 과거 행적까지 뒤져 인격적인 결함 혹은 상처를 헤집고 이들 리더들의 삶에 침투하려 들 것이다. 이것이 바로 각 리더의 약한 영역들을 파악하고 적절히 처리하는 일이 매우 중대한 이유이다. 그리고 여기에는 팀 내 상호 책임이 있다.

7. 한 사람의 강력한 단일 리더를 가지는 것은 다른 잠재력 있는 리더들이 발전하지 못하도록 막으며, 이것은 몸 된 교회 내 다른 이들이 적절히 쓰임 받지 못하는 비극을 초래한다.

8. 교회 개척자들이 오직 한 명의 장로만 임명하면, 그들이 그 신생 교회 주변에 머물러 지속적으로 강력한 영향력을 행사할 공산이 크다. 이것은 역할 상의 혼란과 모호성을 초래할 것이다. 이것은 아마도 실제로 두 번째와 세 번째의 후속 장로 임명을 지연시킬 것이다.

9. 강력한 단일 리더는 하나의 병목 현상을 초래할 수 있다. 그 교회는 그 리더의 제한된 능력을 통해서만 전진할 수 있다.

나는 복수의 장로를 세우는 일이 우리가 처한 문화들 중 상당수에서 얼마나 어려울지를 충분히 공감하며, 심지어 문화에 역행할 수 있음도 이해한다. 그러나 아무리 생각해도 이것은 성경적인 명령이요 필수 전략이다.

마지막으로, 나는 복수 장로를 세우는 일은, 당신이 어떤 교회 모델을 사용하건 상관없이, 전략적이고 또한 가능하다고 믿는다고 말하고 싶다(제13장 "교회 개척의 세 가지 모델"을 보라). 셀 교회 모델에서 이렇게 하려면 보다 큰 창조성이 요구될 수 있다. 그러나 이것은 가정 교회 모델과 기존 교회 모델에서도 통할 수 있다.

몇 가지 실천적 문제들

독자들에게 상기시키건대, 이번 장은 성경적 장로직 일반이 아니라, 적대적 환경 가운데 미전도 종족 그룹 출신의 첫 번째 장로 그룹을 임명하고 세우는 것에 관련된 장이다(예를 들어, 힌두교 배경 신자 교회 안에 힌두교 배경 신자 장로들). 주님께서 내게 주신 가장 풍성한 축복들 중 하나는 전 세계 다양한 문화들 안의 현지인 장로들과 만날 수 있게 하신 일이다. 여기에 대두되는 몇 가지 문제들을 소개하겠다.

장로직에 임명될 수 있으려면 어느 정도 성숙해야 하는가?

디모데전서 3장과 디도서 1장이 제시하는 장로직의 자질들을 적절히 합치고 해설하는 목록들과 제안들은 상당히 많다. 하지만 우리가 이 다양한 자질들을 자격 요건들 — 어느 본문에서도 등장하지 않는 단어이다 — 로 간주할 때는 문제가 발생한다. 우리가 그렇게 할 경우, 이 목록은 즉시 하나의 체크리스트가 되어 한 항목이라도 체크되지 않으면 그 후보자는 탈락한다. 이것이 성경이 의도한 바인가? 이것이 바울이 디모데와 디도에게 의미했던 바인가? 이러한 해석은 두 본문 모두에서 바울이 "감독은 책망할 것이 없어야 한다" 등의 표현을 쓴다는 점에서, 충분히 그렇게 이해할 수 있다고 본다. 그러나 이것이 유일한 옳은 해석인가?

이 다양한 측면들이 자격 요건이 아니라 자질들이라는 사실을 우리가 깨달을 때 보다 바람직한 길이 열린다. 이것들은 그의 삶의 상대적인 특질들이다. 예를 들어, 장로는 관용해야 한다(딤전 3:3). 그러나 그 누구도 완벽하게 관용할 수는 없다. 나는 물론이고 내가 아는 많은 장로들도 그렇지 않다. 장로에게 관용이 왜 귀중한 자질인지, 그리고 너무 비관용적인 장로는 유익이 되기보다 오히려 해가 된다는 사실을 발견하기란 어렵지 않다. 바울은 현실적인 사도로서, 누가 장로가 되어야 하는가의 문제에 관해 현실적인 방법으로 다룬다. 이것들은 상대적인 척도로 평가되어야 할 자질들이다.

이것들이 상대적인 자질들이기 때문에, 교회에 따라 다양하게 적용되어야 한다는 데 의심의 여지가 없다. 안디옥 교회의 새로운 장로들은 아마도 예루살렘의 동료 장로들만큼 성숙하지 않았을 것이다. 그리고 사도행전 14장의 바울과 바나바의 신생 최전방 교회들의 새로운 장로들은 분명, 주님을 믿은 연수, 영적 깊이, 그리고 장로로서의 성품 측면에서 훨씬 덜 성숙했을 것이다. 그러나 그들도 충분히 성숙했다고 말할 수 있다. 그렇지 않고서야, 어떻게 불과 몇 주일 혹은 몇 개월 만에 이들 교회들이 개척되어 장로들이 임명될 수 있었겠는가?

장로들에게 요구되는 대다수 자질들은 물론 그리스도에게 헌신한다는 측면에서 고려되긴 했어도 엄밀히 구분하면 영적인 자질들이라기보다는 주로 사회성과 관련된 특질들이라고 많은 이들이 지적한다. 다른 말로, 누군가 교회에서 장로로 세워졌다고 할 때 그는 믿음을 갖기 이전에도 신앙 이외의 다른 영역에서도 강점을 가지고 있었을 것이라는 말이다. 이것이 바울이 어떻게 불과 몇 개월, 심지어 몇 주 만에 새로운 신자들 가운데서 장로들을 임명할 수 있었는지를 설명해 준다. 한편 장로직의 소명은 리더십, 목양, 그리고 가르침으로의 부르심이다. 아무리 성숙하다고 해도 모두가 이러한 소명과 이러한 은사들을 가지게 되는 것은 아니다. 나는 장로직이 모든 사람의 목표가 되어야 한다고는 믿지 않는다.

마지막으로, 아전인수라는 오해를 받을 수도 있겠지만, 장로직의 자질들에 관한 이러한 이해는 한 명 이상의 장로들을 임명할 필요성을 강조한다. 장로들은 개별적으로는 차이가 있을 수 있지만, 집합적으로 성숙할 수 있다. 그들은 서로를 보완할 수 있다. 그리고 그들은 협력하여 서로의 약한 면들이 성숙하도록 도울 수 있다. 이것이 바로 바울과 바나바가 이방인 가운데 개척했던 처음 교회들의 모습이었다. 그리고 오늘날 불교, 혹은 힌두교, 혹은 도교, 혹은 그 어떤 상황에서건, 우리는 동일한 방식으로 이 문제를 다루어야 한다. 이 방법을 원치 않으면, 이에 대한 대안은 충분한 자격을 고루 갖춘 사람들이 세워지기까지 기다리는 것이다. 당신은 엄청나게 오랜 시간을 기다려야 할 수도 있다. 그러다 보면 그 사이 열매는 가지에 매달린 채 그대로 짓물러 가고 기회가 지나갈 수도 있다.

교회 개척 초기부터 장로 임명을 시도해야 하는가 아니면 뒤로 미루어야 하는가?

뒤로 미루어야 한다고 주장하는 이들은 디모데전서 3장 6절(새로 입교한 자도 말지니 교만하여져서 마귀를 정죄하는 그 정죄에 빠질까 함이요)과 디모데전서 5장 22절(아무에게나 경솔히[성급히 — 옮긴이] 안수하지 말고 다른 사람의 죄에 간섭하지 말며 네 자신을 지켜 정결하게 하라) 말씀을 인용할 것이다. 그러나 얼마나 '새로운' 자가 너무 새로운 자이며, 얼마나 '성급히'가 너무 성급히인가? 다시 한 번, 이것들은 상대적인 사안으로서 현실적인 판단을 요구한다. 첫 번째 경우에 바울이 지적하는 위험은 교만의 징후이다. 이것은 사실 모든 장로 후보자들에게 적용되는 위험이 아닌가? 특히, 비록 그리스도 안에서는 신참이지만, 다른 영역에서 이미 존경 받고 있는 연로한 사람들에게는 더욱 그러하다. 한 사람의 동기가 무엇이며 자아(自我)가 관련된 상황에서 그들이 어떻게 반응하는가를 살피라. 디모데전서 5장 22절에 관하여, 이 구절이 새로운 장로들의 임명에도 적용되는지 여부에 관해 학자들은 의견을 달리한다. 그러나 설사 그렇다 하더라도, 바울은 장로 임명 일반에 관한 과잉 조심 혹은 연기할 것을 조언하기 보다는 정확한 판단을 요구하고 있을 뿐이다.

뉴잉글랜드에서 (적대적이고 저항적인 필드이다!) 많은 가정 교회들을 개척한 딕 스코긴스는 수십 년 간의 교회 개척 사역을 회고하면서 나에게, 그가 타이밍 문제에서 실수했을 때에는 보통 너무 서두른 경우보다는 대체로 너무 오래 기다린 쪽이었다고 말했다. "디모데전서 5장 22절은 정지 신호가 아니다." 그가 입버릇처럼 하던 말이다.

장로들을 준비하는 사역을 시작하고 있다면, 무엇을 생각해야 할까? 일들이 순조롭게 진행될 것이라고 기대하지 말라. 모든 일이 순조롭게 진행된 소수의 경우도 들어 보았지만(혹은 내가 밝은 면만을 보았을 수도 있다), 대부분의 경우는 그렇지 않다. 충분히 이해할 수 있는 일이다. 당신의 종족 그룹 가운데서, 새로운 최전방 교회 안에 첫 번째 장로 그룹의 임명은 사단의 영역을 후퇴시키는 완전히 결정적인 지표가 될 수 있다. 사단이 그저 팔짱만 끼고 순순히 물러날 것 같은가?

몇 해 전 교회 개척자들이 이라크 북부 쿠르드족 가운데 네 명을 안수하여 장로로 세우려던 즈음이었다. 역사상 처음 있는 일이었다. 어느 날 한 극단주의자가 교회의 핵심 구성원이자 초대 장로 후보들 중 한 사람인 마흐무드의 일터에 들이닥쳐 그의 머리에 총을 쏘았다. 그는 그 교회의 첫 번째 순교자가 되어, 임신한 아내와 한 자녀를 남겨 두고 이 땅을 떠났다. 수년이 지나도록 실제 장로 임명은 이루어질 수 없었다.

중동의 다른 한 도시에서, 사역자들이 세 명의 장로를 임명하려 하고 있었다. 이제 막 아랍 세계에서 무슬림 배경 신자 장로들의 리더십 하에 있는 첫 번째 무슬림 배경 신자들의 교회가 태어나려 하고 있었던 것이다. 그러나 그렇게 되지 않았다. 교제 그룹 모임을 가지고 있던 중 두 장로 후보자의 부인들 사이에 자녀 문제로 싸움이 일어났고, 감정적이고 상처를 주는 언쟁 끝에 그 두 가족을 중심으로 교제 그룹은 상당 기간 동안 와해되고 말았다. 그들이 화해했을 때도, 그룹 내 아무도 장로를 세워야겠다는 엄두를 내지 못했다. 여러 해가 지난 지금까지 장로들은 여전히 임명되지 않았으며, 그 나라에는 무슬림 배경 신자들 가운데 심각한 분열이 존재한다.

한 동남아시아 국가에서 사역자들이 성공적으로 세 명의 장로를 임명했는데, 이 일은 전략적인 이 민족 그룹 안에서 거의 첫 번째 사례였다. 사역자들 중 하나가 장로로 임명 받은 사람들 중 한 사람의 아내에게 바로 그 날 이 기쁜 일에 왜 그렇게 행복해 보이지 않는지 이유를 물었더니, 이렇게 대답했다고 한다, "남편과 나는 오늘 아침 심각하게 다투었는데요. 저 사람이 내 얼굴에 주먹을 날렸어요. 난 이 사역을 증오해요."

이것이 삶의 현실이다. 절대적으로 놀라운 확신은 일이 항상 이런 식으로 이루어져 왔다는 것이다. 수 세기에 걸쳐 하나님은 너무도 부족한 교회 개척자들과 미숙한 현지인 신자들을 통해 교회의 경계를 넓혀오셨다. 우리 모두는 손상된 제품으로서, 하나님께서 지금도 고치시고 회복하고 계시는 중이다. 이 사실이 나에게 용기를 준다.

잠재력 있는 장로가 오직 둘 있다면 어떻게 해야 하는가? 그대로 그들을 임명해야 하는가?

나는 이에 대한 자명한 대답이 있다고 생각하지 않는다. 세 명이 더 좋은 무수한 이유들이 있다. 그러나 나는 두 명으로도 잘 돌아가는 최소한 두세 교회를 보아 왔다. 나는 또한 중앙아시아 어느 곳에서 교회가 두 사람의 장로 하에 잘 이루어지다가, 최근 그들 중 한 사람이 다른 곳으로 이주해야만 했던 경우도 알고 있다. 이것은 몇 가지 현실적인 어려움을 초래했고, 결국 외국인 교회 개척자에겐 직접 다시 들어가 리더십을 행사하는 것 외에 다른 선택의 여지가 없었다. 일반적으로 나는, 만일 당신이 오직 두 사람의 장로를 임명해야 한다면 그때는 그 두 장로와 교회 안에 세 번째 장로를 발굴하는 것이 목표라는 솔직한 공감대가 형성되도록 하는 것이 필수적이라고 말한다.

외국인 혹은 사도적 사역자들이 새로운 교회에서 잠시 동안 장로가 되어야 하는가?

나는 개인적으로 이것을 추천하지 않는다. 신약에는 역할 상의 혼동은 전혀 소개되지 않는다. 사도들은 그곳에 일시적으로 머물며 교회를 개척하고는 떠난다. 장로들은 현지인 신자들로서 그곳에 남아 교회를 돌본다. 이 두 역할을 혼동하는 것은… 음, 혼동이다. 그리고 교회 개척자들이 장로로 섬기는 것이 단기간에는 도움이 될지도 모르나, 그것은 또한 현지화와 그 교회가 제 발로 든든히 서는 것을 지연시킬 가능성이 있다.

마찬가지로, 장로면서 (혹은 장로 후보자이면서) 더불어 교회 개척자의 은사를 받은 현지인 리더들의 경우는 어떻게 하는가?

이런 상황이 오늘날 최전방 개척 사역에서 많이 발생하는데 정말 멋진 현실이다. 하나님께서 핵심 인물들을 일으키시는 것이 우리에게 전혀 놀라울 것이 없는 것은, 에베소서 4장 11-12절에, 특별한 은사를 입은 개별 신자들을 교회에 주시리라는 그분의 약속을 우리가 이미 잘 알고 있기 때문이다. 그러나, 우리가 살펴 본대로, 장로와 사도적 교회 개척자(일차적으로 멀리 나아가 새로운 교회를 개척하는 데 집중하는 자)의 역할은 성경적으로 그리고 실제적으로 두 가지 매우 구별된 역할들이다. 교회 개척자는 종종 일종의 직업적 사역에 돌입하는데, 장로의 경우는 일반적으로 그렇지 않다. 내가 조언하는 원칙은, 한 개인이 두 개의 모자를 한꺼번에 오랫동안 쓰고 있어서는 안 되며, 그의 인생을 향한 주님의 장기적인 소명이 무엇인지를 분별하여 그 방향으로 나아가도록 힘쓰라는 것이다. 순회 교회 개척 사명과 삶은 지역 장로의 그것과는 사뭇 다르다. 전자는 최전방 개척, 돌파, 그리고 확장과 관련되어 있다. 후자는 일차적으로 한 교회의 (혹은 특정한 지역 교회들의) 평안을 돌보는 것에 초점이 맞춰진다.

교회 개척자들은 장로들을 세우기 전에 집사들을 먼저 세워야 하는가?

이것은 쉬운 질문이 아니다. 어떤 이는 집사들은 그저 의자를 배치하고, 주보를 만들고, 혹은 식사를 준비하는 사람들이 아님을 지적할 것이다. 신약에 소개된 집사들을 위한 필수 자질들은 장로들의 그것과 매우 유사하다. 바울은 빌립보서를 시작하면서 둘 모두를 언급한다. 그리고 나는 디모데전서 3장 11절에서 바울이 분명히 여성들도 집사가 될 수 있는 것으로 말한다고 믿는다. 따라서 집사직이 책임 있는 직분이라는 사실을 고려할 때, 어떤 교회 개척자들은 우선 집사 그룹을 임명하고 그리고 난 후에 그 그룹에서 몇 사람을 장로로 임명하는 것을 선호한다.

나는 개인적으로 이것이 하나의 유효한 접근이라고 믿지만, 내가 권하는 방식은 아니다. 왜냐고? 우선 신약의 새로운 교회 개척 사례에서 이러한 경우를 찾아볼 수 없다. 그들은 항상 바로 장로들을 세웠다. 둘째, 비록 장로직과 집사직이 신약에 소개된 두 가지 구별된 사역 혹은 직분이지만, 만일 당신이 이런 식으로 일을 시작하게 되면 은연중에 집사직이 장로직으로 가는 하나의 디딤돌이라는 인상을 심어 주는 격이 되는데, 이것은 결코 이 체계가 의도하는 바가 아니다. 어떤 이는 신약 시대에는 오직 보다 발전된 교회들만 집사직을 도입했는데, 아마도 장로들의 섬기는 짐을 덜어 주기 위한 조처였다고 믿는다. 그리고 셋째로, 내가 보기에 집사로 시작하고 그 후에 장로를 세우는 식의 접근은 새로운 교회의 교회 개척자들에 대한 의존성을 연장할 가능성이 있다.

장로직은 전임 및 유급 직분이어야 하는가?

디모데전서 5장 17-18절을 다시 인용하면, "잘 다스리는 장로들은 배나 존경할 자로 알되 말씀과 가르침에 수고하는 이들에게는 더욱 그리할 것이니라. 성경에 일렀으되 '곡식을 밟아 떠는 소의 입에 망을 씌우지 말라' 했고 또 '일꾼이 그 삯을 받는 것은 마땅하다' 했느니라." 여기서 세 가지 원리를 도출할 수 있다.

1. 한 교회에 유급 장로가 없어도 상관없다. 바울이 에베소에 있는 디모데에게 편지하고 있는 시점에는 그 교회가 아마 그런 상황이었을 것이다.

2. "잘 다스림"과 "말씀과 가르침에 수고함"에 상당한 시간적 헌신이 요구됨으로 인해 급료를 받는 장로 한 사람을 (혹은 큰 교회 혹은 교회 그룹에서는 몇 사람의 장로들) 두는 것, 이것이 바울이 말하고 있는 바인 듯하다. 그렇다 하더라도 나는 이것이 매우 드문 경우라고 생각한다.

3. 유급 장로의 사역의 초점은 지역 교회이다. 그리고 바울이 이야기하고 있는 자금은 지역 교회에서 나온 것이다. 나는 개인적으로 지역 장로들/목사들에게 외부에서 온 자금을 지급하는 것에 대한 성경적인 근거를 발견할 수 없다.

장로들은 어떻게 의사 결정을 내려야 하는가? 신약에 규정된 방식이 있는가?

장로들은 그들 앞에 닥친 현안들에 관해, 예배와 기도 그리고 금식

을 하면서 진심으로 주님의 뜻을 구해야 한다고 말하는 게 정답일 것
같다. 그들은 서로를 향해 귀를 기울이고 존중하며, 개인적인 의견이나
의심스러운 동기들을 배제하면서 모든 사안에 관해 신중하게 토의하
여야 한다. 마찬가지로 회중과 상의하는 일에도 분명히 선례가 있다.
사도들이 사도행전 6장에서 회중과 상의한 것이 좋은 예이다.

그러나 실제로 장로들이 어떤 과정을 통해 결정을 내려야 하는가는
다양성으로 열린 사안이다. 아프리카인 장로 그룹이 의사 결정하는 과
정은 시카고의 도시 교회의 장로들 혹은 티벳의 힌두교 배경 신자 장로
그룹이 취하는 방식과는 사뭇 다를 수 있다. 수밤마는 이렇게 쓴다.
"안드라에서 우리는, 인도인 교회뿐만 아니라 이 광범위한 지역 내 주
요 부속 문화들과 주요 종족 단위들에 알맞은 교회들도 세워야 한다."[3]
내가 보기엔 문화적 요인들이 끼어 들 수 있는 상당한 여백이 존재하는
듯하다.

당신은 여기에서 거기에 다다를 수 있다

위에 소개된 것은 최전방 개척 상황에서 장로 임명 문제를 다룰 때
흔히 대두되는 실제적인 문제들 중 일부이다. 그러나 어떻게 우리가 거
기에 도달할 것인가? 당신이 열다섯에서 스무 명의 신자들로 구성된
한 교제 그룹과 사역하고 있다고 하자. 어떻게 당신은 성경적 장로직의
개념들을 가르치고 이 그룹과 사역하여 장로들을 발굴하고 임명하며
필드에 투입할 수 있을 것인가? 이것에 관한 내용이라면 책을 쓰기가
쉽지, 현실 속에서 수행하기란 결코 쉽지 않을 것 같다.

유사점들이 있겠지만, 이것은 로스엔젤레스 혹은 런던의 새로운 교회에서 장로들을 임명하는 것과는 분명히 구별된다. 우리는 힌두교, 불교, 정령 숭배적 신앙 등, 신에 대한 매우 다양한 이해의 배경을 가진 새로운 신자들에 관해 이야기하고 있다. 많은 사람들이 여전히 자신들의 신앙과 가족과 전통을 배신했다는 느낌들로 힘겨워 하고 있으며, 아마도 친척들이 매일 같이 원색적으로 비난하는 것처럼 정말로 자신들이 배교자가 아닌가 하는 의심과도 싸우고 있다. 무슬림이었던 신자들 중에는 여전히 율법주의적 사고방식에 젖어 있는 이들도 있다. 개중에 어떤 이들은 신앙을 버릴 수도 있다.

교회 안에는 신뢰성에 대한 문제들이 산재하며, 심지어 그룹 내에 악의적인 정보원이 잠복해 있을 가능성도 있다. 그렇기에 여기에는 그대로 따라할 수 있는 가시적인 모범은 없다. 설사 성경을 믿는 교회가 지역에 이미 존재한다고 해도, 그것은 아마도 '기독교' 문화를 배경으로 가진 교회일 것이며, 이것은 새로운 그리스도의 지체가 된 현지인 교회가 좇아갈 모범으로서는 그리 유익하지 못하다. 그리고 적대적인 환경 안에서 정부기관이 리더들을 지목하여 체포와 갖은 고문과 투옥을 감행하는 것도 일반적이다. 잠재적 장로들은 이러한 현실과 투쟁해야 할 것이며 이러한 어려움을 헤쳐 나갈 수 있는 나름의 길을 개척해야 한다. 이렇듯 어려운 상황에서 장로의 임명을 포함하는 교회 개척은 단지 어려울 뿐만 아니라 가히 혁명적이다.

조리법이나 로드맵을 손에 쥐어 줄 수는 없지만, 여기 이 사역을 올바른 방향으로 이끌어 나가는 데 도움이 될 만한 다섯 가지 조언을 하고자 한다.

1. 시간을 두고 교제 그룹 전체에게 지역 교회가 무엇인지 그리고 그
것이 어떻게 기능해야 하는지에 관한 신약의 개념들을 가르치라.
신자들이 어떻게 서로에게 긴밀하게 연결되어 있는지 그리고 어
떻게 그들이 서로를 섬기고 세워 주어야 하는지를 묘사하는 성경
의 모든 '서로' 단락들을 가르치라. '교회 생활'은 단순히 여러 모
임들의 집합체가 아니라 건강한 유기체의 일상적인 삶이다. 또한
모임들 바깥에서 이루어지는 모든 관계성들이 모임 안에서 일어
나는 일들만큼 중요하다.

　　그리고 나서 장로들과 지역 교회 내에서 그들의 주요한 리더십,
가르침, 그리고 목양의 역할에 대해 가르치라. 이와 병행하여, 하
나님의 사도적 사자로서 당신 자신의 역할이 어떻게 변화될 것이
고 분명히 축소될 것인지에 대해 가르치라. 신자들에게 그들이 당
신을 점점 덜 보게 될 것이며, 어느 시점이 오면 당신은 떠날 것이
라는 사실을 나누라. (혹은 이미 당신이 그 교제 그룹 내에서 주도
적인 역할 위치에 있지 않을 수도 있다. 만약 그 교회가 바람직한
모습이 되어가도록 도움에 있어 당신이 사도적 역할을 실행하고
영향력을 행사하고 있는 한, 그건 문제가 되지 않는다.)

2. 전략적으로 후퇴하기 시작하라. 이것은 그 교제 모임이 가르침과
리더십의 측면에서 점차 당신에게 덜 의존적이 되도록 돕는 것이
며, 당신이 보다 자유롭게 리더 발굴에 집중할 수 있도록 해 준다.
이 모드는 후반부에 속한 V 단계와 VI 단계의 전형적인 모습이다
(제5장, 〈최전방 교회 개척 단계〉를 보라).

　　당신의 에너지 대부분을 리더와 교사 그리고 특히 잠재적인 장

로를 발굴하고 멘토링하는 데 집중하라. 개별 신자들 가운데 마땅한 사람을 찾으면 그들에게 이렇게 물으라. "당신은 영적으로 성장하고, 멘토링을 받으며, 보다 지도적인 위치로 나아가는 데 관심이 있으십니까?" 이것이 바로 바울이 디모데에게 "네가 많은 증인 앞에서 내게 들은 바를 충성된 사람들에게 부탁하라. 그들이 또 다른 사람들을 가르칠 수 있으리라"(딤후 2:2)고 편지하면서 말하고자 한 바가 아닌가? 어떤 이들은, 신실하고(faithful), 유용하며(available), 가르침에 잘 순종하는(teachable) 사람을 뜻하는 FAT한 사람을 찾아야 한다고 말한다.

이것은 성품, 태도, 반복되는 죄의 유형들, 그리고 동기에 관해 살필 것을 요구한다. 이것은 결혼과 가정 생활, 직장, 그리고 다른 관계성과 같은 사안들이 관련됨을 의미한다. 또한 이들 부상하는 리더들을 모든 종류의 사역에 배치하기 위한 모든 종류의 방법들을 살펴봄을 의미한다. 위임하라. 훈련하라. 관찰 평가하라. 다시 위임하라. 은사를 분별하라. 힘이 들수록, 좋은 리더는 성령님께 의지하는 법을 배우고 또한 성장할 것이다. 재목감이 안 되는 다른 이들은 낙오하여, 이 리더십은 자신들을 위한 것이 아니라고 단정 짓게 될 것이다.

3. 신자들이 준비가 되었다고 판단이 되면, '장로 후보자'의 역할을 규정하고 교제 그룹 내에서 그것에 관해 토의하기 시작하라. 이들이 첫 번째 장로들이 될 수 있는 사람들이라고 당신이 믿는 자들이라면, 그들에게 가서 장로 후보의 역할을 받아들임에 관해 기도해 보라고 도전할 수 있다. 이것은 그들이 모종의 가르침과 예비

교육을 통해서 장로로 임명될 가능성이 크다는 것을 의미한다. 이 과정은 다음 단계들을 밟는다.

 a. 장로직이 요구하는 특별한 헌신이 무엇인지 그들이 경험하도록 돕는다.

 b. 이 과정을 매우 명료하고 의도적이게 만든다.

 c. 일정 기간의 특별 훈련(2개월에서 6개월).

 d. 집중적인 성품 교육을 위한 기회. 예를 들어, "마흐무드, 당신이 이 그룹에서 장로의 직분을 열망한다고 말했는데, 나는 이것이 당신에게 좋은 기회가 되리라고 믿습니다. 당신을 믿습니다. 그런데 최근 당신의 사업 방식에 관해 몇 가지 소문을 들었습니다. 우리 그것에 관해 이야기하고 기도할 수 있을까요?"

 e. 몸 된 교회를 결국에는 특정한 개인들이 이끌 수 있도록 준비시킨다. 여기에는 교제 그룹이 참여해야 한다. 당신은 또한 후보자들에 대한 다른 지체들의 의견을 청취해야 한다. 만일 당신이 미처 몰랐던 심각한 사안에 관해 알게 되면, 그 사람의 임명을 보류하는 게 최선일 수 있다.

 f. 다수의 장로 후보자들을 두고 있으면, 강력한 단일 리더의 병목 현상을 피할 수 있다.

4. 다양한 상황에서, 나는 장로 준비와 훈련이 교회와 리더십, 겸손, 하늘에서 온 지혜, 성품, 고난, 그리스도의 양을 먹임 등 특정한 주제들에 관해 가르칠 수 있는 얼마나 좋은 기회를 제공하는지를 보

아 왔다. 장로 후보자들이 이 과정을 통해 하나님과 동행하는 그
들의 삶에 엄청난 진보를 보이더라도 놀라지 말라.

이 과정 가운데 특별 성경 교사를 초빙하는 절호의 기회를 마련
할 수 있다. 중동의 한 도시에 기독교 배경의 리더가 있었는데, 그
는 상당한 은사를 받은 교사이자 사역을 위한 깊은 열망을 품은
사람이었다. 교회 개척자들과 장로 후보자들이 매주 그의 집에서
모임을 가졌는데, 정말 완벽한 조합이었다.

교회와 장로직을 위한 특별한 자료를 사용할 수도 있다. 한 예
로, 존 파이퍼의 「성경적 장로직: 너희 가운데 하나님의 양 떼를
돌보라(Biblical Eldership: Shepherd the Flock of God Among You)」[4]가 있다.
한 중앙아시아 국가에서 이 20쪽 짜리 자료가 현지 언어로 번역되
어, 많은 교회 개척 사역들에 큰 유익을 주고 있다.

5. 장로들을 임명하기 직전에 바울과 바나바가 이 핵심을 가르친 것
은 결코 우연이 아니다. "우리가 하나님 나라에 들어가려면 많은
환난을 겪어야 할 것이라"(행 14:22). 적대적인 최전방 상황에서
는, 핍박이 피할 수 있는 일이라고 둘러대서는 안 된다. 대신 고난
과 핍박에 관해 솔직하게 말해 주어야 하며, 동료 신자들이 그들
앞에 놓인 일들을 맞기 위한 성경적인 그리고 영적인 준비를 잘
하도록 도와야 한다. 외국인 사역자로서 내가 고난 받을 가능성이
적다는 이유로 이 부분에 대해 말하기를 주저하는 것은, 이것을
가르쳐야 할 당신의 책임에 대한 변명이 결코 되지 못한다.

결론

마침내 당신의 미전도 종족 그룹 안에 결정적인 첫 번째 장로 그룹
을 임명하는 중대한 날이 다가올 때, CNN이나 지역 방송국 카메라맨
들이 들이닥치리라고 기대하지 말라. 그러나 그 날이 당신의 종족 그룹
과 나라의 운명의 축을 바꾸어 놓을 날이 되리라는 사실은 분명하다.
그 날은 영원히 메아리 칠 하나님 나라의 고귀한 이정표가 될 것이다.
당신이 섬긴 교회 개척 사역을 통해 영원한 생명을 찾은 그 존귀한 형
제와 자매들을 하늘에서 다시 만날 것을 고대한 바울의 꿈에 동참하라.
"우리의 소망이나 기쁨이나 자랑의 면류관이 무엇이냐? 그가 강림하실
때 우리 주 예수 앞에 너희가 아니냐? 너희는 우리의 영광이요 기쁨이
니라"(살전 2:19-20).

팀 토의를 위한 질문

1. 우리의 문화는 강력한 1인 지배를 선호하는가, 아니면 이 사회 안
   에는 집단 리더십에 대한 예들이 존재하는가?
2. 우리는 한 사람을 고독한 장로로 세우기보다, 첫 번째 장로 그룹
   은 최소한 두세 명이 되어야 한다는 원리에 동의하는가?
3. 장로 임명 과정에 가까이 갈수록 우리 앞에 예상되는 문제는 어떤
   것들이 있는가?
4. 한 팀으로서 우리는, 새로운 교회가 채택해야 할 장로직 혹은 장
   로직 구조 유형에 관해 일치된 의견을 가지고 있는가?

5. 사도행전 14장 21-23절과 디도서 1장 5절과 같은 단락들, 그리고
   우리가 언젠가 거기에 도달하리라는 확신이 우리에게 영감과 동
   기를 부여하는가?

6. 현지인 신자들이 장로직을 위해 준비되려면 어느 정도로 성숙해
   야 하는가? 너무 일찍 임명하는 것과 너무 오래 기다리기 중 어느
   것이 더 나쁜가?

7. 위의 3번에 묘사된 장로 후보자 교육 과정에 대해 우리는 어떻게
   생각하는가?

에필로그
— 교회 개척 사역이란 실제로 무엇인가?

차갑고 어두운, 비 내리는 워싱턴 DC 중심가를 리무진 한 대가 조심스럽게 가로지르고 있었다. 때는 1962년 10월 26일, 쿠바 미사일 위기가 일촉즉발의 핵 갈등으로 비화될 조짐을 보이고 있던 시점이다. 비밀 해제된 소련 기록 문서를 통해 지금 우리는 쿠바 대통령 피델 카스트로가 니키타 흐루시초프에게 대서양 연안에 핵 선제 공격을 감행할 것을 요청했다는 사실을 알고 있다. 소련 잠수함 함장들에게는 미국의 봉쇄 작전으로 인해 바다에서 교전이 일어나면 핵 무기를 사용할 수 있는 권한이 부여되었다. 이날 저녁, 미국 법무장관 로버트 케네디는 소련 대사 아나톨리 도브리닌을 만나고 있었다. 다행히 그날 밤 그들은 지구가 세계 3차 대전의 악몽을 피할 수 있는 합의에 이를 수 있었다.

그들이 일을 성사시킬 수 있었던 일차적인 이유는 그들이 탁월한 협상가들이었기 때문이 아니다. 그들은 단순히 생각만 교환한 것이 아니라, 권위를 가지고 행동하고 있었다. 대통령이 그와 형제였다는 것은 중요치 않다. 로버트 케네디는 대통령의 모든 지위와 권한을 위임받아 대통령을 대신하고 있었다. 도브리닌도 마찬가지였다.

놀랍게도 하나님의 대사들로서 우리의 역할은 이와 너무도 똑같다. 살펴보자.

각각 은사를 받은 대로 하나님의 여러 가지 은혜를 맡은 선한 청지기 같이 서로 봉사하라. '만일 누가 말하려면 하나님의 말씀을 하는 것 같이 하고 누가 봉사하려면 하나님이 공급하시는 힘으로 하는 것 같이 하라'(벧전 4:10-11).

베드로는 모든 사역을 말하기 사역과 섬기기 사역, 이 두 가지 넓은 범주로 구분한다. 물론 모든 사역이 섬김이지만, 그 성격상 말하기와 관련 없는 사역 유형들이 존재한다(예를 들어, 단순 조력, 업무 계획, 행정). 말하기 사역이란 무엇인가? 가르치기(대그룹, 소그룹, 일대일), 인도하기, 상담, 복음 전도, 교회 개척, 격려 등 다양하다. 베드로의 요점은 이것이다. 당신이 어떤 형태이든 말하기 사역을 감당하고 있을 때, 하나님의 말씀을 하나님의 자리에서 말해야 한다. 당신은 단순히 정보 혹은 개념들에 관해 전달하는 것이 아니라, 실제로 하나님을 대신하여 말한다. 당신과 내가 우리의 사역에서 효과적이냐 비효과적이냐 하는 것은 우리가 실제로 하나님의 말씀으로 섬기느냐에 달려 있다. 당신은 단지 한 팀의 리더, 혹은 성경 교사, 혹은 복음을 나누는 자, 혹은 모임을 인도하는 자가 아니다. 최종 결론은 이것이다. "사역은 단순하다: 그것은 하나님의 말씀을, 하나님의 자리에서, 하나님의 권위로 말하는 것이다."

우리는 우선 신약에서 이것에 관해 더 살펴보고, 이어서 미전도 종족들 가운데 교회를 개척하는 우리의 사역에 관한 결정적인 함의들을 고찰할 것이다.

신약의 사도적 사역의 예

네가 네 자신과 가르침을 살펴 이 일을 계속하라. 이것을 행함으로 네 자신과 네게 듣는 자를 구원하리라(딤전 4:16).

내 아들아 그러므로 너는 그리스도 예수 안에 있는 은혜 가운데서 강하고 또 네가 많은 증인 앞에서 내게 들은 바를 충성된 사람들에게 부탁하라. 그들이 또 다른 사람들을 가르칠 수 있으리라(딤후 2:1-2).

그러나 너는 배우고 확신한 일에 거하라. 너는 네가 누구에게서 배운 것을 알며 또 어려서부터 성경을 알았나니 성경은 능히 너로 하여금 그리스도 예수 안에 있는 믿음으로 말미암아 구원에 이르는 지혜가 있게 하느니라. 모든 성경은 하나님의 감동으로 된 것으로 교훈과 책망과 바르게 함과 의로 교육하기에 유익하니 이는 하나님의 사람으로 온전하게 하며 모든 선한 일을 행할 능력을 갖추게 하려 함이라. 하나님 앞과 살아 있는 자와 죽은 자를 심판하실 그리스도 예수 앞에서 그가 나타나실 것과 그의 나라를 두고 엄히 명하노니 너는 말씀을 전파하라. 때를 얻든지 못 얻든지 항상 힘쓰라. 범사에 오래 참음과 가르침으로 경책하며 경계하며 권하라. 때가 이르리니 사람이 바른 교훈을 받지 아니하며 귀가 가려워서 자기의 사욕을 따를 스승을 많이 두고 또 그 귀를 진리에서 돌이켜 허탄한 이야기를 따르리라(딤후 3:14-4:4).

(감독은 마땅히) 미쁜 말씀의 가르침을 그대로 지켜야 하리니 이는 능히 바른 교훈으로 권면하고 거슬러 말하는 자들을 책망하게 하려 함이라(딛 1:9).

(바울이 에베소에서 교회 장로들에게 말했다) 유익한 것은 무엇이든지 공중 앞에서나 각 집에서나 거리낌이 없이 여러분에게 전하여 가르치고… 이는 내가 꺼리지 않고 하나님의 뜻을 다 여러분에게 전했음이라(행 20:20, 27).

우리가 그를 전파하여 각 사람을 권하고 모든 지혜로 각 사람을 가르침은 각 사람을 그리스도 안에서 완전한 자로 세우려 함이니(골 1:28) — 바울의 가르침이 여기서 "각 사람"을 향하고 있다는 것이 매우 고무적이다. 최전방 사역에서는 특히, 말씀 사역의 대부분은 일대일로 이루어진다.

누가는 일 년 반 동안의 바울의 고린도 사역을 이렇게 요약한다. "일 년 육 개월을 머물며 그들 가운데서 하나님의 말씀을 가르치니라"(행 18:11). 우와! 일 년 하고도 반 년의 세월이 걸린 바울의 사역이 이렇게 요약되었다.

그리고 모든 최전방 교회 개척자들의 일생의 요절이 되어야 할 것이 여기 있다. "너는 진리의 말씀을 옳게 분별하며 부끄러울 것이 없는 일꾼으로 인정된 자로 자신을 하나님 앞에 드리기를 힘쓰라"(딤후 2:15).
이 짧막한 문장에서 바울이 어떻게 디모데에게, 개발이 필요한 기술들
을 구비한 "일꾼"이 되어, 창조성과 절실한 부지런함을 가지고 사역하
며, 다른 사람이 아니라 하나님의 인정을 향하여 나아감을 근본적인 토
대로 여기는 사역자가 될 것을 지적하는지 유념하라. 여기에 미치지 못
할 가능성도 있고, 물론 감사하게도 효과적인 사역을 감당할 가능성도
있다. 여하튼 우리의 목표는 정확하게 말하는 것이다. 다시 말해, 우리
는 시간을 두고 하나님이 말씀하시는 바를 정확하게 이해하여 그것을
적합하게 전달하기 위해 열심을 다한다. 우리는 단순히 우리의 개인적
사상을 가르치기 위하여 성경을 하나의 예화 자료로 사용하는 것이 아
니라, 오직 그분의 말씀을 가르친다.

친애하는 나의 동료 사도적 사역자들이여, 이제 나는 이 구절들에서
얻을 수 있는 아주 강력한 진리로 여러분들을 격려하고자 한다. 우리의
사역이 매우, 매우 복잡해 보일 수 있다. 필드의 팀 리더는 경우에 따라
서는 일어설 수 없이 짓눌리고 비참하도록 이 일에 적합하지 않다는 자
괴감에 시달릴 수 있다. 당신이 바라는 것은, 사람들 가운데 최고 리더
가 되어야 하고, 자비량 사업의 전문가가 되어야 하고, 능숙한 복음 전
도자가 되어야 하고, 부족함 없는 언어 학습자가 되어야 하고, 탁월한
타문화 적응자가 되어야 하는 등 끝이 없다. 우리가 스스로는 부적합함
을 알고 하나님으로부터 우리의 적합함을 이끌어 내는 것은 참으로 바
람직하다(고후 3:5). 그러나 우리 자신을 억압적인 기대치 아래 짓누르
는 것은 좋지 못하다. 위의 구절들을 가지고 당신의 어깨에 드리워진
짐들을 가볍게 하라. "당신의 주 임무는 하나님의 말씀을 하나님의 자
리에서 말하는 것이다." 그 나머지는 지극히 부차적이다.

나는 좌절의 벽에 부닥치는 팀들을 많이 보아 왔다. 이런 식이다. "우리는 언어를 너무나 잘 배워 왔다. 우리는 그 종족과 잘 연결되었다. 우리 단체는 이 나라에서 최고의 NGO이다. 우리 팀은 마치 기름친 기계와 같이 잘 돌아간다. 그런데 왜 우리에게 아무런 열매가 없는지 도무지 이해할 수 없다!" 최전방 개척 상황에서의 열매 없음은, 어쩌면 거친 토양의 문제이거나 혹은 아직 하나님의 때가 이르지 않았기 때문이다. 그러나 이것이 종종 우리가 다른 모든 일을 하느라 너무 바쁜 나머지 하나님의 말씀으로 그 사람들을 섬기는 일을 자칫 소홀히 한 때문은 아닌가?

중동의 주류 민족 가운데 이루어지는 가장 큰 사역들 중 하나를 소개하고자 한다. 이 사역에 의해 250-300명 규모의 '모교회'가 개척되었고 다시 그 교회가 여덟 개의 지교회를 개척했는데, 이 아홉 교회들은 모두 민감한 지역 그리고 핍박에 노출된 지역에 위치하고 있다. 10년 동안 나는 그 팀 리더로부터 월별 보고서를 받고 정기적으로 그와 접촉할 수 있는 특권을 누렸다. 초기부터 나는 이 젊은 사도가 개인 말씀 공부에 얼마나 몰입하는가를 보면서 깊은 인상을 받았었다. 그 후 사역이 발전하면서 그의 모든 사역의 중심에는 그가 이 단락 혹은 저 단락을 어떻게 가르쳤고, 혹은 그들이 3일 간 수양회를 가지면서 신자들과 함께 에베소서 전체 혹은 사도행전의 교회 생활 전체 등등을 어떻게 공부했는지가 자리하고 있는 듯했다. 내 생각에는 그는 바울이 했던 그 방식 그대로 교회를 개척하고 있었다.

몇 가지 최종적인 적용으로 나아가기 전에, 중요한 세 가지 '부인'을 하고 가자.

1. 교회 개척자들에게 참으로 하나님의 말씀 공부와 하나님의 말씀 사역에 집중하라고 권면함에 있어, 나는 단순한 머리 지식에 대해 말하고 있지 않다. 말씀으로 내가 먹고 또한 남을 먹이는 것은 말할 필요 없이 머리 지식보다 훨씬 크다.

2. 나는 성경 공부와 말씀 사역이 유일하게 중요한 사역이라고 말하고 있지 않다. 물론, 성령의 역할, 기도, 공동체와 관계성, 목회적 돌봄, 타문화의 역학, 현지화 등과 같은 실제로 매우 중요한 여러 측면들이 존재한다. 그러나 말씀이 기초라면, 그것이 우리가 전달하는 것, 우리가 사역하는 것, 그리고 우리의 모든 결정과 전략을 위한 지침들의 핵심이 되어야 한다.

3. 말씀 사역이 모든 그리스도인 혹은 심지어 모든 교회 개척 사역자들을 위한 것은 아니다. 베드로전서 4장 10-11절을 기억하라. "각각 은사를 받은 대로 하나님의 여러 가지 은혜를 맡은 선한 청지기 같이 서로 봉사하라. 만일 누가 말하려면 하나님의 말씀을 하는 것 같이 하고 누가 봉사하려면 하나님이 공급하시는 힘으로 하는 것 같이 하라." 말하기와 관련 없는 유형의 다양한 사역들이 존재하며, 팀마다 이러한 사역으로 부름 받은 사람들이 소수지만 있을 것이다(예를 들어, 설비 담당). 아래 적용들은 교사들, 교회 개척자들, 복음 전도자들, 사도들 등에 적용된다.

적용 1: 어떻게 시간을 사용할 것인가?

시간은 우리 모두에게 제한되어 있다. 당신의 삶을 허비하는 세 가

지 길이 있다: 아무 것도 하지 않기, 잘못된 일들을 하기, 혹은 너무나 많은 일을 하여 그 어디에서도 참된 효과를 얻지 못하게 하기. 만일 당신이 사도적 교회 개척자로 부름 받았다면, 당신은 사도행전 6장의 사도들과 같이 되기를 원할 것이다. 헬라파 유대인과 히브리파 유대인들 사이에 고통스런 갈등이 발생했던 시기에, 그들은 쉽사리 시간을 허비하는 문제, 가령 갈등 해결과 행정 관련 일에 매달릴 수 있었을 것이다.

그러나 그들은 우선순위에 집중했다. "우리는 오로지 기도하는 일과 말씀 사역에 힘쓰리라"(4절). 그 결과는 어찌 되었는가? 7절은 이렇게 말한다. "하나님의 말씀이 점점 왕성하여 예루살렘에 있는 제자의 수가 더 심히 많아지고 허다한 제사장의 무리도 이 도에 복종하니라." 이것은 로켓 과학이 아니다. 그들은 말씀 사역에 집중했고, 그 말씀은 지속적으로 퍼져 나가서 융성해졌다. 이것이 사도적 패러다임이다.

우리는 2000년에 개최된 리더십 컨퍼런스에 오엠(Operation Mobilisation)의 설립자인 조지 버워(George Verwer)를 기쁜 마음으로 강사로 초빙했다. 이날까지 모두가 그가 말한 세 단어를 기억한다. 그는 이 말을 1,000명이 넘는 청중을 향해 큰 소리로 외쳤다. "잘라라! 잘라! 잘라!" 그는 우리의 시간 사용에 우선순위를 매겨서 수많은 부차적인 활동들을 잘라 내야 할 절대적인 필요성에 대해 말하고 있었다. 우리는 가용한 스케줄과 작업 능력 안에서 말씀 사역에 집중하기 위하여 필요한 일들을 해야 한다. 다시 말해, 활동 계획의 순수한 결과는 우리의 부담을 무겁게 하는 것이 아니라, 가볍게 하는 것이어야 한다.

지나간 세월을 되돌아보면서, 마틴 루터는 세계를 바꾼 그의 삶을 이렇게 요약했다. "나는 오직 하나님의 말씀을 가르치고, 설교하고, 기록했다. 그 외에는 아무 것도 하지 않았다. 그러고 나면, 내가 잠을 자거나 혹은 필립과 암스돌프와 함께 비텐베르크 맥주를 마시는 사이, 말씀이 나를 반대하던 사람들을 너무도 엄청나게 약하게 만들었다. 나는 아무 일도 하지 않았다. 말씀이 이 모든 일을 이루었다… 말씀은 전능하고 마음을 사로잡는다. 그리고 마음이 사로잡히면, 악한 일들은 저절로 허물어진다."[1]

어느 날 한 젊은 독일 목사가 일이 끝난 후 집으로 돌아와서 그의 고양이가 나무에 올라가 있는 것을 발견했다. 비록 어린 나무였지만, 그래도 꽤 커서 손을 뻗쳐도 고양이에 닿지 않을 정도였고, 게다가 고양이가 내려오려고도 하지 않았다. 번뜩 한 가지 생각이 떠올랐다. "좋은 수가 있다." 그의 폭스바겐 승용차 트렁크에서 밧줄을 하나 꺼내다가 한쪽 끝은 차 뒤편 범퍼에다 묶고 다른 쪽 끝은 손이 닿는 대로 최대한 높이 그 나무에다 묶었다. 그리고는 차를 천천히 앞으로 몰았다. 고양이에 손이 닿을 만큼 나무를 휘게 할 생각이었다. 차가 몇 피트 앞으로 나가기까지는 모든 일이 잘 되었다. 그런데, "이이이이런!" 무슨 일이 벌어졌을까? 그만 한쪽 매듭이 풀어지는 바람에, 나무가 획하고 반대로 젖혀지면서 고양이가 사라져 버렸다! 날아가 버렸다. 애꿎은 고양이 하나만 잃었다.

며칠이 지난 후, 목사는 그의 교구 소속 한 교인을 동네 슈퍼마켓 애완 동물 먹이 코너에서 만났다. "슈미트 부인, 댁에서 애완 동물을 키우시는지 몰랐네요." "아, 목사님" 하면서 그녀는 자신에게 일어난 일을 이야기해 주었다. "목사님은 우리 집에 무슨 일이 일어났는지 정말 못 믿으실 거예요. 그저께 우리 식구 모두 뒤뜰에서 쉬고 있는데 제 딸 우테가 눈물이 그렁그렁한 채 와서 말했어요. '엄마, 왜 우리는 고양이를 기를 수 없는 거야? 나 정말 고양이 갖고 싶단 말이야! 제발, 응,

응.' 저는 아이에게 하나님께 상의해 보자고 말하고는, 주님께 우데가 고양이를 갖기를 주님이 원하시는지 함께 기도하면서 여쭈었어요. 그 다음에 일어난 일은 제 생전에 정말 듣도 보도 못한 도저히 믿을 수 없는 기도의 응답이었어요. 하나님께서 바로 하늘에서 우리에게 고양이를 떨어트려 주셨어요!"

요점은 이것이다: 하나님은 우리의 자원, 우리의 노력, 우리의 기술의 총계 안에 제한되지 않으신다. 우리 모두는 하나님의 일하심이 분명하게 드러나는 그런 종류의 사역을 염원하며, 하나님께서 우리의 덕으로 돌릴 수 있는 그 무엇도 뛰어넘는 추수를 능히 거두시기를 열망한다. 한 종족 그룹의 삶을 강타하는 위대하고도 강력한 지렛대는 바로 하나님의 성령을 통한, 하나님의 말씀이다. 우리에게 오늘날의 추수 필드에서 필요한 것은 바로 하나님 크기의 성과들이다.

실천적으로 말하면, 이것은 내가 많은 시간을 성경에 쏟아 부어야 함을 의미한다. 한 가지 방법은 매일 성경을 읽고 묵상하고 경건 일기를 쓰는 것이다. 그리고 난 후 또한 매주 2회씩 깊은 공부를 위한 시간을 할애하는 것이다. 말하자면, 한 단락 혹은 주제에 관한 귀납적 공부이다. 이 연구 시간만큼은 모든 방해로부터 철저히 보호되어야 한다(문을 잠그고, 아이들도 이 시간에는 방해하지 말아야 함을 분명히 알고 있어야 한다).

빌리 그래함에게 한 인터뷰에서 이렇게 질문했다. "만일 당신의 인생을 다시 한 번 살 수 있다면, 무얼 다르게 하고 싶으세요?" 그의 대답은 이랬다. "내가 가장 후회하는 것 중 하나는 내가 충분히 공부하지 못했다는 겁니다. 공부를 좀 더 많이 하고 설교를 덜했더라면 좋았을 걸 하고 생각합니다. 사람들은 내가 공부하고 준비해야 하는 시간에도 자꾸만 그룹들 앞에서 이야기하라고 저를 떠밀었습니다. 도날드 반하우스(Donald Barnhouse)는 주님이 3년 뒤에 오시는 걸 알게 되면 2년은 공부하고 1년은 설교하면서 보낼 것이라고 말했습니다. 저도 그렇게 하려고 애쓰고 있습니다."

어떤 이는 언어 학습, NGO 혹은 자비량 발판 마련하기, 집안 정리하기, 사람들 사귀기, 팀으로 지내는 법 익히기 등으로 무척이나 분주한 교회 개척 초기에는 이 원칙이 그대로 적용되지 않는다고 생각한다. 실제로 당신에게 아직 제자 훈련할 신자들이나 함께 말씀 배우기를 열망하는 구도자조차 없는 잠시 동안은 이것이 사실이다. 그러나 바로 이 단계에서 당신의 스케줄 상에 성경 공부 습관을 비중 있게 고착화시키는 것이 결정적으로 중요하다. 시간이 지날수록 그렇게 하기가 더 어려워질 것이기 때문이다. 지금 바로 이 투자를 시작한다면 기회가 찾아왔을 때 당신은 이미 준비되어 있을 것이다.

적용 2: 어떻게 교회들이 개척 되는가?

내가 제2장 "교회란 무엇인가? 그리고 어떻게 개척할 수 있는가?"에서 언급했듯이, 미전도 종족 가운데 최전방 개척 상황에서 신자들로 구성된 한 교회를 찾는다면 그것은 담장 위에서 거북이를 찾는 것과 같다. 누군가가 의도적으로 이 일을 벌여 놓았다. 우연히 그놈이 거기 앉아 있을 리가 없고, 자연적인 순리의 결과도 아니다. 그 교회가 건강하다면 얼마나 더욱 그러한가! 우리가 살펴보았듯이, 신약 성경은 건강한 교회 생활의 다양한 측면들을 가르친다. "그들이 사도의 가르침을 받아 서로 교제하고 떡을 떼며 오로지 기도하기를 힘쓰니라"(행 2:42).
예를 들어, 우리는 힌두교 배경의 한 신자 교제 그룹이 서구 교회들보
다 조금이라도 더 자연스럽게 신약의 교회와 같은 바람직한 방식으로
성장할 것이라고 가정해서는 안 된다. 새로운 교회들을 그러한 방향으
로 안내하고 준비시키는 것은 교회 개척 사도들이 할 일이다. 내가 한
컨퍼런스에 강연자로 참석했을 때 누군가 내가 이야기할 주제가 무엇
이냐고 물어 왔다. "새로운 교회 개척에서 성경의 주요 역할"이라고 나
는 대답했다. 그러자 어처구니없는 대답이 돌아왔다. "정말 새로운 개
념이로군요!" 우리는 경건의 시간에는 성경을 사용하면서, 우리의 전
략이나 문제-해결 상황으로 넘어오면 성경을 제외한 모든 자료를 사용
하는가?

적대적 환경에서 새로운 교회를 개척하는 데 도입되어야 할 모든 다
양한 사역들을 생각해 보라. 다음에 열거된 사역들이 효과적으로 수행
되려면 오직 말씀 사역을 통해야만 함을 묵상해 보라:

· 신자들을 제자 훈련하고 격려하는 일
· 몸 된 삶을 세우는 일
· 교회가 그들이 누구이며 어떻게 살아야 할지에 관한 이해와 비전
  을 갖게 하는 일. 신자들이 복음 전도 메시지를 꽉 붙잡는 일
· 건전한 가르침의 근본적 토대를 놓는 일
· 모든 새로운 교제 그룹이 성격 문제, 대인 관계, 의견 충돌, 불화,
  아픔, 그리고 교만을 비롯한 산적한 문제들과 씨름하는 일. 교회
  개척자들과 지역 리더들이 말씀을 통해 이 문제들과 정면으로 맞
  서는 일.

· 변혁적 사역을 일으키는 일. 현지인 신자들은 외국인 사역자들과
더불어 그들의 삶에서 죄의 문제와 정면으로 맞서고 그들을 둘러
싼 형제 자매들이 사랑 안에서 진리를 말할 때 승리를 쟁취할 필
요가 있다. 마찬가지로, 몽골의 불교도들 가운데 일어난 민족 운
동에서 결정적인 것으로 드러났듯이, 미래의 리더들은 신자들의
죄 문제를 다루는 길을 터득할 필요가 있다.[2]
· 장로 후보자들을 준비시키고 임직하는 일
· 현지인 교사들과 리더들을 준비시키는 일. 나는 한 무슬림 배경
신자 형제 혹은 자매가 리더십 혹은 성경 가르치기의 영적 은사를
분명히 가지고 있다고 증언할 때면 늘 가슴이 벅차오른다. 교회
개척자들은 그들 곁에서 함께 이 싹틔우기 은사들을 발굴하고 배
양할 필요가 있다.

따라서 이 모든 것의 출발점은 무엇인가? 그것은 교회 개척자들이
말씀을 손에 부여잡고 있는 그 깊이가 아닌가? 이 초기의 몇 달간 우리
가 거기서 성도들을 준비시키는 일이 참으로 결정적이다. 어떤 이는 교
회 개척자들은 신속히 배후로 사라져야 하며 새로운 교제 그룹을 제어
하거나 가르쳐서는 안 된다고 말한다. 물론 전략적으로 물러나야 할 시
간이 있다. 그러나 신약 모델은 사도들이 초기에는 먹이고 기초를 놓는
결정적인 역할을 수행하는 것이다.

어느 가난한 농부에게 염소 한 마리가 있었다고 한다. 그는 염소에
게 귀리를 먹였는데, 그 값이 자꾸만 부담스러워 갔다. 그래서 어느 날
그는 염소에게 먹일 귀리의 10퍼센트만 톱밥으로 바꾸기로 했다. 일주
일이 지나도 모든 게 괜찮아 보여서, 그는 이번에는 다시 50대 50 비율

로 바꾸었다. 한 달 동안 이렇게 했더니 돈은 엄청 절약되는데 염소도 괜찮아서 기분이 너무 좋았다. 그래서 이번에는 톱밥 대 귀리 비율을 90대 10으로 바꾸었다. 그렇게 몇 주가 더 흘렀고 모든 게 괜찮아 보였다. 그런데 어느 날 염소가 쓰러지더니 그만 죽어 버렸다. 우리는 세계 전역에서 수많은 힌두교/불교/무슬림 배경 신자들의 교제 그룹들이 생겨나는 것을 본다. 그러나 슬프게도 그 중에 많은 그룹들이 너무도 빨리 와해되고 사라져 버린다. 우리는 반드시 이 새로운 신자들을 지속적으로 먹여야 한다. 먹거리를 가지고 그들에게 장난을 쳐서는 안 된다.

어떤 이는 이 모든 것이 신자들에 대한 사역에만 적용된다고 느낄 것이다. 수년 동안 믿음으로 나온 단 한 사람도 얻지 못한 채 지속되는 최전방 개척 사역의 경우는 어떤가? 복음 전도 일반에 관해서는 어떠한가? 말씀 사역에 관한 이 모든 원리가 여전히 적용되는가? 대답은 물론 그렇다 이다. 복음은 저 기초적인 사영리 그 이상이다. 오늘날 모든 미전도 종족 그룹 가운데서, 당신은 당신과 함께 신약 성경을 공부하고 싶어 그리고 예수님이 정말로 누구신지 성경에서 직접 배우고 싶어 굶주려 있는 사람들을 발견할 것이다. 나는 여기서 로마서 1장 15절에서 바울이 '복음'을, 엄청나도록 풍성한 그 편지를 포함하여 그가 로마의 교회에게 나누고자 했던 바 전부와 동일시 했음을 다시 한 번 되새긴다.

결론

당신은 이 영역에서 죄책감 혹은 부족한 느낌을 가지고 있는가? 부디 그러지 말기를 바란다. 우리가 지금 말하고 있는 것은 일생을 두고 해야 할 공부와 성장, 그리고 능력의 개발이다. "진리의 말씀을 옳게 분별하며 부끄러울 것이 없는 일꾼(남녀 모두)"이 되는 일이다(딤후 2:15). 이번 장을 통하여 주님께서 당신으로 하여금 이 분야에서 발전할 수 있도록 도와 줄 멘토를 찾도록 권면하고 계시는가?

하나님의 자리에서, 하나님의 권위를 가지고, 그리고 오직 그분만이 이루실 수 있는 결과들을 고대하며 하나님의 말씀을 말하기. 이것은 정신이 번쩍 나게 하는 일이다! 우리 안에 힘이 샘솟게 하는 일이다! 간절히 소망하건대, 이 권면이 당신의 사역에 새로운 희망을 불어 넣기를 바라며, 그 힘과 강력이 당신으로부터 나와야 할 필요가 없다는 사실이 당신에게 해방감을 주기를 소망한다. 하나님의 말씀은 우리에 갇힌 사자에 비유되어 왔다. 우리가 할 일은 단지 그 우리를 열어 사자를 풀어 놓는 것이다!

신약의 가르침 가운데 사도직의 개념만큼 중요하면서도 동시에 복잡한 것은 없다. 사도들은 분명 1세기 교회의 설립과 안정에 기초가 되었다. 그들은 또한 1세기 그리고 그 너머에 이르기까지 당시 알려진 세계 전체로 교회가 확장되는 데 중추적인 역할을 감당했다. 좋은 증인들로서, 그들은 확실한 토대 위에 굳게 서 있었고 동시에 나아가 토대를 쟁취해 나갔다. '열두 사도'의 정체와 역할에 관하여 상당히 분명하게 명시되어 있지만, 사도들로 불린 다른 인물들에 대한 언급들도 많이 있다. 사도라는 명칭이 후자 그룹에 어떻게 적용되는지에 대해서는 학자들의 의견이 갈린다. 따라서 오늘날 이 명칭이 특정한 리더들과 사역자들에게 합당하게 적용될 수 있는지의 여부에 관해서는 — 그리고 만일 그러하다면, 어떻게? — 다양한 의견들이 존재한다. 교파에 따라서, 리더십의 정점에 선 한 사람 혹은 두 사람에게 위계적 그리고 조직적인 권위를 부여하면서, 그들을 사도로 부를 수도 있고, 혹은 최전방 교회 개척자들에게만 제한적으로 이 명칭을 적용할 수도 있을 것이다. 신약에서 사도직이 정확히 무엇을 의미하는지를 알아 보는 탐험으로 한번 뛰어 들어 보자.

단어들

우리의 주된 관심은 두 개의 단어들에 모아진다:

1. 아포스톨로스(αποστολος): 명사; "사도"; 문자적으로, "보냄 받은 자"; 메신저, 사자, 대표; 신약에서 80회 등장하며 고린도후서 11장 13절에서 슈도아포스톨로이, 즉 "거짓 사도들"이라는 단어도 등장한다.

2. 아포스톨레이(αποστολη): 명사; "사도직"(개정판은 사도의 직무, 사도의 직분, 사도됨으로 번역함 — 옮긴이); 신약에서 4회 등장(행 1:25; 롬 1:5; 고전 9:2; 갈 2:8).

동사와 관련하여, 고전 헬라어 펨프토(pempto)가 통속적인 "보냄"을 뜻하는 보다 일반적인 단어였다면, 아포스텔로(apostello)는 "대표하기, 대리하기, 보낸 자의 모델 혹은 예가 되기"에 가까운 의미를 전달했으며, 대체로 하나의 그룹을 지칭했다(예를 들어, 배 혹은 승무원단). 요세푸스는 로마에 파송된 특정한 유대인 그룹을 지칭하는 데 이 단어를 한 차례 사용한다. 이 단어는 또한 특수 임무 혹은 해외 파견의 의미를 전달했다. 그럼에도 불구하고, 동사 아포스텔로는 1세기에 지극히 흔한 단어가 되어 일반적으로 "보냄"을 뜻했고, 원래의 "임무"라는 의미를 전달하는 경우는 — 몇 번 그런 경우가 있지만(예를 들어, 사도행전 22:21; 26:16) — 거의 없었다. 아포스텔로가 신약에서 132회나 등장하지만, 그것의 광범위한 함의로 인해, 사도의 의미를 찾는 우리의 연구에 큰 도움은 되지 못한다. 우리는 주로 명사들에 집중할 것이다.

그 열둘

이 때에 예수께서 기도하시러 산으로 가사 밤이 새도록 하나님께 기도하시고 밝으매 그 제자들을 부르사 그 중에서 열둘을 택하여 사도라 칭하셨으니 곧 베드로라고도 이름을 주신 시몬과 그의 동생 안드레와 야고보와 요한과 빌립과 바돌로매와 마태와 도마와 알패오의 아들 야고보와 셀롯이라는 시몬과 야고보의 아들 유다와 예수를 파는 자 될 가룟 유다라. 예수께서 그들과 함께 내려오사 평지에 서시니 그 제자의 많은 무리… 도 있더라(눅 6:12-17).

우리는 예수님께서 큰 제자 그룹에서 이들 열두 사람을 선택하셨음을 알고 있다. 더불어 후에 칠십이 명이 설교하도록 보냄 받았다. 사도행전 1장의 모인 신자들은 "수가 약 백이십 명이나" 되었다. 그리고 공생애 기간에 예수님을 따르는 자들의 수는 부침을 거듭하며 때로는 수천에 이르기도 했다.

이 부록의 일차적인 초점은 그 열둘이 아니기에, 우리는 이들에게 주어진 임무와 구성에 대해서는 그리 자세히 다루려 하지 않는다. 그러나 우리의 흥미를 끄는 몇 가지 사실이 있어 소개한다. 첫째로, 사도행전 1장에서 유다를 다른 이로 대체하는 모습에서 인원수를 정확히 열둘로 되돌려 놓으려는 그들의 열망을 엿볼 수 있다. 열둘은 히브리 개념에서는 완전수로, 이스라엘의 지파 수를 그대로 반영하고 있었다. 열하나도 받아들일 수 없고, 설사 요셉과 맛디아 둘 다 자격이 충분했다고 해도 열셋도 바람직하지 않았다.

이 열두 사도는 절대적으로 근본적이며 성스러운 토대를 형성하는 독특한 역할을 수행했다. 어떤 단락은 선지자들과 사도들을 언급하면서, 각각 구약과 신약 시대의 핵심적인 토대로 소개한다(예를 들어, 벧후 3:2; 계 18:20). 장차 오는 새 예루살렘의 기초석들 위에는 실로 이 열두 사도들의 이름이 씌어 있을 것이다(계 21:14). 바나바 혹은 실라와 같은 다른 이들이 아닌, 바로 그 열둘의 이름이다.

물론 그 열둘은 단지 기둥 혹은 기초 주변만을 맴돌지는 않았다. 그들은 온갖 담대한 노력을 통해 유대인들 가운데 교회를 확장하기 시작했다. 후에 역사는 또한 이 사람들이 복음을 저 먼 나라들에까지 전파한 몇 가지 사례들을 기록하고 있다. 기독교 전승에 따르면 도마는 인도 지역을 개척하여 교회를 설립했다. 다른 이들은 복음을 터키, 러시아, 이디오피아 등지에 전한 것으로 알려져 있다.

물론 열두 사도에게는 그리스도께서 주신 교회 내 포괄적인 권위가 주어져 있었지만, 그렇다 하여 그들의 사도직의 초점이 교회의 정치적 다스림의 정점에 자리매김하는 데 있지는 않았다. 예를 들어, 사도행전 15장의 예루살렘 회의는 "사도와 장로들"(4, 6, 23절) 모두의 의견 일치를 추구했고, 여기에는 "온 교회"(22절)도 참여했다. 기이하게도, 이 주요 결정과 정책조차도 절대적인 권위를 행사하지 못했으며, 유대교화에 대한 논쟁은 그 이후에도 지속되었다. 나는 개인적으로 오늘날 사도직이 교단 내 일종의 직분적, 위계적 다스림과 연관되어야 한다고 믿을 만한 증거를 찾을 수가 없다.

바울

바울은 '이방인에게' 보냄 받은 위대한 사도였다(참조, 행 9:15; 롬 11:13; 갈 2:8; 엡 3:1; 딤전 2:7). 성경은 더불어 그가 '누구로부터' 보냄 받았는지도 강조하고 있다. 바로 예수님이다(고전 9:1; 갈 1:1; 엡 1:1; 딤전 1:1; 딤후 1:1). 물론 여기서 '누구로부터' 와 '누구에게' 가 강조된다는 것은 바울의 사도직이 최전방 개척적 성격을 띠고 있음을 암시한다. 그의 로마서의 도입부가 이것을 극단적으로 분명히 해준다: "예수 그리스도의 종 바울은 사도로 부르심을 받아 하나님의 복음을 위하여 택정함을 입었으니… 그(예수 그리스도)로 말미암아 우리가 은혜와 사도의 직분을 받아 그의 이름을 위하여 모든 이방인 중에서 믿어 순종하게 하나니"(롬 1:1, 5).

바울의 사도직은 특히나 호기심을 자극한다. 그는 그 열둘 중의 하나가 아니었다. 그는 사도행전 1장 21-22절에 소개된 유다를 대신할 자의 자격 요건을 하나도 갖추지 못했다. 그 자격 요건이란 예수님의 지상 사역 초기부터 원조 제자단과 함께 했어야 하고, 두 번째로는 참된 의미의 증인이 되기 위하여 예수님의 부활을 목격한 자여야 했다(헬라어 마르투스(martus)는 통상 "증인"을 뜻하는데, 간혹 순교의 의미를 담기도 한다). 그리스도께서 바울 앞에도 개인적으로 나타나셨지만, 그렇다 하여 사도행전 1장 21-22절의 요구 조건을 충족시키지는 못한다.

후에 우리가 살펴보겠지만, 야고보, 바나바, 그리고 그밖의 사도로 불린 자들도 이 요구 조건을 충족시키지 못한다. 그렇다면 다른 범주의 사도직이 신약에서 부상하고 있었음이 확실하다.

바울은 종종 그리스도 안에서 이방 세계를 아우르는 자신의 사도적 권위를 언급한다. 그는 에베소인들에게 다음과 같이 쓴다. "그러므로 이제부터 너희는 외인도 아니요 나그네도 아니요 오직 성도들과 동일한 시민이요 하나님의 권속이라. 너희는 '사도들과 선지자들의 터 위에 세우심을 입은 자라' 그리스도 예수께서 친히 모퉁잇돌이 되셨느니라"(엡 2:19-20). 바울이 "사도들의 터"에 자신을 포함시키지 않았다고 주장할 사람은 거의 없을 것이다.

그렇다면 바울은 그 열두 명의 첫 번째 사도들과 후에 등장한 보다 넓은 그룹의 사도들 사이를 잇는 일종의 다리였다고 할 수 있다. 그에게는 포괄적인 근본적 권위가 주어졌는데, 이는 특히 신약 성경의 상당 부분을 그가 썼다는 사실에서 뒷받침된다. 그럼에도 불구하고, 그의 사도직이 거론되는 경우는 대부분 복음을 새로운, 미전도 종족 그룹들에게 전파하는 그의 소명과 관련된 맥락에서이다.

최전방 복음 사역자들

이 범주에 속한 자들은 그 열둘에 속하지 않지만, 그들의 사도적 소명은 첫 번째 사도들의 성격과 완전히 다른 것은 결코 아니었다. 아포스톨로스(apostolos, 명사)와 아포스텔로(apostello, 동사)의 의미가 보다 높은 권위로부터 특정한 과업을 위해 파송되어, 그 높은 권위자를 대리하고

그를 대신하여 말하는 것을 의미함을 상기하도록 하자. 몇 단락을 살펴
보도록 하겠다.

사도행전 1:8

"오직 성령이 너희에게 임하시면 너희가 권능을 받고 예루살렘과 온 유대
와 사마리아와 땅 끝까지 이르러 내 증인이 되리라."

사도행전은 2절에서 이것이 "그가 택하신 사도들에게 성령으로 명
하신" 것들의 일부이며, 그분이 "분부한"(4절) 것들의 일부라고 이야기
한다. 이들 특별한 보냄 받은 자들에게 주어진 사명 혹은 임무의 핵심
이 바로 이것이다: 복음을 들고 미칠 수 있는 온 세계 끝까지 이르러
증인들(마르투스의 복수형)이 되는 것. 성경학자들이 이 구절에서 사
도행전 전체의 삼분 구조의 기본틀 ― a) 예루살렘에 이르기 b) 유대와
사마리아에 이르기 c) 나머지 세계에 이르기 ― 을 발견하는 것은 아마
도 정확한 분석일 것이다. 이 기초적 구절에서 우리가 보아야 할 결정
적인 핵심은, 그 열둘이 사도행전에서 이 핵심 명령을 완수할 유일한
사도들이 아니었다는 사실이다.

사도행전 14장

4절: "그 시내의 무리가 나뉘어 유대인을 따르는 자도 있고 두 사도[문맥
에 따르면 바울과 바나바이다]를 따르는 자도 있는지라."

13-14절: "시외 제우스 신당의 제사장이 소와 화환들을 가지고 대문 앞에
와서 무리와 함께 제사하고자 하니 두 사도 바나바와 바울이 듣고 옷을 찢

고…"

이 감격적인 "1차 여행" 기록에서(행 13-14장) 누가가 바울과 바나바 모두를 사도로 지칭하고 있음은 부인할 수 없는 사실이다. 바나바가 14절에서는 먼저 언급된다. 더불어 사도행전 13장 1-2절의 이야기가 시작되는 부분에서 바나바와 사울이 "선지자들과 교사들" 가운데 포함되어 있었다는 것도 유념해야 한다. 그때까지만 해도 그들은 사도들로 불리지 않았다. 그들이 구브로와 갈라디아 남부의 미전도 종족들에게 복음을 전파하는 사역에 참여할 즈음에, 그들은 비로소 사도들로 지칭된다.

고린도전서 4장 9절
"내가 생각하건대 하나님이 사도인 우리를 죽이기로 작정된 자 같이 끄트머리에 두셨으매 우리는 세계 곧 천사와 사람에게 구경거리가 되었노라."

어떤 이는 바울이 종종 (군주가 스스로를 지칭할 때 '짐[royal we]'이라고 말하듯) 복수 형태의 표현으로 '우리[we]'를 사용했다고 생각하겠지만, 결코 그렇지 않다. 고린도인들을 향하여 자신의 사도직을 변호하는 이 단락에서, 그는 반복해서(3:4부터) 그들 가운데서 행한 자신의 사역과 아볼로의 사역을 각각 언급한다. 4장 6절에서 "나와 아볼로"는 9절 이후 죽 등장하는 바로 그 "우리"가 된다. 우리는 다시 한 번 이 문맥이 아가야에 처음으로 복음을 침투시키는 상황임을 유념해야 한다. 미전도 아가야인들 가운데 행한 이 최전방 개척적 노력의 열매로, 다른 이들 가운데서도 고린도 교회들이 탄생했다. 그리하여 분명히 바로 이 의미에서 아볼로가 사도로 불린다.

고린도전서 9장 2절
"다른 사람들에게는 내가 사도가 아닐지라도 너희에게는 사도이니 나의
사도 됨을 주 안에서 인친 것이 너희라."

고린도인들은 바울의 설교를 통해 믿음에 이르렀고, 그는 이 교회를
처음으로 설립한 자였다. 이것이 바로 "나의 사도 됨을 주 안에서 인친
것이 너희라"라고 말한 의미이다. 바울은 사도행전 1장 8절의 사도적
명령을 이들에게서 완수했고, 이것은 분명 최전방 복음 사역의 맥락 가
운데 이루어졌다.

데살로니가전서 2장 5-6절
"너희도 알거니와 우리가 아무 때에도 아첨하는 말이나 탐심의 탈을 쓰지
아니한 것을 하나님이 증언하시느니라. 또한 우리는 너희에게서든지 다른
이에게서든지 사람에게서는 영광을 구하지 아니했노라. 우리는 그리스도
의 사도로서 마땅히 권위를 주장할 수 있으나…"

여기서 "그리스도의 사도(들)"은 "바울과 실루아노〔실라〕와 디모데"
를 가리키는 것임이 틀림없다(1:1). 문맥은 풍성한 열매를 맺은 그들에
게 "들어감"(2:1)이다. 다시 말해, 복음을 미전도 마게도냐인들에게 전
파하여 이 최전방 교회를 개척하는 것을 말한다.

이것은 최전방 복음 전도 그리고 교회 개척 사역에 동참한 모든 사
람들이 초대 교회에서는 사도들로 간주되었음을 의미하는가? 그렇지

않다. 신약에서 많은 사람들이 사도적 팀의 일원으로 불렸지만 그들을 사도들로 지칭한 예는 없다. 많은 이들이 동역자로 불리었고, 사도로 불린 이들은 손에 꼽을 정도였다. 많은 사역 팀들이 "사도적 사역"에 관여했지만, 사도라는 호칭은 다소 제한적으로, 아마도 그들의 열매, 소명, 그리고 은사가 최전방 개척 사역 안에서 확정된 이들에게만 사용된 듯하다. 고린도전서 9장 2절은 바울의 사도직이, 고린도에서 몇 사람이 의문을 제기했음에도 불구하고, 보편적으로 인정되었음을 보여준다. 분명히 "사도"는 특별한 호칭이며, 함부로 적용되지 않았다. 많은 이들이 최전방 개척 사역에서 조력자로 출발했으며, 이들 중 일부만이 그러한 은사가 개발되고 인정됨에 따라 후에 사도로 불렸다.

다른 언급들

1. **야고보.** 세배대의 아들인 사도 야고보가 사도행전 12장 2절에서 죽임 당한 뒤, 점차 예수님의 동생 야고보가 예루살렘 교회 내 주요 지도자로 거론된다. 고린도전서 15장 7절과 갈라디아서 1장 19절에서 바울은 스스로를 사도들 가운데 있는 자로 소개한다. 그는 그 열둘 중의 하나는 아니었지만, 유대인들 가운데 복음을 전하면서 기초를 다지는 노력의 와중에 그 대열에 분명히 동참했다.

2. **거짓 사도들.** 고린도후서 11장 13절과 계시록 2장 2절을 보라. 바울과 요한이 이들을 지목할 수 있었던 것은 "사도들"이 협소하고 폐쇄적인 목록이 아니라, 참된 이들과 거짓된 이들을 포함하는 보다 광범위한 복음 사역자들의 집합체였다는 명백한 증거가 된다.

3. 로마서 16장 17절: "내 친척이요 나와 함께 갇혔던 **안드로니고와 유니아**에게 문안하라. 그들은 사도들에게 존중히 여겨지고(혹은 사도들 가운데 뛰어나고 — 옮긴이) 또한 나보다 먼저 그리스도 안에 있는 자라." 이 단락의 일반적인 배경은 복음을 전하는 다양한 사역자들인데, 이들 두 사람은 아마도 동역자로서 바울과 같이 복음으로 인해 감옥살이를 한 듯하다. 여하튼 "사도들에게(혹은 사도들 가운데)"의 헬라어 문구는 그들이 사도, 그것도 단지 평범한 사도가 아니라 뛰어난 사도들로 간주되었음을 의미할 수도 있다. 아니면 이것은 단지 사도들에게 존중받았음을 의미할 수도 있다. 유니아라는 이름이 남성 혹은 여성 이름인지에 대해서는 학자들의 의견이 갈린다.

4. 빌립보서 2장 25절: "그러나 **에바브로디도**를 너희에게 보내는 것이 필요한 줄로 생각하노니 그는 나의 형제요 함께 수고하고 함께 군사 된 자요 너희 사자(헬라어 아포스톨로스)로 내가 쓸 것을 돕는 자라." 에바브로디도가 일시적으로 바울의 사도적 팀에 합류했었지만, 그는 아마도 바나바, 실라, 그리고 다른 이들과 같은 의미에서 사도로 간주되지는 않는다. 한 가지만 말하면, 그는 자주 지적되는 대로, 그리스도의 아포스톨로스라기 보다는 빌립보인들의 아포스톨로스였다.

5. 고린도후서 8장 23절은 바울을 도와 유대의 궁핍한 신자들을 위해 모금한 상당한 금액을 전달하고 있던 **형제들**에 대해 이야기한다. 에바브로디도의 경우와 같이, 그들은 "교회들"의 아포스톨로이(apostoloi)로 불리었고, 따라서 대부분의 번역본들이 사자들 혹은 대표자들로 번역한다.

열둘 이외의 사도들에 대한 요약

H. V. 캄펜하우젠(Campenhausen)이 말하듯이: "(바울)에게 '사도들'
은 — 그는 의도적으로 기존 용어를 사용하고 있다 — 복음의 기초를
놓는 설교자들, 그리스도의 전권을 보유한 선교사들과 교회 설립자들
이며, 그 열둘에 제한되지 않는 보다 큰 범주에 속한다."[1] 국제표준 성
경백과사전(International Standard Bible Encyclopedia)은 모든 사도들 — 그
열둘 혹은 다른 이들 — 의 일차적인 정체성과 역할은 "복음 전파"를
향한 그들의 최전방 개척 소명에 있었다는 입장을 취한다 (동시에 그
열둘에게만 제한된 모종의 고유성과 토대적 성격을 인정한다).

사도와 사도직이 그 열둘을 지칭하지 않은 채 신약에서 사용되는 일
차적인 방식은 복음을 미전도 종족에게 전하여 새로운 그리스도의 몸
된 공동체를 일구어 내는 최전방 개척 사역과 관련될 때이다. 그러므로
"미전도 종족 가운데 교회 개척하기"는 사도적 사역에 관한 신약의 개
념을 적절히 표현하고 있다.

리만 캠벨 박사 지음

부록 2 현지 종족의 대화 상대 되기

인도에서 일하는 한 사역자가 나에게 말했다. "우르두(Urdu)에 있을 때, 낯선 사람이 먼저 나에게 말을 걸어 오면 그의 말을 바로 이해하기가 종종 어렵습니다. 하지만 그 사람이 하는 말이 어떤 주제인지 알고 나면 그때는 훨씬 쉬워집니다." 이 사람은 우르두에서 거의 20년 혹은 30년 동안 우르두어를 써 왔고, 관계와 사역에서도 매우 효과적인 사역자라는 점에서 그의 말이 나에겐 참 생소했다. 5년 혹은 10년 동안 한 언어 그룹에서 사역해 온 사람들 가운데서 나는 비슷한 이야기를 들어 보곤 했다. "나를 아는 사람이 나하고 이야기할 때는 잘 이해할 수 있지만, 그 사람이 다른 사람과 이야기를 시작하면 나는 곧잘 이야기를 놓쳐 버립니다." 인도의 그 사역자는 여러 해가 지나도 상황은 크게 변화되지 않음을 예시해 준다. 나는 이런 현상, 곧 소통은 가능하지만 제한된 언어 능력이 종종 에디 아서(Eddie Arthur)가 말하는 "말-중심 언어 학습(speech-led language learning)"의 결과라고

믿는다.[1]

어떤 언어 학습자들은 나에게 이렇게 말한다. "나는 오직 내가 꼭 말해야 한다고 생각하는 것들만 배웁니다." 그렇게 말하는 사람 중에 한 사람이 현지 언어로 만화 영화 내용을 나에게 설명해 주려고 했는데, "물 한 방울이 떨어져 그만 담뱃불이 꺼졌다"라는 개념을 제대로 표현할 수가 없었다. 그녀는 후에 어떤 경우에도 그런 말은 하고 싶지 않다고 설명해 주었다. 이것은 "내가 말할 수 있기를 바라는 것들"에 집중하는 언어 학습의 철학을 그대로 드러낸다. 문제는 지금부터 5분 후 어떤 사람이 나에게 와서 물 한 방울이 떨어져서 담뱃불이 꺼졌다는 이야기를 비롯하여, 실생활에서 일어날 수 있을 법한 무수히 많은 이야기들, 어쩌면 내가 전혀 예상치 못했던 상황이나 사건에 처했을 때나 가능한 이야기들을 하고 싶어 할 수도 있다는 데 있다.

말하기 위주의 학습을 통하여 우리의 사역을 잘 수행할 수도 있지만, 현지 민족과 삶의 모든 면을 진솔하게 나눌 수는 없다. 이러한 상황을 일컬어 종종 "터미널 2 플러스", 즉 FSI 2단계에 해당하는 수준에 있다고 말한다. 이런 사람들은 크게 성장하지 않는데, 그 이유는 언젠가 말할 필요가 있을 것이라고 예상하는 거의 모든 말을 이미 할 수 있지만, 그렇다고 그들 주변에서 들려 오는 대부분의 이야기들, 곧 TV 혹은 현지 민족 사이에 오가는 생기 있는 대화들의 내용들은 이해하지 못하기 때문이다. 그리하여 한편으로 그들은 더 잘 말할 수 있도록 자라야 할 압력을 별로 느끼지 못하고, 또한 동시에 그들 주변을 떠돌아다니는 말도 그들이 이해할 수 없다는 이유로 인해 더 큰 성장의 동력이 되지 못한다.

이와는 대조적으로, 이해-중심 언어 학습(comprehension-led learning)에서는 현지 민족들이 하는 말에 점점 익숙해지는 것을 우리의 언어 학습의 기초로 삼는다. 우리의 비전은 우직하게 그리고 의도적으로 우리가 듣는 모든 말을 이해하는 지경으로 나아가는 것이며, 그 결과로 무한정으로 성장을 지속하는 것이다.

말 이해의 세 가지 큰 도전 해결하기

해외 사역자들에게 현지인 말을 이해하는 데 어려움을 겪는 이유에 관해 물어 보면, 다음 세 가지가 항상 언급된다. 말의 속도, 생소한 단어, 문화적 배경에 대한 이해 부재이다. 나는 이 세 가지를 각각 공정 문제, 어휘력 문제, 그리고 문화적 지식 문제라고 부른다.

문제 1: 공정 문제(빠르고 효율적인 "이해 장치" 개발하기)

말을 이해하는 것은 고막의 진동을 우리 머리 속의 개념으로 변환시키는 매우 복잡한 공정들이 관련돼 있다. 이 공정들은 놀라우리만큼 빠른 속도로 일어난다. 나는 이것을 이루는 인식 체계를 이해 장치(Understanding Machine)라고 부른다. 학습자가 겪는 어려움 중 하나는 크고 복잡하고 빠른 속도를 지닌 이해 장치를 개발하는 것이다. 관련된 공정들의 진행 속도는 얼마나 자주 그것들을 사용하느냐에 영향을 받기 때문에, 가능한 많은 시간을 들여 우리가 이해할 수 있는 말을 들음으로, 이들 공정의 속도를 높일 필요가 자연스럽게 대두된다.

그런데 어떻게 우리가 말을 이해할 수 있는가? 많은 증거들이 뒷받침하는, 말을 이해할 수 있는 첫 번째 그리고 가장 중요한 방법 중 하나는, 현지 사람이 우리에게 말할 법한 모든 주제에 노출(interact)되는 것이라고 말한다.[2] 이른 노출을 위해서 학습자들은 그들의 교사들과 동료 학습자들과 더불어 이러한 주제들에 노출될 수 있는 다양한 활동들을 행할 수 있다. 예를 들어, 역할극, 인형 놀이, 무언 그림 이야기를 이용한 대화 나누기 등이다.

둘째로, 우리가 듣는 말(종종 우리의 "입력 정보"라고 부른다)을 우리의 현재 이해력 수준에 맞게 교사가 각색해서 들려 줄 수 있다. 테이프에 녹음해서 언제나 들을 수 있는 듣기 창고로 만들면 매우 효과적이다. 여기 몇 가지 예들을 소개하겠다.

1. 가장 쉬운 수준의 입력 정보는 우리가 눈으로 볼 수 있는 것들에 대한 말이다. 입력 정보의 한 예로 "온몸으로 반응하기"는 교사가 우리에게 지시를 내리고 우리는 물리적으로 그 지시대로 실행함으로써 우리가 그 지시 내용을 이해했다는 것을 증명하는 일종의 학습 놀이이다. 조금 시간이 지난 후, 학습자와 교사가 협력하여 무언 그림 이야기에 기초해서 말로 된 이야기를 만들고, 그 다음에 교사가 이야기를 녹음하여 학습자의 듣기 창고에 포함시켜 준다.

2. 다소 어려운 입력 정보로는 기존에 이미 알고 있는 매우 익숙한 이야기지만 현지인 언어로는 처음 들어 보는 내용의 말이 있다. 짧막한 이야기(예를 들어, 곰 세 마리 이야기) 하나를 테이프에 녹음해서 계속 (현지인 언어로) 들으면서 이해가 안 되는 부분을 점차 깨달아 갈 수 있다. 이것은 매우 귀중한 노출 경험을 만들어 주며, 그 이야기를 우리의 듣기 창고에 더하기 전에 다소간 완전히

이해할 수 있도록 해 준다.

3. 이보다 더 어려운 것으로는, 우리 같은 신참들이 현지 생활과 문화에 대해 잘 이해할 수 있게 도우려는 목적으로 들려 주는 말이 있다. 우리는 우리가 말하는 소위 '깊은 삶 나누기' 단계의 이런 대화를 수백 시간 가질 것을 추천한다. (아래 문제 3에 대한 논의를 보라) 이 단계는 듣기 창고를 위한 엄청난 양의 녹음으로 이어진다.

4. 마지막으로, 위에서 언급된 이 모든 종류의 말보다 더 어려운 것은 원어민이 원어민에게 (원어민 대 원어민) 비원어민 청취자에 대한 아무런 배려 없이 한 말이다. 필자는, 한 예로 라디오 청취자 참여 전화 토크쇼를 녹음할 것을 추천한다. 학습자들은 이것들을 테이프에 담아 교사와 함께 들을 수 있다. 그 후 테이프는 듣기 창고에 보관된다.

모든 단계의 열쇠는, 우리에게 주어진 집중 언어 훈련 시간 중 상당 부분을 오늘 우리가 이해할 수 있는 입력 정보를 듣는 데 할애하고, 과정을 거치면서 결국 몇 달 전만 해도 알아들을 수 없던 말들이 이제는 또렷하게 이해되는 지경으로 우리가 성장해 가는 것이다. 듣기 창고는 우리가 이해 가능한 입력 정보와의 접촉을 증가시키는 길을 열어 준다.

문제 2: 어휘력 문제(그리고 빙산의 원리)

우리는 수천 단어들을 이해할 수 있어야 한다. 불과 몇천 개의 빈도수 높은 단어들이면, 어떤 언어라도 말하고자 하는 바 대부분을 표현할 수 있다는 것이 사실이다. 그러나 불행히도 실제 말에는 빈도수 낮은 단어들도 자주 끼어든다. 현존하는 대다수 단어들은 사실 빈도수 낮은 단어들이다! 우리가 듣게 될 대부분의 말을 이해할 수 있으려면, 알아 둘 필요가 있으리라고는 전혀 예상하지 못했던 수천 개의 단어들을 실제로는 이해하고 있어야 한다. 여기서 우리는 스테비크(Stevick)가 "이해의 이점(comprehension advantage)"이라고 부르는 것을 탐구할 수 있다.[3] 내용인즉, 우리의 이해 능력의 발전은 우리의 말하기 능력의 발전보다 훨씬 앞서 나갈 수 있다. 사실, 어휘력의 문제에 관한 한 우리는 한 번도 말해 보지 않은 엄청난 수의 단어들을 이해하고 있는 것이 보통이다. 이것은 우리의 모국어에서도 마찬가지다. 그러나 다른 언어를 배울 때에는 우리는 종종 처음 대하는 단어를 단순히 이해하기 시작하려 하기 보다는 단번에 집중해서 완전히 정복하고자 하는 경향이 있다.

우리의 "머리 속 어휘 목록(mental lexicon)"은 점점 자라는 빙산과 비교할 수 있다. 그 꼭대기 부분에는 우리 스스로 말하면서 이미 여러 차례 사용해 본 단어들이 들어 있다. 바닥으로 내려갈수록 단지 몇 번 지나친 단어들이 놓여 있다. 지금 우리는 최선을 다해 현재 우리가 집중하고 있는 모든 새로운 단어들을 단숨에 우리 빙산의 꼭대기에 갖다 놓으려 하고 있다. 루빈(Rubin)과 톰슨(Thompson)의 말을 들어 보라: "당신이 어떤 기술(들)을 사용하고 있든지, 항상 100퍼센트 숙달하기 위해 노력하라… 숙달도는… 내일이면 필시 70퍼센트로 떨어질 것이고 한 주가 지나면 더 떨어질 것이다."[4] 한 달이 지나면, 숙달도는 거기서도 한참이나 더 떨어질 것이다! 그렇지만 단어들은 여전히 빙산 안에 있다. 그리고 학습자가 다른 상황에서 그 단어들을 만나게 되면 다시 꼭대기로 올라설 것이다. 그러나 많은 단어들이, 경우에 따라서는 대다수 단어들이 아래로 가라앉으려고 할 때에, 이를 거슬러 억지로 빙산의 꼭

대기로 끌어올리려 애쓰는 것은 비효율적이었다.

더 좋은 방법이 여기 있다. 모든 새로운 단어들을 당장은 빙산의 바닥에 놓는 것으로 시작하는 것이다. 조만간 몇몇 단어를 꼭대기로 올리면서 더불어 수십 개의 새로운 단어를 바닥에 놓을 수 있는 때가 오는데, 이것은 우리가 커뮤니케이션 상황에서 그 단어들의 형태와 의미에 실제로 집중할 수 있는 강력하고도 의미 있는 만남을 가졌음을 의미한다. 빙산 바닥에 놓인 단어들 가운데 많은 수가 어떤 경우에는 곧바로 꼭대기로 올라온다. 또 어떤 단어들은 더 아래로 가라앉기도 한다. 여하튼 그 단어들을 더 많은 상황 가운데서 다시 만나게 되면서, 그 단어들이 서서히 떠오르기 시작한다. 우리의 듣기 창고에서 테이프를 꺼내 들음으로써, 우리는 빙산의 아래 부분으로 가라앉았던 수백 단어들을 다시 한 번 떠올릴 수 있다. 우리는 이 빙산의 원리가 완전한 이해로 가는 길목의 두 번째 장벽, 즉 어휘력의 문제를 상대하는 데 엄청난 도움을 준다는 사실을 경험했다.

문제 3: 문화적 지식 문제

비록 우리가 여전히 원어민 대 원어민의 말을 이해하는 데 큰 어려움을 겪지만, 우리의 말 이해 능력이 향상됨에 따라 현지 생활과 문화에 대한 설명을 듣고 또 대화하면서 그 내용을 이해할 수 있는 수준에 다다르게 된다. 우리의 판단으로는, 스프래들리(Spradley)의 「인종지학적 인터뷰(The Ethnographic Interview)」[5]가 이 목적을 위한 탁월한 매뉴얼이다. 우리는 흔히 사람들에게 그들의 생활 이야기를 들려 달라고 부탁함으로써, 혹은 다양한 계층의 대표자들로부터 그들의 일상적 경험을 들음으로써 시작한다. 이 깊은 삶의 나눔에 수백 시간을 투자할 수 있다.

이것은 특별하고도 긴밀한 관계를 맺어 주기도 한다. 또한 우리가 우리 자신의 삶을 깊이 나눌 수 있는 기회를 제공하기도 한다.

만일 한 사역자가 2년 간의 '전임 언어 학습'에 들어간다면(이를 두고 나는 "현지 사회 안으로의 고도로 집중된, 늘어나는 참여"라고 부르고자 한다), 중간의 8개월 정도는 이러한 종류의 깊은 삶의 나눔에 투자할 수 있을 것이다. 2년 기간의 마지막 8개월 동안에도, 우리의 집중 성장을 위한 일차적 자원이 라디오 청취자 전화 참여 토크쇼와 같은 원어민 대 원어민 대화들로 채워질 것이기 때문에, 우리는 현지 문화에 대한 우리의 이해를 지속적으로 체화(體化)해 갈 수 있을 것이다.

결코 완전한 그림은 아니다

여기서 초점은 이해하는 법 배우기에 맞춰졌는데, 이는 해외 사역자들이 이 영역에서 종종 문제를 안고 있기 때문이다. 많은 이들이 읽고, 쓰고, 말하는 것을 배우기만 하면 자동적으로 일상적인 말을 이해하는 능력이 길러지리라고 가정하는 듯하다. 그러나 이는 현실과는 달라 보인다. 그렇다고 강력한 이해 장치를 발전시키기만 하면 모든 게 끝난다고도 할 수 없다. 언어 학습 과정에서 얻어지는 새로운 이해들은 현지 공동체 안에 들어가 보다 활발한 관계망을 형성하는 더 큰 그림의 일환으로 자리매김을 해야 한다. 이러한 인식이 있을 때, 교사들과 함께하는 활동들에 대한 우리의 접근 방식에 철저한 변화가 일어날 수 있다. 왜냐하면 그것들이 이제는 공동체와의 더 많은 그리고 특별히 풍성하여 우리의 성장을 극대화할 수 있는 참여로 이해될 수 있기 때문이다.

의사소통 중심의 언어 학습 프로그램들이 언어 학습 과정에 대한 이들 보다 풍성한 이해들을 잘 반영하고 있는 듯하다. 그래서 우리는 해외 사역자들을 위한 프로그램의 진행 리더들에게, 아직까지 그렇게 하지 않았다면, 이 방향으로 나아가는 것을 보다 적극적으로 검토해 보기를 권한다. 보다 전통적인 스타일의 언어 프로그램들이 남긴 열매에 대해 감사한 마음을 여전히 가지고 있지만, 나는 그 과거가 미래의 언어 학습 프로그램이 어떻게 변화해야 할 것인지에 대한 맛을 우리에게 미리 보여주었다고 믿는다.

여기에서 나는 어디로 갈 것인가?

의사소통 중심의 언어 학습 방법론들에 대해, 그리고 위에서 암시된 보다 풍부한 언어 학습 이해에 관해 더 많이 배우고 싶은 흥미가 생겼는가? 여기 당신이 취할 수 있는 몇 가지 추가적인 단계를 소개하겠다:

1. www.equigrp.net/laeg에 소개된 풍부한 자료들을 확인하라.
2. 필드에 기초한 워크숍에 참석하라. 4-5일간 학습자들이 매일 아침 함께 모여 언어 학습 문제들에 관해 토론하고, 이어서 오후에는 언어 교사들과 함께 아침에 토의된 사항들을 적용한다. 또한 그들의 현재 학습 상황을 평가하고 변화시킬 사항이나 개선할 사항들을 계획한다.
3. 필드에서도, 언어 학습 자문(LLA, Language Learning Advisor) 과정을 이수한 누군가와 연결시키라. 우리는 모든 필드 팀들에게 이러한 종

류의 전문가와 정기적으로 접촉할 것을 추천한다.

〔 리만 캠벨은 언어 학습 컨설턴트로 25년 동안 여러 나라에서 언어 학습자들을 도
운 경험이 있으며, 언어 학습 이론 관련 분야의 M.A.와 Ph.D 학위가 있다. 〕

부록 3 비전과 전략 계획서 및 팀 매뉴얼 작성하기

좋은 팀 리더는 팀이 어디로 가고 있는지 그리고 어떻게 거기에 당도할 것인지를 명확히 규정해 두어야 한다. 이 짤막한 **"비전과 전략 계획서**(Vision and Strategy Paper)"는 잠재적인 선교 지원자, 선교 단체의 본부, 그리고 파송 단체를 염두에 두고 작성되었으며, 더불어 자신의 선교 팀이 무엇을 목적으로 하고 있는지를 간략하게 이해하기 원하는 모든 이들을 위한 도움 자료이다. "비전 항목(Vision Section)"은 그 팀의 목적과 비전을 간략하게 기술한다. 그 팀이 무엇을, 어디서, 그리고 어느 종족 그룹(들)과 이루고자 하는지에 대해 한 페이지 이하로 작성된다.

"전략 항목(Strategy Section)"은 대략 네 페이지 정도 분량인데, 어떻게 그 팀이 그 비전을 이룰 것인가에 대해 간략히 기술한다. 여기에 포함될 내용으로는, 입국과 거주, 언어 학습, 복음 전도, 제자 훈련, 그리고 모임에 관한 기본 원칙들, 교회(들)의 모습에 대한 전망, 주요 연합 혹은 협력 단체, 극복해야 할 특별한 장애물, 특별한 세부 과업(예를 들어, 번역, 직업 훈련 혹은 다른 프로젝트, 무담보 소액대출 등), 팀 멤버들의 필드-사전 준비에 관한 기본 원칙들, 첫 번째 그룹의 ETA(estimated time of arrival, 예상 도착 시간) 등. 이것은 또한 팀의 기능, 사역 철학, 교리, 혹은 팀 멤버의 책임에 관한 그 팀 고유의 원칙들도 기술해야 한다. 이 마지막 부분은, 팀이 어떻게 기능할지에 관해 기술하는 팀 매뉴얼에서 보다 철저하게 다룰 것이기 때문에, 여기서는 짤막해야 한다.

비전과 전략 계획서는 모든 가능한 열망들을 총망라한 지극히 이상적인 그림이어서는 안 된다. 오히려 하나님께 의지하는 마음으로 마련된 구체적인 비전과 생각들이 훨씬 바람직하다. 팀 리더들은 또한 반 페이지에서 한 페이지 분량으로 사진을 곁들인 인물 소개를 첨부할 수도 있다.

팀 매뉴얼은 보다 상세한 문서로서, 지원자에게 필드에서 이루어질 일상 생활, 팀 생활, 그리고 사역에 관해 보다 선명하게 제시한다. 이 문서의 목적은 필드에서 충격과 갈등 예상치를 최소화하는 데 있다. 어긋난 기대치는 필드에서 발생하는 갈등의 가장 주된 원인이 된다.

다음 사항들이 팀 매뉴얼에 포함되어야 한다(이 중에 일부는 상황에 따라 취사선택할 수 있다):

1. 특별한 교리적 요건 혹은 강조
2. 구체적인 사역 철학(예를 들어, 현지화, 교회 개척 운동, 은사 문제, 유아 세례에 관한 사안들)
3. 언어 학습의 목표, 기대치, 그리고 방법론
4. "유대 경험(bonding experience)"이 새로 도착한 자들에게 의무 사항

인지의 여부(일정 기간 그 지역의 한 가족과 함께 사는 것)

5. 자비량

6. 팀 리더의 역할: 그의 책임과 권위, 리더십 스타일, 이 부분에 관하여 팀 멤버들에게 기대하는 것, 멤버들에 대한 감독은 어떤 식으로 이루어질 것인지, 그리고 보고 의무 관련 사항. 히브리서 13:17을 인용하면서 팀 리더-팀 멤버 관계에 대한 의미들을 설명하고자 하는 것도 가능하다

7. 시간의 청지기 의식

8. 사전에 팀 리더와 조율해야 할 사항들(예를 들어, 집, 직업, 본국 사역 과제물 계획)

9. 팀 내 문제들에 관한 의사 결정

10. 헌신 규정

11. 팀 생활: 모임, 교제, '공동체' 에 관한 기대치 등

12. 갈등 해결과 진정

13. 특별한 생활 양식 규정들(예를 들어, 알코올, 돼지고기 혹은 다른 음식 문제, 의복, 집)

14. 휴가와 휴일.

15. 팀 내 여성의 역할

16. 팀 기금

17. 자녀들의 교육.

18. 미혼자들의 특별한 생활 양식 문제들, 예를 들어 이성 교제

19. 안전(예를 들어, 기도 편지에서 그리고 교회에서 대화할 때 말해도 되는 것)

20. 본국 사역("HMA (Home Ministry Assignment)" 혹은 "휴가")과 파송 교

26. 마지막으로, 이것은 또한 팀 리더가 고난, 성육신, 가정생활, 필드에서의 영적 삶, 기도, 그리고 개인 발전과 같은 보다 광범위한 문제들을 다룰 수 있는 기회가 된다.

회 : 세계 선교의 다음 물결?

스티브 에반스 지음

"구어 성경의 개발과, 복음 전도, 제자 훈련, 그리고 교회 개척에서의 그것의 사용은
21세기의 선교적 도전이 될 공산이 크다. 구텐베르크가 글 사용자들에게 했던 일을
우리는 구어 소통자들에게 할 수 있기를!"[1]

세계적 상황에 대한 인식의 성장

복음이 역사상 그 어떤 시대보다 더 많은 사람들에게 선포되고 있지
만, 설교의 대상이 되는 많은 사람들이 실제로는 그것을 "듣고" 있지
않다. 불행히 복음주의 공동체 내 대다수는, 선교의 대상이 되는 대다
수 사람들이 세계의 구어 소통자들로서 문어적 방편에 의해서는 소통
할 수도 없고, 하려고 하지도 않으며, 하지도 않는 사람들이라는 사실
을 충분히 고려하고 있지 못하며, 그리고 이것이 하나의 문제가 된다는
일말의 생각도 가지고 있지 않다. 놀랍게도, 전세계 90퍼센트 이상의
그리스도인 사역자들은 복음을 제시할 때 문어적 커뮤니케이션 스타
일을 사용함으로써 — 인쇄된 자료를 통하든지 혹은 하나님 말씀의 지
극히 해설적인 제시를 통하든지 — 이해가 불가능하지는 않지만, 듣고
이해하기가 어렵게 만들고 있다.

현재 추산으로는 세계 인구의 삼분의 이에 이르는 거의 사십억 이상이 필연적으로 혹은 선택에 의한 구어 소통자들이다. 그들과 효과적으로 소통하기 위해서는 메시지 제시가 그들의 구어 학습 스타일과 기호에 부합해야 한다. 내러티브 구성이 — 이야기, 노래, 잠언, 시, 드라마, 그리고 다양한 형식의 멀티미디어를 포함하여 — 최고의 소통 효과를 낸다. 사실상 구어 소통자들은 문어적 제시를 이해하기가 매우 어려우며, 특히 개요, 목록, 단계, 원리 등을 포함하고 있으면 더 큰 어려움을 느낀다.

더욱이 이땅에서 사용되는 6,800 가지 이상의 언어들 중에서 완전한 성경을 가지고 있는 언어는 기껏해야 400 가지 정도이며, 그 외 1,000 가지 정도의 언어만이 신약의 일부를 가지고 있을 뿐이다. 여기에 900 종류의 언어가 성경의 한 권이라도 가지고 있는 언어에 속하며, 나머지 4,450 가지 이상의 언어들은 그나마도 없는 것이 현실이다! 모든 민족들이 하나님의 말씀을 인쇄된 형태로 가지기까지는 족히 수십 년은 걸릴 것이다!

설혹 그렇게 된다 해도 어떻게 될 것인가? 그들이 읽고 충분히 이해하여 진리를 받아들이고, 그것에 반응하고, 그것을 다른 이들에게 전달할 수 있을 것인가? 그들이 생존 가능한 신약 교회로서 기능할 수 있을까? 연구자들은 최소한 전세계 70 퍼센트의 미전도 종족 그룹들은 구어 민족인 것으로 추산한다. 그들이 하나님 말씀의 복된 소식을 진실로 받을 수 있기까지 그리고 마음 깊이 그것에 반응할 수 있기까지 도대체 얼마나 오랫동안 기다려야 한단 말인가? 만일 복음주의 선교 공동체가 이들 구어 민족의 커뮤니케이션 필요들에 응답하지 않는다면, 사십억에 이르는 사람들은 실로 단 한 번도 복음을 '듣지' 못할 것이다.

세계의 미전도 종족들 가운데 미완료의 사명을 완수하는 데 가장 큰 장애물들 중 하나가 될 수 있는 것은 또한 오늘날 복음주의 선교 공동체가 직면하는 가장 큰 도전들 중 하나가 된다. 미전도 종족 운동과 교회 개척 운동에 이어서, 복음주의자들은 세계 선교의 다음 물결이 될 수 있는 것에 직면하고 있다: 이 세상의 구어 문화들을 향하여 하나님 말씀을 내러티브적으로 제시하여, 이들을 생존 가능하고, 지속 가능하며, 재생산하는 현지 교회들로 인도하기.

하나님 말씀의 현존 없이는 이러한 운동은 있을 수 없다. 궁극적으로 그것들은 실패하고, 쪼개지고, 이교의 먹이가 되거나, 혹은 기존의 지역 신앙과 제의와 뒤섞여 혼합주의에 빠지고 말 것이다. 미전도 종족들이 하나님의 말씀을 받아, 그것을 이해하고, 반응하고, 재생산하도록 함으로써, 믿음과 증인, 그리고 교회의 기초를 공급하려면, 그들에게 문화적으로 적합한 방식으로 하나님 말씀을 공급하는 데 전력을 기울여야 한다. 그런데 이에 대한 헌신은 구어로 시작하여 — 복음 전도와 제자 훈련에서 리더 훈련과 교회 개척에 이르기까지 — 구어로 지탱함을 의미한다. 구어 소통자들의 커뮤니케이션과 학습 스타일 그리고 그들의 사고 방식과 의사 결정 과정의 특성들로 인해, 이것은 일차적으로 하나님 말씀의 내러티브적 제시를 통해야 한다.

오늘날 많은 단체들과 기구들이 공통의 비전을 향해 사역하고 있다: 1) 모든 부족, 언어, 민족, 그리고 나라를 위한 하나님의 말씀 2) 교회 개척 운동의 열매 맺기 3) 구어성의 문제를 다루기 그리고 4) 성경의 이야기화를 위한 자료 제공.

높은 파괴력/낮은 기술이 변화된 삶을 낳는다

구어 소통자들은 하나님 말씀의 그 풍부한 내러티브들을 들을 필요가 있다. 그것이 없이, 하나님이 그분의 창조와 교섭하시는 그 엄청나고 놀라운 활동들을 그들이 어떻게 알 수 있으며, 묵상할 수 있으며, 반복할 수 있겠는가? 자기 백성 곁에 현존하시며, 그들에게 인내하시며, 그들을 위해 공급하시며, 그들을 돌보시며, 그들을 사랑하시는 위대한 하나님의 그 위대하심이 날아가 버릴 것이다. 경이와 배신, 어리석음과 놀라움의 이야기들이 사라져 버릴 것이다. 이 이야기들이 없이, 하나님께서 세대와 세대를 거치면서 그분의 백성과 어떻게 사랑의 관계를 추구하셨고, 그분에게서 멀어져, 그분께 등을 돌리고도, 어려움이나 위기의 때에는 그분께 울부짖는 자들로 인해 비통해 하셨는지 그들이 어떻게 깨달을 수 있겠는가? 이것은 삶을 변화시키는 하나님 말씀의 이야기들이며, 삶의 변화 없이는 그들은 단지 머리 지식만 가지고 겉 행동만 변화되는 데 그칠 것이다.

신약 학자 N. T. 라이트는 이야기들이 세계를 경험하는 살아 있는 얼개를 제공한다고 말했다. 이야기들은 또한 세계관이 변화될 수 있는 도구를 제공한다. "실제로 이야기들은 다른 이야기들과 그들의 세계관을 수정하거나 파괴하는 데 특히 능하다. 지적인 공격이 분명히 실패하는 곳에서, 비유는 뱀의 지혜를 비둘기의 순수함 뒤에 감춘 채, 닫혀진 문과 마음을 열어, 듣는 이들이 웬만해서는 안전을 위해 꼭꼭 숨기고 있을 기본 전제들을 변화시키는 재주를 가지고 있다."[2]

구어 소통자들이 우세한 종족 그룹에서는, 그 세계관이 성경적 세계관과 사뭇 달라서 단번의 복음 제시로 그들에게 믿음을 심어 주기 어려우며, 설사 구어로 전달한다고 해도 마찬가지다. 이러한 상황 가운데 효과적인 한 방법은 한 문화의 세계관과 성경적 세계관 사이의 유사점을 포괄하는 일련의 연대기적 성경 이야기들을 구어로 전달하는 것이다. 시간을 두고 성경 이야기들을 가지고 세계관의 장벽을 상대하다 보면, 그 자신의 세계관에 천착한 이야기들보다 더 파괴력 있는 성경 이야기를 받아들이는 지경으로 인도할 수 있다. 창세기에서 계시록에 이르는 이야기들을 사용한 파노라마식의 구어적 복음 제시가 이미, 몇 년 전까지만 해도 미전도 상태 하에 있던 종족 그룹들에게 영향력을 끼치기 시작했다.

미전도 세계의 많은 지역에는 기독교 선교 활동에 대한 노골적인 적대감이 존재한다. 십자군, 대중 복음 전도, 그리고 공개적인 설교에 대해 쉽게 넘어가지 않는다. 성경 공부 혹은 공개적인 증언도 마찬가지다. 아마도 이런 유형의 상황 가운데서도 연대기적 성경 이야기라면 거부감 없이 받아들여질 수 있을 것이다. 이야기는 전투적이지 않다. 그것은 설교가 아니다. 그것은 가르침이 아니다. 그것은 하나님 말씀의 이야기를 전달하고, 그 결과를 하나님께 맡기는 것이다! 인쇄된 성경이 들어갈 수 없는 곳에도 이 이야기들은 때로 들어갈 수 있다. 이야기는 국경도 넘을 수 있고, 감방에도 들어갈 수 있고, 심지어 힌두교도, 불교도, 무슬림, 정령 숭배자 혹은 사회주의자의 나라 그 심장부로도 들어갈 수 있다! 이야기는 분명 듣는 이의 마음에 스며들어서 그 사람의 삶을 영원토록 바꾸어 놓을 수 있다.

서아프리카의 한 마을에서 사역하는 한 부부는 연대기적 성경 이야기가 어떻게 그들로 하여금, 말하자면, '레이더망을 피하게' 해 주었는지 설명해 주었다. "우리는 그 종족에 대해 더 많이 배우려 한다는 명

목으로 마을 추장으로부터 그들 가운데서 살아도 좋다는 허락을 받았습니다."라고 그 부부는 말했다. "그들은 우리가 선교사라는 사실을 알고 있었습니다. 우리에게 복음 전도를 할 것이냐는 질문을 던졌습니다. 그때 우리는 사람들을 많이 모아 놓고 노래하고 북치고 영화를 보여 주는 그런 의미의 복음 전도에 대해 말하는 거냐고 되물었습니다. 그들은 그런 의미라고 대답했습니다. 그래서 우리는 그런 복음 전도를 하지 않을 것이라고 말했습니다. 이번에는 교회를 지을 거냐고 물어 왔습니다. 건물을 짓는 걸 의미하냐고 우리가 되물었습니다. 그들이 그렇다고 해서, 우리는 교회 건물을 짓지 않을 거라고 말했습니다. 드디어 허락이 떨어졌고, 그 종족 가운데 한 집을 빌릴 수 있게 해 주었습니다… 우리가 그들에게 그리스도인에 대해 아는 것을 말해 달라고 했더니 '그 사람들이 나쁘다는 것 외에는 사실 아는 게 없어요' 라는 대답이 돌아왔습니다. '그 사람들은 일주일에 딱 한 번 그 건물에 갈 때만 기도합니다.' '그 사람들은 술고래에 우상 숭배자들입니다.' '그 사람들을 절대 믿으면 안 돼요.' 예수님이 누구냐고 물었더니, 한 젊은이가 그 친구를 보며 이렇게 말했습니다, '영화에 나오던 그 친구 아냐?'"

"우리의 계획은 간단합니다" 하고 부부가 계속 말을 이어 갔다. "우리는 그 종족 가운데 살면서 우리의 삶을 통해 그들에게 그리스도를 보여 주려고 합니다. 우리는 기독교라는 종교에 대해서 토론하거나 '기독교적 방식'에 대해 이야기하지 않을 것입니다. 우리는 이슬람, 무하마드, 혹은 꾸란 혹은 기독교와 이슬람의 차이에 대해서는 결코 토론하지 않을 것입니다. 우리는 하나님의 말씀을 성령 하나님의 인도하심에 따라 가르치기 위해 여기에 온 것입니다. 우리는 오직 이야기 방식만 사용하기로 마음 먹었습니다. 성경 이야기들을 연대기적으로 가르쳐서, 이 사람들이 복음을 이해하기 위해 알아야 할 진리들을 소개하는 것이죠." 그 이후 2년 동안 정말 놀라운 열매들이 맺혀졌다.

한편, 제레미는 남아메리카의 스페인어권 나라에서 한 이야기 프로젝트를 섬기고 있었다. 그가 속한 팀은 번역 단체와 연계하여 지역 언어 프로젝트를 진행하고 있었는데 거의 완성 단계에 이르고 있었다. 이웃 언어에서 각색한 이야기들을 섭렵하면서, 제레미는 이야기 사역의 비전을 두 사람의 현지 언어 사용자에게 심어 주었고, 이야기들을 배우고 그것을 다른 이들에게 말해 주는 과정을 그들에게 훈련했다. 그 나라에 도착하기 전에, 제레미는 스페인어나 그 현지 언어를 전혀 배우지 않았었다. 제레미의 이 2년 간의 사역은 현재 일어나고 있는 교회 개척 운동의 중요한 기여가 되었는데, 지금은 그 종족의 20퍼센트 정도가 신자가 되는 열매를 맺었다. 제레미가 떠난 지 몇 년이 지나, 이야기꾼들은 계속해서 새로운 미전도 마을들로 나아가 이야기를 들려주면서 복음을 전하고 있다.

북아프리카의 어느 나라에서, 열일곱 명의 젊은이들이 (그들 중 상당수는 겨우 읽고 쓰는 사람이었고, 아예 그것조차 못하는 사람도 있었다) 연대기적 성경 이야기를 사용한 2년 간의 리더 훈련 프로그램을 이수했다. 이 2년이 끝날 무렵, 학생들은 창세기에서 계시록을 망라하는 대략 135개의 성경 이야기를, 정확한 연대기적 순서를 따라 숙달할 수 있었다. 그들은 이야기를 들려 줄 수 있고, 그 이야기에 기초한 노래도 불러 주고, 각 이야기에 대한 드라마도 보여 줄 수 있었다. 이야기를 하나씩 따로 할 수도 있고 묶음 단위로 들려 줄 수도 있었다. 예를 들어, "창조 묶음"이라는 이름으로 영적인 세계, 하늘과 땅, 남자와 여자의 창조를 다룰 수 있었다. 학생들은 그 이야기들과 관련된 사실들과 신학에 관한 질문들에 대답할 수 있는 능력을 구비했으며, 복음 메시지, 하나님의 성품, 그리고 그리스도 안에서 그들의 새로운 삶에 대한 탁월한 이해를 보여 주었다. 한 신학적 주제가 주어지면, 그들은 그 주제가 등장하는 다양한 성경 이야기들을 정확하게 골라낼 수 있었다. 질문이 들어오면, 그들은 각 이야기를 들려 주면서 그 이야기가 어떻게 그 주제를 다루는지에 관해 정확하게 답변할 수 있었다.

미국의 한 신학교에서 온 한 방문 감독관은 이렇게 말했다, "이 훈련 과정은, 학생들로 하여금 많은 성경 이야기들을 정확하게 들려줄 수 있으며, 그 이야기들과 그것이 함의하고 있는 신학에 대해 잘 이해하고, 기독교적 메시지를 나누려는 열망을 가지게 한다는 원래의 목적을 성공적으로 성취했다. 그 공동체는 이 이야기들과 이야기-노래들을 열정적으로 받아들였고 그 문화와 교회 생활 일반의 일부로 삼았다. 다양한 학생들이 이 과정에 들어올 때만 해도 구약은 거의 몰랐고, 하나님과 예수님 사이의 관계도 이해하지 못했고, 하나님의 성품이나 하나님이 천사들을 만들었다는 것도 몰랐고, 중생에 대해서도 듣지 못했고, 그리스도인들은 여러 지역 신들에게 도움을 구해서는 안 된다는 사실도 몰랐다고 인정했다." 학생들이 이 프로그램에 들어올 때만 해도 그들은 다른 사람들에게 기독교적 믿음을 전달할 능력이 없었다고 그는 말했다. "훈련이 끝날 무렵 이 모든 사안들과 다른 많은 측면에 대한 이해에서 그들은 극적인 진보를 나타내었다"라고 그는 말했다.

성경 이야기는 고도로 기술이 발달하지 않은 한 종족과 긴밀하게 접촉할 수 있는 한 가지 길을 마련해 준다. 구어 소통자들이 그 자신의 종족 그룹에게 복음을 가지고 나아갈 수 있는 방편도 제공한다. 이야기는 재생산 가능한 복음 전도와 교회 개척 방법이다: 새로운 신자들이 쉽게 복음을 나누고, 새로운 교회들을 개척하고, 그들이 복음을 받고 제자 훈련을 받았던 것과 동일한 방식으로 새로운 신자들을 제자 삼을 수 있다. 스토리 텔링이 미전도 종족 그룹들에게 특히 적합한 것으로 보이지만, 이미 설립된 교회가 존재하는 종족 그룹을 섬기는 많은 이들도 그들의 사역 상황에서도 연대기적 이야기 방법론이 상당한 유익이 됨을 발견했다. 구어적, 연대기적 접근은 복음 전도와 제자 훈련, 교회 개척과 리더십 개발에 대한 문어적 접근이 지난 수십 년간 놓쳤던 주요 문제들을 해결할 수 있다.

자료들

Evans, Steve; Green, Ron; Lundberg, Dean; and Payne, David (ed.) (January 10, 2004, revised). "Prospectus: Epic Partners International." Dallas, Orlando, Richmond, and Tyler: SIL/Wycliff International, Campus Crusade for Christ International, International Mission Board (SBC), and Youth With A Mission, Tyler.

웹사이트

www.ChronologicalBibleStorying.com

www.Communication-Strategy.net

www.EpicPartners.org

www.OralBible.com

〔 스티브 에반스는 커뮤니케이션 전문가이자 필드 리더로서 국제 선교부(남침례교단) 소속으로 아프리카, 중동, 그리고 남아시아에서 사역하고 있다. 〕

내 관찰에 의하면, 이러한 전략적 문제들이 장기적인 팀의 생존성과 영향력에 있어서 엄청난 차이를 만들 수 있다. 이것은 책의 다른 곳에서 발견되는 원리들을 요약해 놓은 것이다. 정말 최소한, 이 실책 목록은 생생한 팀 토의 거리가 된다!

10. 주님께서 사역을 위해 그 팀을 부르시는 종족 그룹과 위치에 대한 매우 분명한 인식의 부재.

9. 전적으로 필요치 않음에도 불구하고, 과중한 업무에 함몰된 사역자들.

8. 모든 일을 집에서 처리하려 들고, 사역을 위한 사무실 혹은 다른 시설을 찾으려 하지 않는 남성 사역자들. 팀 리더들은 대체로 사역 경력 3년 정도면 이 교훈을 배운다고 말한다.

7. 팀의 오해들 혹은 팀 리더/팀 멤버 사이의 차이들이 곪아터지도록

장기간 방치하기.

6. 팀을 잘 세우지 못하는 팀 리더. 일정 수준의 검증된 은사와 성숙함을 가진 동역자들을 모으기보다, 맥박만 뛰면 누구나 팀 멤버로 받아들이기.

5. 감독에 잘 반응하지 않는 팀 리더 보고 책임과 지도 받기의 역할을 평가 절하하기.

4. 기대를 품은, 사역을 위한 개인적 그리고 집단적 기도에 대한 약한 헌신.

3. 교회 개척에 대한 실제적인 이해 혹은 확신의 부재.

2. 교회 개척과 관련 없는 활동에 과도한 시간 투자하기. 예를 들어, 팀 모임과 팀 활동, 다른 사역자들과의 모임, 본국에 있는 친지들과의 잦은 연락, 이메일 등. (물론 이러한 영역에 일정 시간을 투자하는 것은 중요하다. 그러나 도에 지나칠 수 있다.) 언어 학습, 복음 전도와 제자 훈련을 제외한 모든 형태의 필드 활동에 몰입하기. 컴퓨터 모니터 앞에서 너무 많은 시간 보내기.

1. 리더십 역할에 있어 약하고, 수동적이며,, 불안정하고 혹은 비지시적인 팀 리더 — 보통 거부에 대한 불안과 두려움 때문에. 팀 멤버들에 대한 기대치에 있어 불명확함. 사람들이 하나의 팀이 아니라 일단의 "독립적 계약직들"로 일하기 시작한다. 팀 리더는 팀의 기준을 존중하며 그 안에 머물러야 한다. 마찬가지로 개별적 팀 멤버들의 사역에 관한 부과된 지시와 보고 책임이 불충분할 수도 있다. 약한 보고 책임은 항구적으로 취약한 패턴을 낳을 수 있다. 마지막으로, 이와 관련하여, 팀 리더는 때로 사람들에게 동기를 부여하고, 그들의 과업과 목표에 관한 열망과 기대를 불어 넣어 주

는 데 실패하기도 한다.

그룹 토의

이 목록을 모든 팀 멤버들에게 나누어 주라. 20분의 시간을 주어, 각 사람이 각 항목에 대하여 다음 사항을 생각하게 하라: a) 이것이 중요하다고 생각하는지의 여부 그리고 b) 현재 우리 팀에서 이것이 얼마나 문제가 되고 있는지에 대하여 1에서 5까지 점수를 매기라(5가 최고치). 그리고 나서 그룹으로 토의하라.

참고문헌

Adendy, David H. "A Two Stage Approach to Church Planting in a Muslim Context." In *Perspectives on the World Christian Movement*. Edited by Ralph Winter and Steve Hawthorne. 722-728. Pasadena, CA: William Carey Library, 1981.

Allen, Roland. *Missionary Methods: St. Paul's or Ours?* Grand Rapids, MI: Wm. B. Eerdmans Publishing Co., 1962.

-------, *Spontaneous Expansion of the Church*. Grand Rapids, MI: Wm. B. Eerdmans Publishing Co., 1962.

Brewster, E. Thomas and Elizabeth Brewster. *Language Acquisition Made Practical.* Colorado Springs, CO: Lingua House, 1976.

Cho, Paul Yonggi. *Successful Home Cell Groups*. With Harold Hostetler. Plainfield, NJ: Logos International, 1981.

Christiansen, Jens. *The Practical Approach to the Muslim*. Upper Darby, PA: North Africa Mission, 1977.

Eims, Leroy. *The Lost Art of Disciple Making*. Grand Rapids, MI: Zondervan Corp., 1978.

Fry, George, and James King. *Islam: A Survey of the Muslim Faith*. Grand Rapids, MI: Baker, 1980.

Garrison, David. *Church Planting Movements*. A booklet. Richmond, VA: International Mission Board of the Southern Baptist Convention, 1999.

______. *Church Planting Movements: How God Is Redeeming a Lost World*. Bangalore, India: WIGTake Resources, 2004.

Gibb, H. A. R. *Mohammedanism: An Historical Survey*. London: Oxford University Press, 1949.

Green, Michael. *Evangelism in the Early Church*. London: Hodder&Stoughton, 1970.

Greeson, Kevin. *Camel Training Manual*. Bangalore, India:WIGTake Resources, 2004.

Hawatmeh, Abdalla, *The Man from Gadara*. With Roland Muller. Philadelphia: Xlibris, 2003.

Hay, Alex Rattray. The Functioning Church and Church-Planter of the New Testament. Audubon, NJ: New Testament Missionary Union, 1947.

Hay, Alex Rattray. The New Testament Order for Church and Missionary. Audubon, NJ: New Testament Missionary Union, 1978.

Henrichsen, Walter A. Disciples Are Made, Not Born. Wheaton, IL: Victor Books, 1974; revised 2002.

Hesselgrave, David J. Planting Churches Cross-Culturally: North America and Beyond. 2nd ed. Grand Rapids, MI: Baker Book House, 2000.

Johnstone, Patrick and Jason Mandryk. Operation World, 21st Century Edition. Waynesboro, GA: Authentic, 2001.

Latourette, Kenneth Scott. A History of the Expansion of Christianity. 7 vols. New York: Harper and Row, 1937-1945.

Leatherwood, Rick. "Mongolia: As a People Movement to Christ Emerges, What Lessons Con We Learn?" Mission Frontiers(July/August 1998).

Lin, David and Steve Spaulding, eds. Sharing Jesus in the Buddhist World. Pasadena, CA: William Carey Library, 2003.

Livingstone, Greg. Planting Churches in Muslim Cities: A Team Approach. Grand Rapids, MI: Baker Books, 1993.

Love, Fran and Jeleta Eckheart, eds. Ministry to Muslim Women: Longing to Call Them Sisters. Pasadena, CA: William Carey Library, 2000.

Love, Rick. Muslims, Magic and the Kingdom of God: Church Planting among Folk Muslims. Pasadena, CA: William Carey Library, 2000.

-------. Peacemaking. Pasadena, CA: William Carey Library, 2001.

Marantika, Chris. Principles & Practice of World Mission — Including a Closer Look in an Islamic Context. Indonesia: Iman Press, 2002.

McCarthy, Bernice. The 4MAT System: Teaching to Learning Styles with Right/Left Mode Techniques. Arlington Heights, IL: EXCEL, Inc, 1980.

McCurry, Don M., ed. The Gospel&Islam. Monrovia, CA: MARC, 1979.

--------. Healing the Broken Family of Abraham: New Life for Muslims.

Colorado Springs, CO: Ministry to Muslims, 2001.

McGavran, Donald A. Ethnic Realities and the Church: Lessons from India. Pasadena, CA: William Carey Library, 1979.

-------. Understanding Church Growth. Grand Rapids, MI: Eerdmans, 1980.

Miley, George. Loving the Church... Blessing the Nations. Waynesboro, GA: Quthentic, 2003.

Neighbour, Ralph W. Jr. Where Do We Go from Here? : A Guidebook for Cell Group Churches. With Lorna Jenkins. Rev. ed. Houston, TX: Touch Publications, 2000. Original edition, 1990.

Neill, Stephen. A History of Christian Missions. New York: Penguin, 1964.

Nida, Eugene. Customs and Cultures: Anthropology for Christian Missions. Pasadena, CA: William Carey Library, 1954.

Parshall, Phil. Muslim Evangelism: Contemporary Approaches to Contextualization. Waynesboro, GA: Send the Light, 2003.

-------. The last Great Frontier. Quezon City, Philippines: Open Doors, 2000.

Patterson, George and Richard Scoggins. Church Multiplication Guide: The Miracle of Church Reproduction. Rev. ed. Pasadena, CA: William Carey Library, 2003.

Register, Ray. Back to Jerusalem: Church Planting Movements in the Holy Land. Enumclaw, WA: Winepress publishing, 2000.

Rowland, Trent and Vivian Rowland. Pioneer Church Planting: A Rookie Team Leader's Handbook(98-page handbook). Littleton, CO: Caleb Project, 2001.

Schwartz, Christian A. Natural Church Development. Carol Stream, IL: ChurchSmart Resources, 1998.

Scoggins, Dick. Building Effective Church Planting Teams. Unpublished manuscript. Available at www.dickscoggins.com.

Simpson, Wolfgang. Houses That Change the World. Waynesboro, GA: Authentic Media, 2001.

Stedman, Raymond C. Body Life. Glendale, CA: Regal Books, 1972.

Steffen, Tom A. Passing the Baton: Church Planting That Empowers. La Habra,

CA: Center for Organizatonal&Ministry Development, 1993.

Stott, John. Christian Mission in the Modern World. Downers Grove, IL: InterVarsity, 1975.

Strauch, Alexander. Biblical Eldership: An Urgent Call to Restore Biblical Church Leadership. Littleton, CO: Lewis&Roth Publishers, 1988.

Subbamma, B. V. New Patterns for Discipling Hindus. Pasadena, CA: William Carey Library, 1970.

Travis, John. "Messianic Muslim Followers of Isa: A Closer Look at C5 Believers and Congregations." International Journal of Frontier Missions, 17(1) (2000): 53-59.

------. "Must All Muslims Leave Islam to Follow Jesus?" Evangelical Missions Quarterly, 34(4) (1998): 411-415.

------. "The C1-C6 Spectrum." Evangelical Missions Quarterly, 34(4) (1998): 407-408.

Tucker, Ruth. From Jerusalem to Irian Jaya: A Biographical History of Christian Missions. Grand Rapids, MI: Zondervan, 1983.

VanderWerff, Lyle F. Christian Mission to Muslims. Pasadena, CA: William Carey Library, 1977.

Wagner, Peter. Church Planting for a Greater Harvest. Ventura, CA: Regal Books, 1990.

Warren, Rick. The Purpose Driven Church. Grand Rapids, MI: Zondervan Publishing House, 1995.

Woodberry, J. Dudley. "When Failure Is Our Teacher: Lessons from Mission to Muslims." International Journal of Frontier Missions, Vol. 13:3(July-Sept.1996): 121-123.

미주

제1장

1. 지상 명령은 분명히 모든 그리스도인들에게 주어졌지만, 사도행전 1:8은 "사도들에게… 명하시고"(1:2)라는 문맥 가운데 있다. 사도행전에서 이 삼중적인 전세계로의 복음의 확장은 사도들(열두 사도, 바울, 그리고 다른 사도들) 그리고 그들과 팀을 이루어 사도적 사역에 참여한 이들에 의해 이루어진다.

2. George Miley, Loving the Church… Blessing the Nations (Waynesboro, GA: Authentic, 2003), 96.

3. 꾸란에서 유대인과 그리스도인들을 긍정적으로 지칭하는 용어.

4. 수라 19:93. 카티브 역.

5. http://www.wholesomewords.org/children/biostuddcc.html

제2장

1. Trent and Vivian Rowland, Pioneer Church Planting: A Rookie Team Leader's Handbook(Littleton, CO: Caleb Project, 2001), 79.

2. B. V. Subbamma, New Patterns for Discipling Hindus(Pasadena, CA: William Carey Library, 1970), 79.

3. 안전상의 문제로 실제 국명을 가명으로 바꿈.

4. 실명이 아님.

5. 실명이 아님.

6. David Garrison, Church Planting Movements: How God Is Redeeming a Lost World (Bangalore, India: WIGTake Resources, 2004), 39-42.

7. 그룹의 실명이 아님.

8. 실명이 아님.

9. 실명이 아님.

10. Subbamma, New Patterns, 64.

11. David Burnett, "The Challenge of the Globalization of Buddhism," in Sharing Jesus in the Buddhist World, ed. David Lin and Steve Spaulding (Pasadena, CA: William Carey Library, 2003), 5-6.

12. International Standard Bible Encyclopedia, General editor, Geoffrey W. Bromiley…
[et al.] (Grand Rapids: W. B. Eerdmans, c1979).

제3장

1. 필드에는 혼성 팀을 이끄는 여성 리더의 문제에 관한 다양한 견해들이 존재하며, 이 사
안은 이 책의 범위를 벗어난다. 오늘날 대다수 필드 교회 개척 팀들을 남성 리더들이 이
끌고 있기 때문에 ─ 특히 무슬림 상황에서는 ─ 이 책에서는 대체로 그와 같은 남성 대
명사가 사용된다.

2. 단독 행동의 유일한 힌트는 빌립이었다. 그러나 사마리아에서 (현대의 나블루스) 그는
신속히 베드로와 요한과 합류했다. 그리고 에디오피아 내시에 관련된 그의 사역은 짤막
한 만남이었을 뿐, 지속적인 사역 상황이 아니었다.

3. Bruce Olson, Bruchko, 개정판 (Orlando, FL: Creation House, 1993)을 보라.

4. Steve Richardson, "Third-Dimension Missionary Teams" (미출판 논문, 1997).

5. Rich Love, "Four Stages of Team Development," Evangelical Missions Quarterly,
vol. 32, no. 3 (July 1996) <http://bgc.gospelcom.net/emis/1996/fourstages.htm>.

제4장

1. Steve Richardson, "Third-Dimension Missionary Teams" (미출판 논문, 1997).

2. Rick Love, Peacemaking (Pasadena, CA: William Carey Library, 2001).

제5장

1. David J. Hesselgrave, Planting Churches Cross-Culturally: North America and
Beyond, 2판 (Grand Rapids, MI: Baker Book House, 2000), p.42-51.

2. http://www.greatest-questions.com/

3. http://www.soviet-empire.com/ussr/news/capitalist_watch/us_military.php. 해군 작
전 사령관에 의해 비밀 해제됨. 현재는 www.PoliticsForum.org에 있음.

4. David Garrison, Church Planting Movements: How God Is Redeeming a Lost World
(Bangalore, India: WIGTake Resources, 2004), 230.

5. George Patterson and Richard Scoggins, Church Multiplication Guide, 개정판
(Pasadena, CA: William Carey Library, 2001).

6. Dick Scoggins, "Non-Sequential Phases." 미출판 논문.

7. Dick Scoggins, James Rockford 그리고 Tim Lewis가 작업한 Edition 2.0, February 1998 버전에 기초함.

8. Love, Peacemaking (Pasadena, CA: William Carey Library, 2001).

9. 종종 "당신의 이웃을 벗어난 곳에서의 담대한 복음 전도"라고 정의된다. 통상 어떤 프로그램, 계획 혹은 행사가 관련된다.

10. 교회를 지칭하는 헬라어 단어.

11. 이 단계들을 작성한 저자들은 신약 성경이 여성과 남성 모두에게 적용되는 다양한 리더십 역할들을 가르친다고 생각하지만, 장로의 직분은 남성들에게 제한된다고 믿는다. 이렇게 말함과 동시에, 그들은 이 문제에 관해 다른 믿음을 가진 그리스도의 몸 안에 있는 자들도 존중하며 인정하다.

12. 셋 이상이 더 좋다.

제6장

1. 이 "LAMP cycle" 방법은 Larson-Smalley Daily Learning Cycle 방법론에서 유추했다.

2. "Timeline of Paul's Life," NIV Study Bible (Grand Rapids, MI: Zondervan, 2002), 1702-1703.

3. Greg Thompson, "What? Me Worry about Language Learning?" 미출판 논문. Thompson의 많은 논문들과 다른 귀중한 자료들은 http://www.equigrp.net/laeg에서 찾아 볼 수 있다.

4. Foreign Service Institute (USA). 해외 사역자 공동체에서는 종종 "LAMP Levels"이라고 부른다.

5. Greg Thompson, "The Comprehensible Corpus: A Security Blanket in Challenging Language-learning Situations" (미출판 논문).

6. Thompson, "What? Me Worry?"

7. 위의 책.

8. Greg Thompson, "The Comprehensible Corpus?A Security Blanket in Challenging Language Learning Situations" (Hebert Purnell and Lonna Dickerson가 1993에 편집한 제1차 국제 선교 언어 및 문화 학습 대회 자료에 포함됨).

9. 위의 책.

10. 그들이 가장 광범위하게 사용한 도구는 Language Acquisition Made Practice (Colorado Springs, CO: Lingua House, 1976)이라는 책이다.

11. Greg Thompson, "Ad Hoc Language Acquisition Centers: Another Option in Filed Language Learning" (미출판 논문 2002년 3월 개정).

12. http:www.funderstanding.com/right_left_brain.cfm

13. 그 언어로 주어진 명령에 대해 학습자가 물리적으로 반응하는 방식의 언어 학습 방법.

14. Greg Thompson, "Alternatives to Explicit Testing" (2004년 10월, 콜로라도 스프링스에서 개최된 제5차 국제 언어 학습 대회에서 발표됨)

제7장

1. (자비량을 뜻하는 tentmaking은) 바울이 자신의 선교 사역 자금을 위해 장막을 만들었던 일에서 유래됨(행 18:3).

제8장

1. 요즘 이 시대에도 이러한 종류의 가혹한 제한들이 많은 나라들에 여전히 존재한다는 것은 매우 안타까운 일이다. 많은 국가들이 여전히 국민들에게 종교적 자유를 허락하지 않고 있다. 심지어 다음과 같이 선포하는 국제연합의 보편적 인권 선언에 서명한 151개국에 참여하면서도 그러하다: "모든 사람은 생각과 양심 그리고 종교의 자유를 향한 권리를 가지고 있다. 이 권리는 그의 종교 혹은 신념을 바꿀 자유, 그리고 단독으로 혹은 다른 이들과 함께 한 공동체로, 공적 혹은 사적으로, 그의 종교 혹은 신념을 가르침과, 실천, 예배, 준수를 통해 공표할 수 있는 자유를 포함한다"(제18항) 그리고 "모든 사람은 의견과 표현의 자유를 향한 권리를 가지고 있다. 이 권리는 간섭 없이 의견을 간직한 채, 모든 미디어를 동원하여 그리고 국경을 초월하여, 정보와 사상들을 추구하고, 받아들이고, 또한 나눌 수 있는 자유를 포함한다"(제19항). http://www.un.org/Overview/ rights.html을 보라.

2. Tan Kang-San, "Elements of a Biblical and Genuine Missionary Encounter with Diaspora Chinese Buddhists in Southeast Asia" (in Sharing Jesus in the Buddhist World, ed. David Lin and Steve Spaulding (Pasadena, CA: William Carey Library, 2003), 22.

3. 1960에 인도네시아에서 일어난 일들은 포함되지 않음.

4. David Garrison, Church Planting Movements: How God Is Redeeming a Lost World (Bangalore, India: WIGTake Resources, 2004), 99.

5. 에베소서 2:2.

6. 사도행전 5:28-29를 보라.

7. Greg Livingstone, Planting Churches in Muslim Cities: A Team Approach (Grand Rapids, MI: Baker Books, 1993), 152.

8. Kang-San, "Elements of a Biblical and Genuine Missionary Encounter," 29.

9. Livingstone, "Establishing Significant Relationships" and "Proclaiming the Message," in Planting Churches in Muslim Cities.

10. John Stott, Christian Mission in the Modern World(Downers Grove, IL: InterVarsity, 1975), 127.

11. David Garrison, Church Planting Movements: How God Is Redeeming a Lost World (Bangalore, India: WIGTake Resources, 2004), 47.

12. 위의 책, 171.

13. 위의 책, 177.

14. Livingstone, Planting Churches in Muslim Cities, 139이하.

제9장

1. Jack Welch, Newsweek International지(誌) (2005년 4월호): 45.

2. LeRoy Eims, The Lost Art of Disciple Making (Grand Rapids, MI: Zondervan Corp., 1978).

3. Walter A. Henrichsen, Disciples Are Made, Not Born (Wheaton, IL: Victor Books, 1974; 개정판 2002).

4. SEAN International (UK), Park House, 191 Stafford Road, Wallington, Surrey SM6 9BT.

5. B. V. Subbamma, New Patterns for Discipling Hindus (Pasadena, CA: William Carey Library, 1970), 37, 85, 97.

6. C1 (거의 혹은 전혀 주류 종교에 상황화 되지 못함)에서 C5 (고도로 상황화 됨)까지 등급이 있음.

제10장

1. Encarta Online Dictionary, http://encarta.msn.com/encnet/features/dictionary/dictionaryhome.aspx.

2. 위의 자료.

3. Dallas Willard, The Divine Conspiracy: Rediscovering Our Hidden Life in God (San Francisco: HarperSanFrancisco, 1998), 214.

4. Paul McKaughan (국제 선교 단체 연합회 회장), "McKaughan Musing, Memo 1" (미출판 소식지).

5. "목회 서신"이라는 용어는 잘못된 명칭이다.

6. Bobby Clinton (풀러 신학교 교수), 그의 제자들에게 보낸 2004 "월요일 아침 메모" 54회: "문제들–신약 교회"에서 인용.

제11장

1. Nik Ripken, "Servants in the Crucible: Findings from a Global Study on Persecution and the Implications for Sending Agencies and Sending Churches" (미출판 책, copyrighted, Gupta, 2004).

제12장

1. Mark Dominey, "An?tman as a Metaphor for Japan," in Sharing Jesus in the Buddhist World, David Lin and Steve Spaulding, eds. (Pasadena, CA: William Carey Library, 2003), 202-204.

2. David Garrison, Church Planting Movements: How God Is Redeeming a Lost World (Bangalore, India: WIGTake Resources, 2004), 21.

3. 2001년 발표문에서.

4. David Garrison, Church Planting Movements, 소책자 (Richmond, VA: International Mission Board of the Southern Baptist Convention, 1999), 60.

5. B. V. Subbamma, New Patterns for Discipling Hindus (Pasadena, CA: William Carey Library, 1970), 23.

6. 내가 여기서 성직자와 평신도 사이에 마치 명백한 차이가 있는 것처럼, 둘 사이의 구분을 의미하는 것은 아니다. 에베소서 4장은 모든 신자들의 제사장됨을 가르친다. 내가 평신도라는 단어를 사용하는 것은 단순히 급료를 받지 않고 사역에 참여하는 자를 지칭하려는 것뿐이다.

제13장

1. Ralph W. Neighbour Jr. with Lorna Jenkins, Where Do We Go from Here?: A

Guidebook for Cell Group Churches, 개정판 (Houston, TX: Touch Publications, 2000); 초판은 1990년에 출판됨.

2. Paul Yonggi Cho with Harold Hostetler, Successful Home Cell Groups (Plainfield, NJ: Logos International, 1981).

3. 미출판물.

4. George Patterson and Richard Scoggins, Church Multiplication Guide: The Miracles of Church Reproduction, 개정판 (Pasadena, CA: William Carey Library, 2003).

5. B. V. Subbamma, New Patterns for Discipling Hindus(Pasadena, CA: William Carey Library, 1970), 84.

제14장

1. 고린도전서 3:6-9를 보라.

2. Dr. Tim Keller, Redeemer Presbyterian Church, New York City.

3. B. V. Subbamma, New Patterns for Discipling Hindus(Pasadena, CA: William Carey Library, 1970), 92.

4. http://www.desiringGod.org.

에필로그

1. John Calvin, The Babylonian Captivity, Selected Works, 399-400.

2. Rich Leatherwood, "Mongolia: As a People Movement to Christ Emerges, What Lesson Can We Learn?" Mission Frontiers (July/August 1998).

부록 1

1. Colin Brown, ed., Dictionary of New Testament Theology Vol. 1, "Apostle" (Grand Rapids, MI: Zondervan Publishing House, 1980).

부록 2

1. Eddie Arthur, "Speech-led versus Comprehension-led Language Learning" Notes on Linguistics (1993), 60, 22-38.

2. Rod Ellis, ed., Learning a Second Language Through Interaction (Amsterdam: J. Benjamins, 1999).

3. Earl Stevick, "Curriculum Development at the Foreign Service Institute," in Teaching for Proficiency: The Organizing Principle, ed. Theodore V. Higgs (Lincolnwood, IL: National Textbook Company, 1984).

4. Joan Rubin and Irene Thompson, How to Be a More Successful Language Learner: Toward Learner Autonomy, 2판(Boston: Heinle & Heinle Publishers, 1994), 80.

5. James P. Spradley, The Ethnographic Interview(New York: Holt, Rinehart and Winston, 1979).

부록 4

1. 2001년 12월 14일, 국제 C.C.C. 본부의 Rob Hughes의 말을 인용함.

2. Nicholas Thomas Wright, The New Testament and the People of God (Minneapolis: Fortress Press, 1992).